[MIRROR]
理想国译丛
072

想象另一种可能

理
想
国
imaginist

理想国译丛序

"如果没有翻译,"批评家乔治·斯坦纳(George Steiner)曾写道,"我们无异于住在彼此沉默、言语不通的省份。"而作家安东尼·伯吉斯(Anthony Burgess)回应说:"翻译不仅仅是言辞之事,它让整个文化变得可以理解。"

这两句话或许比任何复杂的阐述都更清晰地定义了理想国译丛的初衷。

自从严复与林琴南缔造中国近代翻译传统以来,译介就被两种趋势支配。

它是开放的,中国必须向外部学习;它又有某种封闭性,被一种强烈的功利主义所影响。严复期望赫伯特·斯宾塞、孟德斯鸠的思想能帮助中国获得富强之道,林琴南则希望茶花女的故事能改变国人的情感世界。他人的思想与故事,必须以我们期待的视角来呈现。

在很大程度上,这套译丛仍延续着这个传统。此刻的中国与一个世纪前不同,但她仍面临诸多崭新的挑战。我们迫切需要他人的经验来帮助我们应对难题,保持思想的开放性是面对复杂与高速变化的时代的唯一方案。但更重要的是,我们希望保持一种非功利的兴趣:对世界的丰富性、复杂性本身充满兴趣,真诚地渴望理解他人的经验。

理想国译丛主编

梁文道　刘瑜　熊培云　许知远

[美]托马斯·E.里克斯 著　朱珠 吕品 译

欧洲告急
丘吉尔、奥威尔与自由之战

THOMAS E. RICKS

CHURCHILL AND ORWELL:
THE FIGHT FOR FREEDOM

民主与建设出版社
·北京·

© 民主与建设出版社，2025

图书在版编目（CIP）数据

欧洲告急 /（美）托马斯·E. 里克斯（Thomas E. Ricks）著；朱珠，吕品译. -- 北京：民主与建设出版社，2025. 9. -- ISBN 978-7-5139-5027-5

Ⅰ. K152

中国国家版本馆 CIP 数据核字第 2025FS4787 号

CHURCHILL AND ORWELL
Copyright © 2017, Thomas Ricks
All rights reserved

北京市版权局著作权合同登记号 图字：01-2024-4320

欧洲告急
OUZHOU GAOJI

著　　者	［美］托马斯·E. 里克斯
译　　者	朱　珠　吕　品
责任编辑	王　颂
特约编辑	徐晓雨
装帧设计	陆智昌
内文制作	陈基胜
出版发行	民主与建设出版社有限责任公司
电　　话	（010）59417749　59419778
社　　址	北京市朝阳区宏泰东街远洋万和南区伍号公馆 4 层
邮　　编	100102
印　　刷	山东临沂新华印刷物流集团有限责任公司
版　　次	2025 年 9 月第 1 版
印　　次	2025 年 9 月第 1 次印刷
开　　本	635 毫米 ×965 毫米　1/16
印　　张	24.5
字　　数	329 千字
书　　号	ISBN 978-7-5139-5027-5
定　　价	98.00 元

注：如有印、装质量问题，请与出版社联系。

谨以此书献给所有捍卫自由的人

目 录

第一章　两个叫温斯顿的人 001
第二章　冒险家丘吉尔 007
第三章　警察奥威尔 027
第四章　丘吉尔：30年代落魄记 051
第五章　奥威尔的炼成：西班牙，1937年 073
第六章　丘吉尔的炼成：1940年春 095
第七章　抗击德国，示好美国：1940—1941年 121
第八章　丘吉尔、奥威尔及英国的阶级斗争：1941年 139
第九章　美国参战：1941—1942年 175
第十章　严酷的战后世界：1943年 191
第十一章　《动物庄园》：1943—1945年 201
第十二章　丘吉尔与不列颠：衰落与成就，1944—1945年 217
第十三章　丘吉尔的反击：《第二次世界大战回忆录》......... 239
第十四章　奥威尔：成就与辞世，1945—1950年 249
第十五章　丘吉尔：余生黯然，1950—1965年 267

第十六章　奥威尔：声名鹊起，1950—2016 年................. 275

后记　丘吉尔与奥威尔的道路................................. 295

致谢... 301
注释... 305
索引... 353
照片版权... 377

第一章

两个叫温斯顿的人

1931年12月13日,纽约第五大道,一名57岁的英国政客走下出租车。[1]他当时仍是执政党的一名议员,却在政府中不太招人待见。他来到纽约,开始巡回演讲,希望演讲带来的收入能弥补一些自己两年前在股市上遭受的损失。可能是因为来自英国*,也可能是被自己的烦恼扰乱了心绪,他看错了方向,没有看到一辆汽车正以30英里†的时速驶来。汽车将他撞向人行道,且拖行了一段距离,他磕断了肋骨,还撞破了头颅。如果他当时因此丧生,今天能记住他的名字的人就只有区区几个研究20世纪早期英国历史的学者。但是,他没有死,活了下来。他的名字叫温斯顿·丘吉尔(Winston Churchill)。

大约六年以后,在1937年5月20日那一天,另一名英国人在拂晓前醒来,信步走出简陋的战壕。此时正值西班牙内战,他身处西班牙东北部前线。虽然在这里他是一名士兵,但其实他是一名作

---

* 在英国汽车靠左行驶,与美国相反。——译注(本书脚注如无特别说明,均为译注)

† 英里:英美制长度单位,1英里合1.6093千米。——编注

家，一名默默无闻的作家，写过几本乏善可陈的小说。可是在最近的作品中，他却对新闻社会学产生了浓厚的兴趣，开始研究英国的穷人。他认为自己是一名左翼人士，却因为批评社会主义者而挑起了一些小风波，可能还因此失去了几个朋友。然而，他仍然是一名亲西班牙共和国（Spanish Republic）政府的社会主义者。他沿着战壕朝西走去，查看自己分队的队员，太阳在他高高的个子身后缓缓升起，勾勒出他头部的轮廓。175 码[*]开外，一名国民军[†]狙击手发现了他，射出了一颗 7 毫米的镀铜子弹。[2] 狙击手枪法很准，子弹从这名英国人脖子的下部穿过，离颈部动脉只差分毫。他整个人僵住，倒在了地上。他知道自己中弹了，但惊慌中并不清楚具体的部位。当得知是颈部中弹时，他反而冷静下来，准备好会在几分钟之内死去，因为他从未听说有人在这个部位受伤之后还能活下来。如果他就此死去，今天能记住他的名字的人就只有区区几位研究 20 世纪中期小众小说家的学者。但是，他没有死，活了下来。他的名字叫埃里克·布莱尔（Eric Blair），笔名乔治·奥威尔（George Orwell）。

从表面上看，两人的人生大相径庭。不管从哪个角度来看，丘吉尔的生命力都更加旺盛，他年长奥威尔 28 岁，却比奥威尔晚 15 年去世。然而，在很多至关重要的方面，他们的思想却具有高度的相似性。他们都生活在 20 世纪中期，都致力于应对同样的问题：希特勒和德国，斯大林和苏联，美国及其对英国的取而代之。他们应对的方式和武器也是相同的：他们的才智，在世人不屑一顾之下仍然对自己的判断力充满信心，以及非凡的文字能力。而且，他们所遵循倡导的都是自由民主的核心原则：思想、言论和结社的自由。

---

[*] 码：英美制长度单位，1 码合 0.9144 米。——编注
[†] 指 1936 年至 1939 年西班牙内战期间对共和政府发动叛乱的军队。

第一章　两个叫温斯顿的人

他们俩从未见过面，但却默默在远处彼此欣赏。[3]乔治·奥威尔给《1984》的主人公取名为"温斯顿"，而有案可查的是，丘吉尔对这本小说也喜爱有加，从头到尾读了两遍。[4]

这两位历史人物尽管在很多方面迥然不同，却因为对人类自由的不懈追求而有着共同的奋斗目标。他们确实是两个非常不同的个体，生活轨迹也毫无重合之处。丘吉尔凭借张扬外向的个性、精湛高超的语言能力，以及战时防御的迫切需要，取得了伟大的集体性胜利，帮助塑造了我们今天的世界。奥威尔的个性却日渐慵懒内向，并带有强烈的理想主义，他致力于准确观察并描述现实，是一位在现代世界中奋力保护自己一片天地的作家。

同时研究这两位历史人物可能遇到的问题在于，丘吉尔在历史舞台上的存在是如此喧嚣和持久。20世纪40年代发生的任何事件中都有他的身影，要么是亲自参与其中，要么曾对事件发表过演讲，而且在数年之后还亲笔著书回顾。一名英国内阁成员曾经嘟哝道，跟丘吉尔辩论就像"与一支爵士乐队争吵"。[5]政治哲学家以赛亚·伯林（Isaiah Berlin）说，丘吉尔把人生看作一场庆典，而他自己正是引导欢庆游行队伍的领头人。[6]"我确实喜欢明亮的颜色，"丘吉尔曾写道，"我无法假装不偏好某些颜色。明亮的颜色让我充满喜悦，而乏味的棕色则让我提不起精神。"[7]

在20世纪中叶，无论在政治还是精神领域，两人在针对法西斯主义的斗争中发挥了领导者的作用。在英国正式加入第二次世界大战的那一天，丘吉尔这样说道："这场战争，归根结底，将是一场确保个人权利坚不可摧的抗争。这场战争，将是一场重建人类精神境界、使之重获生机的抗争。"[8]两年之后，奥威尔用自己朴素的语言表达了同样的焦虑："在我们生活的这个年代，拥有独立人格的人正逐渐绝迹。"[9]

奥威尔与丘吉尔都认为，他们所处时代最根本的问题并不是马克思提出的由谁控制生产方式，也不是弗洛伊德提出的人类心理机制，而是在国家机器日益强大、步步入侵私人领域的大环境下，如何维护个体的自由。历史学家西蒙·沙玛（Simon Schama）把两人称为时代的建筑师[10]，认为他们是"最让人难以置信的同盟"。[11]国家谋杀（state murder）始于20世纪20年代至30年代，于20世纪40年代达到顶峰，他们则共同致力于阻止这一趋势愈演愈烈。

* * *

20世纪50年代的一天，丘吉尔的一个小孙子把头伸进老人的书房，问道：别人说你是世界上最伟大的人，这是真的吗？以其惯常的风格，丘吉尔回答道："是的。好了，现在上一边玩儿去。"[12]

如今，人们对历史"伟人"理论嗤之以鼻，但有时候，个人的作用的确举足轻重。丘吉尔与奥威尔对我们今天的生活和思想仍然产生着持续的影响。他们并没有亲手建立起一个战后的西方世界，没有为持续经济繁荣以及赢得妇女、黑人、同性恋和被边缘化的少数族裔平权运动的逐渐胜利作出直接贡献，然而他们的奋斗却在政治、经济、物质和精神等诸多方面为建立起这样的世界创造了条件。

长久以来，我对这两位历史人物都怀有崇高的敬意，但是探究他们之间的相互联系这个想法还是在我研究1936—1939年西班牙内战（Spanish Civil War）的时候产生的，当时我正处于报道伊拉克战争的空隙期。在研究奥威尔的时候，我意识到他跟丘吉尔一样都曾经担任过战地记者，就像当时的我一样。奥威尔报道并亲自参加了西班牙内战，而丘吉尔在1899—1902年的布尔战争（Boer War）期间也扮演了类似的双重角色。[13]

第一章　两个叫温斯顿的人

* * *

这是两位什么样的人物？在现代社会中保留人的个体性这一问题上，他们提出了哪些观点？这些观点又是如何形成的？

本书侧重于他们人生的重要阶段，即20世纪30年代和40年代，也就是从纳粹发迹到"二战"之后。在这一时期，很多曾经与他们志同道合的人放弃了民主，认为民主已经失败，而他们却从未忽略人的个体价值。这种价值意味着对主流观点持不同意见的权利，甚至是不断犯错误的权利、不信任权威的权利，以及有必要指出高级官员也可能犯错，特别是在位高权重之人坚信自己正确的时候。正如奥威尔曾经写道的："如果自由意味着什么，它意味着有权告诉人们他们不想听的东西。"[14] 在他看来，尤其是指那些人们不愿意承认的事实。奥威尔倾其一生追求着这种权利。

丘吉尔为我们今天能够享有的自由作出了自己的贡献，奥威尔的著作影响了我们今天对自由的理解。他们的人生和著作应该在这一背景下被更进一步了解。这样，我们便能够更加深入理解今天生活的世界，同时也有可能找到更好的应对办法，正如他们在自己生活的年代所做到的那样。

那么现在，让我们先来看看他们的青年时期，他们人生轨迹的起点。

第二章
冒险家丘吉尔

1884年12月一个普通的日子,天气阴冷潮湿,英格兰南部布赖顿(Brighton)的汤姆森小姐学校(Miss Thomson's School)里,10岁的丘吉尔正在上艺术课。他长着一头姜黄色的头发,是这所学校的新生。他不好好上课,却调皮地拉扯着一个男同学的耳朵。被捉弄的男同学挥动手里的袖珍折刀反击,一刀捅进了小丘吉尔的胸口。

丘吉尔从不忌讳承认自己曾是一个"麻烦小子"。[1]然而,他却从未在自传中提到过被捅刀子这件事,也许是因为在这件事情上,连他自己的母亲也认为是他的过错。"毫无疑问,温斯顿一定是把那个男孩子欺负得够呛,再说他也应该得个教训了。"[2]珍妮·丘吉尔(Jennie Churchill)在给远在印度的孩子父亲去信时写道。她解释说,毕竟刀伤只有0.25英寸*深,作为反击算是挺狠的了,但还不至于造成重伤。一个月以后,伦道夫·丘吉尔勋爵(Lord Randolph Churchill),丘吉尔那位放浪形骸的父亲才在印度收到信,

---

* 英寸:英美制长度单位,1英寸合2.54厘米。

他用一种无所谓的口气回信道："我希望捅刀子这种事情还是不要再发生了。"

要是放在今天，丘吉尔父母对他的忽视及冷漠可能已经触犯了法律。他父亲当时在保守党内平步青云，但据说跟自己的孩子几乎没有怎么说过话。几十年后，丘吉尔回忆道，自己只记得跟父亲"有过三四次比较长的亲密交谈"。[3] 布赖顿是一个海滨城市，离伦敦约60英里，丘吉尔还在那儿上学的时候，有一次他父亲从伦敦来布赖顿发表演讲，却并没有顺道看一下儿子，丘吉尔是看报纸才得知父亲来过，为此伤心不已。他在一封信里向父亲抱怨道："您星期天来布赖顿，却不来看我。"[4] 后来他在哈罗公学（Harrow School）上学的时候，为了让父亲来参加一个特别颁奖日的活动，使出了浑身解数。"您从没来看过我，"他说，伤心地意识到从伦敦市区坐火车去哈罗公学只要区区30分钟，"如果您从贝克街（Baker Street）坐11:07出发的火车，11:37就可以到哈罗。"[5] 他还给母亲写信道："一定要让爸爸来。他从来都没来过。"可是，伦道夫勋爵却不为所动，还是没有去。

丘吉尔的母亲也有自己要忙的事情。在一位丘吉尔传记作者笔下，珍妮·杰罗姆·丘吉尔（Jennie Jerome Churchill）"美丽、肤浅，像一头浑身缀满钻石的非洲豹"，在维多利亚时期晚期的上流社会中风光无限，据说有19名情人，而这个数字还是保守的估计。[6] 还有人估计，她一生中跟两百个男人上过床，但是一些谨慎的传记作者却认为这个数字过于夸张，因此存疑。比如，优秀的传记作家、英国政客罗伊·詹金斯（Roy Jenkins）就说过："哪有这么巧？还是个整数？让人生疑。"[7]

不管各种传说如何，研究丘吉尔早年生活的专家康·库格林（Con Coughlin）的总结是：伦道夫·丘吉尔勋爵夫人"委婉地说，社交生活十分活跃"。[8] 在那个年代，文身一般只能在码头边形迹

第二章　冒险家丘吉尔

可疑的人身上见到，可伦道夫·丘吉尔勋爵夫人却公然在自己的左手腕上文了一条大蛇。[9] 她在第一任丈夫，也就是丘吉尔的父亲早逝之后，嫁给了一个跟自己儿子年纪相仿的翩翩男子，震惊了整个伦敦上流社会。在跟第二任丈夫离婚后，她三披嫁衣，新郎跟丘吉尔同岁。有人说，在她步入暮年以后，曾无限悲哀地说："我再也不是聚会上最光彩夺目的女人，我永远也无法接受这一点。"[10]

一次圣诞假期期间，丘吉尔忙得无暇他顾的父母把他骗去了祖母马尔伯勒公爵夫人（Duchess of Marlborough）那里。几个星期以后，丘吉尔的祖母在给他父母的信中如释重负地写道："温斯顿今天就要回学校去了。悄悄跟你们说吧，我一点儿也没舍不得，这孩子实在是太麻烦了。"[11]

丘吉尔就读的第一所学校毫无顾忌地把鞭笞作为惩罚方式，学生常常被打得皮开肉绽，惨叫连连。丘吉尔曾经写道："我恨死那所学校了。"[12] 终于，他父母把他送去了布赖顿比较开明的一所小型学校。在那一时期，丘吉尔表现出注意力缺陷障碍，但幸运的是，学校允许他只学习自己感兴趣的科目。丘吉尔后来回忆道，当时他感兴趣的是"法语、历史、大量熟记诗歌，最有意思的是骑马和游泳"。[13] 但是，尽管在这所学校里多了一些快乐，丘吉尔的行为表现还是班上最差的。[14]

后来上中学的时候，校长注意到丘吉尔因为"健忘、粗心、不守时以及各种反常行为"[15] 而十分惹眼。尽管有这些毛病，丘吉尔在十几岁的时候却不知用何种方式掌握了写作的技巧。他曾写道："普通英文句子的基本结构我烂熟于心——这实在是一件妙事。"[16] 他卓越的语言能力对于他后来的职业生涯、政治主张和撰文写作等都是极其重要的资源，他一生共发表了约1500万字的作品。[17] 然而，他接受的正规学校教育到此也就结束了，知识面上存在的严重不足，一生也没能弥补。

回忆起学校生活，丘吉尔表示，那段时光"让人极度沮丧"。[18]父母认为他不够聪明，将来不可能成为律师，所以就打发他去参军，这也是当时英国贵族平庸子女常见的一条出路。对于这些并非天资聪颖的人来说，陆军比皇家海军要容易进一些，因为皇家海军对于保卫英国这样一个岛屿国家来说更加重要，所以更倾向于挑选精英。但即使陆军的门槛低，丘吉尔也是经过三次努力才进入培养步兵和骑兵初级军官的桑德赫斯特皇家军事学院（Sandhurst）。[19]他被竞争没那么激烈的骑兵部队录取，因为没有多少年轻人能够负担得起当骑兵需要的马匹和仆人。丘吉尔自己就说过："那些排名垫底的人被骑兵部队优先接受。"[20]当然，这一选择也这正中丘吉尔下怀，因为舒适和浮华正是他心头之爱。作为骑兵，丘吉尔不仅不需要步行，而且用他自己的话来说，"骑兵的制服可比那些靠腿的步兵要华丽光鲜得多"。[21]

1893年8月，在丘吉尔终于进入桑德赫斯特皇家军事学院之后，他父亲给他写过一封信。此处非常有必要长篇引用这封信的内容，因为这有助于我们理解丘吉尔由于父母对自己的失望而背负一生的压力。这封信无情而冷酷，伦道夫勋爵在信中这样对儿子写道：

> 尽管你享有如此之多的优越条件，尽管你愚蠢地认为自己拥有各种能力，而且一些亲戚也附和你的说法，尽管［我们］想尽办法要让你的生活更加优渥、工作不至于太辛苦难耐，然而这就是你取得的卓越成绩，成功跻身二三流，唯一能做的就是在骑兵团里找点事儿做……
>
> 我不会再就这件事情给你写信了，你也不需要就这部分内容给我任何回复，因为我对你宣称的所谓成绩没有一星半点的兴趣……
>
> 你只会成为一个混迹社交圈子的败家子，一个读过公学却

一无是处的蹩脚货,像你这样的人不在少数。你会堕落退化成一个不体面的人,郁郁寡欢、庸庸碌碌。如果真是这样,你只能怪你自己。[22]

伦道夫·丘吉尔勋爵当时已经病入膏肓,得的可能是梅毒,这也许可以解释他信中几乎疯狂的措辞。他的孙子,也就是丘吉尔的儿子伦道夫后来写道:"他当时大脑瘫痪的情况越来越严重,即将因此死去。"[23]尽管已经奄奄一息,伦道夫勋爵仍然有力气继续贬低自己的儿子。丘吉尔在给母亲的信中谈到父亲时,曾伤心地写道:"我做什么都是错。"[24]丘吉尔的父亲于1895年1月去世,那时丘吉尔20岁。

随着父亲的去世,丘吉尔胸中积郁的某种能量似乎忽然爆发。在这样一种环境下成长的年轻人,要么被完全摧垮,要么会幸运地生出极度的自信。丘吉尔是幸运的,他父亲的去世于他而言似乎是一种解放。在接下来的几年里,他从英格兰前往印度,再到阿富汗边境,又回到英格兰,然后前往苏丹,而后又重返印度,再回到英格兰,接着去南非,事业蓬勃发展,一路直奔成功而去。

* * *

丘吉尔晚年的时候宣称:"我年轻的时候没有过度使用大脑,这让我受益良多。"[25]他会这么说很自然,因为他极力想从自己的缺陷中找出些许优势。他在1921年时曾说道:"一个人年轻的时候看太多好书是一种错误……年轻人阅读的时候要多加小心,这跟老年人吃东西的时候要注意一样。不应该吃得太多,要细嚼慢咽。"[26]

丘吉尔没有上过大学。他所接受的真正意义上的教育其实是在他成年以后才开始的,那时候他已经是一名年轻的骑兵军官,在印度的班加罗尔（Bangalore）服役。1896年冬日的一天，在那个离家万里的地方，"我突然生出了学习的渴望。"[27] 于是，他孜孜不倦地啃下了亚里士多德、柏拉图、麦考利（Macaulay）*、叔本华、马尔萨斯（Malthus）†和达尔文等人的著作。[28]

最重要的是，他如饥似渴地读完了吉本（Gibbon）的巨著《罗马帝国衰亡史》（*The History of the Decline and Fall of the Roman Empire*）。"我立刻被这本书的情节和风格所征服。印度白天的漫漫炎日，也就是从早上离开马厩到傍晚太阳隐去后的马球时间之间的这些时光，我都献给了吉本。"[29] 吉本对丘吉尔文风的影响是显而易见的。下面是从吉本的历史巨著第三卷中随手摘录的一段，其风格足以让后世的人误以为出自丘吉尔之手："勇士们将长矛固定在托柄之上，奋而策马冲向敌军，面对如此猛烈的冲锋，土耳其人和阿拉伯人的轻骑兵队鲜有抵抗的能力。"[30] 将这一段与丘吉尔对1898年发生在喀土穆（Khartoum）城外的乌姆杜尔曼（Omdurman）战役进行的描述做一下比较："萨拉森人（Saracen）的后人沿着绵长的缓坡，向河边的敌人冲下去，遭遇了来福枪火力攻击，火力来自训练有素的两个半步兵师。步兵以密集队形排成两行，得到河岸上和炮艇中至少70门大炮的掩护，炮火密集而有效。"[31] 丘吉尔要求自己每天阅读25页吉本的著作，同时还要阅读50页托马斯·麦考利（Thomas Macaulay）撰写的五卷《英格兰史》（*History of England*）。[32]

乔治·奥威尔曾说过："优美的文章就像窗上镶嵌的玻璃。"[33] 如果把丘吉尔的著作也作此比喻，那便是大教堂耳堂尽头那一大片熠熠生辉的花窗玻璃。他的文风有时显得过于华美，甚至有些许艳

---

* 指托马斯·麦考利（Thomas Macaulay, 1800—1859），英国历史学家。
† 指托马斯·马尔萨斯（Thomas Malthus, 1766—1834），英国牧师、人口学家和政治经济学家。

俗，但是丘吉尔完全清楚自己希望表达的是什么。他沉迷文字，陶醉在词汇的微妙差别和音韵之美中。"他喜欢一次使用四到五个词义相同的词，就像是一位老人在向你展示自己的兰花，不是为了炫耀，而仅仅是因为热爱。"[34]丘吉尔的战时私人医生查尔斯·威尔逊（Charles Wilson）曾这样评述道。

以赛亚·伯林评论道："丘吉尔的语言是他出于自己的需要而发明的一种媒介。他的文字有一种大胆、沉重、颇为工整且易于识别的节奏，吸引人们，也包括他本人，对这种风格进行模仿。不过，任何一种强烈的个人风格受到模仿都是一件很自然的事。"[35]不是所有人都认同这种说法。小说家伊夫林·沃（Evelyn Waugh）可能是唯一一个抑贬丘吉尔本人而偏爱他邪恶的酒鬼儿子伦道夫·丘吉尔（Randolph Churchill）的人，他讥笑丘吉尔是"一个伪古典（sham-Augustan）文学大师"。[36]

跟许多通过自学取得成功的人一样，丘吉尔一生中对自己熟知的事情极度自信，而对于自己不知道的东西却乐得一窍不通。因此他对自己知道的领域非常了解，但是却有大量的作品从未读过，甚至一无所知。1903年，他在一次午餐会上见到了亨利·詹姆斯（Henry James）[37]，可他对这位文学大师的兴趣远不如对同桌的另一位美国人，年轻貌美的埃塞尔·巴里摩尔（Ethel Barrymore）的关注。12年后，丘吉尔在另一个场合再次遇到詹姆斯，又一次冷落了他。丘吉尔留给同在现场的一位宾客的印象是"他好像从来没有听说过亨利·詹姆斯这个人，他不明白我们为什么在詹姆斯说话时会满怀敬意地倾听，他觉得我们大可不必对这个唠唠叨叨的老人如此有耐心。他一点儿不尊重他，他反驳他，他打断他，他对他完全没有表现出任何兴趣"。[38]

维奥莱特·阿斯奎斯（Violet Asquith）小姐，后来的维奥莱特·博纳姆·卡特（Violet Bonham Carter）夫人，是丘吉尔的一个朋友。

在一次晚宴上，当时19岁的她向丘吉尔引用了济慈（Keats）的《夜莺颂》（"Ode to a Nightingale"）。[39] 尽管这首诗的知名程度在英语诗歌中一定排在前一百名内，丘吉尔却从未听说过。不过，他一定是注意到了她讶异的表情，因为后来他们再见面时，丘吉尔已经熟记了这首诗。不仅如此，济慈所有的六首颂诗他都已经熟记于心，一一背诵给她听。他的私人医生曾写道，丘吉尔似乎到了80多岁才看了《哈姆雷特》（Hamlet）[40]，不过这一点却不太肯定，因为丘吉尔在此之前曾向人援引过这部剧的片段。不管怎么说，他的战时顾问德斯蒙德·莫顿（Desmond Morton）爵士曾总结道，对于事实性知识，丘吉尔的认识"非常肤浅，令人震惊"。[41]

在公共场合丘吉尔极少以沉默示人，对他来说，几乎任何事情都可以在公共场合讨论。根据维奥莱特·阿斯奎斯的回忆，在丘吉尔的一生中，绘画是唯一让他独自在沉默中完成的事。这是丘吉尔人到中年才发展出的爱好[42]，当时他离职在野，处于政治流放期。在与人交谈中，当穷尽自己的观点之后，他还会继续滔滔不绝，大段背诵诗词，通常是拜伦（Byron）或蒲柏（Pope）的著作。[43]

跟许多作家，尤其是以写作为生的作家一样，丘吉尔对于写作也有一种工匠般的态度。他曾这样评论道："写一本书跟建一栋楼不无相似之处"[44]，都需要组织材料并建立在牢固的基础之上。他会首先仔细思量重要的句子是否铿锵有力，然后考虑段落的结构，他认为段落"必须有机地结合在一起，就像是自动连接的火车车厢一样"。[45]

* * *

在学会写作、完成自我教育之后，丘吉尔感觉自己已经准备好要拥抱整个世界。他着手为自己找一段可以大书一笔的战争经历，

第二章　冒险家丘吉尔

希望借此获得赞赏和荣誉，从而作为跳板进入政界。在接下来的几年中，他急切地追寻战争的足迹。1897年，在阿富汗与印度的边界上，英军与当地的帕坦人（Pashtun）部落发生了一些冲突。丘吉尔得知以后，立刻要求将自己从所在的班加罗尔调往位于印度次大陆西北边缘的冲突发生地，两地之间距离达1500英里左右。当丘吉尔无法在冲突地的部队里谋得职位时，他母亲想方设法为他争取到了为伦敦的《每日电讯报》（*Daily Telegraph*）报道这次冲突的工作，这也开启了丘吉尔与这份报纸长期的合作关系。后来，由于在冲突中不可避免地出现了人员伤亡，一个职位空缺出来，丘吉尔立刻转而直接参与作战。同月中旬，他加入了第31旁遮普省步兵团（the 31st Punjab Infantry）。

其实，丘吉尔在那里经历的不过是历时几个星期的小冲突而已，谈不上是一场战争。如今，人们对发生在1897年9月的这一事件唯一的记忆就是丘吉尔曾在那里，并且参加了战斗。丘吉尔曾说过这样一句让人印象深刻的话："人生最兴奋的事情莫过于有人朝你开枪但是没有打中。"[46]

在丘吉尔的战友看来，他对自己的经历有些兴奋过头。唐纳德·麦克韦恩（Donald McVean）中尉在阿富汗边境冲突期间跟丘吉尔在同一顶帐篷里住了一小段时间，他在日记里写道，在整个战斗期间，丘吉尔最担心的可能是嘴巴受伤。[47]

这场冲突是丘吉尔当时唯一亲历过的所谓战争，自然是要好好利用一番。两个月之内，他把那几个星期内发生的一些小冲突写成了一本薄书，名为《马拉根德野战部队的故事》（*The Story of the Malakand Field Force*）。如果作者换成别人，这本书极有可能没有机会出版。丘吉尔的母亲联系了一名著作经纪人和一名出版商，希望把他的报道汇集成书。[48]当几个月之后这本书面世时，她还向儿子承诺："我会大力'宣扬'的。"[49]她信守承诺，成功地让这本书引起了伦敦书评人和报纸编辑的注意。

《马拉根德野战部队的故事》一书相当空洞幼稚,在描写英军短促的进攻行动时显得过于沾沾自喜。在谈到基督徒攻打穆斯林部落时,丘吉尔以浓浓的讽刺口吻写道:"还好,和平的信仰通常在武器装备更好的这边。"[50]他在文中颇带些硬汉子的姿态,比如他写道:"大约五六发子弹飞进了军营,除了惊醒了几个睡得不踏实的人,没有引发其他什么后果。"[51]任何曾被子弹惊醒的人都不会觉得这种说法有丝毫可信度,因为一旦开火,谁都不知道会持续多长时间,也不知道冲突会不会升级。

丘吉尔自己对这本书有着非常自信的评价:"我的写作风格上佳,有的部分堪称经典。"[52]这就有些言过其实了。不管怎么说,未来丘吉尔的轮廓在最初的这次尝试中已经隐隐地显露出来。

这本书受到的一些好评对丘吉尔来说是相当重要的。这名年轻人在忍受了二十年的忽视、漠视与粗暴对待以后,全心地拥抱赞誉,感受着从未有过的喜悦。"他会因为在媒体上读到对自己的赞誉而受到巨大的鼓舞,"西蒙·里德(Simon Read)在研究那个时期的丘吉尔时提到,"丘吉尔在那之前从来没有受到过这样的赞扬。作为一名学生,他在成长过程中一直听到的,都是自己的父亲和老师表示他们有多么失望。"[53]

丘吉尔在非洲

从此,年轻的温斯顿·丘吉尔开始崭露头角。他向部队告假,坐船回到英格兰,以新晋作家的身份在伦敦各处活动。他利用这本书与重要人物攀上关系,然后利用这些关系加入了旨在赴苏丹(Sudan)打击伊斯兰主义者的英国远征军。正是在那里,丘吉尔在初尝战争滋味仅仅一年之后,又投身于新一轮的战斗,在喀土穆郊外参加了

第二章 冒险家丘吉尔

骑兵冲锋,在那次战斗中英军对苏丹当地部落大开杀戒。丘吉尔据此经历撰写了另一本书——《尼罗河之役》(*The River War*)。之后,他回到印度,参加了一场马球锦标赛,在军队中站稳了脚跟。

丘吉尔向往的回报是进入政界。凭借为报纸撰写的报道及两本著作,他声名鹊起,成为议员候选人,角逐议会席位。1899 年 7 月,时年 25 岁的丘吉尔参加下议院竞选,虽以微弱劣势败北,却向世人显示一颗政治新星正冉冉升起。

军事方面,他好运连连。在大英帝国的边缘地带,一场战争即将发生。在参加竞选之后还不到四个月,丘吉尔就远赴南非[54],去报道即将打响的布尔战争。他可没有打算去那里吃苦,带上了 2 箱红酒、18 瓶威士忌、6 瓶波特酒、6 瓶白兰地以及 6 瓶味美思酒。1899 年 10 月底,丘吉尔抵达南非。不到一年时间,当他重返英格兰时,已是一位声名显赫的人物。

丘吉尔的冒险经历始于 1899 年 11 月 15 日。那天他登上了一列开往前线进行侦察任务的英军装甲列车,那时他到达南非仅两个星期。"我渴望寻找一些有危险性的事情做。"[55]丘吉尔回忆道,因此他找机会参加了这次任务。一进入布尔人控制的地区,这辆火车立即遭到敌人轻型火炮的攻击。火车加速行驶时,部分车厢脱轨,极有可能是因为布尔人在铁轨上动了手脚。

丘吉尔立刻投入战斗,在一个多小时的战斗中,他冒着敌军的炮火,帮助英军指挥官组织人员,清理被脱轨车厢阻挡的铁轨并重新开动火车车头。终于,火车开始以步行速度撤离。伤员坐在火车上,其他人则以车厢为掩护徒步跟随。但是这一草草制订的撤退计划出了岔子,火车开始加速,把步兵甩在了后面。火车上的丘吉尔让司机把火车停在跨越蓝色克兰茨河(Blue Krantz River)大桥的另一端,自己则沿着铁轨往回走,希望重新集合溃散的队伍。途中他看见一群人向他走来,临近了才发现不是英国人,其中一人骑着马举着来福枪向他逼近。丘吉尔急忙伸手去掏手枪，却发现枪套里空空如也，这才想起自己在帮助重新发动火车时把枪摘了下来以方便行动。没有还手之力的他只得投降，成了布尔人的俘虏。

对于像丘吉尔这样活跃好动的年轻人来说，过战俘的日子就是受罪。他和其他英军军官一起被关押在布尔人的首都比勒陀利亚（Pretoria）的一所学校里。"时间慢得就像瘫痪的蜈蚣在蠕动。没有什么有意思的事情。阅读很难，写作是不可能的……我恨死了被俘的那段时间，比我生命中的任何阶段都要糟糕。"[56]丘吉尔这样回忆道。他抗议说自己不过是一名战地记者，可是布尔人却指出他随身带着武器，而且有人看见他在战斗中帮助英军。

1899年12月中旬的一个夜晚，在被关押快一个月时，丘吉尔爬过学校的高墙，想办法过了岗哨，有可能是贿赂了哨兵。他知道半英里外有铁道，于是靠着星星识别方向去到那里。一列火车正要离站，他偷偷摸了过去。"然后我猛地扑了过去，试图抓住什么，没有抓住，再试着去抓，还是没有抓住，最后终于抓住了一个可以着力的地方，使劲把双脚荡上去，脚趾撞在了铁轨上。"[57]他爬进一堆用来运煤的空袋子中，沉沉睡去。他心想，没有什么摇篮曲"比哐当哐当载着逃走的囚犯，以每小时20英里的速度离开[敌方]首都"更为美妙。

对于一个前途光明、拥护帝国统治的年轻人来说，这是一次完美的冒险。他朝着275英里之外葡萄牙治下的东非边境进发，昼伏夜行，白天在乡野间睡觉，晚上跳上火车前进。粮食和体力都快消耗殆尽的时候，他恰好到了一名苏格兰矿场主的家门前，而这名矿场主又刚好是英帝国扩张行动的支持者。在描述这段经历时，丘吉尔说这完全是自己幸运，但是人们还是禁不住猜想是不是有人给他出了主意，让他去寻找这个人。矿场主把丘吉尔藏在一个废弃竖

第二章 冒险家丘吉尔

井的底部,在地下两百英尺*深处,给他提供了蜡烛、威士忌、雪茄、鸡肉,还有一本罗伯特·路易斯·史蒂文森(Robert Louis Stevenson)写的惊险小说《绑架》(Kidnapped)。与此同时,他做了安排,把这名年轻的逃犯藏在一列货运火车上大捆羊毛中间的空隙里送到了葡萄牙殖民地。到达葡属东非(Portuguese East Africa)首都洛伦索—马贵斯(Lourenço Marques†)以后,丘吉尔立刻与英国领事取得了联系。担心丘吉尔被城里的布尔人再次俘获,这名领事连夜安排他登上一列蒸汽火车返回南非。在南非,丘吉尔公开讲述了自己的冒险经历,随后重新以军官和记者的双重身份加入英国军队,这种做法在当时是可以接受的。

在那之后的几个月里,丘吉尔的冒险事迹频频出现在从英国本土寄来的报纸上,好不热闹。关于火车事故及成功脱逃,"报纸上……充满了对我的行为的夸张褒扬"[58],他表示说:"我出名了。"但此时丘吉尔的心思已不在这里,而后来这场战争也逐渐缩小成了小型的游击战。

在进行了一些漫无目的的报道以后,丘吉尔返回英格兰,试图利用自己日益高涨的声望重新踏入政界。他在1900年夏天回到家中,迎接他的却没有自己的母亲。她当时忙着跟自己的第二任丈夫结婚,无暇顾及儿子。丘吉尔母亲的第二任丈夫,英俊的乔治·康沃利斯—韦斯特(George Cornwallis-West)上尉比她年轻20岁,比丘吉尔仅大16天。[59]多年以后,丘吉尔在自己的回忆录中用了整整一章的篇幅回忆"装甲列车"事件。这完全与该事件对他的重要性相当,因为这一事件正是帮助丘吉尔从一个三流名人变成英国重要公众人物的跳板。

---

* 英尺:英美制长度单位,1英尺合0.3048米。
† 马普托(Maputo)的旧称,现为莫桑比克的首都和最大港口城市。

从一开始，丘吉尔的许多同僚就认为他在教养、性格以及气质方面与他们格格不入。"在保守党内部和社交圈子里……他都是一个外人，一个过于好胜、拼命向上爬且自我标榜的人。"[60]维奥莱特·阿斯奎斯这样说道。这些评价似乎非常中肯，在被俘及成功脱险仅12个月之后，丘吉尔便成功当选为议员。

冒险家成为政治家并结婚成家

丘吉尔跌宕起伏的人生这才刚刚拉开帷幕。进入下议院仅仅4年时间，他就摒弃保守党，加入了自由党，这正是后来很多保守党人不信任他的原因。1908年4月，年仅33岁的丘吉尔接受新任首相阿斯奎斯（H. H. Asquith*）的任命成为内阁成员，而阿斯奎斯正是维奥莱特的父亲。国王爱德华七世对此不屑一顾，对自己的儿子说，丘吉尔"比他是在野党时更加给执政党使坏"。[61]

同一年，丘吉尔恋爱娶妻。妻子陪伴他长达半个多世纪，也是他最知心的密友。在那之前，丘吉尔曾经追求过一个女子，然后又追求过另一个，都没有结果。他曾一度与维奥莱特·阿斯奎斯非常亲密，但似乎对浪漫关系感到手足无措。据说维奥莱特曾认为他会向她求婚，可他并没有。然而在1908年春天，丘吉尔对另外一个地位远远不如维奥莱特的女人发生了兴趣，她就是克莱芒蒂娜·霍齐尔（Clementine Hozier），一个落魄苏格兰贵族旁支的后代，据说为了生计还曾教过法语。

1908年8月，维奥莱特得知丘吉尔已经向克莱芒蒂娜求婚。"最终他会不会介意她蠢得像只猫头鹰，这一点我不知道。"[62]维奥莱

---

* 全名Herbert Henry Asquith（赫伯特·亨利·阿斯奎斯），一般称为H. H. Asquith，英国自由党人，1908年至1916年出任英国首相。

特在给自己最好的朋友维尼夏·斯坦利（Venetia Stanley）的信中写道，"他不愿意找一个敢于批评、不墨守成规的妻子，一个能够堵住他品位等方面的漏洞、阻止他犯错的人，但其实他迫切需要这么一个人。"英国贵族私生活混乱，几年以后，维奥莱特的父亲爱上了她的朋友维尼夏。在数次讨论第一次世界大战战事的内阁会议上，他分心走神，给维尼夏写起了情书。

不管怎么说，维奥莱特是绝对不会容忍丘吉尔不够浪漫这一点的。几年后的一天，丘吉尔与维奥莱特共乘一艘游艇游弋在亚得里亚海上，两人仍然是亲密的朋友。站在船尾的栏杆处，维奥莱特感叹道："多美啊，真是无可挑剔！""是啊，"旁边的丘吉尔回答道，"视野无可挑剔，能见度也无可挑剔。"[63]接着，他便滔滔不绝地跟她讲如何去轰炸沿海的城镇。

克莱芒蒂娜·霍齐尔的身世有些扑朔迷离。一些传记作家认为她的生父是伯特伦·米特福德（Bertram Mitford）[64]，也就是20世纪30—40年代英国上流社会的风云人物米特福德六姐妹的祖父。作家兼政客鲍里斯·约翰逊（Boris Johnson*）认为："克莱芒蒂娜并不完全清楚自己的生父是谁。"[65]

对丘吉尔来说，克莱芒蒂娜的性格比她的身世重要得多。迎娶克莱芒蒂娜可能是他一生中最明智的决定。她个性矜持，对世界有着敏锐的观察力却不锋芒毕露。她不像丘吉尔，更不像丘吉尔的母亲，因为她熟悉贫穷带来的恐惧，也知道做一名默默无闻的百姓是什么样子。跟维奥莱特不一样，克莱芒蒂娜本人没有从政的欲望。她不会掩盖丘吉尔的光芒，也不会与他竞争，她会在他忘乎所以的时候让他冷静下来，也会在他郁郁寡欢的时候给予他支持。一如多年以后她对他说的那样："正因为我普通而且因为我爱你，我知道

---

* 2016年担任英国外交大臣，2019年7月成为英国首相。

什么适合你，也知道最终什么对你最好。"[66]1908年9月，温斯顿与克莱芒蒂娜在宣布订婚仅仅几个星期之后便结为夫妻。婚礼上[67]，"伯蒂"·米特福德（"Bertie" Mitford*）坐在克莱芒蒂娜母亲的身边，不知这一点是否具有任何深意。

* * *

1911年，丘吉尔升任第一海军大臣（First Lord of the Admiralty），掌管皇家海军，一直到第一次世界大战期间。1915年，英军在土耳其的加利波利（Gallipoli）发起登陆作战，丘吉尔被认为是主要策划者之一。这次行动完全是一场灾难，作战9个月之后，盟军从加利波利半岛撤退，损失惨重，阵亡5万多人，却没有太多斩获。

丘吉尔承担了土耳其行动失败的主要责任，一夜间丢了官职，一时无所适从。"就像是海怪从深水中被钓了出来，又像是出水太快的潜水员，我感觉自己的血管在压力下行将迸裂。"[68]丘吉尔回忆道。在思考这场战争细节的时候，他补充说道："我极其焦虑，却没有排解的渠道。"他开始想方设法转移注意力，竭力使自己平静下来，最终选择了绘画。在接下来的几十年中，绘画成为他排解情绪的有效途径。

然而，退出公众视线、隐居英格兰乡村并不足以排解他胸中的苦闷，也无助于恢复昔日声望。他认为自己并不应该承担加利波利作战失败的责任，同时却又感觉有必要采取一些行动予以补救，因此自愿奔赴法国战场。1915年11月，丘吉尔抵达法国前线，在一个营负责了几个月的指挥工作。"这里是一片蛮荒的景象，"他在给克莱芒蒂娜的信中写道，"到处肮脏不堪，垃圾遍地。阵亡士兵的

---

* Bertie 为 Betram 的昵称。

坟墓甚至修进了防御工事里,到处溅满血污。还有,在洁白的月光下,硕大的老鼠成群结队,随处可见。而且,耳边总响着步枪和机枪的声音,子弹在头顶呼啸而过,随时可能夺人性命。"[69] 即便如此,丘吉尔惊讶地发现自己在法国时的心情比在英格兰时好多了。他写道:"我找到了快乐与满足,一种在过去几个月都没有的感觉。"

丘吉尔生来养尊处优,锦衣美食,在法国战场上与战友在泥泞中并肩生活是他这一生中最接近普通民众的经历。[70] 即便如此,他仍然能想办法改善自己的生活环境。他让妻子为自己寄来"大块的腌牛肉、斯蒂尔顿干酪、奶油、火腿、沙丁鱼以及风干的水果。你说不定可以试试寄一大块牛肉馅饼来,但是不会对罐装的松鸡或是任何其他罐装的新奇东西感兴趣。越简单越好,内容要丰盛,我们的配给肉实在是嚼不动而且索然无味"。[71]

克莱芒蒂娜对他的情绪变化非常敏感。丘吉尔在前线情绪低落时,她总是会想办法让他振作起来。"亲爱的,"她在1916年2月的一封信中写道:"我昨天收到的一封信感觉是在郁郁寡欢的心境中写成的。我祈求,你不要让这样的情绪加深蔓延,不要让你的心境和理智长久地蒙上阴影。"

当丘吉尔休假回家时,克莱芒蒂娜觉得他过于关注政治而忽略了她的感受。她嗔怪道:"我亲爱的,这些可怕的公务上的焦虑真让人疲惫。当我下次见到你的时候,希望能有一点时间留给我们俩自己。"[72] 她并没有明确表示希望在性生活方面得到更多关注,但也作出了暗示:"我们依然年轻,但时光飞逝,会把爱情带走,而仅留下友情。虽然友情可以宽心,但缺少激情也无法产生澎湃之感。"帕梅拉·迪格比(Pamela Digby)后来在"二战"期间嫁给了丘吉尔的儿子伦道夫·丘吉尔。她与克莱芒蒂娜有过一次非常私人的交谈,她向后者讲述了自己与丈夫间存在的问题。几十年以后,帕梅拉回忆说,丘吉尔家的男性均性欲低下。她自己与伦道夫的性生活便有很大空间让人浮想联翩。她告诉为自己写传记的作家："说到性，伦道夫跟其他丘吉尔家的男性一样，似乎兴趣不大。他饮酒无度，无助于质量，也影响了频率。"[73] 与帕梅拉的说法相左的是，丘吉尔与克莱芒蒂娜在 1909 年、1911 年、1914 年、1918 年和 1922 年均有孩子出生。

丘吉尔在前线的工作相对轻松，因为那时的战事主要集中在东北部的凡尔登（Verdun），离南部很远。即便如此，丘吉尔领导的营也遭受了伤亡。1917 年 5 月，该营因为大量减员而解散，并与其他部队重组。丘吉尔借此机会回国，重返政界。同年 7 月，他重返内阁，成为军备部长。

1922 年，他寻求连任失败，1923 年再次遭受失败。1924 年 4 月，他给正在法国度假的妻子写信，谈到自己和孩子们正一起享受乡下的生活："我每餐都佐以香槟，三餐之间还饮用大量的波尔多红酒和果汁汽水，食物简单而美味。傍晚时候，我们一起听留声机，还玩麻将。"[74] 同年，他回到议会，当时正值工党第一次夺取政权，组建政府。而他所处的自由党处于一片混乱之中，他于是离开自由党，重新加入保守党。据说在此举之后，他扬扬自得地说："谁都可以转向，但只有真正足智多谋的人才可能两次转向。"[75] 他回归保守党之举并没有获得昔日同僚的衷心欢迎。他的朋友兼政治盟友比弗布鲁克男爵（Lord Beaverbrook）曾写道，在保守党内部，"他遭人憎恨，得不到信任，也让人惧怕。"[76]

即便在这种情况下，1924 年底，年轻的工党失势、保守党再次获胜时，丘吉尔还是取得了财政大臣这个重要职位，相当于其他国家的财政部长一职。这个职位在心理上对于丘吉尔十分重要，因为这个职位正是他父亲生前短暂政治生涯所达到的最高峰。1886 年，伦道夫·丘吉尔勋爵在这个位置上只供职了短短 5 个月。

然而，到了 20 世纪 20 年代末期，丘吉尔又以另一种形式效仿了自己的父亲：频频与党内一众领袖发生争吵，幻想自己的观点在辩论中胜出。事与愿违的是，1929年之后，工党再次取代保守党执政，丘吉尔再次失去权力。因为股市投资的失利，他财务告急。为了改善财务状况，他把大部分时间投入写作与演讲中，所以他1931年12月会出现在纽约第五大道，所以他会心绪不宁，当机动车在身边飞驰而过时看反了方向。

第三章
警察奥威尔

如果说权力和影响力是丘吉尔早年追逐的目标,奥威尔穷其一生探寻的主题则从未改变过,即对权力的滥用。这一主题贯穿他所有的著作,由始至终。

* * *

作家"乔治·奥威尔"原名埃里克·布莱尔,1903年出生于英属印度的孟加拉邦(Bengal)。他的父亲是英属印度军一名军官的儿子,在印度文官机构(Indian Civil Service)担任一名下级职员,负责管理鸦片种植和加工。这些鸦片大部分销往中国,用以平衡英国从中国进口茶叶、瓷器及丝绸产生的逆差。19世纪中期,鸦片贸易占到了印度国库收入的15%。[1] 奥威尔母亲的娘家姓利穆赞(Limouzin),是一个法国家庭,当时在缅甸种植茶叶。

但孩提时代的奥威尔没有在缅甸久留过。他还不满一岁时,母亲就带着他和他姐姐搬到了英格兰,在伦敦西边一个叫泰晤士河畔亨利(Henley-on-Thames)的地方住了下来。在那里,幼年的奥威尔其实离丘吉尔并不远,当时丘吉尔正在牛津郡轻骑兵(Oxfordshire Hussars)的一个连队里服役。在七个月大的时候,也是他生命中的第一个冬天,奥威尔患了一次支气管炎。[2]

奥威尔18个月左右开始牙牙学语,学会的第一个词可能是"可恶"(beastly)。[3]跟丘吉尔一样,奥威尔的童年也很不快乐。他后来的姐夫汉弗莱·戴金(Humphrey Dakin)自小与他熟识,从来就不喜欢他,把他描述成"一个胖小子……总是哭哭啼啼。鬼鬼祟祟的,老是撒谎、说大话什么的"。[4]奥威尔有一个姐姐和一个妹妹。尽管他后来提出了广为人知的"老大哥"(Big Brother*)一词,但他其实并没有哥哥,也没有弟弟。

跟丘吉尔一样,奥威尔也很少见到自己的父亲。他父亲1907年曾从缅甸回来探望家人,但到1912年退休时才搬来与家人同住,当时还在孩童时期的奥威尔已经被送去了一所寄宿学校。奥威尔与父亲并不亲近,他后来曾说过:"我八岁以前几乎没怎么见过自己的父亲。"[5]关系疏远的父亲"对我来说不过是一个声音沙哑的老人,永远这不让做,那也不让干"。[6]贯穿奥威尔一生的对权威的蔑视应该从那时候就开始了。

奥威尔就读的第一所学校是位于东萨塞克斯(East Sussex)的圣西普里安(St. Cyprian's)寄宿学校,幼年的他非常讨厌这所学校。他后来在一篇名为《这就是快乐》("Such, Such Were the Joys")的文章里提到这所学校时措辞十分激烈,不过因为担心被控诽谤,这篇文章在奥威尔在世时并没有发表:"八岁的时候,你突然被带离温暖的安乐窝,丢进一个充满暴力、欺骗和不可告人秘密的世界,就像是金鱼被扔进了一个荆棘遍布的鱼缸。"[7]

在学校里,奥威尔十分孤独,内心充满恐惧,进而开始尿床。

---

* 指奥威尔的小说《1984》一书中虚构国度的集权统治者。

因为这个原因,他受到校长的打骂。校长挥动装着骨质手柄的马鞭,咒骂道:"你这个肮脏的东西。"在第一次挨打后,奥威尔跟同学说,其实挨打一点儿都不疼。这句充满傲气的话被校方某人偶然听到,于是奥威尔又被叫去挨了一顿毒打,这一次马鞭都被打断。这段经历让奥威尔推断出,在这个世界上,自己不可能成为一个守规矩的"好人",因为他当然不想尿床,而且也努力了,却做不到。他后来回忆说,意识到这一点是"我孩童时代最重大、最持久的一课"。[8]

他还意识到,自己得到了一些学费上的减免,也就是说他是一名奖学金学生。学校这么做并非出于仁慈,他有责任作出回报:他必须在学业方面出类拔萃并升入一流中学,比如伊顿(Eton)或哈罗(Harrow),帮助提升学校的声誉。幼年的奥威尔开始意识到,有钱人家的孩子不管表现如何不堪都不会受到打骂,成年奥威尔的社会主义思想似乎在那时便开始萌芽。"倒霉的是穷人家的'聪明'孩子。我们的大脑是他[校长]投资的金矿,必须从我们身上挤出红利来。"[9]学校的经历让他对生活的两条丑陋原则深信不疑:一、强者一定会欺凌弱小;二、自己参与的事情都会失败。

然而,学校在他身上下的赌注获得了回报,奥威尔赢得了赴伊顿学习的奖学金。令人吃惊的是,他19岁从伊顿毕业时却没有申请大学,而是加入了印度皇家警队(Indian Imperial Police),被派往缅甸工作。一直到今天,人们都不清楚,当时他究竟为什么会作出这样的决定。他在学校里学到的教训之一便是"打破规则,否则灭亡"。[10]他骨子里没有什么东西可能让他成为一个执行法规的人,更别说是为了增强对殖民地的压迫。然而在那之后的四年里,这却是他的工作。也许他想尝试角色转换,看看身处权力一方是什么样子。

所以,跟丘吉尔一样,奥威尔步入成年时也身在大英帝国一个偏远的地方。奥威尔被派往上缅甸（Upper Burma*），而25年前，丘吉尔曾在距那里西北方向1600英里的阿富汗边境驰骋，并写下了叙事体作品《马拉根德野战部队的故事》。从1922年底到1927年中，奥威尔的身份是缅甸的一名皇家警察。设置这样的职位是因为英国在1886年强行占领了缅甸中部及北部地区，而这一占领行动正是由丘吉尔的父亲伦道夫·丘吉尔勋爵指挥的，他当年曾短暂担任英国政府的印度事务大臣一职。

初到缅甸，奥威尔就没有给上司留下好印象[11]，因此被派往缅甸铁路线的最北端一个叫杰沙（Katha）的小镇，距离中国边境仅有80英里。正是在这个位于伊洛瓦底江（Irrawaddy River）畔的边远小镇，奥威尔走向成熟，塑造他整个写作生涯的观点也在这里开始成形。他早期作品《绞刑》（"A Hanging"）中的一个片段已经被人分析过许多次了，我们不妨再拿来读一读。[12] 在这部作品中，他押送一名被判有罪的印度男子走向40码开外的断头台：

尽管双肩都被牢牢抓住，他往前走的时候还是在某处为了避开地上的水洼而略微向旁边偏斜了一下。说起来奇怪，直到那一刻，我才真正意识到毁灭一个身体健康、神志清醒的人意味着什么。当我看见这名囚犯为了避开水洼而向一旁让了让的时候，我看见了强行缩短一个旺盛的生命是怎样的不可思议，同时又是怎样一种无法言说的错误。这是一个活生生的人，跟你我一样。

以自己在缅甸度过的时光为背景，奥威尔写出了第一部小说《缅甸岁月》（Burmese Days），这部书更像是一部回忆录，而非完全虚

---

* 现今缅甸的中部及北部地区。

第三章 警察奥威尔

构。正如他本人后来在一封信中所写的那样:"其中的许多内容不过是重现我所看到的东西。"[13]

评价这本书的最佳角度,是将其视为对各种滥用权力的方式所作的研究。《猎象》("Shooting an Elephant")是奥威尔最出色的文章之一,文中他提到,在那里自己每天

> 近距离目睹大英帝国所做的龌龊事。可怜的犯人在监狱散发恶臭的囚笼里挤作一团,刑期漫长的囚犯面色苍白、充满惊恐,被竹条抽打过的犯人臀部伤痕累累……[14]

他辞去警察职务的时候仍正值青年,只有 24 岁。他回到欧洲,开始在伦敦和巴黎四处漂泊。在那之后的几年里,他将完成《缅甸岁月》的写作,而这本书也将在他写的第二部书《巴黎伦敦落魄记》(*Down and Out in Paris and London**)之后出版。但是在奥威尔的生命中,缅甸是出现在巴黎和伦敦之前的。

他对缅甸经历的描述直截了当。《缅甸岁月》一书的主人公名叫弗洛里(Flory),一个不按传统主角品格塑造的人物,一个无聊乏味、心怀不满、有着一丝自由思想的殖民地木材商人,居住在遥远的缅甸北部,一个位于伊洛瓦底江畔的殖民地居民点。如果奥威尔在缅甸再住上十年,也许就会变得跟弗洛里一样,成为一个"年约 35 岁"、并不快乐的男人,长着硬硬的黑色头发,留着修过的八字须,皮肤灰黄。"他面容非常憔悴……双颊瘦削,眼眶下陷枯槁。"[15] 奥威尔和弗洛里主要的不同之处在于弗洛里非常明显的身体特征,即左边面颊上一块酒红色的胎记,正是这块胎记让他极度敏感,在他人面前显得非常不自然。

---

* 下文中亦简称为《落魄记》。——编注

弗洛里认识了来到缅甸物色未来丈夫的伊丽莎白·拉克斯廷（Elizabeth Lackersteen）。伊丽莎白并不喜欢弗洛里，而且很瞧不起他对艺术和文学表现出的兴趣，他对缅甸生活和文化日渐产生的同情让她颇有戒心。只有当他的行为符合帝国一员应有的举止方式时，比如开枪射杀了一只鸽子时，她才会对他表现出些许热情。然而，这些行为不过是弗洛里的表象，在内心深处他对此感到厌恶，唯愿自己有勇气突破束缚。伊丽莎白当时住在一个叔叔家里，夜里常常被这个叔叔偷偷揩油。伊丽莎白急于摆脱这种令人绝望的境地，所以尽管不喜欢弗洛里，她还是表现出愿意与他在一起，直到有一天，一名爱搬弄是非而又腐败的缅甸下级官员，设下诡计让被弗洛里赶走的缅甸情妇在公开场合对他大肆羞辱。这让伊丽莎白下决心断绝了跟弗洛里的关系。不堪羞辱与背弃，弗洛里陷入绝望，举枪自杀。他死后，那块"丑陋可怕的"[16]胎记也慢慢褪去。

本书情节全部以英国人和缅甸人策划的一桩桩社会及政治诡计为背景，全都是些为了树威信和争面子的小事情，比如缅甸人受到邀请加入镇上的欧洲俱乐部[17]，因为英国政府高层授意俱乐部放宽准入规章以笼络当地人。这部小说不厌其烦地描写社会权力在微小层面上如何被无尽地滥用，读起来就像是简·奥斯汀（Jane Austen）与 E.M. 福斯特（E. M. Forster）作品的合体。在奥威尔开始着手描写衰落中的大英帝国的四年前，E.M. 福斯特出版了《印度之行》（Passage to India）一书。

小说开篇不久，奥威尔在交代背景的时候写道："在印度的任何一个小镇上，欧洲俱乐部都是一处心灵的避难所，是大英帝国权力的所在，也是当地官员和百万富翁徒劳怀念的极乐世界。"小说中的这间俱乐部规模很小而且位置偏远，远远落后于其他俱乐部，而且从未邀请过一个"当地"成员。当接到整改要求的时候，俱乐部中三名成员对此严词拒绝。"那些大腹便便的矮个子黑鬼从桥牌桌的那一头都可以把嘴里的蒜味呼到你脸上。"[18]其中一个讥讽道，还特地用了一个措辞丑陋的句子。在另外两名成员中，弗洛里对这个提议表示欢迎，而习惯于家长式做派的麦格雷戈先生（Mr. Macgregor）则顺从地同意遵照指示行事，他是英国人社区中事实上的领袖。

考虑到奥威尔在书中所使用的意识形态框架显得颇有些不自然，故事情节中的这些细小转折几乎总是为了表达一个更宏大的观点。比如说，一名英国女士在感叹仆人"懒惰"时说道："从某方面说，他们变得几乎跟家乡的下等人一样糟糕。"[19]当一名来访的英国军官踢了俱乐部的管家一脚时，一名俱乐部会员斥责道："踢仆人的应该是我们，还轮不到你。"[20]弗洛里告诉一位印度医生，也是他唯一真正的朋友，他羞于生活在"来这里是为了帮助贫穷的黑人弟兄而不是要压榨他们的谎言中"。[21]他断言道，大英帝国还停留在建造银行和监狱上，却把这么做称作进步。[22]弗洛里说，简而言之，"大英帝国不过是一种手段，让英格兰人，不对，是犹太人和苏格兰人的团伙获得贸易垄断"。[23]此处，奥威尔针对种族提出了尖锐的双重批评，没有迹象表明他这样做带有任何挖苦的意味，尤其是他自己与弗洛里有着非常相似的身份认同。历史上，从印度出口到缅甸的鸦片确实主要被两股势力掌控，即苏格兰公司怡和洋行（Jardine Matheson*）及后来归化英国的伊拉克犹太家族——沙逊家族（the Sassoons）。传记作家、"一战"时的诗人西格弗里德·沙逊（Siegfried Sassoon）便是该家族中的一员。

这部小说虽然篇幅短小，质量却不错。比丘吉尔的早期作品，尤其是那部自然已被世人遗忘的小说《萨弗罗拉》（*Savrola*）的质量要高，部分原因是此时的奥威尔已经是一名颇为老练的作家。

---

*　旧译渣甸洋行。

如果奥威尔就此封笔，没有写出后期影响力巨大的作品，对今天的读者来说，《缅甸岁月》不过是一部鲜为人知但不乏趣味的小说，以文学的方式探讨帝国这一主题。多年以后，他这样回忆年轻时候的自己：

> 我想要写许多自然主义小说，以悲剧结尾、充满细节描写和令人印象深刻的比喻，而且还要有很多华丽的段落，其中的许多用词不过是因为其音律，为使用而使用。事实上，我完成的第一部小说《缅甸岁月》就是这样的一部书，成稿于我三十岁的时候，但构思在那之前多年就已经开始。[24]

然而，这部书仍然有很强的可读性，在今天，书中最受人关注的是对大英帝国本质及帝国主义的探讨。"欧洲人才不会在意什么证据。"[25] 在这部小说的首个场景中，诡计多端的缅甸官员吴波金（U Po Kyin）这样说道。"当一个人长着一张黑黝黝的脸，对他的怀疑便是证据。"——他非常聪明地利用这一点为自己大捞好处。小说中的叙事人在后来提醒读者，弗洛里"忘记了，大多数人在国外只有通过贬低当地人才能实现心情舒畅"。[26] 这一点并非真理，不过确实是《缅甸岁月》所描写的英国人小群体的实际情况。

最后，弗洛里苦闷不堪、自怨自艾，陷入绝望之中。他说的最后一句话是一句谎言。他对自己被吓坏了的狗说："主人不会伤害你的。"[27] 说完，他就开枪把狗杀死，然后饮弹自杀。

奥威尔原本安排弗洛里写下"向我学习如何无法生存"[28] 作为自己的墓志铭，但是后来却决定把这个内容从最后一稿中删去。在小说的最后，弗洛里不过是大英帝国的又一个牺牲品。这部书希望表达的观点之一便是，跟缅甸人一样，英国人也受到帝国主义国家机器的迫害。

第三章 警察奥威尔

如果说在学校里奥威尔开始对权威产生怀疑，那么在亚洲的经历使他切身感受到权力可以如何让一个人腐化，这也许是缅甸岁月在他身上留下的最深刻的影响。他厌恶权力带给自己的变化，害怕如果继续作为执法者留在缅甸，将来自己不知会变成什么样子。正如他在《猎象》一文中所写的那样："当那个白人变成暴君的时候，他摧毁的是自己的自由。他变成了一个内心空空如也的傀儡，一个标准化的老爷（sahib）。"[29] 这一结论等于全盘否定了他自己在英国殖民地政府机构中供职的经历。

* * *

这部小说当年一定像一记耳光狠狠打在经营大英帝国日常事务的中产阶级的脸上，所引起的震惊程度现在难以想象。即使在20世纪30年代，把大英帝国描述成一种正义的力量仍然是司空见惯的，人们认为正是大英帝国把教育、贸易与法制带去了偏远的亚洲和非洲。在当时，身为英国作家而把大英帝国描述成一股动机卑鄙的邪恶力量，的确非常罕见。奥威尔的姐夫汉弗莱·戴金本人便是一名政府公务员，他回忆道："那时候，我觉得挺窝囊的，你明白我的意思吧。他就是刻意在寻找那些恶心、肮脏的东西，然后被他找到了。"[30] 因为担心有人对号入座，在书中看到自己的影子而控告作者诽谤，这部书首先在美国出版。有一些人对这部书反应十分强烈，据说奥威尔以前的教官就发誓说如果再遇见他，一定拿马鞭狠狠地抽他一顿。[31]

在缅甸度过的岁月让奥威尔得出的最大结论是："受压迫的一定是正义的一方，而压迫他人者则一定是过错方。"[32] 奥威尔继续写道，当然这是"一种错误的理论，但这是你自己成为压迫者中的一员的自然结果"。

因为这段压迫他人的经历，奥威尔回到欧洲以后便开始自我惩罚，在很长一段时间里自愿过着一种贫苦潦倒的生活。他先是在英格兰流浪，然后于1928年春天来到巴黎，生活在社会最底层。他在极其肮脏的环境中居住、工作，患上了肺炎，这也是他后来一系列肺部问题的开始，之后的二十年，他一直遭受着肺病的折磨。他当时甚至食不果腹，而这主要是出于他自己的选择，因为当时他姨妈内莉·利穆赞（Nellie Limouzin）也住在巴黎，如果奥威尔开口，她一定会帮助他。但是，奥威尔不想受人恩惠。他后来告诉一个朋友，他所有的积蓄都被一个叫苏珊（Suzanne）的女孩子偷走了，这是他在小饭馆里搭上的"一个小婊子"："她很漂亮，长着一副小男生的身材，剪着伊顿短发，魅力十足。"[33] 在那之后，他开始为报刊写稿，1928年底在法文和英文报纸上发表了自己的第一批文章。此时他还是用自己的真名埃里克·布莱尔来写作。

1929年底，他由法国返回英国，搬去与父母同住。当时他父母已经搬去了西南海滨小镇绍斯沃尔德（Southwold），许多在印度工作过的公务员退休后都搬去了那里。他先是靠辅导学生有了一些收入，然后在一家没什么名气的中学里谋到一份教职。他开始追求布伦达·索尔克尔德（Brenda Salkeld），索尔克尔德是一名阅读非常广泛的体操老师。奥威尔曾多次向索尔克尔德求婚，每次都被拒绝，后来也就接受了现实，与另外一名女子有过短暂交往。

然后，他开始亲身体验英国底层社会的生活。他在田野里跟流浪汉一起采摘啤酒花，在伦敦特拉法加广场（Trafalgar Square）风餐露宿，还故意被警察抓捕。他从一个救济站搬到另一个救济站，在那里人们吃的是残羹剩汤，受的是像狗一样的对待。

他后来把自己在英格兰和法国的经历小说化，写成一部名为《巴黎伦敦落魄记》的回忆录，于1933年出版。这是他第一次以"乔治·奥威尔"的笔名发表作品，"乔治"是一个在英格兰非常常见的男子名，

第三章　警察奥威尔

而"奥威尔"则是流入绍斯沃尔德南部港湾一条河流的名字。

在奥威尔所处的年代,有钱人常常忽视甚至故意丑化大多数人的生活工作状况。萨克维尔-韦斯特(Sackville-West)夫妇就是很好的例子:维塔·萨克维尔-韦斯特(Vita Sackville-West)是个小说家,她丈夫哈罗德·尼科尔森(Harold Nicolson)是一个聪明却平庸的人。他们认为自己是天地万物中的上等——优秀、高雅、容忍、有教养,是地球上最好国家的最好地区培养出的最好的一类人。尼科尔森有一次在日记中写道:"我是一个快乐、诚实、富有爱心的人。"[34] 他爱心惠及的人士包括盖伊·伯吉斯(Guy Burgess),此人后来在20世纪50年代被曝出是效忠苏联的一个上流社会间谍圈中的一员[35],早在20世纪30年代时就被H.A.R."金"·菲尔比(H.A.R."Kim" Philby)在剑桥招募*。

尼科尔森是一个彻头彻尾的势利小人。一次,他在给妻子的信中写道:"我们慈爱、宽容、公正,而且毫不庸俗。上帝知道,我们一点也不庸俗!"[36] 他非常愉悦地赞同自己的情人之一、文学评论家雷蒙德·莫蒂默(Raymond Mortimer)傲慢的评论:"普通人对真理的执着不可能跟我们一样。"[37]

"我憎恨民主,"萨克维尔-韦斯特有一次向尼科尔森表示:"真希望没有人鼓动那些泥腿子蠢蠢欲动。我当然希望他们跟TT牛一样吃得好住得好,但仅此而已,别忘了身份,别张口胡说八道。"(TT牛指接受过检查,确认没有患上结核病的牛†。在20世纪中期的英格兰,肺结核仍然威胁着人们的生命,正如奥威尔后来经历的那样。)一个星期以后,萨克维尔-韦斯特在另一封信里补充说,她知道自己不会变成一个无聊乏味的人,这让她如释重负:"如果一个人活

---

* 即著名的"剑桥间谍案"。

† TT是tested for tuberculosis(经检查未患肺结核)的英文缩写。

着只是一种存在，过了一天又一天，做的都是毫无重要性的蠢事，这该有多么可怕？我指的是像洗衣服、清洗门前的道路、说说邻居的闲话那样的事情。"[38]

所以，在这样的背景下，奥威尔在《落魄记》一书中提出的问题便具有一定的合理性，他问道："有多少受过教育的人知道贫穷是什么？"[39] 他竭力让自己融入，后来又致力于向世人描述的，正是挣扎求生的劳苦大众的"庸俗"世界，是绝大部分人都生活其中的世界。在这部书中，他有时候会显得过于喋喋不休而让人不快，比如开篇不久，他用一种不带感情的口吻描写了"查理"是如何花钱强奸了一个被限制人身自由的21岁女子。"查理"是一个游手好闲的法国年轻人，一个酒吧的常客。"我把她从床上拖下来扔到地上，然后像老虎一样扑到了她身上！……动作越来越粗野，我不断进攻。她一次次试图逃走，大声呼喊求饶，换回的不过是我的嘲笑。"[40] 奥威尔在这本区区213页的薄书里用了6页来描写这么一个爱伦·坡式的可怕情节可能真的是个错误，冲淡了这部书的主题，即描写20世纪30年代巴黎和伦敦穷人的生活：拼命劳作只求吃饱穿暖，刚刚能歇口气就又要起床做工，挨到星期六晚上用劣质酒把自己灌醉。

这本书是为读者，也是为他自己而写，这是他步入文学界不可或缺的一步。让自己走入劳苦大众的世界，跟他们一起生活在肮脏、疲惫和饥饿的环境中，奥威尔这么做似乎是在为自己之前在殖民地的工作赎罪。在缅甸，他自愿加入来自欧洲的压迫者行列，为了赎罪，现在他自愿跟受压迫的欧洲人生活在一起。哲学家艾耶尔（A. J. Ayer）曾为英国情报部门工作，"二战"末期在巴黎认识了奥威尔，他说："我逐渐意识到他这么做……是因为之前在缅甸当了5年的皇家警察，为英国殖民主义服务，而他当时的行为就是在赎罪。"[41]

《落魄记》出版于1933年1月，是奥威尔最重要的一部转型作品，也是他从作家和观察者的角度所作出的重要探索。然而，这

第三章 警察奥威尔

部书还带着一丝不确定性,语气也缺乏一致性,特别是在开篇的时候。跟很多年轻作家一样,奥威尔也倾向于采用简单粗暴的手法来赢得读者,就像是上文中有关强奸场景的描写。这部书前半部分中有一段让奥威尔显得更像一个去穷人世界猎奇的游客,而不是那个世界中真正的一员。书中写道,他饥饿难耐时看到一只虫子掉进了自己的牛奶里。他下意识的反应是:"没办法,只好把牛奶倒掉自己挨饿了。"[42] 然而,一个真正长时间忍饥挨饿的人最可能做的是把虫子抓出来扔掉,然后把牛奶一饮而尽,而不是奥威尔所写的那样。

《落魄记》一书有时候读起来就像是一部过分渲染的导游书,带领人们参观城市贫民的奇异世界。在这部书中的好几处,奥威尔都详细描述了一个无产阶级小群体中的权力地位结构,这种关注似乎非常有英国特色,而奥威尔也是在不经意中表现了出来。[43] 在他工作过的饭馆里,处于权力结构顶端的是酒店经理,然后是侍者总管,往下依次是大领班、大厨、小领班、其他厨师、其他侍者、学徒侍者、洗碗工,最底层的是客房女佣。在这本书接近尾声的时候,叙事者回到英格兰,流落在伦敦街头,在那里他清楚地了解到乞丐也是等级分明的。"只是伸手乞讨的人跟尝试让施舍者觉得物有所值的人之间存在清楚的等级界限。"[44] 收入最高的是街头卖艺的,比如拉手风琴的、表演杂技的、在人行道上画画的,等等。排在他们之下的是假装兜售火柴、鞋带或薰衣草的人,或假装哼哼颂歌的人。他解释说,这种伪装是必要的,因为无缘无故跟人要钱是一种犯罪行为。奥威尔就像一名货真价实的游记作家一样,甚至提供了一份有关流浪者的词汇表,为一些俚语提供了释义,比如"搞笑戏子"(gagger)、"叫花子"(moocher)和"烂舞人"(clodhopper)。[45]

奥威尔去巴黎的时候不过25岁,这部书的瑕疵反映了他当时在写作方面尚处于学习阶段。奥威尔的嗅觉似乎异常敏锐,所以《落魄记》读起来有时候就像是在记录受压迫者发出的恶臭,而不是他们的悲惨遭遇或生存方式。在清晨乘坐巴黎地铁上班的途中，他"挤在一群摇摇晃晃站立着的乘客中间，鼻子贴在丑陋的法国人脸上，从他们嘴里呼出酸臭的酒味和大蒜味"。[46] 跟《缅甸岁月》不同，作者没有提及那些满嘴大蒜味的人是不是也大腹便便。奥威尔对大蒜这种东西好像尤其敏感，1939年冬天，他在摩洛哥的一家农场短暂务工期间，因为农场的牛吃了野蒜苗，他觉得连牛奶都没法喝了。[47] 不过，烹饪的时候放一些蒜他似乎还是可以承受的。在这部书的后半部分，他写道："床单上的汗味太可怕了，我都不敢让鼻子靠近。"[48] 这本书里另外还有八处提到奥威尔闻到周围环境中的异味，大多数时候是令他不快的臭味。

这里需要指出两点：一、对气味的敏感是他写作中一种不自觉的行为；二、让人略感不安的是，他厌恶的味道似乎总是来自人体。自然界的气味，即便是谷仓的味道，也几乎总能让他感到愉悦。相反，人却总是让他感到厌恶。

贯穿全书的另一条更令人反感的线索，是他对偶遇的犹太人表现出的不屑与偏见。在一家咖啡馆里，他看到："角落里，一个犹太人自己坐在那里，把头拱进（muzzle）盘子里……一脸罪恶感地吃着熏咸肉。"[49] 这个句子中用了"拱"这个形容动物的词，尤其让人不安。一次，奥威尔讲了一个叫鲍里斯（Boris）的朋友告诉他的事。鲍里斯是俄国人，以前当过兵，一个犹太男人为了50法郎让自己的女儿为鲍里斯提供性服务。奥威尔说："一个可怖的犹太老男人，长着加略人犹大（Judas Iscariot*）那样的红色山羊胡子。"[50] 奥威尔这种不假思索的反犹情绪也在他别的作品中出现过。同时，他又有些偏执，对某些看法有时的确会一味盲从，不知这一点会不会让人略感慰藉。在《落魄记》一书中，他就引用过这么一句

---

* 耶稣十二门徒之一，生于加略，后为钱出卖了耶稣。

俗语："相信一条蛇也不要相信犹太人，相信犹太人也不要相信希腊人，但无论如何也不要相信亚美尼亚人。"[51]

事实上，奥威尔对犹太人的命运总是显得漠不关心。"二战"期间，他写了大量文章抨击反犹主义[52]，但却没有审视自己过去十年的作品。"二战"以后，对于战争期间犹太人遭受的大屠杀，他几乎没有发表过任何言论。[53] 这一点让人错愕不已，因为针对犹太人的大屠杀是他那个时代中的重大事件。他一生都极力反对犹太复国运动，但这是基于他一贯厌恶民族主义的原因，而不应该看作一种反犹举动。尽管如此，他的记者朋友马尔科姆·马格里奇（Malcolm Muggeridge）还是认为"他内心深处有很强的反犹情绪"。[54]

《落魄记》中最精彩的部分描写了人们为了生存是如何日复一日忍受苦难的。通过叙事人在一家旅馆的餐厅里洗盘子的经历，劳苦大众的基本生活状况在书的中间部分得到了非常形象的展现。这一部分以叙事人步入地下工作间开始，描写了充满地狱般恐怖情形的社会底层状况[55]：

> 他领着我走下一段蜿蜒的楼梯，进入地下深处一条很窄的走道，头顶空间十分局促，我不时得弯下腰来。那里热得让人窒息，而且非常黑，几百码以外有几个昏暗的灯泡发出黄色的光。周围迷宫似的走道感觉上有几英里长，但其实一共也只有几百码而已……
>
> 其中的一条走道拐向一边，通往一个洗衣房，在那里，一个面容枯槁的老女人递给我一条蓝色的围裙和一叠洗碗布。然后，一个小领班把我带到地下一个非常污秽狭窄的小房间里，也就是地窖下面的另一个地窖。那里有一个洗碗槽和几个煤气炉子。头顶空间不够，我不太能够站直身体，而那里的温度高

达华氏110度*。

正是在这一章,奥威尔写出了书中最让人记忆深刻的段落,在他的笔下,污秽不堪、雾气腾腾的厨房与咫尺之外巴黎最昂贵的旅馆中崭新华丽的餐厅交织叠加在一起。食客们交杯换盏,背景中有华美的装饰镜、鲜花、雪白的桌布和涂金的飞檐,而就在几步之遥的厨房门后,

> 则是一片污秽。地板只有到了晚上才有时间打扫,我们也顾不得上面的肥皂水、菜叶子、破纸片和踩得到处都是的食物,不时地滑一个趔趄。十几个侍者干脆脱掉外套,露着汗津津的腋窝,坐在桌子上拌色拉,大拇指都伸进了色拉酱的罐子里……那里只有两个洗碗槽,没有盥洗池,侍者在冲洗餐具的槽子里洗一把脸也是再寻常不过的事情。但是食客们对此却一无所知。[56]

奥威尔在伊顿公学与富家子弟做同学,然后去巴黎一家旅馆的下层地下室与穷人混在一起,后来又流落在伦敦街头,经历过这一切之后,他信心十足地得出结论:"一个典型的百万富翁不过是穿上新衣的一个典型洗碗工。"对于那些担心暴民在大街上公然抢劫的人,奥威尔回应道:"现在的确是暴民猖獗,而且长着的是一张张富人的脸。"[57]换句话说,在他看来,富裕阶层发起了一场社会阶层之战,对穷人巧取豪夺,却拒不承认。

---

* 约等于43摄氏度。

第三章 警察奥威尔

* * *

此时的奥威尔认为自己是一名作家。他在伦敦北部的汉普斯特德（Hampstead）一个流浪汉聚集地带度过了20世纪30年代中期。他住在一家名为"爱书角"（Booklover's Corner）的二手书店楼上，早上和晚上写些劣质小说，下午就在书店工作。这个地方在他看来就像座坟墓一样："狭小昏暗的房间，空气中充斥着灰尘和腐烂纸张的味道……堆满了过时的、没人买的书。"[58]

在人生的这个阶段，他似乎难以看到光明的未来。"他并不是一个天生的小说家。"[59]作家玛丽·麦卡锡（Mary McCarthy）有一次这样略带贬义地评价奥威尔。其实，只要翻一翻他20世纪30年代中期写的小说，谁都可以一眼看出他创作传统小说的局限性。在这一期间，他写了《牧师的女儿》（A Clergyman's Daughter，1935年）、《叶兰在空中飞舞》（Keep the Aspidistra Flying，1936年）和《上来透口气》（Coming Up for Air，1939年）。这些书几乎都没有什么可读性。这里是《牧师的女儿》笨拙开篇的第一段：

> 当闹钟在多屉柜上像一枚可怕的小型炸弹一样炸响，正深陷复杂噩梦中的多萝西突然惊醒，仰面躺着，疲惫不堪，眼睛望向黑暗。[60]

除了这几部出版过的小说，奥威尔早期还写了另外两部小说[61]，但后来决定束之高阁，现在不知所终。奥威尔的朋友杰克·康芒（Jack Common），也是一名信仰社会主义的小说家曾说过，奥威尔20世纪30年代的小说是赶工赶出来的，因为急着要换钱糊口。[62]

小说家安东尼·鲍威尔（Anthony Powell）曾总结过奥威尔的这几部书，其口吻毫无赞许之意，而鲍威尔还是奥威尔的朋友："这几部书中的人物，除了投射出他自己的影子，完全没有生命力，尽管有时候这些角色有助于表达书中的某一观点，就像是听话的提线木偶一样。"[63]

后来，奥威尔的一个朋友想向他要一本《叶兰在空中飞舞》，奥威尔在给这位朋友的信中这样写道：

> 有这么两三部书，连我自己都觉得害臊，没有同意出版社重印或者翻译成外语，这就是其中一本。写这部书纯粹是为了练手，本不应该出版，但我实在太缺钱了，写《牧师的女儿》的时候情况也是这样。那时的构思还不足以成书，但是我就快要饿死了，必须要写点什么来换回100镑左右的钱。[64]

那时候，奥威尔的精力还放在别处，完全没有意识到自己的才华。他两部伟大的小说，即《动物庄园》（Animal Farm）和《1984》，均写于其生命即将终结时。这两本书不同于20世纪时典型的自然主义小说，而是神话故事和恐怖故事这两种通常受轻视文体的变体。然而，《动物庄园》和《1984》均建立在政治最核心的问题之上，即如何管理社会以及处理个人与统治机构的关系。这两部书比很多传统小说更加直接地反映了现实。

* * *

奥威尔的人生在1935年春天向前迈出了一大步，那一年，他认识了自己未来的妻子。艾琳·奥肖内西（Eileen O'Shaughnessy）是一名聪明而富有魅力的年轻姑娘，1927年毕业于牛津大学，专业是英国文学。他们相识时，她正在伦敦大学学院（University College London）攻读心理学硕士，主要研究儿童智力水平和想象

第三章　警察奥威尔

能力的衡量标准。

几个月后,《缅甸岁月》英国版面世。此时,奥威尔已出版了两本著作。他逐渐开始怀疑在写有关巴黎和伦敦那部书时自己关注的群体是否有误。他意识到:"不幸的是,靠跟流浪汉交朋友并不能解决社会阶层问题。"[65] "流浪汉、乞丐、罪犯和社会弃儿总的来说是非常特殊的群体,他们并不是劳动阶层中的典型群体,就跟文学知识分子并非中产阶级的典型群体一样。"那时,他打算一头扎进英国经济的心脏,即英格兰北部的煤矿区,想要跟在那里辛勤劳作的人打成一片。

1936年1月,他离开了汉普斯特德的书店,踏上了研究劳动阶层的旅程。第一个晚上,他住在考文垂(Coventry)。他在日记中写道:"闻起来就是一个典型的小旅馆,头脑迟钝的女服务员体态庞大,脑袋却很小,脖子后面积着一圈圈肥肉,让人禁不住联想到火腿上的肥油。"[66]

他乘坐火车一路向北,在利物浦附近的煤矿区逗留了两个月。这段时间里,他常常从一个镇步行数英里到另一个镇,雨雪无阻。1936年2月12日这一天,他步行经过威根(Wigan),一个靠采煤为生的小镇,位于曼彻斯特和利物浦之间,可由运河通达。在那里,他看到随处可见的一堆堆矿渣和泥泞的水洼。那里"寒风刺骨,甚至要用蒸汽机才能打碎运河上运煤船前的坚冰……几只老鼠慢慢地跑过雪地,非常驯服的样子,看起来像是因为饥饿而十分虚弱"。[67]

根据这段经历所写成的《通往威根码头之路》(The Road to Wigan Pier)是奥威尔非小说类作品中最直白的一部。这本书没有一个完整的叙事,而是以一个简单而完美的框架,用事实来描写大萧条时期矿区劳动阶层的生活状况。这并不是说做这方面的研究或写作是一件容易的事,借用奥威尔自己最著名的一句评语来说:"就算是只看清眼前的情况,也需要不懈努力才能做到。"[68]

从威根回到英格兰南部以后，奥威尔在赫特福德郡（Hertfordshire）的一个叫沃灵顿（Wallington）的小村庄里租下了一栋两层的小农舍，开了间杂货店。[69]这个村庄位于伦敦和剑桥之间，有34栋房子、两个酒吧和一座教堂。奥威尔租下的这个农舍不通电，没有热水，室内也没有下水管道，只是把小楼前部的一个房间开辟成了店铺。小楼的前门只有约四英尺高，这对个子瘦高的奥威尔来说一定颇为困难。在写作间隙，他卖熏咸肉、白糖和糖果，也卖自家的鸡蛋和蔬菜。[70]"他们有一台很专业的切咸肉机，"在当地农场做帮工的弗雷德·贝茨（Fred Bates）回忆说，"那时候他们卖的熏咸肉非常好。"[71]杂货店的收入足够支付房子一个月不到两英镑的租金。

《通往威根码头之路》成稿于这栋农舍，这本书各部分的内容和风格并不统一。前半部分仔细记录了英格兰穷人的生活状况——他们的住处、食物、取暖方式、工作情况等，后来随着大萧条的蔓延，越来越多地记录了他们的生活如何因失业而遭受影响。在书中的这一部分，我们今天熟知的作家奥威尔初露锋芒。其实这些锋芒在《落魄记》中已经有所展现，但他在《通往威根码头之路》中显得更加成熟。这部书通过细小但确凿的事实来表达思想，而前一部则是通过令人生厌的感觉主义（sensationalism）手法。他写道，工人吃的是"白面包和人造黄油、咸牛肉、加糖的茶和土豆"。[72]他还写道，可能是因为缺钙，大多数人不到30岁牙齿就开始脱落。在兰开夏郡（Lancashire），他看到在一个煤矿外的矿渣堆里，一些妇女"在寒风中跪在泥泞的煤渣水里"[73]捡拾小煤块。"她们很满足可以捡到一些。冬天的时候，迫切需要燃料，几乎比食物还重要。与此同时，目光可及之处都可以看到大量的煤渣堆和煤矿的升降设备，[因为大萧条的影响]，没有一家煤矿可以销售完自己有能力生产的煤。"

这本书的一部分内容有点像是奥威尔版的《地下室手记》

(*Notes from Underground**），并且确实有关地下。在关于巴黎和伦敦的《落魄记》中，他亲历了旅馆洗涤室的地下世界，同样地，在《通往威根码头之路》中，他也亲自来到井下，看到那里与他想象中的地狱差不多的情形。"人们想象中地狱里有的东西大多数在这里都可以感受到——高温、噪音、混乱、黑暗、污浊的空气，最让人难以忍受的是这里极其窘迫的空间。"[74] 有一次，在矿井底部，他蜷曲着身子在一个高约四英尺的隧道里行走了一英里的样子来到一个采煤层。这段路花了他近一小时的时间，让他极度难受。然而，他写道，这不过是矿工开始工作前必须要走的一段路，那之后紧接着的是一整天辛苦的劳作："浑身都是黑的，包括眼睛，嗓子里充满了煤灰。"[75] 在这段文字的背后，是直面事实的奥威尔。

但是，作为一名作家，此时的奥威尔还没有完全成熟。这本书的后半部分是一篇古怪、冗长的论文，奥威尔在其中详细分析了英格兰社会主义，目的是探讨为什么这种思潮无法引起英格兰中产阶级的兴趣，甚至没能在劳动阶层中获得社会主义者的认同。该书这部分获得的评价毁誉参半，用奥威尔的传记作者彼得·斯坦斯基（Peter Stansky）和威廉·亚伯拉罕斯（William Abrahams）的话来说，《通往威根码头之路》一书获得了"奇特的不平衡成就"。[76]

该书的第二部分观察力不强，某些章节的文字也写得不好，这很不像奥威尔。在某几处还显得心胸狭隘、缺乏善意，特别是在嘲笑那些赞同英格兰社会主义思潮的中产阶级怪人的时候。他写道："人们的印象是，单单提到这一思潮就会像吸铁石一样吸引到英格兰所有爱喝果汁的人、裸体主义者、穿凉鞋的人、性欲狂人†、贵格

---

* 指俄国作家陀思妥耶夫斯基（Fyodor Dostoevsky）1864年出版的一部小说，英文译名为 *Notes from Underground*。

† "爱喝果汁的人、裸体主义者、穿凉鞋的人、性欲狂人"针对的是当时著名的社会主义者爱德华·卡彭特（Edward Carpenter）。

会教徒、鼓吹'自然疗法'的骗子、和平主义者和女权主义者。"[77]距此处仅8页之后，奥威尔又重复痛斥："那些令人生厌的自认超凡脱俗的女人、穿凉鞋的人，还有喝果汁的胡茬男嗅到'进步'的气息就忙不迭地一拥而上，跟绿头苍蝇涌向死猫一模一样。"[78]

更让人讶异不已的是，该书的这一部分还展现了奥威尔最奇怪的一项尝试，即试图把政治理论建立在自己超级敏感的嗅觉之上。"西方阶级之分最真实的秘密……用四个令人生厌的字总结一下就是……**底层气味**。"[79]他断言道，任何其他的缺陷或错误几乎都可以忍受："你可以对杀人犯或者有奇怪性癖好的人产生感情，但是无论如何也不会喜欢上一个口臭的人——我是说那些长期口臭的人……你会恨死他们的。"[80]对此，他喋喋不休地写了好几页，这些内容可能只有那些饱受嗅觉过度发达之苦的人才可以理解，而这种苦恼有一个医学名称叫作"嗅觉过敏"。

《通往威根码头之路》很自然引起了奥威尔很多朋友和社会主义同道人的恼怒。凯·埃克维沃（Kay Ekevall）评价道："这部书真的很糟糕，在我看来，是对所有社会主义者的诋毁，同时还把劳动阶层塑造得可怜兮兮。"[81]她是奥威尔当时的一个朋友，也是一名左翼人士。她尤其不喜欢奥威尔描写矿工的方式。"那个年代的矿工是非常有政治观点的，他们在工会运动中或多或少地起到了先驱的作用。可是，他似乎完全忽视了矿工们在政治方面所起的积极作用，而一味强调他们可怜的一面。"这些批评的声音跟他因《缅甸岁月》而受到老牌帝国主义者的抨击有着相似之处。

即使是这部书的出版商也是强忍不满，可以说是捏着鼻子让这部书面世的。维克托·戈兰茨（Victor Gollancz）写的前言简直就是长篇道歉辞，对将这本书作为其"左翼读书会"（Left Book Club）名下的一部作品出版表示深深的歉意。他对奥威尔把社会主义者描述为喜欢赶时髦的怪人感到无比震惊。对于奥威尔区分阶层的"气味理论",他竭力将此翻转为一名已经悔悟的中产阶级势利眼深思熟虑后的主动坦白。他直截了当地指责奥威尔:"把俄国政治委员称为'一半留声机一半匪徒'[82]是一种非常奇怪的不慎重行为。"他还写了一段刻意模糊不清、不知所云的话,简直是一段"思想踢踏舞"(ideological tap dancing),而这正是奥威尔在其晚期写作生涯中一直嘲讽的东西。戈兰茨写道:"左翼读书会是'没有政策'的……说人民阵线(People's Front)是左翼读书会的'政策'并不是事实……换句话说,人民阵线不是左翼读书会的'政策',但是左翼读书会的存在恰恰表明了其倾向于人民阵线。"[83]这段话的意思实在难以让人明白,假设真有什么内涵的话。

《通往威根码头之路》虽然内容混乱而且充满矛盾,但却向世人呈现了一名正在走向成熟的作家,虽然步履仍显得有些跟跟跄跄。通过这部书,奥威尔完成了自我教育,并发现了自己真正的技能及写作主题。他采用的文学方法是发现事实并据实描述,秉持的观点是有权有势的一方几乎肯定会竭力掩盖事实。

在当时,也就是20世纪30年代晚期,奥威尔实现伟大成就的时期就要来临,他自己当然不可能知道这一点。他特别擅长捕捉理论与现实之间的缺口,识别人们宣称的自我与他们真实的自我之间的差异。抓住令人不安或者不受欢迎的事实会让他高兴,甚至是他的渴望。正是这种思维框架为他书写思想与现实间的致命冲突打下了基础,这种冲突首先发生在局部地区,即西班牙内战,后来又影响到了全世界,即第二次世界大战。[84]

奥威尔与艾琳·奥肖内西于1936年6月成婚[85],当时他正将自己北行的日记改写成一部书。结婚那天,两人一起从居住的农舍步行到沃灵顿的乡村教堂,沃灵顿当时的人口约有200人。结婚仪式之后,两人还在村里的酒馆举行了喜庆聚会。

作为妻子,艾琳显得有些喜欢争论。一天早上,奥威尔在早餐时信口开河地向几名客人宣称"熏咸肉制造商"让政府制定的规章使得村民们不可能自己腌制咸肉。艾琳听了，立刻反驳了他的"过度概括性言论"。[86]尽管缺乏证据，奥威尔仍然坚称卫生规定难辞其咎。艾琳回答道："只有不负责任的记者才会发出这样的言论。"艾琳还积极投身于乡村生活。她听说当地一个十岁的小男孩不识字，就主动教他，一直教到他学会了足够的内容可以去学校上学。[87]

他们婚礼后的一个月，西班牙内战爆发[88]，一方是左翼政府，一方是受法西斯分子、极端民族主义者以及一些天主教机构支持的叛乱陆军和海军。这场战争立刻引起了这对新婚夫妇的注意。12月时，《通往威根码头之路》的手稿一完成，奥威尔就立刻交给了出版商。然后，他把一些家传银器送到了典当行筹集路费并出发前往巴塞罗那。两个月以后，艾琳前去与他会合。

奥威尔去西班牙是为了与法西斯作战，却落了个被西班牙共产党追捕的结果。这是他在西班牙经历的核心事件，也是他一生的核心事件。如果1937年5月狙击手的那颗子弹稍稍偏一点，他就绝没有机会写出自己第一部伟大的著作《致敬加泰罗尼亚》(*Homage to Catalonia*)，而世界也不会有机会认识这位到如今还受我们关注的伟大作家。

第四章
丘吉尔：30年代落魄记

20世纪30年代对丘吉尔和奥威尔来说都极具重要性，他们都是在这一时期步入生命中的重要阶段，也正是在这个时期成长为人们至今怀念的人物。认真解读这两个人物具有非常重要的意义，不仅关系到理解他们所生活的年代，而且有助于理解我们目前的世界。

从诸多方面来说20世纪30年代都是很可怕的一段时期，许多人越来越深切地感受到新一轮黑暗时代（Dark Age）正日益迫近。这些恐惧始于全球大萧条所引起的经济、社会大错位。一场漫长、残暴的战争在亚洲爆发，同时也在西方酝酿，将会在20世纪40年代夺去数千万人的生命。借用诗人斯蒂芬·斯彭德（Stephen Spender）的话来说，当时普遍的看法是，他们这代人将会目睹"西方文明的终结"。[1]

那时候有许多人，特别是热心时政的年轻人，都认为资本主义自由民主已经失去活力并进入衰落期。在他们看来，摆在面前的只有两种选择：法西斯主义或者共产主义。这两种崭新的意识形态充满活力，从柏林、罗马和莫斯科向人们发出声声召唤。西方生活方式的衰亡，特别是自由民主主义的衰亡，成为文化生活中常见的主题，每天都出现在报纸上和私人日记中。[2] 历史学家阿诺德·汤因比（Arnold Toynbee）在20世纪30年代初的观察是，"西方的社会体系可能崩溃并丧失功能"，这成为当时越来越普遍的观点。到了1939年，他在伦敦经济学院（London School of Economics）发表演讲，对30年代进行总结，题目便是《众文明的衰落》（*The Downfall of Civilizations*）。1935年，研究莎士比亚的学者罗斯（A. L. Rowse）在日记中写道："太迟了，任何形式的自由主义都已经无法拯救，就连拯救社会主义可能也来不及了。"（二十年以后，罗斯出版著作，书写丘吉尔家族令人钦佩的历史。）后来成为斯大林主义推崇者的记者路易·费希尔（Louis Fischer）在1936年给比阿特丽斯·韦伯（Beatrice Webb）的信中写道："整个体系都已经破产。"1937年，美国著名政治学家哈罗德·拉斯韦尔（Harold Lasswell）发表文章，预测即将出现"堡垒国家"（garrison state）[3]，并表示在这样的国家里，"精于使用暴力的人将掌握人权，有序的经济、社会生活全面让位于作战力量"。1938年9月，英国首相张伯伦（Neville Chamberlain）与希特勒（Adolf Hitler）签署了《慕尼黑协定》（Munich Agreement*）。对此，弗吉尼亚·伍尔夫（Virginia Woolf）在给姐姐瓦妮莎·贝尔（Vanessa Bell）的信中悲叹道这是"文明无可避免的结局"。三年以后，她亲手结束了自己的生命。

这些都是灾难日渐迫近的征兆，在这样的背景下，温斯顿·丘吉尔遭受排挤，不得不靠边站。20世纪30年代的大部分时期，即使是在自己党内，他都被绝大多数人孤立，很多人认为他的政治生

---

* 签订于1938年9月29日至30日凌晨。英、法为避免战争，在捷克斯洛伐克不在场的情况下，将其领土苏台德（Sudetenland）地区割让给德国，出卖了捷克斯洛伐克的利益，标志着英、法政府推行的绥靖政策达到了顶峰。

第四章　丘吉尔：30年代落魄记

涯已走到终点。哈罗德·尼科尔森见到丘吉尔，觉得"上一次见面以后他变化很大。他苍白的脸又大又圆，活像个大水泡。衰老得厉害……精神也不济。他对我叹了口气，说自己已经失去了斗志"。[4] 大约在同一时期，丘吉尔的政治对手萧伯纳（George Bernard Shaw）和南希·阿斯特（Nancy Astor*）一起前往苏联，在克里姆林宫受到斯大林接见。[5] 他们在讨论英国的反苏联政策时有一次提到了丘吉尔，阿斯特子爵夫人对他不屑一顾，并信心十足地向斯大林表示丘吉尔已经"完蛋了"。萧伯纳对此表示赞同，说丘吉尔永远也不可能成为首相。斯大林对此颇有疑虑，询问英格兰民众是否会在危机爆发时倒向丘吉尔。

　　丘吉尔坚决反对印度独立，同时也认为德国的威胁被低估了，因此极力反对保守党对印度和德国的政策。他言辞激烈尖锐，在党内越来越不受欢迎，当时的保守党领袖因此坚决将他排除在内阁之外。如果说奥威尔在缅甸的经历促使他思想左倾并主动放弃了待遇优厚的工作，那么丘吉尔对印度事务的态度则推动他右倾并远离权力中心。1931年，丘吉尔与保守党领袖斯坦利·鲍德温（Stanley Baldwin）决裂并辞去保守党议事委员会（business committee）的职务。[6] 从那以后，他与人唇枪舌剑时言辞更为尖锐激烈。一次，在众议院发言的时候，他把工党出身的前首相拉姆齐·麦克唐纳（Ramsay MacDonald）比作马戏团的怪物，说他是"议会前排一个没有骨头的奇观"。[7] 20世纪30年代后期，人们对丘吉尔有关德国威胁的讲话仍然心存怀疑，原因之一便是他曾经也用同样激烈的口吻警告过印度独立可能带来的危险。

---

* 英国首位在下议院取得席位的女性。其丈夫沃尔多夫·阿斯特（Waldorf Astor）原为下议院议员，在继承子爵爵位后自动进入上议院，不得不放弃下议院议员身份。空出的下议院议席在补选中由他的妻子南希·阿斯特获得。

丘吉尔把大部分时间花在了写书和报刊文章上。一次，他前往《伦敦晚旗报》(Evening Standard)交稿，当时还很年轻的记者马尔科姆·马格里奇看见他，不由得怀疑他是不是生病了。"那个人看起来病了，要不就是倒了大霉或者快破产了。"[8]马格里奇心中这样想道，他当时在新闻编辑室工作，办公桌就在丘吉尔放浪形骸的儿子伦道夫·丘吉尔旁边。

马格里奇猜得很对，丘吉尔当时正面临非常严重的财务问题。[9]这些问题在20世纪30年代一直缠着他，甚至一度迫使他考虑出售心爱的查特韦尔(Chartwell)庄园，而这座庄园当年正是他心灵的庇护所。

在后来的战争回忆录里，丘吉尔把20世纪30年代称作自己"处于政治荒野"的时期。[10]一些当代学者认为他受到的政治流放并没有严重到如此程度[11]，但是历史事实以及当时人们的观点却都跟丘吉尔的一致。

丘吉尔回归权力的道路是漫长而艰难的。在20世纪30年代的大部分时间里，他都游走于主流思想之外，与时代格格不入。当时人们对时局的普遍态度在大学辩论团体牛津辩论社(Oxford Union)1933年2月通过的一项动议上很好地体现出来。这项动议声称，该社团"在任何情况下都不会为国王和国家而战"。[12]当时英国的领导人也心怀类似想法，走上了对德绥靖的道路，虽然已经处于弱势却还在不断让步。

* * *

绥靖政策的本质，也就是这种政策究竟是什么、如何实施、何时结束，成为20世纪30年代英国政界的核心议题。

需要注意的很重要的一点是，在当时的英国上流社会中，有一

第四章 丘吉尔：30年代落魄记

小部分人对法西斯主义甚至希特勒抱有认同感，这些人为数不多但势力可观。亲德分子中最突出的是丘吉尔的亲戚伦敦德里侯爵（Lord Londonderry*），他在20世纪30年代早期进入过内阁，还短暂担任过上议院议长。奥威尔曾评论说："英国统治阶级的成员究竟是坏还是蠢，实在是当代最难回答的问题之一，而在某些时候又是一个非常重要的问题。"[13]他写下这句话的时候，脑海里浮现的可能就是伦敦德里侯爵。

伦敦德里虽然既愚蠢又容易受骗，却因为自己的财富和地位而广受尊重，其本身又是个追名逐利之人。英王亲热地叫他"查理"（Charley），在那个年代，跟国王如此亲密的关系极大地提高了他的地位。伦敦德里成为伦敦上流社会中非常重要的人物。1936年，绰号"薯条"（"Chips"）的亨利·钱农爵士（Sir Henry Channon）在日记中写道："里宾特洛甫（Ribbentrop）一家跟伦敦德里关系非常亲密。"[14]里宾特洛甫时任德国驻英大使，之后很快被希特勒升为外交部长。同年，伦敦德里与希特勒会面，之后便在公开场合高声赞美这位德国领导人"非常令人愉快"[15]，同时呼吁英国政府在反对共产主义的斗争中与德国找到"共同之处"。德国1938年吞并奥地利时，他甚至大声叫好，认为这么做虽然有些唐突，但确实是避免流血的必要之举。伦敦德里和丘吉尔是隔代表兄弟†，两人的关系本来很好，可是1938年10月两人在格利隆晚餐俱乐部（Grillions dining club）‡用餐期间，因丘吉尔嘲笑伦敦德里的政治观点而发生激烈争吵[16]，从此交恶。

---

* 指第七世伦敦德里侯爵，全名查尔斯·斯图尔特·亨利·文—坦皮斯特—斯图尔特（Charles Stewart Henry Vane-Tempest-Stewart），曾在20世纪30年代斯坦利·鲍德温任首相期间出任空军大臣。
† 丘吉尔的祖母跟伦敦德里的祖父是兄妹。
‡ 当时这个俱乐部吸引了众多英国高级政治人物参加。

49　　伦敦德里是个非常极端的例子，但绝对不是唯一一个。换句话说，无论是在追崇法西斯的程度上，还是在跟丘吉尔是远房亲戚这一点上，与伦敦德里相似的大有人在。从各方面说，丘吉尔家族跟米特福德家族间的关系都要更近一些。丘吉尔的妻子克莱芒蒂娜是米特福德六姐妹父亲的一个表亲，而且可能还存在更近的亲属关系，这取决于她生父的身份，这一点在前文中提到过。

　　丘吉尔的儿子伦道夫·丘吉尔一度跟六姐妹中的戴安娜·米特福德（Diana Mitford）"十分相爱"。[17]一名曾为戴安娜画肖像画的艺术家告诉南希·米特福德（Nancy Mitford），他听说戴安娜跟伦道夫有点暧昧关系。南希在给戴安娜的信中提及此事，并接着写道，在她跟弗雷德·阿斯泰尔（Fred Astaire*）的姐姐阿黛尔（Adele）共进午餐时，阿黛尔宣称："我觉得跟人跑了或是上床了都不是什么大不了的事情，但我坚决反对所谓的自由恋爱。"[18]

　　贵族的男欢女爱产生了很多错综复杂的关系。埃斯蒙德·罗米利（Esmond Romilly）是克莱芒蒂娜的一个外甥，曾于1936年为保卫西班牙共和国远赴西班牙参战，一年以后跟自己的隔代表亲杰茜卡·米特福德（Jessica Mitford）私奔。很久以来就有传言说埃斯蒙德的生父其实是丘吉尔。埃斯蒙德常常在朋友面前模仿丘吉尔，拿杰茜卡·米特福德的话来说，他模仿得"像得不得了"。[19]埃斯蒙德的这种模仿行为很有可能助长了这些传言。后来，埃斯蒙德搬去了加拿大，自愿加入空军，1941年驾驶轰炸机参战时阵亡。

　　至于戴安娜·米特福德，她非常明智地离开了伦道夫·丘吉尔，嫁给了健力士（Guinness）酿造公司财富的继承人。然而，她在这之后的下一步却走得不那么明智了：几年后，她甩掉健力士，跟英国法西斯联盟（British Union of Fascists）的头子奥斯瓦尔德·莫

---

* 美国著名演员、舞蹈家，出演了许多歌舞片，被认为是电影史上最有影响力的舞蹈家之一。

斯利（Oswald Mosley）混在了一起。1936年，他们的婚礼在纳粹德国宣传机构头目约瑟夫·戈培尔（Joseph Goebbels）的宅邸举行，希特勒应邀出席。米特福德六姐妹中的尤妮蒂（Unity）在20世纪30年代中期跟希特勒走得很近。"我觉得希特勒一定非常喜欢她，他难以将目光从她身上移开。"[20] 六姐妹之一的德博拉（Deborah）这样说道。1935年12月的一次午餐期间，尤妮蒂跟戴安娜说："他提到了很多有关犹太人的事情，实在太妙了。"[21]

跟纳粹分子纠缠不清不仅仅是年轻人或蠢人的专利。张伯伦的嫂子当时住在罗马[22]，她就十分肯定地跟墨索里尼（Mussolini）说，英国政府的脑筋一定会转过来，恢复跟意大利的亲密关系，而那时的意大利政府已经开始在非洲采取军事行动。当然必须承认，丘吉尔本人在20世纪20年代也对墨索里尼表达过崇敬之情。[23] 知道阿诺德·汤因比这个名字的人现在已经不多了，但在当时，他可是最负盛名的历史学家之一。汤因比在1936年跟希特勒会面，之后向英国外交部报告说这名德国领导人是真心崇尚和平的。托马斯·琼斯（Thomas Jones）是保守党的一名政治操盘手，以其姓名缩写T. J.更为人所熟知。一次，与汤因比在乡村散步交谈之后，琼斯写道："他完全相信[希特勒]崇尚欧洲和平、愿与英格兰保持友谊的诚意。"[24] 沃尔多夫·阿斯特（Waldorf Astor*）是一名上议院议员，出生于美国。他向琼斯解释道，美国人对纳粹的憎恨"在很大程度上是由于犹太人和共产党人广泛、激烈的反德宣传。报纸的立场也往往被在媒体上投放广告的公司所影响，而这些公司往往是被犹太人控制的"。[25] 1938年5月的一个傍晚，哈罗德·尼科尔森在伦敦一家名为普拉特（Pratt's）的俱乐部用餐，这家俱乐部通常只接待贵族客人。席间，他无比震惊地听到三名贵族青年均表示："他们宁可看到希特勒进

---

* 即本章前面提到的南希·阿斯特的丈夫。

入伦敦,也不愿意看到一个社会主义政府。"[26] 四天以后,查尔斯·林德伯格(Charles Lindbergh)拜访了尼科尔森。林德伯格是当时世界上最著名的飞行员之一,同时也是美国一名非常突出的孤立主义者,反对美国参战。尼科尔森回忆道:"他说我们不可能参战,因为一定会被打败。他认为我们应该甘拜下风,与德国结为盟友。"

1939年5月,苏格兰保守党议员阿奇博尔德·拉姆齐(Archibald Ramsay)成立了一个亲德反犹组织,取名为"端正俱乐部"(Right Club)。[27] 该组织的徽章是一只正在猎杀蛇的鹰,而其缩写"PJ"则代表着 Perish Judah,意为"消灭犹大"。

伦敦《泰晤士报》(The Times)当时的拥有人之一是阿斯特家族的另一个成员约翰·J. 阿斯特(John J. Astor)。那时候,《泰晤士报》是英国统治阶层阅读的日报。正如张伯伦政府的外交部长哈利法克斯勋爵(Lord Halifax)所说的那样,在"二战"前的英国,"这份报纸的社论所表达的观点承载了特别的重要性,可以认为这些观点带有政府方针的痕迹,甚至可能是得到政府认可的"。[28] 这份报纸在整个20世纪30年代都坚决支持绥靖政策,甚至到了乐于容忍乃至欢迎希特勒政策的地步。1934年年中,在希特勒授意下,德国进行了一系列骇人听闻的政治处决,被称为长刀之夜[*](Night of the Long Knives)。事件发生后,《泰晤士报》谄媚地表示:"希特勒阁下,不管人们对他的方法有什么看法,是真诚地想把革命的炙热转化为温和、有建设性的努力,并且用为公众服务的高标准要求身为民族社会主义者[†]的官员们。"[29]

1937年,《泰晤士报》主编杰弗里·道森(Geoffrey Dawson)

---

[*] 1934年6月30日至7月2日发生的纳粹清算行动,目的是除去纳粹冲锋队及其首领恩斯特·罗姆(Ernst Röhm)。

[†] 即纳粹党员。"纳粹"(Nazi)是当时的新词,作为德文"民族社会主义德国工人党党员"(Nationalsozialist)的简称,与 Sozi 即"德国社会民主党党员"(Sozialdemokrat)的简称相对。

第四章　丘吉尔：30年代落魄记

对该报驻日内瓦通讯员吐露心声，说道："我日复一日，殚精竭虑，把可能触动他们敏感神经的内容阻挡在报纸之外。"[30]《泰晤士报》1952年出版的官方历史表示，当时反对绥靖政策的人士往往是"知识分子、空想社会主义者、多愁善感的人以及和平主义者，他们赞同抵抗却缺乏抵抗的手段"。《泰晤士报》居然有脸把责任推到这些所谓的莽夫身上，声称绥靖政策这样的灾难性做法是必要之举，辩称《泰晤士报》"跟政府一样，面对显然崇尚孤立主义的英联邦与和平主义者主导的英国，别无他法"。[31]这套说辞避而不谈一家主要媒体应有的担当，他们的责任是塑造观点而不是随波逐流，特别是当政府把政策建立在错误的臆断之上时。而且，一份报纸的编辑绝不应该因为担心引人恼怒，或是担心会迫使政府官员重新审视政策而压制新闻舆论。

1936年，爱德华八世（Edward VIII）曾短暂在位11个月，其间一直支持绥靖政策。据说，希特勒违反《凡尔赛和约》（Versailles Treaty）于1936年3月悍然出兵莱茵兰（Rhineland）*地区的时候，爱德华八世通过电话告诉德国驻英大使，他已经跟时任首相鲍德温谈了"一点自己的想法"。[32]他具体说的内容是："我跟那个老家伙说了，如果他宣战我就退位。那场面确实挺吓人的，不过你不用担心，仗打不起来的。"事实上，当年晚些时候爱德华八世确实退位了，不过是因为另外的原因。"二战"期间，他的右倾观点和交往的人物不断引起丘吉尔以及英国情报系统的担忧。

许多鼓吹绥靖政策的人把自己看作务实的思想家。在他们看来，要对抗崛起的德国，必须建立起一个愿意采取军事行动的、强有力的欧洲联盟才可能做到。但是，他们眼看这样的联盟无法建立起来，因此推论，既然没有欧洲联盟，而英国重整军备的进展又十分缓慢，

---

* 旧地区名，也称"莱茵河左岸地带"。

那么绥靖政策便是最聪明的做法，他们自以为这是远比丘吉尔冷静的头脑所倾向采用的方式。1938年1月，张伯伦在一封信中写道："作为一个现实主义者，我必须尽我所能维护国家的安全。"[33]

然而，不管《泰晤士报》还是其坚决支持的两名首相——先是鲍德温，然后是张伯伦——如何辩解，此时已经很清楚，绥靖政策其实更多的是建立在个人的幻想而非理智的权衡之上，因为执行这一政策的人必须对希特勒的精神健康和可信度抱有足够的信心。一次，张伯伦私下里告诉自己的妹妹，希特勒"是一个不会食言的人"。[34]前首相戴维·劳埃德·乔治（David Lloyd George）在与希特勒见面之后宣称，这名德国领袖是"一个非凡之人"[35]，而且"不会因为受到赞美而头脑发热"。

面对求和派的论调，丘吉尔的回应是，德国纳粹获得权力本身就意味着绥靖政策最终会导致战争。1933年4月，他在下议院的一次发言中说："德国的军事力量上升，到了跟法国、波兰或一些小国相当的程度，这本身就意味着一场战争又将席卷整个欧洲。"[36]当时希特勒成为德国总理仅约三个月时间，正在采取行动把德国变成一党制的国家。1933年底，丘吉尔在众议院另一次发言时断言："最亟须关注的事实是，德国正在重整军备，德国已经开始重整军备。"[37]

一年以后，丘吉尔问道："在过去18个月中，有什么重大新事件突如其来，让我们措手不及？"[38]他回答道："德国正在重整军备。正是这个新事件让欧洲乃至全世界都不得不严肃对待，其他任何事情与此相比几乎都无足轻重。"丘吉尔对德国日益强大的空军尤其担忧。"德国已经建立起强大的陆军，装备精良，拥有先进的火炮，还有数量庞大、训练有素的武装人员储备。德国的军工厂实际上是按战争状态在运转，源源不断地大量生产军用物资。这种情况已经持续了12个月，生产规模之大前所未有。这些行为无疑违反了已经签署的各项协定。德国在重整陆上力量，在某种程度上也在重整

第四章　丘吉尔：30年代落魄记

海上力量，但是最让我们担忧的是，德国在重整空中力量。"

英国政府的观点仍然与此恰恰相反：许多政府领导人相信，和平只能通过避免军备竞赛来实现[39]，甚至应该主动裁军。20世纪30年代晚期，希特勒认为英国过于孱弱，不堪一击，而许多英国领导人私下也赞同这一点。当确认德国已开始增强军事力量时，英国的官方反应竟是向法国政府施压，要他们作出让步以安抚德国。[40]克莱门特·艾德礼（Clement Attlee）是工党当时的一个领袖级人物，他在1935年的一次讲话反映了当时的主流观点。他说，和平"在我们看来不能通过国防来实现，只能寄希望于建立一个新世界，一个法制新世界，放弃国家性军备，而以一个全球性的军事和经济系统取而代之"。[41]然而，到了30年代晚期，艾德礼摒弃了这些观点，转而支持丘吉尔并坚决反对张伯伦对希特勒采用绥靖政策。

其他人还在坚持采用绥靖政策。1937年5月，张伯伦成为首相之后主动将英国的海外领地交由德国管理，以此向德国求和。[42]1937年11月，张伯伦的外交部长哈利法克斯勋爵与希特勒见面。会谈归来以后，他信心十足地告诉内阁成员，德国"没有立即采取行动的打算"。[43]1938年3月，艾德礼尖锐批评张伯伦，说他"实施的策略是与崇尚武力的人谈判，而且在这些人已经诉诸武力之后仍在跟他们谈判"。[44]

保守党领袖感觉到，为了达到抚慰希特勒的目的，必须把丘吉尔从领导位置上除去。托马斯·琼斯曾担任鲍德温首相的顾问，多年来竭力确保丘吉尔被排除在权力中心以外。1934年，琼斯私下向一个朋友吐露说："对也好，错也好，各种各样见过希特勒的人都相信他是一个和平因素。"[45]琼斯自己就是其中一个。两年以后，他写道："我们有充足的证据表明不同类型的德国人都有跟我们保持友善关系的愿望。"[46]在赴德拜见希特勒之后，琼斯向鲍德温报告说："希特勒信赖你，认为英国只有你能够实现他所希望看到的英格兰、法国和德国的重新定位。"[47] 接下来，琼斯要更进一步，"证明有充分的理由与德国结盟"[48]，这一步让他的一些政治盟友都大吃一惊。

这种政策性分歧的结果就是，拿历史学家托尼·朱特（Tony Judt）的话来说，直到20世纪30年代的最后一年，丘吉尔都被认为是一个"才华过于出众的局外人：太优秀因此不能置之不理，却又太不符合常规，也'不可靠'，因此无法委以重任，无法进入政府最高层"。[49] 政客们嘲笑丘吉尔充满奇思怪想，说他的干劲大于判断力，认为他固执己见、对党不够忠诚。自由党名人赫伯特·塞缪尔（Herbert Samuel）在1930年3月的一次议会辩论中讥讽道："我们都知道，在政界，没有什么比还活在10年前的丘吉尔更加陈旧过时的了。"[50] 几年以后，塞缪尔把丘吉尔的抵抗政策比作"马来狂躁（Malay running amok）*"。[51] 1934年，丘吉尔在牛津大学发表演说，谈到自己非常担忧英格兰的安全，用丘吉尔的官方自传作家马丁·吉尔伯特（Martin Gilbert）的话来说，听众对这样的说法报以"嘲笑"。[52] 1935年2月，举足轻重的保守党成员塞缪尔·霍尔爵士（Sir Samuel Hoare）向《曼彻斯特卫报》（Manchester Guardian）的编辑透露说："几乎没有一个保守党成员愿意接受丘吉尔成为党的领袖或者国家首相。"[53]

所有的这些抨击中最伤人的恐怕是1935年5月保守党人托马斯·穆尔（Thomas Moore）的一席话："虽然任何人都不愿意批评一个已经暮年的人，但实在找不到理由原谅这位埃平（Epping）选

---

* 源自马来语"mengamok"一词，意为歇斯底里的疯狂攻击。据信，英国海军上校库克船长（Captain Cook）在1770年的环球航行期间首次观察并记录了马来部落中的这种行为。根据他的描述，表现出这种行为的个体在没有明显原因的情况下，会采取暴力、疯狂攻击、杀戮他人或动物。

第四章　丘吉尔：30年代落魄记

区[*]的荣誉成员[†]，他整个演讲都在喋喋不休地营造德国正在重整军备、准备挑起战争的氛围。"[54]另一名保守党人在跟丘吉尔共进晚餐之后在日记中写道，他认为丘吉尔"神经非常错乱"。[55]面对如此众多的强烈抨击，到了1936年底，丘吉尔一度认为自己的政治生命"终结了"也是非常自然的事情。[56]丘吉尔在回忆录中写道："当时人们一致认为我的政治生命终于结束了"[57]，虽然他并没有表示自己是否认同这样的说法。

丘吉尔看起来已经没有可能坐上首相的位置，他的对手将此当作一个笑话来讲。舒尔布雷德的庞森比男爵[58]（Baron Ponsonby of Shulbrede）的父亲曾是维多利亚女王（Queen Victoria）的私人秘书，其祖父参加过滑铁卢（Waterloo）之战。一次，他在上议院以不屑的口吻嘲笑道："在英国，不管我们面临什么样的危险，也不会面临由温斯顿·丘吉尔先生……和其他人组成政府的危险。"[59]他接着又说，也许有必要在某个时候将丘吉尔投入大牢："我对丘吉尔先生在议会的影响力、其文学素养及艺术修养都无比崇拜，但是我总有一种感觉，在危机发生的时候，他是首批应该被关起来的人。"[60]在大约同一时期，莫姆勋爵（Lord Maugham）[‡]也建议说，丘吉尔最好被"枪决或是绞死"。[61]

1936年12月，英王爱德华八世因执意迎娶离过婚的美国女人沃利斯·辛普森（Wallis Simpson）而陷入是否需要退位的危机，丘吉尔选择站在爱德华八世一边，导致自己受到的孤立越发严重。爱德华八世当时民望很高，而英国贵族则向他施压，希望迫使他悬崖勒马。因为对爱德华八世表示支持，丘吉尔的行为不但被看作与

---

[*] 1924年大选中丘吉尔在埃平选区当选，获得议席并一直保持到1945年大选。
[†] 荣誉成员（honourable member）是在下议院里，议员以第三人称称呼其他议员时所采用的尊称。
[‡] 曾在张伯伦政府内阁任大法官（Lord Chancellor）。

英国贵族作对,而且是对自己所属的保守党和首相鲍德温的公然违抗。丘吉尔对爱德华八世的积极支持让历史学家们百思不得其解,尤其是因为爱德华八世后来表现出的对法西斯的同情。最可能的推测是,丘吉尔同时也是一个传统主义者,他对"国王与国家"的爱戴影响了他对爱德华八世的判断。

当丘吉尔为爱德华八世在下议院发言,与自己的政党发生对立之时,议员们大声嘘他下台。丘吉尔气得满脸通红,对鲍德温大声喊道:"你是不是要把他完全打垮才会善罢甘休?"[62] 同一天晚些时候,他对一个朋友说,他认为自己的政治生命已经终结了。

爱德华八世在12月被迫退位。在同月举行的传统圣诞露天演出中,英格兰中小学生唱的一首歌把父母和老师都吓了一大跳:

> 听!报信的天使在唱
> 辛普森夫人偷走了我们的国王[63]

"上流社会的人对她是美国人这一点十分介意,甚至超过了她离过婚这个原因。"[64] 总是自我感觉高人一等的哈罗德·尼科尔森如是说。

德国人并不相信丘吉尔真的已经完全失势,继续对他进行试探。1937年的一天,丘吉尔前往德国大使馆跟时任驻英大使约阿希姆·冯·里宾特洛甫(Joachim von Ribbentrop)共进午餐。纳粹那时已经很清楚,丘吉尔是英国反德言论的领头人。里宾特洛甫首先开口,告诉丘吉尔德国希望得到英国的友谊,并不寻求摧毁大英帝国,他们所要的不过是在东欧方面有自由行事的权力,以获取所需要的"生存空间"(Lebensraum)。里宾特洛甫指着大使馆墙上的一幅地图说,为了实现这个目标,德国不得不吞并波兰、乌克兰和白俄罗斯。德国所提出的要求不过是希望英国不要加以干涉。

站在地图前，丘吉尔回答道，英国不会坐视不管。里宾特洛甫"猛然"从地图边走开，说："这样的话，战争不可避免。没有办法。元首已经下定决心。没有什么可以阻挡他，也没有什么可以阻挡我们。"

两人重新入座。丘吉尔警告里宾特洛甫不要低估英国："如果让我们陷入另一场世界大战，英国会带领全世界反击，就跟上次一样。"

里宾特洛甫听了，霍地站起身来。他有些"激动"地宣称，当然这不可能是他个人的意见："英格兰也许是个非常聪明的国家，但这一次，不会带领全世界与德国作对。"[65]

丘吉尔继续奋力反对绥靖政策。1937年4月，他在下议院警告说："我们似乎正在走向，或者说无可奈何地滑向一场可怕的灾难，这完全违背我们的意愿，违背所有民族、所有人、所有阶层的意愿。每个人都想停下来，却又不知道该怎么办。"[66]

1938年，张伯伦的绥靖政策无论是在实施方面还是在受到拥护的程度方面都达到了巅峰，丘吉尔的担忧之情也不断加重。

1938年2月20日晚，丘吉尔情绪十分低落，虽然躺在床上，却睡意全无。安东尼·伊登（Anthony Eden）刚刚因为张伯伦执意继续实施绥靖政策而辞去了外交大臣的职务，丘吉尔一夜无眠就是在思考这件事情。"我注视着日光慢慢地穿过窗户爬进房间来，"他写道，"在我的脑海里，出现了死神的形象。"[67]一个月以后，他不无忧伤地在下议院发言："五年了，我一直警告议会要当心这些事情，却徒劳无功。我眼睁睁看着我们这个伟大的岛国不受控制地、漫无目的地沿着通往黑暗海湾的阶梯一路下行。"[68]

1938年5月14日，在柏林的奥林匹克体育场里举行了一场英国队与德国队之间的足球比赛，观众约有一万人。在演奏德国国歌期间，英国队队员行纳粹举手礼。[69]队员这样做是应英国外交部的要求，此刻外交大臣已经换成了哈利法克斯勋爵。同一年春天，哈利法克斯向内阁成员表示，为了和平，英国可能有必要向捷克斯洛伐克施加压力，要求其向希特勒作出更大让步。"这是一件令人不快的事情，"哈利法克斯不情愿地承认道，"但是我们必须尽量以愉悦的方式来进行。"[70] 他的这句话让人很是不安，反映了绥靖政策的主旨，同时也成为绥靖政策的墓志铭。

* * *

同年9月，张伯伦首相在一个月之内三次赴德，与希特勒达成了《慕尼黑协定》，而丘吉尔在政治上的回归也将始于这项协定。

当然，一开始的时候情况并非如此。张伯伦在1938年秋天还颇为得意，对自己的外交能力沾沾自喜。在9月第一次访德之后，他表示："我已经建立了一定的信心，这是我的目标，而且在我看来，尽管我似乎在他脸上读出了严苛和无情，但他给我留下了言出必行的印象。"[71] 同月第二次与希特勒会谈时，张伯伦答应了希特勒提出的所有要求。法国和英国政府命令捷克放弃其国土西侧有大量德国人聚居的苏台德（Sudetenland）地区。拜张伯伦所赐，德国可以开始随意肢解捷克斯洛伐克，第一步就瞄准了其三分之一的人口和边境防御系统。关于此事，丘吉尔回应道："认为国家安全可以通过把小国扔给恶狼来实现是一种致命的错觉。"[72] 张伯伦向内阁表示，他相信希特勒信任他。

9月29日，张伯伦飞到德国与希特勒进行第三次会谈。回到伦敦时，他宣布已经赢得了"我们这个时代的和平"。他受到夹道欢迎，激动的人群对他高声欢呼。

在接下来的那个星期，下议院开会时，张伯伦首先发言，非常高兴地说："我们心中焦虑的乌云已经消散。"他说，他已经"打下了和平的基础"。他一再向下议院表示，没有任何值得遗憾的地方。当为数极少的几个反对者大声叫出"可耻"的时候，他回应道："我没有什么可以觉得羞耻的地方。谁要觉得羞耻，就自己羞耻去吧。"

大多数下议院议员都支持张伯伦。[73]当时已上了年纪的工党议员乔治·兰斯伯里（George Lansbury）也支持张伯伦，他在下议院发言说道："抨击希特勒元首和墨索里尼先生的声音，我有所耳闻。两位我都见过，我只能说，他们跟我见过的其他政治家和外交人士没有什么两样。"保守党议员西里尔·卡尔弗韦尔（Cyril Culverwell）对张伯伦的"勇气、诚实和高超的领导才能"表示敬意，并补充说道，无论如何都"只有两种选择，战争或绥靖政策"。绝大多数人的意见倾向于后者。

另一位保守党议员亨利·雷克斯（Henry Raikes）认为张伯伦此举足以名垂青史。他表示："作为执政党议员，我们应该为有首相这样的领袖而倍感骄傲。我们应该认识到，尽管有人在他宣布和平时大声嘲笑，但很清楚的是，我们的领袖将为历史所铭记，他是当代乃至任何时代最伟大的国家领导人。"

丘吉尔在下议院慕尼黑辩论的第一天默不作声，在第二天也沉默不语。到了第三天，也就是辩论的最后一天，即10月5日星期三，下午5点过几分的时候，丘吉尔终于起身发言："我首先要说的是每个人希望忽略或忘记的事实，而这个事实却不得不说，那就是，我们自己一手造成了一场完全的、彻底的失败。"[74]

热情支持绥靖政策的阿斯特子爵夫人是丘吉尔的政治宿敌，她打断他的发言，大声喊道："胡说八道！"

丘吉尔回应说："尊敬的首相先生最终获得的，通过自己殚精竭虑，通过全国上下伟大的努力和不懈的动员，而且通过我们所有人经历的苦痛与重负，他最终获得的……"

丘吉尔说到这里的时候，发言再次被打断，议员们齐声高喊："是和平！"

丘吉尔没有让步："他最终能够为捷克斯洛伐克获得的……是让德国的独裁者不再需要从桌子上抢吃的，而是安心地等着美食一道一道端到他面前。"

他继续说道："我们面对的是前所未有的灾难。"他的发言再次被阿斯特短暂打断，之后，他几乎是以《圣经》的口吻发出了总结性的警告："这仅仅是惩罚的开始。这不过是第一口，这杯我们已初尝滋味的苦酒将年复一年逼我们喝下，除非有一天我们的道义健康和军事能力都获得极度恢复。只有到那个时候，我们才能再次崛起，伸张自由，如古昔时一样。"

然而，现在看来，丘吉尔那天的发言的确预言了历史，却并非代表了议会成员的共识。更能代表议员们态度的，是泰恩（Tyne）河畔盖茨黑德（Gateshead）选区的自由党议员托马斯·马格内（Thomas Magnay）的发言。在丘吉尔发言后，他反问了一句，其意图当然并非寻求答案："捷克斯洛伐克是什么？"

张伯伦首相在为期三天的辩论结束时从个人层面强调了其决定的意义：

任何人，如果像我这样，日复一日、无可逃遁地知道，到最后，其实是我，也只有我，必须给出一个回答，要么肯定，要么否定，而给出这个回答关系到的是我数千万同胞的命运，他们的妻儿、家庭的命运，任何一个经历了这种思想煎熬的人都不可能很快忘记。[75]

因此，他说，他将听从的不会是议会成员的指责，而是自己的良心。"对于一个到了我这把年纪并且处于我这个位置的人，批评乃至谩骂都不再重要，只要他的行动是根据自己的良心。"接下来，

第四章　丘吉尔：30年代落魄记

下议院投票，以366票对144票通过了张伯伦提出的方案。

就在有关《慕尼黑协定》的辩论之后，丘吉尔遭受了来自自己选区的挑战。"残酷的事实是，"罗伊·詹金斯写道，"1938年秋，有大约6个星期的时间，人们怀疑他可能保不住保守党议员的位置，尽管后来情况缓和了一些，但这种威胁还是又持续了4个月的样子。"[76] 1938年11月4日，埃平选区的保守党人举行会议，讨论是否继续支持丘吉尔在下议院代表该选区。丘吉尔赢得了多数支持，投票结果为100对44。詹金斯指出，如果当时即使只有30个人倒向反方，结果都会迫使丘吉尔辞职，同时通过一场特别选举重新竞争自己的位置，而他的对手则很可能是一个追捧张伯伦的保守党人。

与此同时，张伯伦获得了空前的拥护。[77] 威尔士加的夫市（Cardiff）市长命令升起纳粹旗帜庆贺。曾为爱德华八世贴身侍臣（Personal Lord-in-Waiting）的第六世布朗洛（Brownlow）男爵佩里格林·卡斯特（Peregrine Cust）送给张伯伦一个雪茄盒，上面雕刻着欧洲地图并用三颗蓝宝石标出张伯伦赴德国与希特勒举行会谈的三处地点：贝希特斯加登（Berchtesgaden）、高德斯堡（Godesburg）和慕尼黑。10月底，张伯伦信心满满地告诉内阁："我们的外交政策就是一种绥靖政策。"[78] 查尔斯·林德伯格来到伦敦，对接待自己的东道主说，一旦战争爆发，"民主将会遭受完全彻底的践踏"。[79]

然而，对张伯伦的立场将会带来的后果，希特勒显然比英国的领导人更加清楚。他开始通过言论和行动表明《慕尼黑协定》究竟意味着什么。在11月初的两次讲话中，他提到了丘吉尔的名字并对他进行人身攻击，叫他"疯子"，说他是引发战争的势力。[80] 这两次讲话后不久，纳粹分子便在全国范围内发起了对德国犹太人和奥地利犹太人的袭击，焚烧了几百间犹太教堂，砸毁了7000家犹太商铺。橱窗的碎玻璃布满街道，因此现在又把发生在1938年11月9日和10日的袭击称为"水晶之夜"（Kristallnacht）。现在有历史学家认为，这两日的袭击标志着大屠杀的开始，因为这是国家政权针对德国犹太人和奥地利犹太人进行的第一次有组织的大规模暴力行动。

62 对"水晶之夜"，张伯伦以一种消极的方式表示了回应。他对自己的妹妹说，他"感到震惊"，但是同时又抱怨说："好吧，关于这件事，我想我还是得说两句。"[81]但是，在同一个月晚些时候下议院对犹太难民问题进行讨论时[82]，他几乎没有直接说过什么，甚至没有间接说过任何话。他的沉默颇为引人注目。英国犹太人代表会（Board of Deputies of British Jews）主席内维尔·拉斯基（Neville Laski）向《曼彻斯特卫报》的主编表示，张伯伦从没有"对德国的犹太人表达过一个字的同情"。[83]拉斯基还补充说，首相与英国犹太人的重要代表人物举行了一次私下会谈，会上也同样沉默寡言。张伯伦继续沉浸在签署《慕尼黑协定》的扬扬自得之中。同年，张伯伦的圣诞卡上不无自豪地印着他飞机的照片，照片中，那架双引擎、双尾翼的洛克希德·伊莱克特拉（Lockheed Electra）单翼飞机正飞往德国。[84]

丘吉尔表示出了极度的担心。他私下里威胁道："下次大选的时候，我要在全国每一个社会主义平台上发言反对现政府。"[85]（令人费解的是，他在自己洋洋数卷的《第二次世界大战回忆录》里没有提到"水晶之夜"，即使是在一步步仔细回忆导致战争的事件时也没有提到。他甚至用了好几页的篇幅分析诸如 V.M. 莫洛托夫（V. M. Molotov）在几个月后取代马克西姆·利特维诺夫（Maxim Litvinov）成为苏联外交部长这样的事情所隐含的影响，却没有提到水晶之夜。这样的忽略显得颇为奇怪。）

当时其实有资金可以加强英国国防，但是张伯伦反对这样做。尽管当时英国政府有两千万英镑的盈余，张伯伦仍然认为把钱用在加强国防上是不明智的。作为前任财政大臣（Chancellor of the

Exchequer），他告诉内阁，当时英国的财政状况显得"极度危险"。[86]

总而言之，张伯伦对自己所取得的成就感到非常满意。他在给妹妹的信中写道："还需要一段时间，气氛才能变得正常，但是事情正朝着我想要的方向发展。"[87]当德国政府询问英国驻柏林大使应该怎么看待丘吉尔的发言时，大使回答说不用担心。

1939年3月中旬，希特勒命令德国军队进入捷克斯洛伐克其他所有地区。而在此之前仅仅6个月，张伯伦曾在公开讲话中把捷克斯洛伐克称为"一个遥远的国家"[88]，说这个国家卷入了"一场口角……而有关吵架的双方，我们什么也不知道"。

一场大戏就此拉开帷幕。德国入侵已经被迫割让土地的捷克斯洛伐克显然标志着绥靖政策的失败，同时也让张伯伦被迫下台。最近几十年，出现了一种历史修正主义观点[89]，认为张伯伦其实为英国提升国力赢得了时间，但是这种观点忽视了两个关键因素。一、希特勒与此同时也极大地提升了德国实力，例如，德国侵占了奥地利的黄金产业和捷克斯洛伐克的军工产业，还为自己的工厂和军队获得了大量人力。二、张伯伦从未表示过自己的目标是要赢取时间，而且极有可能的是，他自己或其政治同僚，比如哈利法克斯勋爵，如果在位的话，极有可能在1940年向德国乞求和平。一些历史修正主义人士声称，绥靖政策将战争推迟，这为建立皇家空军（Royal Air Force）赢得了时间，但是，这种观点忽视了张伯伦同意拨款制造战斗机的原因仅仅是制造战斗机比轰炸机要来得便宜。

现在，我们知道，在1939年5月23日这一天，希特勒召集最高级军官到他位于总理府的书房开会，宣布了他的战争计划[90]，而且还说，他认为战争是不可避免的。首先，他计划"一有时机便立刻袭击波兰"；最后，将会与英格兰进行一场"殊死搏斗"。他阐述了德国取胜的条件："如果荷兰和比利时被成功占领并且被控制住，如果法国也被打败，那么就具备了与英格兰作战的最根本条件。然后,可以从法国西部通过空军近距离封锁英格兰,同时海军可以使用潜艇扩大封锁范围。"根据战后纽伦堡审判(Nuremberg trials)译稿的相关内容,希特勒在当日的文件中没有提及美国。然而有证据表明,他在那时便已经有打算要与美国作战[91],不过时间将是在他制服欧洲与苏联之后。

英国人目睹了希特勒越过边界向外扩张的行径,有关丘吉尔的政治论调因此开始有所改变。"这位尊贵的先生坚持不懈地在下议院向政府不断发出警告,"雷金纳德·弗莱彻(Reginald Fletcher)在1939年6月的一次议会辩论中说,"而政府却一味拒绝认可他的警告,但是一次又一次,我们看到政府不得不听从他的建议。政府这样做付出了极其高昂的代价,如果从一开始就听从他的意见,代价就会小得多。"[92] 即使到了这一步,张伯伦仍然坚决拒绝让丘吉尔进入领导层。张伯伦告诉自己的政治同盟、《泰晤士报》的主编杰弗里·道森,他"没有任何打算要屈服于恐吓而让丘吉尔回来"。[93]

支持丘吉尔的呼声越来越高。1939年8月,战争在欧洲爆发前夕,独立候选人,女权运动积极人士,代表除牛津大学、剑桥大学、伦敦大学以外*的英格兰大学联合选区†的议员埃莉诺·拉思伯恩(Eleanor Rathbone)在下议院发言说,丘吉尔"一直都预言说这样的事情会发生,但是他的忠告却完全被忽视了"。[94]

---

* 当时牛津大学、剑桥大学和伦敦大学这三所大学享有特权,各有自己的议会代表。——原注

† 即 Combined English Universities,代表英格兰大学的成员,而非地理区域的居民。该选区建立于1918年,终止于1950年。

第五章

奥威尔的炼成：西班牙，1937年

1936年12月15日，奥威尔把《通往威根码头之路》一书的手稿寄给了出版商，一周以后便动身前往西班牙。他取道巴黎并作短暂停留，为的是跟自己敬仰的作家亨利·米勒（Henry Miller）见上一面。米勒送给他一件灯芯绒上衣，可以穿着去西班牙。圣诞节前后，奥威尔抵达了巴塞罗那。

奥威尔政治生涯最具重要意义的7个月即将从这里拉开帷幕。1937年他在西班牙内战中目睹的情况将对其后来所有著作产生深远的影响。1937年发生在巴塞罗那街头的事件与《1984》中的刑讯室之间有着直接的联系。

他在1936年底抵达西班牙时情况尚未如此。加泰罗尼亚首府巴塞罗那位于西班牙东北部，当时是保卫西班牙共和国、与右翼团体作战的一个主要抵抗中心。表面上，奥威尔西班牙之行的目的是书写有关内战的情况，但事实上，他几乎一到那里便立刻加入了反右翼的战斗团队。在巴塞罗那，他感受到了一种真正的革命气氛，每个人都相互以同志相待，他为此激动不已，觉得是自己一生中头一次看到劳动阶层处于掌控地位。他写道："最重要的是，有一种对革命和未来的信仰，一种突然进入了平等与自由年代的感觉。"[1]

同样欣喜若狂的还有其他一些当时前往西班牙的人。美国反法西斯主义者姬蒂·鲍尔（Kitty Bowler）当时还很年轻，她在给母亲的信中写道："这里正诞生着一个崭新的世界。"[2] 另一个美国人洛伊丝·奥尔（Lois Orr）很高兴无政府主义者选择把卡通人物大力水手波派（Popeye the Sailor Man）[3] 当作吉祥物。在供出售的别针和围巾上，波派挥舞着这些无政府主义者所属党派的红黑旗。但是，奥尔同时也表示，米老鼠（Mickey Mouse）注定是一个超党派的形象。（几年以后，奥威尔写了一篇有关狄更斯的文章，在文中戏谑地表示波派和米老鼠都是"巨人捕手杰克"［Jack the Giant-Killer］的不同版本。[4]）来自奥地利的马克思主义者弗朗兹·博克瑙（Franz Borkenau）到达巴塞罗那时的感受是："我们似乎来到一个完全不同的大陆，这里的一切都跟我以往见过的不同。"[5] 掌权的是工人，几乎看不到警察，每个人看起来都是同志。博克瑙不可能想到的是，就在第二年，他会因为对共产主义不够忠诚而受到西班牙共产党警察的严刑拷打。[6] 同样，洛伊丝·奥尔后来也在西班牙共产党的大牢里坐了一阵子。

在城里四处转悠、熟悉情况的时候，奥威尔向一位英国女士询问如何才能到前线去。这位女士起了疑心，要奥威尔说明身份。"他指了指肩膀上扛着的靴子，这个举动让我相信了他。"[7] 她回忆道。奥威尔的这个动作很有说服力，表明他知道自己会遇到什么样的情况，同时还显示出自己可能还有一些军队背景。在当年应征文件中的职业一栏，他填写的是"杂货商"[8]，这也算是符合事实，因为在此之前不久他确实在村庄里经营了一阵子杂货铺。

奥威尔离开城区，来到巴塞罗那以西75英里的前线。接待他的是在这一地区负责协调英国志愿人员的鲍勃·爱德华兹（Bob Edwards）。爱德华兹清楚地记得跟奥威尔第一次见面时的样子："他大步向我走来,足有 6 英尺 3 英寸那么高,穿着一堆胡乱配搭起来的衣物:灯芯绒马裤、卡其布护腿、一双沾满一团团烂泥的巨大靴子、黄色的紧身猪皮大衣、一顶巧克力色的巴拉克拉瓦盔式帽,一条也不知道有多长的卡其色针织围巾在他的脖子和下巴上缠了好几圈,一直围到了耳朵上,肩上扛着一支老式德国步枪,腰带上挂着两颗手榴弹。"[9]

奥威尔就是奥威尔,他到达战斗区注意到的第一个细节就是四处弥漫的恶臭:"我们现在已经非常接近前线,近得都能闻到战时特有的气味——据我过往经验,是粪便和腐烂的食物散发出来的气味。"[10] 这一句可能是奥威尔式表述的经典例子:直截了当、冷漠无情,而且还把"嗅闻/气味"这个词用了三次。

在前线,他没有看到浪漫,只有悲哀、疲惫,时而还有惊恐:

> 我们刚刚卸下装备,正要爬出掩体,就在这时又是一声巨响,我们连队的一个小伙子从胸墙那边冲回来,脸上鲜血直流。他刚才使用步枪的时候,不知怎么地枪栓爆炸了,头皮被弹盒里冲出的碎片撕成一条一条。这是我们第一例伤员,具体来说,是自伤的结果。[11]

据奥威尔自己说,几乎完全出于偶然,他加入了马统工党(POUM, *Partido Obrero de Unificación Marxista*)建立的一支队伍。"马统工党"是"马克思主义统一工人党"(Workers' Party of Unified Marxism)的简称,这是一个极左翼的小派别,反对佛朗哥(Franco)的法西斯主义,在政治上最与众不同的特点是其反斯大林的立场。这个派别可以模糊地归为托派,那时候托洛茨基(Trotsky)为社会主义者提供了一个非斯大林的政治视角,对当时苏联推崇的世界观构成了严重威胁。当时西班牙共产党受苏联控制,马统工党因其反斯大林的立场而被视为眼中钉。马统工党出版的报纸是整个加泰罗尼亚唯一对莫斯科从1936年开始的一系列审判[*]进行批评的报纸[12]，斯大林通过这一系列审判清除了大部分他过去的布尔什维克同志。

加入马统工党对奥威尔来说是非常危险的，严重程度远远超过他当时的想象，但同时也为他提供了一个绝好的视角，让他可以高屋建瓴般观察其所处的年代正在经历的巨大意识形态危机。奥威尔当时不可能知道，内务人民委员部[†]（NKVD），即苏联的间谍机构，当时已经深度渗透西班牙，而且已经死死盯上了马统工党。在此三个月以前，苏联情报机构在西班牙的负责人亚历山大·渥洛夫（Aleksandr Orlov）就向自己的上司保证，如果有必要，"托派组织马统工党可以轻松被解决掉"。[13]对马统工党的镇压始于1937年春，奥威尔和他的同志们将成为被铲除的对象。

到达前线时，奥威尔注意到有一条狗一直跟着自己。这条狗的身上用油漆或是别的什么方法刷上了"POUM"几个字母。[14]奥威尔七年之后在自己的书中塑造了"斯大林猪"的形象，也许当时看到如此被政治化的狗就在他心里埋下了创作类似形象的种子。在他生命中后来的岁月里，奥威尔养了一只黑色的鬈毛狗并给它起名为"马克思"，至于是"格劳乔·马克思"（Groucho Marx[‡]）还是"卡尔·马克思"就不得而知了。[15]

在前线安顿下来以后，奥威尔开始发牢骚，说："没有什么事可以做，实在是没有什么事可以做。"[16]不过，士兵们都爱这样发

---

[*] 1936年至1938年期间，斯大林主导的一系列公审，受审判的人包括部分苏共高层以及秘密警察领导人。赫鲁晓夫在斯大林死后揭示，这些公审的判决内容均已提前确定，因此也被称为"作秀公审"。

[†] Narodnyy Komissariat Vnutrennikh Del的缩写。内务人民委员部所下辖的国家安全总局是克格勃的前身。

[‡] 美国著名喜剧演员、电影明星。

牢骚。奥威尔所属队伍接到的任务是报告教堂敲钟的情况，因为国民军发动大型攻势之前都会前往天主教堂做弥撒。没有报告显示教堂的钟声是否真的起到了预警的作用。

同样身为英国志愿人员的斯塔福德·科特曼（Stafford Cottman）回忆说，奥威尔作为一个士兵，"十分务实"。[17] 因为有在缅甸的准军事经验，奥威尔几乎立刻就被任命为班长，指挥 12 名士兵。他特别强调要保持步枪干净并经常上油。他还曾经冒着危险进入敌对双方战壕间的无人区挖土豆。[18] 一天晚上，他违反纪律用枪射杀了一只老鼠，让自己的同志误以为遭到了敌人的袭击。在这个区域领导英国志愿人员的爱德华兹说，奥威尔对于这种在夜晚会啃咬军靴的啮齿类动物怀有一种深深的恐惧。在回忆这次意外事件时，爱德华兹显得非常烦躁："四处都很安静，可是突然听到一声炸裂的巨响。是奥威尔，他在掩体里开枪射杀了一只老鼠，发出的声响让整个前线地区都在颤抖。法西斯那边以为是我们发动了进攻，于是立刻开炮还击，轰炸机也开始对我们狂轰滥炸；炸毁了我们的食堂，炸毁了我们的公共汽车和所有的一切。为了杀死一只老鼠而付出了如此的代价，这代价实在是太大了。"[19]

然而，在大部分时间里，奥威尔所在的前线部队都没有什么事情可以做，甚至显得死气沉沉，所以他一度反复考虑，想要朝着马德里地区继续南行，加入国际纵队（International Brigade）。爱德华兹警告奥威尔不要去，告诉他国际纵队的政治委员将处决显示出"托派倾向"的成员。[20]

1937 年 2 月，奥威尔的妻子艾琳来到巴塞罗那，为英国工党的一个小派别独立工党（ILP*）工作。她在位于巴塞罗那的主街兰布拉大道（Ramblas）上的洲际酒店（Hotel Continental）里租下了一

---

* Independent Labour Party 的缩写，是英国历史上的一个社会主义政党。

个房间，这个酒店距离马统工党的办公室只有几步之遥。3月中旬，她来到前线探望奥威尔。在给奥威尔文学作品经纪人的一封信中，她写道："我得到许可，在前线的地下掩体里待了一天。法西斯分子朝这边发动了一次小型攻势，机关枪扫射了好一阵子。"[21] 在给自己母亲的信中，她完全没有提到炮火，只是说："我非常享受自己在前线的时光。"

放哨的时候，奥威尔为了打发时间有时候会想象自己向部队告假，跟艾琳一起前往海边休息。在给艾琳的一封信中，奥威尔写道："那样的话，我们会休息得多好啊。"[22] 他甚至希望两人也许可以"也去钓钓鱼"——这是奥威尔最喜欢的休闲活动之一。在前线服役了115天以后，奥威尔的确在4月末获得批准前往巴塞罗那休假。他有很多事情想做，包括彻底除掉身上的虱子，痛痛快快地洗个热水澡。

然而，等待他的却不是梦想中的海滨假期。巴塞罗那完全变了，"革命气氛消失得无影无踪"。[23] 他还惊愕地发现，尽管前线的供给十分匮乏，城里昂首阔步的共和军官员们却身穿精良制服，佩戴贴身武器。他写道："我们在前线无论如何也弄不来手枪。"[24] 当时一场官方宣传运动正在酝酿之中[25]，针对的是非共产党民兵。为西班牙共和国提供援助的俄方认为，反对斯大林的左派分子所造成的威胁甚至比佛朗哥分子还大，内务人民委员部也开始针对马统工党下手了。他们采取的行动包括在巴塞罗那附近建起秘密焚尸场，处理被他们杀死的人员的尸体。恐怖笼罩着整座城市。[26]

5月3日，风暴来临。[27] 当时奥威尔从前线来到巴塞罗那两个星期左右。那天，他正在洲际酒店的大堂里，一个朋友对他说："我听说，电话局那边好像出了点什么事情。"原来警方发起攻势，试图夺回被无政府主义者占领的电话局。电话局位于科隆酒店（Hotel Colón）的斜对面[28]，丘吉尔1935年12月在西班牙度假时曾住在

第五章　奥威尔的炼成：西班牙，1937年

那里，据他说那里的食物十分美味。西班牙共产党地方支部的成员也很喜欢这家酒店。内战爆发以后，他们就占领了这家酒店作为自己的区域总部。

几小时后，奥威尔正在兰布拉大道上，一名他在前线认识的美国人拉住他的胳膊，告诉他马统工党的成员正在法尔孔酒店（Hotel Falcon）集合，这家酒店位于兰布拉大道的远端。来到法尔孔酒店，奥威尔看到马统工党的官员正在分发步枪和弹夹。整个晚上，他都待在马统工党占领下的一家卡巴莱（cabaret）夜总会里，把布帘剪下来作被子用。

第二天早上，路障筑了起来，用的是扒出来的铺路石和下面的碎石子。一个路障后面点起了一堆火，一些人就着火煎烤鸡蛋。奥威尔记录道，在加泰罗尼亚广场（Plaza de Cataluña）上，"科隆酒店店名的巨大招牌横跨整栋建筑，他们*从中间那个字母O旁边的一个窗户里架起了一挺机关枪[29]，射程覆盖整个广场，可以造成致命伤亡"。

奥威尔在那年五月经历的巷战正是《致敬加泰罗尼亚》这本书的核心，引导他开始思考自己所处时代的政治形势。令他震惊的是，马统工党的同志竟然被斥为"托派分子、法西斯分子、叛徒、杀人犯、懦夫、间谍，等等"。[30] 马统工党的成员极易受到攻击，因为他们的组织规模小、装备差，而且没有打算转入地下，因此也没有对此做任何准备。

他被安排在波里欧拉马（Poliorama）大剧院的屋顶担任警戒工作。这座大剧院位于兰布拉大道上，顶上有一对穹顶，从那里可以居高临下观察街上的情况，也可以提供有效火力保护位于街道不远处的马统工党总指挥办公室。剧院街对面就是奥威尔和艾琳入住

---

* 西班牙共产党的几个成员。

的洲际大酒店。

一天，奥威尔正在大剧院的屋顶站岗的时候，他在汉普斯特德二手书店工作时的一个老同事乔恩·金奇（Jon Kimche）来了。金奇说："交火大部分发生在一两英里以外。"奥威尔告诉他，马统工党的民兵几乎没有受过什么训练，而且装备极差。出于无聊，奥威尔在这期间读了几本自己几天前买的企鹅出版社（Penguin）出版的平装书。

5月7日下午，大约又有6000人的政府部队到达了巴塞罗那，交火告一段落。奥威尔再次感叹，跟前方作战部队相比，后方部队的装备竟然如此精良。让奥威尔极为愤慨的是，政府竟然把这些交火事件都归罪于马统工党，因为他们是左翼各组织中力量最薄弱的派别。

目睹了这一切之后，奥威尔得出了跟那个时代的左翼传统相冲突的结论。当时，左翼人士认为团结一致是必需的、强制性的，也是正确的、应该做的，可是奥威尔却对此产生了怀疑。在巴塞罗那街头目睹了不同反法西斯派别之间的争斗之后，他写道："那种可怕的感觉无处不在，一个你认为是朋友的人可能就会在某个时候向秘密警察告发你。"[31]

实际上，发生在巴塞罗那的事件促使奥威尔开始审视左翼力量，正如他以前仔细观察帝国主义和资本主义一样。他得出了这样的结论："［西班牙］共产党跟苏俄一起，成了反对革命的力量。"[32]他们下决心要系统性除去左翼中的反共力量，首当其冲的是马统工党，然后是无政府主义者，接下来是社会主义者。

但是公开发表这样的言论在当时被看作是一种异端邪说。奥威尔极其震惊地意识到，左翼报纸没有准确地报道事件的真相，也不想这样做，而是非常乐意地接受了谎言。他写道："这场战争最令人悲哀的效用之一，就是让我认识到左翼媒体在虚假、骗人方面简

第五章　奥威尔的炼成：西班牙，1937年

直跟右翼媒体一模一样。"[33] 他后半生的工作由此开启[34]，那就是坚持不懈地寻找真相，无论这意味着有多困难或者有多不受人欢迎。

1937年5月10日，奥威尔离开巴塞罗那返回前线。尽管在巴塞罗那受到镇压，马统工党仍然在前线参加战斗，为镇压自己的政府保卫国土。5月11日，《工人日报》（*Daily Worker**）发表文章，谴责马统工党是"佛朗哥的第五纵队"。[35] 大量标题为"撕下假面具"的海报出现在巴塞罗那街头[36]，上面是一张写着 poum 的脸，而这张脸之下藏着的又是一张法西斯分子的脸。这是一个典型的"大谎言"式宣传手法。

前线的马统工党战士并不知道自己的组织在巴塞罗那的遭遇，而从城里来的报纸却对这场清洗沉默不语。

奥威尔原本希望在前线坚持到夏末，可是5月20日拂晓时分，他穿过战壕检查步哨的时候被子弹击中。其实他自己很清楚当时是一个危险的时刻，因为他所在的战壕朝西，这就意味着太阳是从战壕的后方升起，他长长的身影就会成为狙击手的目标。关于中弹，他后来写道："粗略来说，就像是处于一场爆炸的中心。好像有一声巨响，我四周都是令人头晕眼花的光亮，然后我有种触电的感觉——没有疼痛，只有一种身体上的冲击，就像是受到了电击。一种彻底的无力感，感觉像是受到击打，干枯萎缩到一点不剩。我面前的沙袋飞快地向后退去，消失在远处。"[37] 因为中弹，他一头倒在地上："这一切都发生在不到一秒钟的时间里……我感到麻木、晕眩，意识到自己受了重伤，但是没有感到普通意义上的疼痛。"

当时一名正在站岗的美国人还一直在跟奥威尔说着话，他吃惊地问："天哪，你中弹了吗？"这名美国人叫哈里·米尔顿（Harry Milton），在回忆当时的情景时，他说："我觉得他完了。他紧紧咬

---

* 美国共产党在纽约市发行的一份报纸，1924年创刊，1958年停刊。

着嘴唇,我觉得他一定伤得很重。但是他还有呼吸,眼睛还在动。"[38]

奥威尔极好地描述了被子弹击中而受了致命重伤是什么样子。他知道自己被子弹击中,却分辨不出具体的位置。他写道,当得知被击中颈部以后:"我觉得自己必死无疑。我从来没有听说有人或动物的脖子被子弹击穿还能活下来。"鲜血从他的嘴角不断滴下。他以为自己的颈部动脉被子弹击穿,几分钟之后就会死去:"我首先想到的是我的妻子,这还真是很传统。第二个感觉就是深深的憎恨,我恨自己要离开这个世界,总的来说,这个世界是如此适合我生活其中。"[39]

但是几分钟过去了,他并没有死。当时他当然不可能知道自己有多么幸运,那颗子弹恰好穿过了颈动脉和喉头间仅有一厘米左右的狭小空间,只是伤到了他的声带。但凡往左或是往右一丁点,或是高速穿过的子弹角度再向下一丁点,他很有可能当场身亡。因为子弹击中他时有一定的角度,从后面穿出的时候也没有折断脊柱,虽然碰到了一条神经,引起他一条胳膊暂时麻痹。

他被放上担架,送到了大约一英里以外的战地医院。在那里,他打了一针吗啡,然后被送到附近一个叫谢塔莫(Sietamo)的村子里大一点的部队医院,这个村子位于省会城市韦斯卡(Huesca)的东边一点。奥威尔的老朋友纷纷过来看望他,非常高兴看到他还活着,然后把他的手表、手枪、电筒和刀具统统拿走,因为他们知道这些东西很有可能在医院被人偷走,而同时对于前线又是多么有用。根据奥威尔所在营的指挥官乔治·科普(Georges Kopp)回忆,奥威尔的嗓音几个星期都没有恢复,沙哑得就像是一辆老旧的福特T型车在刹车时发出的刺耳刮擦声[40],而且弱得在两码以外就听不到。

然而奥威尔将要遇到的麻烦才刚刚开始。身体恢复以后,他因为伤病被要求离开部队。6月15日[41],马统工党领袖安德鲁·宁

第五章　奥威尔的炼成：西班牙，1937年　　083

（Andreu Nin）被捕，之后失踪，很有可能是被内务人民委员部处死了。然后，马统工党在6月16日被宣布为非法组织。

奥威尔于6月20日回到巴塞罗那[42]，看到苏联正在全力镇压马统工党。下面发生的事情就像是希区柯克（Hitchcock）早期电影中的场景一般：在到达巴塞罗那当晚，他前往洲际酒店去见自己的妻子艾琳。在酒店大堂看到他，艾琳一如平常地对他微笑，然后在他耳边轻声说道："快走！马上从这里出去。"[43]他立刻开始向外走。从酒店大堂到开在兰布拉大道上的大门，要走下好几层转来转去的楼梯。奥威尔刚走下几级台阶就遇到一个朋友。这个朋友也对他发出了同样的警告，要他赶在酒店员工报警之前快速离开。然后，第三通警告来自一名同情他的酒店员工。他告诉奥威尔："马统工党已经被镇压了。[44]他们占领了所有的建筑物。几乎所有人都进了监狱，而且听说他们已经开始枪决囚犯了。"奥威尔很快意识到"斯大林的人"已经大权在握[45]，因此所有的"托派分子"都会遇到危险，这不过是早晚问题。

奥威尔开始逃亡。那天晚上他睡在一座教堂的废墟里。接下来的几天他继续在大街上流浪，直到后来跟妻子一起拿到必要的离境手续。当他偶然遇到以前的同志，双方都会装作不认识对方，"就像完全是陌生人一样，实在太可怕了"。[46]他对警察国家竟然可以践踏如此的友谊感到极度愤慨，后来这种愤慨也出现在他的《1984》中。

一天半夜，六名秘密警察突然闯入奥威尔妻子所住的酒店房间，希望找到罪证。他们搜查得非常彻底，清空抽屉，打开衣箱，探查浴缸和暖气片下面，还对着光仔细检查衣物。但是，有一个地方他们没有搜查，那就是床上，因为当时奥威尔的妻子正在床上。奥威尔后来充满感叹地回忆道："要知道，整个警察系统几乎完全处于共产党的控制之下，而这些人很有可能自己就是共产党员。可是他们同时也是西班牙人,对他们来说,把一名女士从床上揪下来实在有些过分。于是他们就默默地省去了这一步。"[47]这实在是非常幸运,因为奥威尔夫妇的护照当时就藏在床上。[48]

* * *

欧内斯特·海明威(Ernest Hemingway)当时也在西班牙,他的表现跟奥威尔形成了鲜明的对比。奥威尔的观察有多敏锐,海明威在政治上就有多幼稚,部分原因是由于海明威大男子主义严重,让他无法看清事实。在《丧钟为谁而鸣》(*For Whom the Bell Tolls*)这本描写西班牙内战的小说里,为了表现主人公的坚定与睿智,有这样一段对心理活动的描写:"他学到的是……如果一件事在原则上是正确的,那么说一点谎不应该有什么大不了的,不过需要说谎的场合确实有点多。一开始他不喜欢说谎,他憎恶谎言,但是后来他逐渐喜欢上了。要成为自己人就得这样。"[49]

在书中的同一章里,"卡尔科夫"(Karkov)这个海明威笔下绝顶智慧的俄国记者对马统工党有一段总结性陈述。卡尔科夫对书中的主人公说:马统工党"从来都不是一个严肃的政党,不过是一群疯子和怪人组成的异端派别,完全是幼稚、不成熟的。成员中不乏诚实但是受到了欺骗的人。如此而已。可怜的马统工党,他们真是一群蠢人……可怜的马统工党。他们真的没有杀过什么人,在前线没有,在其他地方也没有。在巴塞罗那有几个吧,是的"。[50]对于马统工党领袖安德鲁·宁的死,海明威还为俄国人提供了不在现场证明:"我们一度抓到了他,可是被他逃走了。"八年以后,奥威尔的朋友马尔科姆·马格里奇在"二战"后的巴黎街头偶然遇到海明威,对他印象很差:"嗜酒,只见表象,不见事实。"[51]

第五章　奥威尔的炼成：西班牙，1937年

*　*　*

6月23日，奥威尔夫妇逃离西班牙。能够全身而退，他们觉得自己非常幸运，因为他们的很多朋友都没能活着出来。奥威尔当时并不知道，就在他逃离后的几个星期，7月13日这一天，在巴塞罗那，一份起诉书交到了上级法院，控告他们夫妻二人从事间谍和颠覆活动。这封起诉书是这样开头的："他们之间的书信交流显示他们是不折不扣的托派分子。"[52]起诉书还说奥威尔"参加了五月的一系列事件"——指五月在巴塞罗那街头发生的巷战。

一回到英国，奥威尔便开始着手书写《致敬加泰罗尼亚》，这本书将成为他第一本伟大的著作。一部好的战争回忆录绝对不会过分渲染，这本书也是一样，真实地反映了这样一个事实，即所有的战争无一例外都是由一长段一长段沉闷的时期所组成，只是在中间插有短暂的恐惧和震惊。相对于躲在远处战壕里、共和军子弹打不到的法西斯分子，寒冷和饥饿是更可怕的敌人。

这本书以描述参战的过程开篇，非常吸引人，然后在大约三分之二的地方，开始描述奥威尔在巴塞罗那遭遇到的对左翼派别的斯大林式镇压，读起来仿佛是一部黑色政治惊险小说。在这一部分，奥威尔反复强调了两点。一、苏联不值得其他左翼政党信任。二、左派也可能乐于接受谎言，这一点跟右派完全一样。

奥威尔很清楚，他的这些观点一定不会受到英国左翼人士的欢迎。他迈出这一步，即表明跟传统上亲斯大林主义的左翼决裂，这跟几年前丘吉尔选择与亲纳粹的英国贵族划清界限十分相似，可以说他们是向同一个方向迈出了一步。奥威尔知道，他很多身为英国社会主义者的朋友都认为[53]，如果能够帮助实现苏联的事业，不仅可以说谎，甚至必须说谎。

这本书的结尾非常漂亮，却又出人意料。奥威尔写下了自己在

返回家园时对英格兰南部如伊甸园般美丽风景的感叹，随后又对生活在这片碧绿、宜人土地上的人们发出了警告的声音：

> 这里依然是我从儿时起就熟悉的英格兰：铁路的路堑淹没在层层叠叠的野花丛中，广阔的牧场上皮毛油亮的骏马在默默地吃草，缓缓流动的小溪两畔长着排排柳木，还有榆树宽阔翠绿的枝干、农舍花园里的飞燕草。在更远处，伦敦城外广袤、静谧的野地，浑浊河流上的平底驳船，熟悉的街道，有关板球比赛和皇室婚礼的海报，戴着圆顶高帽的男人，特拉法加广场上的鸽子，红色的公共汽车，身着蓝色制服的警察。这一切都沉睡在一场深深的、深深的英格兰之梦中，我有时不禁害怕，是不是只有在炸弹呼啸而至的时候我们才会猝然醒来。[54]

这段文字极其精彩，美得可以大声朗读出来。不仅展示了奥威尔细致的观察，还饱含着他对英格兰的热爱，最重要的是，这段文字其实还是一段令人不安的警世预言。该书写于1937年年中，当时英国的领导人正试图通过绥靖政策寻求和平，而民众大多也发声支持和平主义。奥威尔却走上了一条非同寻常的道路。在一篇发表于1938年2月的书评中，他写道："如果有人向你的母亲投了一枚炸弹，去，向他的母亲投去两枚炸弹。"[55]

回到英国后，奥威尔成长为我们现在通过《动物庄园》和《1984》而熟知的作家，正是在西班牙的经历塑造了他的政治观点，从此之后，他决心在批评右翼和左翼的时候采用同等的力度。去西班牙以前，他是一个非常传统的左翼人士，认为法西斯主义和资本主义在本质上是一样的，忠实地坚持20世纪30年代的左派观点。[56]

离开西班牙以后，他决意对政治光谱上两端的权力滥用情况均坚决予以抨击。用文学评论家休·肯纳（Hugh Kenner）的话来说，

第五章　奥威尔的炼成：西班牙，1937年

西班牙之后，奥威尔成了"标准左翼人士中的异类"。[57]奥威尔在1937年9月写道："不幸的是，在英格兰还鲜有人意识到共产主义已经成为一股反革命力量。"[58]

在西班牙，奥威尔遭受了身体和思想上的双重打击，从此走上了一条更加特立独行的道路。他在《我为什么写作》("Why I Write")一文中写道："西班牙内战以及1937年发生的其他事件起到了决定性的作用，从那以后我清楚了自己的立场。"[59]这篇文章写得极好，成文于完成《动物庄园》和开始写《1984》之间的那个时期。他写道："1936年以来，我写的严肃作品中每一句话都直接或间接地反对极权主义并支持我理解中的民主社会主义。"[60]

从西班牙回国以后，他的使命就是要按照自己所见的事实书写，不管这会给他带来什么后果。他对自己所读到的任何内容都表示怀疑，尤其是当这些内容来自当权派，或为了取悦当权派的时候。这一点成了他的信仰。几年以后，他写道："在西班牙，我在报纸上第一次看到跟事实完全不符的报道。"[61]他接着写道：

> 我看到报纸报道的数场大战在事实上根本从未打响，而当数百人被屠杀的时候，报纸上却没有任何报道。我看到英勇作战的军队被斥为懦夫和叛徒，而有些人一枪未发却因为编造的胜利而被尊为英雄。我看到伦敦的报纸在重复着这些谎言，热切的知识分子以从来没有发生的事件为基础创造出一个又一个上层建筑。我看到，事实上，成文的历史反映的并不是实际发生的事，而是根据各种"党的方针路线"所应该发生的事。

回到自己的乡村农舍之后，奥威尔继续写作，继续在菜园里劳作，但再也没有重开店铺。奥威尔夫妇刚从西班牙回来时，村教堂的牧师有可能出于对他们政治立场的怀疑而上门来闲聊了一

次。这名教会人员"对我们曾经站在西班牙政府一边表示完全不赞同"[62]，奥威尔给自己的一名战友写道："当然，我们得承认烧毁教堂［西班牙共和军所为］的传闻是真的，但当他听说烧掉的只有罗马天主教教堂以后就释怀很多了。"

1938年3月，《致敬加泰罗尼亚》出版前六个星期的时候，奥威尔肺部开始出血，因此短暂入院。4月，该书出版。9月，他和艾琳前往摩洛哥避寒，以利于呼吸系统的康复，他们之所以有钱成行，是因为有人匿名给他寄来了300英镑。

在今天，《致敬加泰罗尼亚》读起来就像是对未来发出的顶级警告，显示了法西斯主义与共产主义相碰撞将可能产生的后果，因为双方都绝不容忍除了自己以外的任何其他选择。这本书的美国版于1952年首次发行，为之书写序言的文学评论家莱昂内尔·特里林（Lionel Trilling）将此书称为"我们生活的时代最重要的作品之一"。[63] 1999年，美国保守派杂志《国家评论》（National Review）将之列为20世纪最重要的非虚构性书籍的第三位。[64]排在第一位的是丘吉尔的《第二次世界大战回忆录》。公正地排在第二位的，即在丘吉尔和奥威尔之间的，是亚历山大·索尔仁尼琴（Alexander Solzhenitsyn）的《古拉格群岛》（Gulag Archipelago）。奥威尔是唯一一名有两部作品进入前十的作家，他的《杂文集》（Collected Essays）位列第五。

然而，《致敬加泰罗尼亚》在1938年遭受的际遇却十分严酷。因为之前发表了《通往威根码头之路》，《致敬加泰罗尼亚》这本新书一出版，奥威尔便在英国文学界被斥为实实在在的变节者。以前常常出版他作品的机构，无论是以书籍还是报刊文章的形式，都不愿意发表他对于西班牙的观点。就在一年前，尽管遭受抗议，维克托·戈兰茨还是发表了《通往威根码头之路》，可是现在，在他看来，奥威尔对斯大林主义的直接抨击实在是太过度了。公平地说，戈兰

第五章　奥威尔的炼成：西班牙，1937年

茨的市场嗅觉还是十分敏锐的。1938年4月，《致敬加泰罗尼亚》由另一家出版社出版，尽管获得了很好的评价，但在奥威尔在世时也只售出了不到1500册。[65]这本书本身，成了奥威尔在书中最后一段提到的炸弹的牺牲者：1941年，这本书首版的印版在德军对普利茅斯（Plymouth）的空袭中被炸毁。[66]

《致敬加泰罗尼亚》是一本极其出色的书，绝对是奥威尔最好的著作之一。然而，书中呈现了一个道义上的选择，作者自己却并没有给出前后一致的答案，这一点也许无法避免。在这本书中，奥威尔的结论是，尽管他目睹了发生在巴塞罗那的一切，包括朋友的失踪——极有可能是被苏联支持下的秘密警察国家机器枪杀——但他仍然认为如果共产党支持的共和派能够打败法西斯分子，那将是西班牙内战更好的结局。共产党人也许是非共产党左翼人士的敌人，但即便如此，他仍然确信，如果共和派取得胜利，"无论战后政府可能犯下怎样的错误，佛朗哥政府都绝对是更糟糕的结果"。[67]

但是对于这一问题，书中隐约存在自相矛盾之处。尽管奥威尔呼吁挫败佛朗哥，但他也表示这名最高统帅其实只是"一个不合时宜的人物"，一个封建主义者[68]，代表着军方、富人和教会的利益。在这本书首版的一个章节中，奥威尔表示："严格地说，佛朗哥跟希特勒和墨索里尼是不同的"[69]，但这句话在之后的大多数版本中都没有出现。而且，他提到那几个彬彬有礼的秘密警察不愿意让他妻子感到过分难堪的时候，也是在暗示，根据他的理解，无论西班牙存在什么样的问题，跟德国和苏联都是不同的。但是，内战结束以后，西班牙无疑发生了大规模镇压活动，数以万计的反法西斯人士被处决，更多的人被关入了集中营。如果要感受一下20世纪40年代西班牙严酷的氛围，只需去一趟佛朗哥墓就足够了。这座坟墓位于烈士谷（Valle de los Caidos）这座体育场大小的洞穴式建筑中，一部分是由左翼政治犯修建而成。这是一座代表死亡的大教堂。

而且，大权在握的佛朗哥对于西班牙面临的问题并无任何对策，他完全没有什么计划，不顺应潮流，迟钝落后。他在1975年去世之后，西班牙向民主的过渡进程相对迅速。在1982年举行的全国大选中，从1939年到1977年被禁的、走中间偏左路线的政党工人社会党（Socialist Workers' Party）胜出并执政14年。我们不可能知道一个受苏联支持的政府对西班牙来说是否会更好，但是事后想来，这仍然是一个没有定论的问题。

然而，说到底，这样的假设是没有意义的。人们也可以很容易地说，如果当时共和军一方胜出，他们一定会在"二战"早期就被纳粹打败。一个纳粹德国占领下的西班牙，或者即使只有地中海和大西洋港口落入纳粹德国手中，都会让盟军在1943年和1944年的军事行动变得更加举步维艰。

丘吉尔对西班牙的态度一开始是希望双方处于胶着状态，但是如果一定要有一方胜出，他希望是佛朗哥。但是，随着希特勒开始显示实力，特别是在1938年3月吞并奥地利之后，丘吉尔的态度发生了变化。法西斯及其盟国倘若控制了欧洲，对英国将是极为不利的。因此，丘吉尔在1938年时表示："如今看起来，如果西班牙政府取胜，大英帝国面临的风险将会大大小于佛朗哥将军取胜的情况。"[70]

*　*　*

奥威尔在政治方面将要受到的"教育"还没有完全结束。"教育"的最后一步是斯大林统治下的苏联与希特勒统治下的德国在1939年8月23日签署的《苏德互不侵犯条约》。该条约的签署意味着极权主义右派与极权主义左派达成了和解。这一事件给奥威尔带来的震惊类似于11个月前《慕尼黑协定》对丘吉尔的冲击，让奥威尔

第五章 奥威尔的炼成：西班牙，1937年

肯定了自己心中一直惧怕发生的事情，让他更加坚定地相信自己特立独行的政治主张，即使坚持这些主张意味着挑战自己的战友、主流左翼人士。"就在俄德条约宣布的前夜，我梦到战争爆发了，"奥威尔写道，"我来到楼下，看到报纸上的新闻说里宾特洛甫乘飞机抵达莫斯科。所以战争就要爆发了，我会因此完全忠于我们的政府，即使是在张伯伦的领导下。"[71]

纳粹德国与苏联签署的协定对西方的左翼人士的冲击是巨大的。多年以来，苏联在西方的支持者总是辩护说，无论斯大林行为如何，但共产主义毕竟是唯一能够与法西斯主义抗衡的意识形态。然而，此时这两种意识形态却在相互支持，即使它们同时也在相互提防。

在奥威尔看来，这已经说明了一切。[72] 从这一刻起，他所抨击的对象是任何形式的权力滥用，尤其是集权政府，无论是左还是右。一些左派人士认为，只要是有益于苏联的事业，掩盖事实的做法不仅是被允许的，而且是必需的，奥威尔也强烈反对这种伪善的观点。当时有很多人对一系列灾难性事件视而不见，包括乌克兰大饥荒、莫斯科作秀公审，以及此刻的纳粹—苏联条约。奥威尔却不会随波逐流。

*　*　*

1939年末，战争阴云迫近。如今在我们看来，奥威尔的伟大在《致敬加泰罗尼亚》中已经表现得淋漓尽致，可是在当时，他却完全不为人所接受。他被看作是无名小辈，一个有时候喜欢小题大做的作家。奥威尔今天的名望如此之高，往往让人忘记，其实他在世时，大半辈子都是默默无闻的。有很多作家，比如赫伯特·乔治·威尔

斯（H. G. Wells[*]）和奥尔德斯·赫胥黎（Aldous Huxley[†]）在当时赫赫有名，现今却已在历史的长河中变得暗淡。奥威尔的名字在当时的名人回忆录或日记中从未有人提及，如安东尼·伊登、休·多尔顿（Hugh Dalton[‡]）、哈利法克斯勋爵、克莱门特·艾德礼、亨利·钱农、奥利弗·哈维（Oliver Harvey[§]）和亚历山大·贾德干爵士（Sir Alexander Cadogan[¶]）。当时最有名的日记作家哈罗德·尼科尔森的500多页日记中也完全没有提到过奥威尔的名字，哪怕奥威尔与尼科尔森因为后者曾经的情人、文学评论家兼编辑雷蒙德·莫蒂默还有过一点小交集[73]——莫蒂默曾在西班牙内战这个议题上跟奥威尔发生过交锋。

20世纪30年代后不久写成的有关这个年代的文化史也没有提到过奥威尔。1940年发表的由诗人罗伯特·格雷夫斯（Robert Graves）和历史学家艾伦·霍奇（Alan Hodge）合著而成的《漫长的周末：1918—1939大不列颠社会史》（*The Long Week-End: A Social History of Great Britain, 1918–1939*）[74]中也找不到他的名字。即使是思想与之相近的马尔科姆·马格里奇在20世纪30年代过后书写《30年代》（*The Thirties*）的时候，也没有觉得有必要提及奥威尔的名字。只是后人在追溯从前的时候，奥威尔才成为了我们今天所熟知的奥威尔。

1939年夏，奥威尔大部分时间都是在他位于赫特福德郡的农舍中度过的，他照料菜园和鸡鸭，记录媒体有关欧洲滑向战争深渊的

---

[*] 英国作家，作品涉及领域广泛，尤以科幻小说创作闻名于世。
[†] 英国作家，以小说和散文创作闻名于世，代表作有《美丽新世界》等。
[‡] 英国工党政治家，强烈反对20世纪30年代张伯伦政府的绥靖政策，后来在丘吉尔的战时联合内阁中出任职务。"二战"后工党执政期间于1945年至1947年出任财政大臣。
[§] 英国资深外交官，长期供职于外交部，生前写下的大量日记在1970年结集出版。
[¶] 英国资深外交官，1938年至1946年任外交部常务次官，"二战"后参与筹组联合国。生前写下的大量日记在1971年结集出版。

第五章　奥威尔的炼成：西班牙，1937 年

报道。一次，他给一个朋友提建议说，给自己养的鸡起名字是不明智的做法，"因为这样就没办法吃它们了"。[75] 8 月 24 日，他种下了 75 棵韭葱，并且注意到飞燕草"开花了"，"有五种不同的颜色"。奥威尔的妻子当时在战争部（War Office）的"审查处"（Censorship Department）工作。也是在 8 月 24 日这一天，奥威尔在日记中写道，他妻子去了办公室，回来以后"感觉战争几乎肯定会发生"。[76] 8 月 30 日他写道，一个朋友告诉他"几个星期以前温斯顿·丘吉尔向他表达了一些非常悲观的观点"。[77] 8 月 31 日，他观察到："黑莓就要成熟了……燕雀开始成群结队地飞翔。" 9 月 1 日，他不带任何感情色彩地写道："入侵波兰的军事行动今天早上开始。华沙遭到空袭。英格兰宣布军事总动员，法国也是如此，并开始实施戒严。"[78]

第六章

丘吉尔的炼成：1940年春

1938年8月的大部分时间丘吉尔都在法国休假，画画风景、反复思考即将爆发的战争，心中充满不祥的预感。"这是我们在和平时期画的最后一幅画了，回归和平将会是很久以后的事。"[1]他对一位一起作画的人这样说道。近8月底时，丘吉尔返回英国。望着车窗外宁静的乡村和生机盎然的玉米地，他缓缓说道："还等不到收获的季节，战争就将爆发。"[2]

1939年9月1日星期五清晨，小麦还没有成熟，德国军队入侵波兰。

两天以后，也就是9月3日，一个晴朗的周日，上午9点英国政府向柏林发出最后通牒：除非德国立即纠正入侵波兰的行动，否则英国和法国将被迫对德宣战。最后通牒时限为当天11点。最后时限15分钟以后，张伯伦首相通过BBC发表讲话，宣布英国和德国已进入战争对抗状态。张伯伦的讲话一结束防空警报便响起了。

张伯伦在公开场合已经显得心慌意乱。"对我们所有人来说，这都是悲伤的一天，而没有人比我更加难过，"他说，"我为之努力的一切，我为之寄予希望的一切，我整个政治生命中所相信的一切，现在都化为灰烬。"[3] 他的表述十分准确，但也许并不恰当。当时的情形已经远远超越了个人情感和张伯伦的个人政治前途，欧洲乃至全世界都面临着生死关头。

丘吉尔很清楚地认识到这一点。他后来回忆说，那天在下议院等待发言时，"我心中一片宁静，有一种超越人类与个人情感的感觉"。[4] 起身发言时，他努力向下议院表达出这种情绪。

丘吉尔所传达的，是一种比张伯伦更加肯定、清晰的信念："这并不是一个为但泽（Danzig*）而战或者为波兰而战的问题。我们参战是为了对抗纳粹暴政的罪恶，拯救全世界，保卫人类最神圣的所有。参战不是为了获取统治地位，不是为了帝国扩张，也不是为了军事利益；参战也不是为了剥夺任何一个国家的资源或发展空间。这场战争的本质将是为了确立个人的权利，让其基础坚如磐石，这将是一场建立并重塑人类境界的战争。"[5]

乔治·奥威尔可能无法相信这些话出自丘吉尔之口，但是他绝对会赞同这些话所表达的原则，特别是最后一句中有关个人权利和地位的内容。多年以后，他写道："智识自由（intellectual liberty）……毫无疑问是西方文明最突出的特点之一。"[6] 他还评论说："如果这场战争有任何目的的话，那就是为保卫思想自由而战。"[7]

丘吉尔作出上述发言六天之后，奥威尔给英国政府写信，请求为战争尽一己之力。这对他来说将是一个漫长而又沮丧的过程。

面对战争，人们反应各异。一些人突然不知所措，因为惊吓过度而无所作为甚至完全脱离社会。没有人可以这样指责丘吉尔或者奥威尔，当战争来临之时，他们都精神抖擞，以理性的方式全身心投入。

1939年9月3日星期日，丘吉尔重返内阁，接受任命成为第

---

* 波兰北部港口城市 Gdańsk（格但斯克）的旧称。

第六章　丘吉尔的炼成：1940年春

一海军大臣，这一职位相当于美国海军部部长（secretary of the navy）。"一战"开始时丘吉尔也担任过这个职位，好像只有在战争爆发时保守党才会向他重新敞开大门。而就在同一天，尤妮蒂·米特福德走进一个公园，朝自己头部开了一枪。[8]子弹击中头部，伤势严重，但她并没有当场死去，9年以后才离开人世。

9月11日，丘吉尔收到来自美国总统的一封不同寻常的信件。富兰克林·罗斯福（Franklin Roosevelt）写道："如果你愿意跟我保持私人联系，告知我任何你希望我知道的情况，我随时乐于聆听。"[9]丘吉尔欣然表示同意。[10]罗斯福"二战"期间一共给丘吉尔写了大约800封信[11]，9月11日的是第一封。丘吉尔的回信更多，一共有950封。

一名表面上保持中立并处于和平环境的美国总统与已经卷入战争的英国内阁成员保持直接联系是一种非同寻常甚至是高度不合常规的做法。可能的原因是，不管是罗斯福还是丘吉尔都不信任当时美国驻伦敦大使约瑟夫·肯尼迪（Joseph P. Kennedy），也就是后来的美国总统约翰·肯尼迪（John F. Kennedy）的父亲。罗斯福的一名主要助手哈罗德·伊克斯（Harold Ickes）在日记中写道："总统认为，如果乔·肯尼迪（Joe Kennedy*）掌握大权就会组成一个法西斯式政府。"[12]曾经有一次，肯尼迪对罗斯福说，他认为随着事态的发展，将有必要在美国采取"法西斯国家特有的手段，也许换一个不同的名字。[13]为了与极权主义作战，我们将不得不采用极权主义的方式"。在《慕尼黑协定》签署的那段时期，罗斯福曾向一名副手抱怨说，他认为肯尼迪"对祖国不忠"。[14]

事实上，在同一天早些时候，肯尼迪给罗斯福和时任国务卿（secretary of state）科德尔·赫尔（Cordell Hull）发去了一封"加

---

* 约瑟夫·肯尼迪的昵称。其长子与其同名，通常称为小约瑟夫·肯尼迪，在"二战"中牺牲。

加加急"信件，建议美国与希特勒进行和平谈判。此举很有可能是促使罗斯福与丘吉尔取得直接联系背后的原因。在此之前，罗斯福在 1938 年 1 月曾写信给张伯伦，试图与英国政府取得联系，却碰了一鼻子灰。当时的英国外交大臣安东尼·伊登曾因为"我们对总统过于怠慢"[15]而十分担忧。丘吉尔在《第二次世界大战回忆录》中表示，看到张伯伦对罗斯福表现得如此不屑一顾，他感到"万分震惊"："他是一个正直、称职、善意的人，然而在这件事情上他所表现出来的，是完全缺乏判断力，甚至缺乏自我保存的本能，而在他的手上却掌握着我们国家和人民的命运，实在可怕。我们今天甚至无法想象他当时出于什么想法才会作出这样的姿态。"[16]

9 月 17 日星期日，夏末晴朗的一天。丘吉尔在苏格兰的咸水湖尤湾（Loch Ewe）视察英国海军所属部队，包括布置在咸水湖入口的反潜艇网，之后驱车穿过苏格兰高地前往因弗内斯（Inverness）火车站。那一天晴朗而温暖，所以他中途停下车来，在山旁的一条小溪边野餐。看着眼前美丽宜人的田园风光，一些有关"一战"的残酷记忆忽然涌上心头，尽管阳光灿烂，他却感到阵阵寒意。他想到自己和全世界所处的境地："不知怎么地，阳光在眼前褪去了颜色。"[17]波兰正处于苦难之中；法国曾经的英勇锐气已变得苍白；俄国不再是我们的同盟，甚至都不再保持中立，极有可能成为敌人。意大利不是朋友。日本不是同盟。美国还会投身进来吗？大英帝国目前仍然完好无损、团结荣耀，然而却完全没有准备、反应迟钝。我们对海洋仍然保持着控制权，但悲哀的是，在空中这种新型的、决定生死的战场上，我们却在数量上远远落后于人。"在那一刻，他为即将到来的恶战做好了准备。

两个星期以后，丘吉尔发表了重返内阁之后的第一次重要演说[18]，随即又通过电台向全国人民发表讲话，获得很大成功。在接下来的六年里，他只有在罹患肺炎的时候被迫卧床休息了一次。在

第六章　丘吉尔的炼成：1940年春　　099

战争爆发后的初期，丘吉尔非常忙碌，开始过问各种事务，被视为多管闲事。9月中旬的时候，他写下一篇备忘录，批评皇家空军的状态，在此之后，张伯伦决定跟他进行一次"十分坦诚的交谈"[19]，要求他约束自己的行为。丘吉尔并没有因此灰心丧气，从那时到10月中旬的一个月时间里，他向张伯伦发出了13封信件分析局势。[20]"温斯顿不懈的勤勉实在令人钦佩。"[21]张伯伦的助手约翰·科尔维尔（John Colville）几个月后在日记中这样写道，当时他对丘吉尔仍然持有怀疑态度。丘吉尔仔细审读文件并询问细节的习惯给他管辖的庞大军队官僚机构注入了急需的活力。他所表现出的万丈决心让科尔维尔觉得，如果有一天英国沦陷了，丘吉尔一定会转入地下，领导敌后游击队继续战斗。

人们注意到丘吉尔随着战争的爆发而精神焕发。前首相的儿子马尔科姆·麦克唐纳（Malcolm MacDonald）自己也从政，他惊讶地注意到丘吉尔"二十年来都没有显得如此健康过"。[22]而这还是在丘吉尔每天大量饮酒的情况下。哈罗德·尼科尔森回忆说，一次一个朋友跟丘吉尔共进午餐，"看到他喝下如此之多的波尔图葡萄酒和白兰地……他吓坏了"。[23]根据丘吉尔助手伊恩·雅各布爵士（Sir Ian Jacob）的说法，一般来说丘吉尔每天午餐都要喝香槟和白兰地[24]，午睡之后喝两三杯威士忌和苏打水，晚餐喝香槟和白兰地，然后还要喝威士忌和苏打水。雅各布注意到，丘吉尔有时候早餐时也要喝一些白葡萄酒。

* * *

在张伯伦的领导下，1939年秋冬和1940年早春的战事进行得并不顺利。到了1940年5月，很明显张伯伦必须让出首相的位置。很多人预计外交部长哈利法克斯勋爵会接替首相的职位。作为绥靖政策的主要制定人之一,哈利法克斯是保守党和英王乔治六世倾向的人选。如果哈利法克斯愿意成为首相的话,他很有可能会开始与德国进行和谈。

然而,当时哈利法克斯对出任首相一职却忧心忡忡。因为他本人是上议院的一员,他认为以此身份领导下议院将是一件非常困难的事情。既然他举棋不定,剩下的人选就只有丘吉尔了。

1940年5月10日[25]

5月10日清晨,德国入侵荷兰和比利时的消息传来,丘吉尔知道自己很可能在当天接替首相一职,早餐他吃了煎鸡蛋和咸肉,然后抽了一支雪茄。对于一个身体并不健康的老人来说,那顿早饭有点太过丰盛。他当时65岁,在那个年代很多人到了这个年纪都已经退休,而他在奋斗了几十年之后才刚刚开始实现自己成为大不列颠首相的雄心壮志。

这将是不同寻常的一天。他在早上6点跟战争大臣和空军大臣见面,这是他当天的第一个会议。7点开始第二个会议,跟军事协调委员会(Military Co-ordination Committee)成员见面。战时内阁全体成员于8点在首相官邸召开会议,评估惨烈的战争状况,当时德国已经开始轰炸比利时和法国北部。德国伞兵踏上了比利时的土地,英国的飞行中队正向法国转移。皇家海军驱逐舰"凯莉号"(Kelly)在比利时附近海域被鱼雷击沉。

尽管如此,张伯伦一开始仍然认为自己应该继续担任首相直到危机过去。那天上午晚些时候,一条消息送到丘吉尔的办公室:"张伯伦先生认为,战争的爆发令他有必要继续坚守在自己的岗位上。"[26] 不!丘吉尔的支持者坚决反对:目前的危机更加需要张伯伦紧急让开,让其他人组成一个新的政府。

第六章　丘吉尔的炼成：1940 年春

丘吉尔随后接见了荷兰政府官员："他们刚刚从阿姆斯特丹飞过来，形容憔悴，不知所措，眼中充满恐惧。"[27]

11 点 30 分，战时内阁举行了第二次会议，讨论收到了更多有关德国轰炸行动和空降部队的消息。然后，军事协调委员会在下午 1 点再次召开会议。丘吉尔跟报业大亨比弗布鲁克男爵共进午餐，两人在某些问题上是政治同盟。

战时内阁在下午 4 点 30 分再次召开会议。刚传来的消息说，德国已经开始轰炸英格兰东南部的肯特（Kent）。德国军队占领了鹿特丹（Rotterdam）的机场，六架英国战斗机被派往荷兰拦截德国运送伞兵的飞机，只有一架成功返航。一条战争部发来的消息说，德国坦克和陆军部队已经进入比利时。张伯伦终于谈到正题：他决定辞职。

张伯伦前往谒见英王乔治六世。乔治六世建议由哈利法克斯接任张伯伦的首相职位。"我认为 H* 是一个显而易见的人选。"他在日记中写道，但是张伯伦表示哈利法克斯在当时的情况下并不合适，"我请张伯伦建议人选，他告诉我应该去找温斯顿。"

乔治六世召见丘吉尔，完成了邀请丘吉尔组成政府的仪式。在白金汉宫（Buckingham Palace）外面，保镖向丘吉尔表示祝贺。丘吉尔转过身来，眼里泛起泪花回答说："我希望现在还没有太晚。我非常担心为时已晚。我们只能尽力而为。"[28]

丘吉尔回到自己在海军部的办公室，开始着手组建政府。他写信给张伯伦，请他继续提供建议并为国家服务。他请哈利法克斯继续担任外交大臣。他请工党领袖克莱门特·艾德礼当天晚上来跟他见面，邀请他加入内阁并请他提出可以加入内阁的工党人员名单。

工党当时是反对党，但是在与丘吉尔共事上，保守党人士还

---

* 哈利法克斯（Halifax）的首字母。

不如工党人士自在。约翰·科尔维尔在那天的日记中提到了丘吉尔，反反复复骂了他四次，说他是"现代政治史上最大的冒险家[29]……半个美国人，和他的支持者一样，既无所作为又爱夸夸其谈。"写到丘吉尔登上首相位置的时候，他还很没有必要地加上一句，说这"太恐怖了"。[30]

尽管在丘吉尔自己的回忆录和马丁·吉尔伯特堪称详尽的丘吉尔传记中都没有被提到，但其实丘吉尔在5月10日这一天还有另一个会面。那天晚上，他跟一名高级情报官员威廉·斯蒂芬森（William Stephenson）共进晚餐，随后他将把斯蒂芬森派去美国。他要斯蒂芬森实现三个目标：为英国赢得军事上的支持，在西半球对抗敌人的情报活动，而且要"最终让美国投身这场战争"。[31] 这可能是丘吉尔在整个"二战"中发出的最重要的命令，而这个命令下达的时间却是在他成为首相仅仅几个小时之后。

凌晨三点，丘吉尔上床休息。"有一种清晰的、如释重负的感觉。终于，我有权对于整体局面发布命令。"[32] 那是他成为首相后的第一个夜晚。"十年在野的政治生涯"结束了，他后来这样写道。

但是这样的状态可能持续多长时间呢？他很有可能只是一个过渡时期的领袖，而且这也是当时人们打赌会出现的情况。

* * *

丘吉尔自己所属政党的成员甚至在他已经成为首相之后也没有团结起来。J.C.C.戴维森（J.C.C. Davidson*）向自己的政治密友、前首相斯坦利·鲍德温谈到丘吉尔这位新首相时表示："保守党人并不信任温斯顿。"[33] 这可不是毫无根据的个人观点，因为戴维森

---

* 全名约翰·科林·坎贝尔·戴维森（John Colin Campbell Davidson），第一世代戴维森子爵。

第六章 丘吉尔的炼成：1940年春

自己就曾出任过保守党主席。他希望丘吉尔不过是昙花一现，预测说："战争中第一波冲突结束之日便会是更稳固的新政府建立之时。"保守党下议院议员彼得·埃克斯利（Peter Eckersley）预测说："温斯顿在位不会超过五个月。"[34]

丘吉尔自己有时候也会反唇相讥：同年晚些时候，前首相斯坦利·鲍德温名下的一个工厂被德军炮火炸毁，丘吉尔尖刻地说："他们实在太不知感恩了。"[35]

1940年5月13日，丘吉尔第一次作为首相步入下议院的时候，他收获的掌声甚至还没有辞职的前首相张伯伦热烈。丘吉尔后来回忆说："在开头的几个星期，友好的声音主要来自工党坐席。"[36] 一些向丘吉尔表示欢迎的发言让他感动不已[37]，频频擦去泛起的泪花。

当天下午2点54分，丘吉尔起身发言。他首先介绍了战时内阁的五名成员，也就是新政府最有权力的五个人，随后进行的演讲如同吹响了战斗的号角："除了热血、辛劳、眼泪和汗水，我没有别的可以奉献。"[38] 他这句话呼应的是拜伦《青铜世纪》（"The Age of Bronze"）这首诗中的一句[39]，拜伦在其中谴责英国坐拥土地的贵族，说他们的生活是建立在"千百万人的鲜血、汗水和泪水"之上。

丘吉尔接下来的演讲振聋发聩，语言简单却强劲有力：

> 你们问，我们的政策是什么？我的回答是：战斗，在海上、在陆地、在空中，凭我们所有的能力和上帝赋予我们的勇气战斗；通过战斗反抗邪恶暴戾的势力，绝不让自己屈服于这场针对人类社会、黑暗可悲的罪行。这就是我们的政策。
>
> 你们问，我们的目标是什么？我的回答只有一个词：胜利。不惜一切代价也要取得胜利，即使将要面对无际的恐怖，也要取得胜利，无论需要经历多长时间也要取得胜利。因为，没有

胜利，就没有我们的生存之地。

让这一切得以实现吧。否则，大英帝国国将不国，大英帝国所坚守的一切将不复存在，时代的呼唤与诉求也将灰飞烟灭，而人类则将走向毁灭的终点。

这段极具感染力的演讲完全可以跟奥威尔最优秀的文章媲美，尽管保卫大英帝国的荣耀当然不可能是奥威尔的目标。面对下议院、全英国乃至全世界，丘吉尔树立起一种崭新、强硬的形象。他成为首相不是为了乞求和平，也永远不会如此。他的原则是要通过战争赢得胜利，绝不会再向德国妥协，绝不会通过拱手相让自己的殖民地来达成任何协议。

对于奥威尔这样一名左翼人士，丘吉尔上台执政居然让他觉得欢欣鼓舞。奥威尔写道："几十年来，我们终于第一次拥有了一个有想象力的政府。"[40]

丘吉尔将要做的不仅仅是将国家重新凝聚在一起，他还需要巩固自己的地位。当时很多政治领袖都不确定丘吉尔究竟是一个长期首相人选，还是一个受命于危难的临时代理人。

1940年5月中旬到6月中旬这段时间里，丘吉尔的首相职位没有任何确定性。他继续将如何与美国人打交道、如何让美国人参战视为头等大事。5月18日是丘吉尔成为首相的第九天，这天清晨，他一边刮胡子一边跟自己的儿子伦道夫说，他认为英国不仅能存活下去，而且会赢。"我说的赢，是指将他们击败。"他解释说。

伦道夫显得非常惊讶，他回答道："我当然希望是这样，但想不出来你怎么才能实现。"

丘吉尔擦干脸，转过身去，看着儿子急切地说："我要把美国拖进来。"[41]在与皇家海军将领交谈时，丘吉尔也表达了类似的意思："当务之急是要让美国参战，然后再说怎么打仗。"[42]

第六章　丘吉尔的炼成：1940年春

美国大使肯尼迪在此时仍然低估了丘吉尔的能力，他认为德国取得胜利已经指日可待。1940年5月20日，他在给妻子的信中写道："情况糟透了，依我看一切都完了……英国人会战斗到最后，但是我看不出他们怎么可能对抗无休无止的轰炸。"[43]6月初，他在给儿子小约瑟夫·肯尼迪的信中写道："将要到来的，除了杀戮别无他物。"[44]肯尼迪不是唯一持此观点的人，当时美国驻巴黎大使威廉·布利特（William Bullitt）也给出了类似的判断。他在1940年5月建议罗斯福总统要做好准备，因为英国有可能产生一个法西斯政府并寻求与德国停战。他提醒说："如果这样，就意味着英国的海军会与我们为敌。"[45]

丘吉尔很清楚，1940年将是非常艰难的一年。问题的关键在于，他个人以及整个英国是否能超出两名美国大使的预期，在逆境中挺下来。5月中旬的一天，丘吉尔从唐宁街步行去海军部大楼，途中人群对他爆发出热烈的欢呼。他的军事助手，昵称为"帕格"的黑斯廷斯·伊斯梅（Hastings "Pug" Ismay）将军写道："步入大楼的那一刻，他忍不住泪流满面。"[46]丘吉尔对伊斯梅解释说道："可怜的人民，他们信任我，可是在将来很长一段时间，除了灾难，我什么也给不了他们。"

敦刻尔克

即使是丘吉尔，也不知道未来究竟要经历多少灾难。1940年5月末，也就是在他执政的头几个星期里，英国军队撤退到比利时一个名叫敦刻尔克（Dunkirk）的海滨小镇。当时几十万[47]英军及盟军部队被德军包围，如果德军发动猛烈攻势，极有可能俘虏二十五万将士，摧毁英国陆军。一旦走到那一步，英国政府将会承受巨大的压力，而丘吉尔也极有可能被迫辞职。

但是德军并没有向海滨地区推进，其曾经所向披靡的九个装甲师在距离敦刻尔克不远的地方停了下来。一名英国将军对此百思不得其解，在日记中这样写道："德军的快速移动部队一定是出于某种原因突然止步不前。"[48]

德军方面的一些下级军官同样对此大惑不解。汉斯·冯·吕克（Hans von Luck）当时是一个装甲侦察连的指挥官，他回忆说："我们无法理解为什么眼睁睁让这么多人逃脱。"[49]

在这种情况下，英军得以着手从海滩撤离。即使到了今天，关于英国为何可以如此顺利地从敦刻尔克撤离，其中仍有一些问题没有找到答案。一些历史学家认为，希特勒当时仍然希望能够跟英国进行和谈，于是下令坦克停止前进。用军事历史学家斯蒂芬·邦吉（Stephen Bungay）的话来说，这样才能"避免让英国遭受颜面尽失的失败"[50]，不至于让其更不愿意回到谈判桌上来。关于此事的历史记录五花八门，不一而足，但有非常清楚的证据表明，希特勒要求地面部队停止前进的命令并没有加密[51]，使得英国方面完全有可能获悉并立刻理会到这是一种表示和平的姿态。希特勒后来曾抱怨说，他之前对英国太过友善。举例来说，德军总部的将军瓦尔特·瓦尔利蒙特（Walter Warlimont）就曾写道，希特勒曾说："我已经避免在我们和英国之间造成无可补救的裂痕，并借此证明我们的目的是取胜而非消灭对方，但丘吉尔却完全无法领会这一点。[52]在敦刻尔克我们的确避免将他们赶尽杀绝。"确实如此，当时收到命令的德军指挥官均在战后确认说，他们接到命令在敦刻尔克城外8英里的地方停下来。陆军元帅格尔德·冯·伦德施泰特（Gerd von Rundstedt）说："我手下的坦克在那里停留了三天。[53]如果要按我的想法行事，不可能让英军这么轻易地逃脱。但是没办法，接到的命令是希特勒本人亲自下达的。"在一次小型会议上，伦德施泰特手下的一名将军向希特勒表示自己无法理解为什么会接到这样的命

第六章 丘吉尔的炼成：1940年春

令，希特勒回答道，他的"目的是在英国自认为还体面的基础上与之讲和"。[54]

然而，另一些历史学家认为，下令部队停止前进以便与英国进行和谈的说法不过是事后为了掩盖希特勒的错误决定而编造出来的一套说辞。举例来说，两卷版《希特勒传》的作者伊恩·克肖（Ian Kershaw）就认为，希特勒声称他有意让英军逃脱的说法"不过是为了保留颜面的托词"。[55]而以巨幅长篇书写了"二战"史的格哈德·魏因贝格（Gerhard Weinberg）对希特勒故意为之的说法嗤之以鼻，认为完全是"编造"。

还有人提出了第三种可能性，得到了诸如著名军事历史学家阿利斯泰尔·霍恩（Alistair Horne）等人的支持。这种观点认为，希特勒是为了把在敦刻尔克的致命一击留给德国空军完成，因为空军是在政治上对他最忠心耿耿的部队。霍恩的根据是德军装甲部队指挥官海因茨·古德里安（Heinz Guderian）的说法，其中提到他接到数条让其原地待命的命令，其中一条是："敦刻尔克要留给空军。"[56]

无论从战术上怎么看敦刻尔克的情况，最后的结果是，尽管丢掉了大量武器、大炮和车辆，但大部分英军成功撤离回国。总共约有三十万人撤出，其中三分之二是英军，其他为法军。没能踏上返家之路的人中就包括奥威尔妻子的兄长[57]，一位在战地医疗队工作、配少校衔的医师。他在自己所属部队还有几个小时就将从敦刻尔克撤离之时被弹片击中胸部，不幸去世。兄长的死让奥威尔的妻子艾琳陷入长达一年半的深度抑郁之中。她的一位朋友回忆说："她头也不梳[58]，脸庞和身体极度消瘦。现实对她如此残忍，她变得沉默寡言。"然而，正如为奥威尔立传的作家迈克尔·谢尔登（Michael Shelden）所注意到的那样，奥威尔从来没有在自己的信件或者日记中提到艾琳所经历的痛苦，更不要说在报刊文章或者文学批评文章中了。谢尔登说："他没有跟任何外人说到过这些事。"[59]对外，奥威尔只是说艾琳工作太辛苦，累倒了，她需要"好好休息一下"。

在讨论敦刻尔克大撤退时，有一点非常重要，却常遭人忽略，那就是希特勒与英国和谈的意愿并不是其一厢情愿。我们现在知道，即使是在敦刻尔克行动已经开始的情况下，英国政府仍然在反复讨论是否应该与德国进行和谈。1940年5月27日这一天，当衣衫褴褛的英国军队在英格兰东南部各处海岸登上陆地之时，丘吉尔新政府战时内阁的五名成员仍然在就是否与德国和谈进行辩论。丘吉尔强烈反对与德国进行任何形式的谈判，他认为："即使我们被打败，也绝不会比现在就拱手投降、放弃抵抗更糟。"

哈利法克斯倾向于进行某种程度上的和谈。那天晚上，他在日记中写道："我认为温斯顿完全是满口胡言。"[60]哈利法克斯的观点是，当时法国尚未投降，英国飞机制造厂尚未遭受轰炸，如在这种情况下举行谈判，英国的主动权会大一些。[61]事实上，法国在此之后两个星期便向德国投降。哈利法克斯还认为，英国的目标不应该是战胜德国，而应该是在与德国和平共存的情况下尽可能保持独立。处于弱势的一方试图与希特勒谈判根本就是与虎谋皮、愚蠢至极，这是之前的张伯伦政府最应该吸取的教训，而哈利法克斯到了这时候还持有这样的观点实在让人震惊。

此时的丘吉尔行事必须小心谨慎。有关他在这个决定性时刻的处境，两位书写过丘吉尔传记的英国政客提出了不同的看法，他们的观点可以互为补充。鲍里斯·约翰逊评论道，丘吉尔当时"在为自己的政治声誉和信任度而战，如果他向哈利法克斯低头，他自己就完了"。[62]罗伊·詹金斯认为，丘吉尔需要找到一种合适的方式反对哈利法克斯的观点，同时又不至于让哈利法克斯和张伯伦因此辞去他们在内阁中的职位。詹金斯的这种看法同样很有道理，因为两人一旦辞职便会引起巨大的政治动荡，而丘吉尔当时在保守党中

第六章　丘吉尔的炼成：1940年春

的威望还不足以让他成功度过这样的困境。詹金斯担任了几十年的工党议员，也曾在20世纪60年代和70年代数次出任内阁高级职位。他认为，如果当时哈利法克斯和张伯伦辞职，"丘吉尔政府将难以维持下去"。[63]

5月27日，哈利法克斯在战时内阁会议上跟亚历山大·贾德干爵士抱怨说[64]，他感觉自己越来越无法跟丘吉尔继续共事。丘吉尔有可能也感觉到两人间极有可能出现决裂，于是邀请哈利法克斯去花园一起散散步。哈利法克斯在日记中写道，散步时丘吉尔跟他说的话饱含"歉意与真情实感"。[65]

丘吉尔好言相劝的做法就到此为止了，在此之后的第二天他就展示了自己强硬、威严的一面。在那天的内阁会议上，他直截了当地说，英国绝不会投降[66]，只要他在位一天，就不会与纳粹谈判。"如果我们这座岛屿悠久的历史有一天会走向终结，"他发誓说，"就让其终结在我们每一个人倒在地上、流尽最后一滴鲜血之时。"[67] 大约在同一时期，他在给一名下属的便条上写道："无论发生什么，英格兰都不会停止战斗，除非希特勒战败，或者我们亡国。"[68] 这些话简短有力，让人非常钦佩，特别是当时的丘吉尔担任首相还不到三个星期。约翰·查姆利（John Charmley）在其详尽的丘吉尔传记中写道，直到那一刻，"都还有很多人支持至少开启与德国的谈判，看看希特勒提出的换取和平的条件是什么"。[69] 在此之后，英国则非常清楚地表明了战斗的决心。西蒙·沙玛将丘吉尔战胜哈利法克斯称作"第二次世界大战中第一场伟大的胜利"[70]，这么说可能稍微夸张了一些，但很难说沙玛对于此事的热情赞扬有任何不妥。丘吉尔在当天扭转了整个战时内阁的态度，这的确是"二战"中最重要的一个时刻。

德国方面对英国政府内部的这些辩论毫不知情，在接下来的几个月中仍然希望"丘吉尔及同伙"[71]被赶下台去，从而为某种形式的和谈铺平道路。同时，他们的情报来源也错误地认为英国的政治形势正朝着这个方向发展。6月时，纳粹宣传部门的头目约瑟夫·戈培尔跟自己的手下说："他们会建立一个让步妥协的政府。[72]我们已经非常接近战争的终点。"就在同一个月，瑞典驻伦敦大使向瑞典政府报告，看起来要举行和谈了，而且"哈利法克斯可能取代丘吉尔"。[73]在接下来的一个月里，希特勒仍然相信丘吉尔有可能被哈利法克斯、前首相戴维·劳埃德·乔治或者张伯伦取代。[74]

20世纪40年代丘吉尔的"演讲运动"

1940年6月4日，敦刻尔克大撤退完成。丘吉尔知道自己必须向下议院详细汇报不列颠历史上这段至暗时期的种种细节。这是四百年来不列颠群岛最接近被征服的一次。

他发言巧妙，立刻就把德军对英军的追击描述为一场不光彩的失败，而把英军的撤退凸显为一场充满奇迹的行动。他的发言是这样开头的："一个星期前的今天[75]，我请求下议院安排在今天下午让我发表声明。那时候，我心中充满恐惧，唯恐我将宣布的是我们悠久历史上最大的一次军事灾难。"他坦承自己曾十分害怕，害怕只有两三万英军能够成功撤离，这就意味着将会有几十万英军阵亡或被俘。然而，他接着说："一场堪称奇迹的救援行动，因为勇气，因为坚持，因为完美的纪律，因为无懈的组织，因为高超的能力，因为精湛的技艺，因为不可战胜的忠诚，在我们面前成为现实。"

丘吉尔的形象完全不像是一名战争领袖。他身高不过5英尺7英寸*[76]，鸭梨状的身体上顶着个圆圆的脑袋。然而在那时，他却成为将英国人民团结在一起的领军人物。

---

* 大约1.7米。

第六章 丘吉尔的炼成：1940年春

这是丘吉尔的巅峰时期，也是他最能够通过语言挑动人心的时期。"我们必须非常谨慎，不要把这次行动的成功看作胜利的标志。战争不是通过撤退赢得的。然而，这次行动也体现了胜利的成分，这一点毋庸置疑。胜利是由空军赢得的。"

大约30分钟以后，丘吉尔的演讲在铿锵有力的结束语中预测了未来的景象：

> 我们将战斗在法国，我们将战斗在海上，我们将以愈发自信和强大的力量战斗在空中，我们将保卫我们的岛屿，不惜任何代价。
>
> 我们将战斗在海滩，我们将战斗在降落点，我们将战斗在原野和街巷，我们将战斗在山岭；我们绝不会投降，即使有一天，虽然我绝不相信会有这么一天，我们这个伟大的岛屿或其大部分陷入敌手、忍饥挨饿，在不列颠舰队的武装保卫下，大英帝国也会在海外继续战斗，上帝知道终有那么一天，一个崭新的世界，将倾其力量与威力，投身进来拯救并解放这个旧世界。

从表面上来看，通过这种方式来稳住惊慌失措的民众是一种非常奇怪的做法。斯蒂芬·邦吉指出，丘吉尔演讲中提到的战场其实反映了一支顽强战斗却被迫不断撤离的抵抗部队可能经历的战斗模式[77]：从海滩和简易机场撤离到城市和田野，然后进入偏远山区继续战斗。丘吉尔还提到了以前从未有人敢说出口的可能性，即德国胜利、英国发生饥荒。他说出了一种不可想象的前景，而且是站在国家的高度，向全国人民发表演说。

然而，这篇内容灰暗的演讲并没有让英国人民绝望。相反，丘吉尔的讲话让群情振奋。丘吉尔的崇拜者、资深老议员哈罗德·尼科尔森在给妻子的信中写道："今天下午温斯顿发表的演讲是我有生以来听到过最为精彩的。[78] 整个下议院都被深深地感动了。"

在战争时期，人们如果对真实情况一无所知，就会倾向于相信最糟糕的可能性或类似的情况，并掺杂进自己对未来情形的想象。琼·西曼（Joan Seaman）是当时生活在伦敦的一名平民，她回忆说："我记得法国沦陷时我有多么害怕[79]，因为我觉得下一个就会轮到我们。真的非常害怕。当我在收音机里听到丘吉尔'战斗在海滩上'的演讲，突然就不怕了。真的非常神奇。"

1940年夏天，丘吉尔的声音成为"我们的希望"[80]，物理学家、小说家C.P.斯诺（C. P. Snow）这样回忆道。他还说："他的声音体现了意志与力量，指出我们希望听到的内容（'我们绝不会投降'）和努力相信的东西终将实现，即使这些东西暂时与现实相左且违背常识。"

当时在丘吉尔政府担任公共资讯部长（Minister of Information）*的达夫·库珀（Duff Cooper）也在大约同一时间发表了讲话。我们将他的讲话跟丘吉尔6月4日铿锵有力的演讲作一个对比。"将有必要把我们的军队从他们现在所处的位置撤出[81]，但是他们不是一支被打败的军队。"库珀这样说道，完全是一派陈词滥调，而且误导听众，"这支军队依然士气高涨，信心毫不动摇，每一名将士都渴望与敌人决一死战……随着危险的加剧，我们的勇气也与日俱增。"库珀的话中没有任何可以鼓舞人心的东西。在士兵渴望回归战场这样的陈词滥调的掩饰下，有一种悄然的恐慌。当一名政治人物在讲话中除了空洞、虚假的语言而别无他物时，其实就是在间接承认离战败不远了。

而事实上，当时有足够的理由让人恐慌。敦刻尔克大撤退之后，

---

* 成立于1939年9月4日，也就是英国对德宣战的第二天。公共资讯部是英国中央政府的一个部门，负责"二战"时的宣传工作。

英国军队的状况在长达数月的时间里都极其糟糕。"英国不仅完全被欧洲孤立[82]，而且处于一种半缴械状态。"军事历史学家卡塔尔·诺朗（Cathal Nolan）这样评论道。从敦刻尔克撤退时，英军在比利时的这片海滩上留下了[83]700辆坦克、880门大炮、11,000挺机枪和约64,000部车辆，而这一切都成了德军的战利品。甚至在今天看来，英军撤退回国以后所掌握的武器也少得令人难以置信。英国地面部队在英格兰土地上只拥有200辆性能优良的坦克[84]，仅相当于现代美国陆军一支装甲师所拥有的坦克数量。装备较差的伦敦第一师（the 1st London）[85]仅有23门大炮可用，而且完全没有装甲车辆，也没有机枪。负责陆军的时任战争大臣（Secretary of State for War）安东尼·伊登[86]向一名记者透露，有那么一小段时间，整个英格兰只凑得出一个旅的训练有素又装备齐全的部队，也就是区区几千人。然而，武器似乎又并不少见，就在同年6月，发生了16起军事人员在反入侵路障处枪击平民的事件。[87]

当英国加紧为抵抗入侵做准备的时候[88]，杜伦轻步兵团（Durham Light Infantry）的威廉·沃森（William Watson）少校报告说，他手下的士兵身上穿的还是从敦刻尔克撤退时的军装。士兵道格拉斯·戈达德（Douglas Goddard）在东南海岸与战友巡逻时，每人手中的步枪里都只有5发子弹。皇家空军在1940年5月的10天内就损失了250架现代战斗机[89]，到6月的时候一共仅剩下大约500架。

法国沦陷

在那一时期，丘吉尔频频在各处出现。他一再前往法国，希望帮助法国领导人振作起来，当时德国对法国的大举快速入侵让法国领导层陷入一片混乱之中。他在法国外交部与政要会谈时，不断有浓烟从外面飘进会议室，因为就在外交部大楼后面的院子里，工作人员正不断用手推车将档案文件一堆堆推出来[90]，扔到火里烧毁。丘吉尔抽着雪茄，烟圈在他头顶萦绕，法国战争部长心下暗想，吞云吐雾的丘吉尔"就像是头上顶了座火山"。[91]法国官员告诉丘吉尔，他们的军事计划里并没有包括可以投入战斗的战略性预备队。丘吉尔惊得目瞪口呆，连声询问自己是不是听错了。"我惊呆了，"他后来写道："伟大的法国军队和国家领导人都怎么了？"[92]当他写下这段话的时候，也许心里想到的是自己在"一战"后得出的结论："在任何一场战争中，最高统帅通常都应该做到两件事情：一是为部队制订妥善的计划，二就是要确保有充足的预备队。"[93]这两点，法国的领导人都没有做到。

丘吉尔下定决心，坚决不会步法国人后尘。"我们要饿死德国，"同一天他向法国人发誓说道，"我们要摧毁他们的城市。我们要烧掉他们的粮食和森林。"[94]

在自己的回忆录里，丘吉尔用了200页的篇幅来描述法国领导人是如何因为分歧、失去方向和缺乏斗志而辜负了自己的国家。他的结论是，法国人被"一种完全对人充满戒心的思维定式毁掉了"。而这也是他之后不断敦促激励自己军中将领的主要原因。他命令说："必须要全力以赴，采取行动来摆脱敌人给我们造成的心理上、士气上的虚脱状态。"[95]

6月17日晚，丘吉尔下令英国广播公司（BBC）播出一则消息，开头一句便是："法国方面传来的消息非常糟糕。"[96]巴黎落入了德国人手里。第二天，法国政府请求举行停战和谈。军事历史学家瓦尔特·米利斯（Walter Millis）用优美的文字总结了敦刻尔克大撤退之后让人惊恐的军事状态："大不列颠的地面防守能力几乎为零[97]，而欧洲大陆在大西洋一侧的海岸几乎完全被占领，为德国潜艇出袭提供了无数通道，根本无法阻挡。"的确如此，希特勒

第六章　丘吉尔的炼成：1940年春

13个月前勾画的场景已经实现了：波兰被拿下，比利时、荷兰被占领，法国被打败。西欧现在只有英国还屹立不倒。希特勒计划实施连续打击，直至英国的抵抗再也无以为继。

丘吉尔采用极具感染力的语言，向自己的国民发出了警告：

> 很快，敌人就会将其狂怒与武力悉数倾泻到我们头上。希特勒很清楚，他必须让我们这座岛屿屈服，否则就会输掉整场战争。如果我们屹立不倒，整个欧洲便可期待有重获自由的一天，而全世界的生灵也才有可能在未来的某一天步入一片阳光普照的辽阔高地。但是，如果我们战败，那么全世界，包括美国以及我们所熟知并珍视的一切，都将坠入新黑暗时代的深渊。由于对科学的扭曲应用，这个新的黑暗时代会更加邪恶，更加漫长无边。因此，让我们振作起来，拥抱责任，积极面对。如果英联邦和大英帝国还能够繁荣千年，到那时人们还是会说："这曾是他们最伟大辉煌的时刻。"[98]

罗伊·詹金斯认为，丘吉尔的这段演讲的重要性足以与林肯（Lincoln）在葛底斯堡（Gettysburg）的演讲相提并论。[99]

奥威尔对丘吉尔在那年夏天所起到的作用十分赞赏。"从法国投降那一刻开始，几乎所有反法西斯人士都站在了丘吉尔一边，"他写道，"原因在于，没有任何其他人，名气足够响亮、可以执掌政权，同时又足够让人信赖、绝不投降……当时亟需的是顽强的品质，这一点丘吉尔绝对不缺。"[100] 丘吉尔也意识到自己所具备的这种素质。后来他告诉哈罗公学的学生，他在"二战"前期学到的最重要的一点便是：

> 绝不屈服，绝不屈服，绝不，绝不，绝不屈服于任何东西，

无论是大还是小，庞大还是无关紧要。绝不屈服，除非臣服于荣誉和真理。绝不向武力低头，即使是面对貌似势不可挡的强大敌人，也绝不低头。[101]

面对内阁成员，丘吉尔发誓绝不会逃离英国。奥威尔在日记中也写下了类似的话语。"万一德国占领了英格兰，应该怎么办，现在完全不可能决定，"他在1940年6月中旬的一天这样写道，"有一件事我绝对不会做，那就是逃走。就算可能逃离，我最远也只会去往爱尔兰。如果海军舰队依然完好，而且看起来美国和英联邦国家会加入进来并肩战斗，那么一个人在可能的情况下一定要活下去，即使是在敌人的集中营里。如果在未来美国也投降了，除了战死，便没有别的选择，但是就算是死，也一定要战死，而且死前也要先杀死敌人。"[102] 六天以后，奥威尔又一次在日记中提到这个话题，当时他妻子和妻子的嫂子*都敦促他逃去加拿大。"如果情形变得更加糟糕，"他写道，他也不会逃去加拿大，因为"那里已经有太多'反纳粹人士'。如有必要，死是一个更好的选择。"[103]

困境接踵而至。就在法国决定与德国停战和谈后不久，丘吉尔担心法国在阿尔及利亚的舰队会落入德军手中，因此要求其向英军投降，否则将向其开火。舰上的法军短暂回击，在不到一个小时的时间里，1297名军人身亡。

攻击不久前还是自己盟军的行动大大震惊了丘吉尔手下的一些海军将领，但是同时也向全世界显示了英国的决心。坚决支持该行动的人中就包括奥威尔，他在日记中写道："德国人在广播中爆发了强烈、骇人的愤怒之情，如果我们的报道准确的话，德国人呼吁

---

* 此处的原文为"sister-in-law"，但是奥威尔没有兄弟，奥威尔的妻子没有姐妹，只有一名兄长，因此推测此处指的是奥威尔妻子的嫂子。

第六章　丘吉尔的炼成：1940 年春

英国人把丘吉尔吊死在特拉法加广场上，而这恰恰显示了采取此次行动是多么正确。"在向议会说明他为何下令攻击法国维希政府*的军舰时，丘吉尔流下了眼泪。[104]

"当天处理"

丘吉尔一方面忙于将全国上下团结在一起并为法国提供支持，同时也全力以赴于另一件重要的事务：唤醒昏昏欲睡的英国官僚机构。可以说，他在这一领域取得的成功并未受到足够的赞赏，但对赢得战争作出的贡献，可以说不亚于他慷慨激昂的演讲。战争爆发后长达 9 个月的时间里，英国政府极其慵懒低效，这是丘吉尔执政以来英国内部最为突出的问题之一。"张伯伦曾很有效率地主持内阁工作，"伊恩·雅各布爵士回忆道，"将一切事务都管理得井井有条，但是没有做出什么成绩。"[105] 这种令人瞠目结舌的政府慵懒作风通过一个数据可以略见一斑：照理说，英国的各行业因为需要备战应该高速运转起来，可英国的失业人数却从 1939 年 9 月的 120 万人上升到 1940 年 2 月的 150 万人。[106]

成为首相以后，丘吉尔立即对张伯伦政府"平和、真诚但墨守成规"[107] 的作风采取行动，每天他都会以备忘便条的方式连珠炮似的发出各种指令，极大震动了军队及政府领导。这些便条上常常贴上一条红色标签，要求"当天处理"。[108] 丘吉尔 1940 年 5 月 29 日第一次采用这种方法，当时正值敦刻尔克危机最紧急的时候。他的便条，丘吉尔的一名助手写道，"就像探照灯射出的光束[109]，不

---

* 第二次世界大战期间纳粹德国控制下的法国政府。1940 年 6 月德国占领巴黎后，以贝当（Henri Philippe Pétain）为首的法国政府向德国投降，并于同年 7 月将政府所在地迁至位于法国中部的维希（Vichy）。

断照向各方，穿透层层管理机构，到达最深处，因此每一个人，即使人微言轻，也能感受到，终有一天这道光束会停留在自己身上，照亮自己正在从事的工作。在白厅（Whitehall*），这种影响所带来的效果立竿见影，激动人心……产生了一种新的责任感和紧迫感，因为人们感觉到有一双坚决有力的手，在强烈意愿的指导下，正在掌握全局"。另一位"二战"时丘吉尔的助手也回忆说："在整个白厅，每个人都坐直身体，全神贯注。"[110] 他们开始在晚上和周末也投入工作，正如丘吉尔所做的那样。

一个新政府上台后，有时候领导班子会认为，只要提出尖锐的问题，政府官僚机构的效率自然就可以提高。丘吉尔却不这么认为。他绝不是仗着聪明胡乱插手，事实上，他多年以来一直在自学各种军事事务。之前即使与同事不和，他也坚持在一个追踪空中防务的政府秘密委员会中担任委员，因此有机会参观在南部海岸新建立的雷达网络。他也曾鼓励海军研究是否可以通过使用雷达在夜间引导鱼雷。他还研究了德国是如何重建空军力量的。所有这一切都意味着，一旦在危机来临时成为英国的领袖，"我大脑里立刻能够形成清楚的脉络。我清楚棋盘上的各种棋子及其位移，无论谁跟我提到这场博弈中的任何细节，我都完全能够领会"。[111] 这些军事知识使他能够作出其他政治人物不敢也无法作出的判断，并承担起别人不敢承担的风险。丘吉尔不是一味敦促属下，而是更进一步，通过备忘便条和命令来鞭策他们，改变他们之前节奏慢、少质疑的习惯。

有时候，丘吉尔敦促将领的方式令人不悦，但几乎都是必要之举。他最害怕看到的是被动消极的状态，因为在他看来，这是1940年5月和6月间法国斗志被瓦解的原因。"无论何时何地，他一贯

---

* 街道名，位于伦敦，自特拉法加广场向南延伸至国会广场，是英国政府中枢的所在地，诸多部门均坐落于此，因此"白厅"也是英国中央政府的代名词。

的坚持都是'进攻，进攻，进攻'。"[112] 德斯蒙德·莫顿爵士这样说道。在成为首相还不到一个月的时候，丘吉尔向将军们强调，他认为英国军队应该主动发动进攻[113]，这样可能会牵制德军精力，迫使其更多地考虑在什么地方可能受到英军的攻击，便无法将所有精力投入到进攻英国一事上。丘吉尔不仅仅着眼于敦促军队中的指挥官，在战争期间，他甚至抽出时间过问英国的鸡蛋生产情况，反复盘问当时的农业大臣。"我真希望自己能够说服你去尽力扭转困难局面[114]，而不是一味被困难牵着鼻子走。"

在整个战争期间，有一条原则是丘吉尔自始至终坚持的：对指挥官下达的主动出击命令必须以一种宽容的态度进行评估，允许犯错误。同年晚些时候，他写信给最高层军事指挥官："在面对敌人时所犯下的任何错误[115]，以及任何积极行事的做法都必须以宽宏大量的方式进行评估。"

丘吉尔很清楚，一些从战术上看没有什么意义的军事行动有时候却会在战略或政治的层面上获益，这一点是很多人不懂的。他知道，在战争时期，军队无论做什么，都强于不行动、让敌军有机会采取主动，"二战"中英军对驻挪威的德军发动攻击就是出于这种考虑。丘吉尔知道，有时候这种对采取行动的推崇很难从纯军事角度证明其有意义。"你们不需要解释轰炸德国的价值，"他有一次对空军指挥官这样说道，"因为我有自己的看法，那就是，即使没有决定性意义，也比不轰炸有价值。"[116]

丘吉尔比大多数人都更能看出军事思维的局限性，他特别清楚把军事行动从战略大环境中孤立出来单独看待是十分危险的。在战争早期，他建议张伯伦应该不时地在军队将领不在场的情况下召开会议。"各军种统帅所遭遇的艰难情况[117]，许多是在军事专业范畴之外，"他写道，"我冒昧地向您建议，我们有时候应该专门讨论一下全局。我觉得，在很多方面，我们并没有找到问题真正的根源。"

丘吉尔因为参加过"一战",而且因为后来两度出任海军大臣,十分清楚军队官僚系统内部的把戏。他敦促相关部门减少管理人员数量,将这些人转到可以直接参加作战的岗位上去。1940年8月,当飞行员数量极度告急时,他把有飞行资格却从事文职工作的皇家空军工作人员从办公桌边调开,送进了飞机座舱,这一手干得很漂亮。"很自然,每个基地指挥官都倾向于尽可能多地把资源掌握在自己手中,"他用怀疑的口吻对一名空军官员说,"海军方面也是这样。即使已经仔细检查过,几个星期以后,还是可以看到又攒下很多东西。"[118]

然而,当将领们提出实际的军事需求时,他又会认真聆听。在成为首相后的头几个星期里,也就是1940年的5月和6月时,他不断受到来自法国方面的压力,要求英国派遣更多战斗机去往法国,而且还有人不断向他表示战事成败在此一举。然而,他选择听从空军将领的建议,拒绝了这样的提议。在回首此事时,斯蒂芬·邦吉写道:"这个决定无疑是正确的。这些战斗机对于扭转法国的局面起不到任何作用,而留在英国则派上了大用场。"[119] 同年夏天即将发生的不列颠之战(Battle of Britain)清楚地显示了这一点,而这场战役也将成为丘吉尔一生中的巅峰时期。

第七章

抗击德国，示好美国：1940—1941年

1940年8月，德国空军总司令赫尔曼·戈林（Hermann Goering）下令开始实施"阿德勒行动"（Operation Adler）。他对下属说："用不了多久，你们就可以把英国空军从天空中抹去。[1]希特勒万岁！"英国情报部门截获了这一命令并报告给了丘吉尔。

空战之初，德国空军指挥官估计只需要两至四个星期的时间就可以打败英国。[2]这样的估计现在看来可能显得傲慢自大，但在当时，德军战胜波兰、荷兰、比利时和法国都是易如反掌，许多人都认为德军势不可挡。身为大使的肯尼迪在发给美国国务院（State Department）的电报中说，如果德国确实拥有其声称的飞机数量，就一定能把英国皇家空军打得毫无还手之力，接着英国投降"将不可避免"。[3]

从1940年夏天一直到初秋，英格兰南部上空空战不断。德国战斗机只需6分钟就能够飞越英吉利海峡，就在英国民众面前，在天空盘旋、开火。[4]

正是在这几个月的时间里，丘吉尔逐渐成为体现英国凝聚力的焦点。奥威尔注意到了这一点，他在8月的一篇日记中感叹道："就

在7年前，有谁会相信温斯顿·丘吉尔还会有这样的政治前景？"[5]当英国人面临沦陷的切实威胁时，即使是多年来一直贬低丘吉尔的人也与他站在了一起。常被人称为"T. J."的托马斯·琼斯曾经是鲍德温首相的政治顾问，20世纪30年代中期，他竭尽全力把丘吉尔挡在内阁之外，在这方面所花的功夫无人能及。而现在，他开始以全新的角度审视这个自己一向轻视的人。"温斯顿升至顶峰……带来了影响深远的改变，"他写道，"终于，我们的国家苏醒过来，开始运转。"[6]同年夏天，他又写道："在整个白厅，现在只有温斯顿的话每个人都听，每个人都深受感动。"[7]

然而并不是所有人都因自己过去对丘吉尔的态度感到后悔。《泰晤士报》主编杰弗里·道森就一直坚定地支持绥靖政策。1940年下半年，他给当时已经快要去世的张伯伦送去一封慰问信笺，上面写道："我永远支持'慕尼黑政策'，绝不后悔。"[8]在同一时期，奥威尔有一次在皇家咖啡厅（Café Royal）与一名年轻的和平主义者发生了争吵[9]，这个咖啡厅长期以来一直是作家和艺术家聚会的场所。这个年轻人很肯定地对奥威尔说，圣诞节前战争就会结束，他声称："很明显，为了和平一定会进行妥协。"奥威尔回答道，纳粹在英国上台后会处死像他这样的作家，这名颇有抱负的艺术家回答说："那就没办法了。"

* * *

75年过去了*，丘吉尔的演讲读起来仍然非常精彩。只有读懂了这些演讲，才可能了解丘吉尔这个人以及他在历史上举足轻重的地位。

---

* 本书英文原著出版于2017年。

第七章　抗击德国，示好美国：1940—1941年

1940年8月20日，丘吉尔在下议院高度赞扬了皇家空军战斗机飞行员的杰出贡献，他的发言激昂有力又准确到位，给人留下极其深刻的印象。"在人类战争史上，"他说，"从未有如此巨大、恩泽众生的功勋由人数如此寡少的勇士所建立。"[10]"喷火战机"（Spitfire）飞行员休·邓达斯（Hugh Dundas）后来回忆说："我们当时谁也没有想到自己创造了历史[11]，是丘吉尔先生'以寡泽众'的讲话让我们意识到这一点。我们更加骄傲地挺起胸膛，意识到自己有多么重要，可是在那之前，没有人想到这一点。"

在同一发言里，丘吉尔还对这场战争的现状作出了总结，不过这些内容不如他"以寡泽众"那番名言为人所熟知。这段总结带有奥威尔式的冷静，也简单地回顾了他在上任以来这几个月里遭受的挫折：

> 新政府成立三月有余。自那以来，灾祸频发。轻信于人的荷兰被打垮，广受爱戴的领袖被迫流亡，曾经一片祥和的鹿特丹遭受血腥屠城，骇人、野蛮的场景如三十年战争（Thirty Years' War*）重现。比利时被入侵、征服，应国王利奥波德（King Leopold†）请求赴比利时作战的英国远征军（Expeditionary Force‡）遭受围困，几乎全军覆灭，虽凭借奇迹撤退回国，却丢掉了几乎所有重型武器；盟国法国退出了战斗；意大利变成了敌人；整个法国已经落入敌手，其全部军火及数量巨大的军用物资要么已经为敌人所用，要么即将如此；傀儡政府已经在维

---

* 指1618—1648年间主要发生在欧洲中部的大规模战争，因持续三十年而得名，是人类历史上损失最惨重的战争之一，约800万人由于军事冲突、暴力行为、饥荒和瘟疫等原因丧生。
† 即利奥波德三世，1934—1951年在位。"二战"中与比利时政府决裂，单独率领军队向德军投降，战后被迫退位。
‡ 此处指在敦刻尔克遭受围困的英军。

希建立，随时可能被迫变成我们的敌人；欧洲的整个西海岸，从北角（North Cape*）到西班牙前线都落入德国手中；这片广袤地域上的所有海港、所有机场都有可能被用作侵略我国的跳板。

两天以后的一个晚上，伦敦市中心遭到"二战"以来的第一次轰炸。[12] 接踵而至的灾祸指向了一种非常危急的局面：德军可能登陆英国。有关德国入侵的讨论并不仅仅是一种鞭策国人的方法，丘吉尔当时确实在非常严肃地考虑如何应对这种可能性。如果英国被占领，敌占区的英国警察队伍应该如何行事？这是他必须回答的众多问题之一。他们应该起来抗击敌人吗？还是应该继续维持公共秩序？如果要继续维持公共秩序，应该事先命令他们到时候要与德国人合作吗？最后，丘吉尔作出了折中的决定。"如果处于被敌人实际占领的地区，"他指示道，"他们可以跟其他居民一样对敌投降，但是绝不能帮助敌人维持秩序，或是给予其他任何帮助。"[13]

夏末，英国侦察机发现，在荷兰、比利时和法国各港口，德军用于入侵的驳船突然大量增加，对德军将要入侵英国的担忧因此达到顶峰。1940年9月7日晚8点07分，英军最高指挥部发出"克伦威尔"（CROMWELL）的信号[14]，该代号意味着德军登陆英国的危险已迫在眉睫。小说家伊夫林·沃当时在英国皇家海军陆战队驻非洲部队服役，他在9月给妻子的信中写道，如果德军真的在英国登陆，她要耐心等待时机，情况稍微稳定时就逃到加拿大的魁北克去，而他一定会拼尽全力去那里找到她。乔治·佩勒特（George Pellet）是地下对敌破坏组织的一名成员，他被告知，德军登陆英国以后，他的预期寿命将只剩下七天。[15]

德国却改变了战术。因为在摧毁英国空中防御方面受阻，德军

---

* 位于挪威北部北极圈内。

第七章 抗击德国，示好美国：1940—1941年

空军指挥官转而要求对英国，尤其是伦敦，进行狂轰滥炸。在轰炸中损失最为惨重的是伦敦东区，那里的主要居民是穷人和工人，他们一般倾向于住在靠近码头和工厂的地方。戈林认为，炸毁伦敦便可以摧毁英国人的斗志。

就在信号"克伦威尔"发出的当晚，德国方面派出了348架轰炸机和617架战斗机[16]，开始对伦敦实施闪电式空袭，"伦敦大轰炸"（Blitz）开始了。这些飞机集群飞往英国，在空中形成了20英里宽、40英里长的一大片。

一些旁观者认为，转而轰炸伦敦的战略会取得成功。在伦敦遭受空袭的第一个晚上，肯尼迪正与友人走在位于伦敦市中心的皮卡迪利（Piccadilly）大街上。他对友人说："我跟你打赌，希特勒两个星期以后就会进入白金汉宫，一赔五[17]，金额你说了算。"他向美国国务院表示，英国很快就会接受战败。[18]

的确，在防空警报声中，在轰炸机迫近的轰鸣声中，在敌机过后的浓烟、大火、死亡中，"确实有一种世界末日来临的彻骨之感"。[19]英国历史学家、小说家彼得·阿克罗伊德（Peter Ackroyd）总结道。诗人伊迪丝·西特韦尔（Edith Sitwell）在一首诗中记录下了当时的心境：

> 雨还在下着——
> 黑暗如人类世界，漆黑如我们痛失的所有——
> 隐约如那一千九百四十颗长钉
> 在高高的十字架上

一名消防队员说，大火非常猛烈[20]，"产生的热量熔化了汽车的油漆，人脸上烧出了水疱……刺痛眼睛，刺痛鼻子。我的下巴烧伤严重，起了很多水疱。屋顶塌陷进去，火苗从窗户里喷射出来，

就像后面有一个巨大的风箱"。

第二天，也就是9月8日，丘吉尔前往在袭击中损失最为惨重的区域视察，也就是贫困而又拥挤的伦敦东区。在那里，被炸弹击中的大楼中火还在燃烧。在一处被直接击中的防空掩体旁边，他忍不住泪水，开始抽泣起来。一位老妇人看着他，说："你们看，他真的很在意，他哭了。"[21]

1940年9月15日

在这样狂轰滥炸一个星期以后，丘吉尔来到第十一战斗机大队（11th Fighter Group）的总部，该大队负责伦敦和英格兰东南部地区的空中防御。丘吉尔来到这里并非随意为之，他通过截获的"超级机密"（"Ultra" intelligence*）得知，几乎所有聚集在法国的德国轰炸机都会在当天飞临伦敦，而且他在过去也曾来过这里，知道第十一战斗机大队的指挥中心是监控空战情况的最佳位置。仅仅两个星期之前，在指挥中心的上空就进行过一场战斗机的近距离激战。

丘吉尔前往第十一战斗机大队的当天，即9月15日[22]，将会是整个不列颠之战最为激烈的一天。他后来在回忆时，将这一天称为不列颠之战具有"决定意义的一天"。[23]那是一个周日的清晨，丘吉尔来到位于伦敦西部边缘的第十一战斗机大队总部，进入地下50英尺的一处掩体。在第十一战斗机大队的现场指挥室里，指挥官基思·帕克（Keith Park）少将在屋里来回走动着发布命令，指挥一队队战机起飞投入战斗。其中一面墙上装有一个与指挥室等宽的

---

* 1941年6月，英国军方情报系统开始使用"超级机密"来指称由政府密码学校（Government Code and Cypher School）破译的、敌军通过电台或电传打字机传送的信息。后来，"超级机密"这个名称被盟军普遍使用，指代被破译的敌军信息。

第七章 抗击德国，示好美国：1940—1941 年

巨大展示板，上面实时显示着该大队总共 25 个中队的状态，由一组组灯泡显示：原地待命、已升空、发现敌机等，如果最上方显示"接敌"的红灯亮起，则表明该中队已投入战斗。

一盏又一盏灯变成红色。很快，帕克将手中的所有战机都投入了战斗。这就意味着，很快所有战机都需要返回地面加油。这将是一个让人极度担心的时刻，因为集中着陆时遭受德机攻击的风险很高，将会造成无法承担的损失。帕克联系了自己的上级，请求动用三支后备中队。当时有近两百架德军战斗机侵入了英格兰东南部领空。

丘吉尔再也沉不住气了，他问帕克："你手上还有多少架飞机？""没有了，帕克回答说："最后一架都派出去了。"后来，帕克在回忆当时的场景时写道，丘吉尔在听到他的回答时，面色"非常沉重"。丘吉尔心情的确非常沉重，因为用后来他自己的话说，他意识到："赔率很高，胜算很小，赌注无限大。"[24] 在接下来的整整 50 分钟内[25]，英国方面再没有更多可以投入使用的战机。就在不久之前的几个月，法国军方在谈到自己缺乏后备力量时，丘吉尔还忍不住皱眉蹙额，而法国在不久之后就被击垮。不列颠之战开始以后，丘吉尔曾若有所思地说："浩然重物竟可悬存于如此纤纤细线之上。"[26] 而现在，他眼前的英国之线正被拉扯至断裂的边缘。

然而跟法国不同的是，英国顶住了。"喷火战机"和"飓风战机"（Hurricane）的确需要加油，但德军的战机同样需要加油，而且需要飞越的距离还远得多。因此，当天并没有发生第二轮大规模袭击，英方的战机也没有在地面加油时被打个措手不及。然而，德军当天投下了数千枚炸弹[27]，其中两枚击中了白金汉宫，虽然极有可能属于误击。英国空军当天损失了 28 架战机[28]，却击落了 56 架德机，损失为敌军的一半，战绩非常漂亮。

丘吉尔走出掩体的时候，"警报解除"的信号响起。他回到首

相的官方乡间别墅契克斯庄园（Chequers），径直去往自己房间，躺下睡了四个小时。对于丘吉尔来说，这算是时间很长的一觉，显得很不正常，以至于他的私人医生查尔斯·威尔逊大夫都收到了通知。第二天早上，威尔逊问丘吉尔，离开掩体时他是不是"累坏了"。"他没有回答，我接着问他帕克面对压力时表现如何，"威尔逊后来回忆的时候说道，"他目光空洞地看着我，显然他并没有考虑过帕克的情况。在那种情况下，个人的命运已是无足轻重。如果你的肩上扛着他那样的责任，我猜你也会跟他一样。"

德军9月中旬的轰炸击中了大量建筑物，其中就包括亲纳粹的伦敦德里侯爵位于伦敦市中心公园径（Park Lane）富丽堂皇的联排别墅。美国驻英大使馆武官雷蒙德·李（Raymond Lee）上校从相距几个街区的美国大使馆步行过去，幸灾乐祸地看热闹。他在自己的日记中写道："一枚炮弹就在街道对面落下，炸塌了墙壁，地上是一个巨大的弹坑，附近房子的玻璃都碎了。我真想知道伦敦德里那家伙现在怎么想他的朋友希特勒、里宾特洛甫，还有戈林，就在不久前他还跟这几个人打得火热呢。"[29]今天，矗立在这里的是一座巨大的希尔顿酒店。

* * *

"二战"后，丘吉尔告诉朋友[30]，如果他可以回到过去，将自己生命中的一年重活一遍，他会选择1940年。即使是从现在看来，丘吉尔在这一年中显现出的昂扬斗志与旺盛精力都让人叹为观止。当人们对德国入侵的恐惧达到顶峰的时候，"首相先生仍然和蔼可亲[31]，一如既往地让人如沐春风、幽默风趣"。后来成为丘吉尔首席军事顾问的艾伦·布鲁克（Alan Brooke）爵士将军在自己的日记中这样写道。丘吉尔肩负着保家卫国，甚至是拯救西方文明的重

第七章 抗击德国，示好美国：1940—1941 年

任，可竟然还保留了一些自娱自乐的小节目。战争早期，美国还没有参战，英国的城市每天遭受德军的轰炸，德国同时还把手伸向了乌克兰的麦地和伊拉克北部的油田。在这些最黑暗的日子里，丘吉尔也会想办法让自己和客人暂时忘却烦恼。他要么放唱片，要么用猎刀来个军事训练，还有就是跟自己的宠物说话。科尔维尔是丘吉尔的一名助手，古板自负，他称丘吉尔放的那些唱片都是些"军乐、华尔兹，还有最不入流的军乐队歌曲"。"当他沉思、担忧［中东发生急剧逆转，还有英国将军能力不足］这样的问题时，就不断跟自己的猫说话，用手帕为它擦眼睛，给它喂羊肉，还不停地道歉，说因为是战争时期，实在没有奶油给它吃。"[32]他穿着紫色的晨袍，戴着灰色的毡帽，穿过花园去看自己的金鱼。他跟女儿养的狗玩儿，"一条非常可爱的贵妇犬"。在去参加一次高峰会议的路上，他看了一本以霍雷肖·霍恩布洛尔（Horatio Hornblower）船长*为主角的小说。[33]在去参加另一次会议的途中，他花了一整天时间阅读特罗洛普（Trollope）的政治小说《菲尼斯·芬恩》（Phineas Finn）。而当因为肺炎不得不休息的时候，他终于看了（或者让人读给他听了）《傲慢与偏见》（Pride and Prejudice）。

* * *

事后来看，1940 年是德国最接近入侵并征服英国的一年。获得制空权是发起地面入侵的先决条件，但是英国生产战斗机的速度超过了德军击毁英军战机的速度。同时，英国建立起了一个考虑周到、管理有效的防御体系，而德国的进攻虽然唬人，实际上却一片混乱，没有明确的目标。一旦战略失去了条理，执行起来再怎么让人眼花

---

* 英国小说家福里斯特（C. S. Forester, 1899—1966）创作的系列海战小说中的主角。

缭乱都没有意义。

军事历史学家从来都认为，如果没有周密的系统性支持，技术革新的作用只能是聊胜于无。正是做到了人员及技术的周密协调，英国在反击德国空军时才得以占得先机。斯蒂芬·邦吉在对不列颠之战作出的权威分析中指出，英军取胜的关键在于极其高效的早期预警系统。[34] 通过综合运用雷达、无线电和电话，在头脑缜密的指挥官的分析指挥下，英方的预警系统让皇家空军占据了主动权。指挥官在收到情报信息后，快速传送给整装待发的飞行中队[35]，并指挥中队投入战斗。这种灵活高效的三步式方法中的每一步都涉及非常不同的任务，空军中尉查尔斯·麦克莱恩（Charles MacLean）当时负责一个分区，他是这样总结的：

> 战机防御理论的建立正是为了避免所谓的"停滞巡逻"（standing patrol）。保卫国土时，如果所有战机一直在空中飞行，不但会耗尽发动机寿命，而且在敌人来袭时，还会在地面被打个措手不及。所以，皇家空军创建了一种报告入侵敌机的机制。首先，通过雷达识别逼近英国的敌机，然后敌机在飞越海岸线时会被观测队（Observer Corps）发现。所有这些会立刻传到信息甄别室（filter room），然后汇报给作战室（operations room）。在作战室里有一张桌子，上面明白地标出入侵敌机的行动状态。作战室里呈现的状态比实际情况要晚三四分钟，但足够在必要的时候通知战机起飞。[36]

正因为如此，今天说到不列颠之战，最典型的形象便是一群蓬头垢面的年轻飞行员，他们不是在飞行，而是躺在自己的战机旁边待命，随时保证一接到命令便可立刻驾驶飞机腾空而起。回首这段历史，当时英国的空中防御体系就像是一台人力电脑，一个让人惊

第七章　抗击德国，示好美国：1940—1941年

叹的实时信息处理系统。追述英国皇家空军在1940年不断发展壮大的主要原因，一个是保护英国防空资源的工作做得非常到位。防空资源包括战机、飞行员和工作人员的注意力。还有一个主要原因是，英国的飞机生产厂家终于开始全速运转起来。

英国取得不列颠空战胜利的第三个主要原因是德军在空中战役方面的无能。日耳曼人素来有能征善战的名声，而德国空军采用的进攻方式却"业余得让人瞠目结舌"[37]，邦吉总结说，他们的战术"不外乎飞到英格兰上空[38]，在不同地方扔几枚炸弹骚扰一下英国人，然后顺便击落几架过来应战的飞机"。指挥德国空军的戈林曾在"一战"中当过飞行员，后来从政成为纳粹分子。邦吉补充说，空军是德国武装力量中唯一一支由纳粹政客领导的武装，而这支部队行动起来如此没有条理并非巧合。据说希特勒爱说自己的陆军是保守的、海军是反动的，而空军是纳粹的。[39]这支高度政治化的部队飞入英国领空时，并没有准备好应对将要发生的情况。汉斯－埃克哈德·鲍勃（Hans-Ekkehard Bob）是德军驾驶梅塞施密特109（Messerschmitt 109）战机的飞行员，他回忆在大雾笼罩的一天令自己吃惊的经历："突然间在我身后出现了一支喷火战机编队，占据有效火力位置，而我不知道这怎么可能。不管是从上方还是从下方都完全没有能见度，敌军的战机编队怎么可能一下子进入有效火力范围？"[40]答案当然是英国高效的雷达和早期预警系统。

那时候，意气风发的德军也自始至终高估了自己给敌方造成的损失。他们相信，在1940年8月中旬的时候英军只剩下了300架有战斗力的飞机，而事实上，英军拥有1438架[41]，这个数字是六个星期前的两倍。同时，英军在杀伤率方面一直占据上风，自己损失了1547架战机，击落德机1887架。而且，因为空战大多发生在英格兰上空，英国飞行员一天之内可以多次完成任务[42]，不到四分钟就可以为战机添加弹药。当被敌军击落时，他们通过跳伞落在自

己的国土上,大多数还可以再次出征,而跳伞的德国飞行员即使幸存也只能成为战俘,如果落在寒冷的海面上,则要么淹死,要么脱水而死。同样的道理,皇家空军在轰炸德国时损失的人员也大大多于在本土迎击德军时的数字[43]:轰炸任务中死亡801人,而反击作战中则死亡544人。

英国人民也开始对德军的轰炸产生适应性。举例来说,政府1940年9月中进行的一项调查显示[44],31%的伦敦人在头一天夜里"无法入睡"。10月中旬时,这个数字降到5%,而到了11月中旬,则没有人报告出现睡眠问题。

即使德军地面部队能够踏上英国的土地[45],在1940年秋天的时候,他们占据的桥头堡也只能主要通过海运提供物资。这就意味着,德军的船只在为数不多的好天气下必须跟英国皇家空军作战,而在其他时候则不得不跟北海秋季糟糕的天气对抗。"英军获胜的机会可谓不小,"邦吉在其有关不列颠之战的权威著作中如此说道,"德国空军从来都没能真正接近胜利。"[46]

事后来看整件事情当然要比在1940年时容易得多。美国的军队也好、舰船也好,在珍珠港事件之前,都还没有卷入战争,美国人很容易忽略英国独自应对战争时所遭受的苦难与痛楚。正因为如此,丘吉尔在其长达六卷的《第二次世界大战回忆录》中到第三卷快结束的时候才提到美国,德怀特·艾森豪威尔(Dwight Eisenhower)也直到第四卷中部才出现。1940年10月19日这天,奥威尔在日记中冷静地写下了自己对于时局的心声:"每天早上用一年前的报纸引火时,瞥见那时充满乐观精神的头版头条,将其付之一炬,胸中的沮丧悲哀无法言说。"[47]

在同一个月,丘吉尔在给外交大臣的一张便条里抱怨道,他对"肯尼迪这些误导人的东西"吃惊不已。[48]几个星期后,罗斯福史无前例地第三次当选美国总统,这让丘吉尔大大松了口气。这意味

第七章　抗击德国，示好美国：1940—1941年

着，美国对英国的援助可以更加公开地进行，而不需要再像之前那样担心美国中西部地区的孤立派强烈反对。这也意味着罗斯福终于可以除掉肯尼迪。

即使在被召回后，肯尼迪仍然喋喋不休。"民主在英格兰完蛋了。"[49]他回到美国后对一名报刊人士如此说道。而且还有，他补充说，民主在美国也可能被断送，所以他得出结论说："我们没有理由掺和进去。"

在这之后，曾打算参加总统竞选的肯尼迪前往位于纽约州小镇海德帕克（Hyde Park）的总统住宅拜见罗斯福。罗斯福一开始本来考虑邀请肯尼迪在那里住下共度周末，但在跟肯尼迪进行了10分钟的私人会谈后便改变了主意。他跑出屋子，找到自己的妻子埃莉诺（Eleanor）。"我有生之年再也不想见到那个狗娘养的了，"他对妻子说，"接受他的辞呈，让他立马滚蛋。"[50]埃莉诺表示反对，说肯尼迪至少是被请来共进午餐的。罗斯福听了，告诉埃莉诺让她带肯尼迪四处转转，给他个三明治，然后把他放上下午的火车送回纽约市去。埃莉诺后来回忆说，那是"我一生中最要命的四个小时"。

肯尼迪一回到纽约就在沃尔多夫·阿斯托里亚（Waldorf Astoria）酒店会见了查尔斯·林德伯格。林德伯格在日记中写道："跟我们一样，他也觉得英国已经毫无希望。对英国来说，最好的结果就是尽快通过谈判达成和平。"[51]肯尼迪补充说道，达成这一点的最大障碍就是丘吉尔以及他迫切希望美国参战的心愿。

霍普金斯的到来

即使是在忙于领导英国作战的时候，丘吉尔也付出了很多精力和时间努力说服美国人，特别是为了抵消肯尼迪和其他右翼孤立主义者的影响。

一开始，他还拿不准应该用什么口气交流。在与美国人打交道的早期，他的话有时候听起来过于刻意奉承，比如1941年初他发给罗斯福的新年问候中有这么几句话：

> 就在此时，新年在一片风暴中来临，我感觉自己有责任代表英国政府，乃至整个大英帝国对您说，总统先生，您在上周日向全美国人民和全世界热爱自由的人民所发出的宣言让人难以忘怀，我们对此充满无限感激和崇敬之情。我们不知道未来等待我们的是什么，但是现在有了您的召唤，我们必须精神振奋、斗志昂扬地向前进。正如您所表达的信心，所有说英语的人，所有拥有共同理想的人最终会取得胜利。[52]

罗斯福想要了解客套背后真正的丘吉尔是什么样子，于是在1941年1月，他把哈里·霍普金斯（Harry Hopkins）作为总统特使派到了伦敦。[53]霍普金斯曾是一名社会福利工作人员[54]，后来成为罗斯福最为信赖的顾问，他的使命是评估丘吉尔作为潜在的战时同盟究竟有多大价值。霍普金斯与罗斯福总统私交极为密切，甚至搬入了白宫居住，卧室就是亚伯拉罕·林肯（Abraham Lincoln）当年的书房，在那里林肯签署了《解放奴隶宣言》（Emancipation Proclamation）。霍普金斯也喜欢玩十五子棋、打牌（扑克、金拉米、桥牌）。尽管身体羸弱，但他在休息日常常去看赛马，最喜欢花两美元下注，赌一些没有什么希望的马匹会赢。当时的霍普金斯已经罹患癌症，极度消瘦，生命只剩下最后几年，而且对贵族的做派以及华丽的文风心存疑虑、充满戒心。罗斯福选择霍普金斯作为自己的特使，这本身对丘吉尔就是一种考验。霍普金斯在1941年1月的任务之一就是要看看丘吉尔到底是不是像华盛顿的一些人认为的那样"情绪不稳定"而且"一半时间是醉醺醺的"。[55]

霍普金斯选择了泛美航空（Pan American）新近提供的"飞剪"（Clipper*）航班[56]，乘坐一架水上飞机从纽约经过百慕大（Bermuda）到达亚速尔群岛（Azores），最后到达里斯本（Lisbon）塔霍河（Tagus）上的一个降落点。从那里，他乘坐英国海外航空公司（British Overseas Airways）的班机前往英格兰的普尔（Poole）。在普尔迎接霍普金斯的是布伦丹·布拉肯（Brendan Bracken）[57]，他作为特使，跟丘吉尔的关系就相当于霍普金斯跟罗斯福的关系。这表明，英国方面从一开始就领会了霍普金斯的使命。尽管霍普金斯有着左翼的背景，他跨越大洋来到英国不是为了研究社会民主问题，也不是为了考察食品救济站的改进。他的到来是为了找出一条道路，帮助英国（和丘吉尔）应对战争、生存下去。

因为旅途劳顿，霍普金斯到达之后休息了一天。第二天，他受邀跟丘吉尔共进午餐。"来了一位面色发红、带着微笑、胖乎乎的圆脸先生，伸出肥胖却能传递诚意的手，欢迎我来到英国。"霍普金斯用克拉里奇酒店（Claridge Hotel）提供的信纸亲笔向罗斯福总统汇报。这些信件通过信使送到了白宫："他穿着黑色短大衣和条纹裤，明亮的眼睛和软乎乎的嗓音给我留下了深刻的印象。"[58]

霍普金斯一边喝着汤、吃着牛肉冷盘和沙拉，一边直言不讳地向首相表示，英国包括丘吉尔本人在美国并不十分受人信赖。"我告诉他，在一些地方，人们的印象是，他，也就是丘吉尔，并不喜欢美国、美国人或是罗斯福。"霍普金斯向罗斯福汇报说，"这一点激怒了他，他开始用愤懑却又克制的语言批评肯尼迪大使，认为是肯尼迪给人们造成了这种印象。"

丘吉尔在回应时所说的话是他认为美国人希望听到的内容。[59]

---

* 当时泛美航空把旗下大部分飞机都以"飞剪"命名，这些飞机是当时唯一能进行洲际飞行的客机。

他用史诗吟诵般的语言谈到了田园逶迤的英格兰：

> 我们寻求的不是财富，我们寻求的不是土地，我们追求的不过是人们的自由权利；我们追求的是人们可以信仰自己宗教、决定自己生活方式的权利，可以安居乐业，无须惧怕迫害。当普通的劳动者在结束一天工作回到家里，看见袅袅炊烟从农舍上方升起、融入傍晚宁静天空的时候，我们希望他知道不会有秘密警察啪啪的敲门声［说到这里，丘吉尔开始用手敲打桌子］扰乱清静、打扰休息。

这是一段非常典型的、丘吉尔式的夸夸其谈。

霍普金斯熟谙政治，对方递过话来的时候，他立刻就能够意识到。当丘吉尔说完上面的话接着问他罗斯福总统会作何反应时，霍普金斯的口气听起来就跟约翰·韦恩（John Wayne*）在20世纪30年代的西部片中一样。"唔，首相先生，总统先生才他妈不会在乎这些。"霍普金斯慢吞吞地说："你知道的，我们只想看见那个狗娘养的希特勒被好好教训一顿。"丘吉尔大笑起来。霍普金斯回答得太对了，这个回答深深触动了丘吉尔情感和内心的最深处。

两人的会谈持续了好几个小时。霍普金斯向总统汇报说，他认为丘吉尔不喜欢美国人也不喜欢罗斯福的说法是不真实的。"这根本不可能。"[60]他写道。至于丘吉尔贪杯这件事，不清楚霍普金斯是怎么跟罗斯福汇报的，但是他提到在见面之处握手时，丘吉尔有着"明亮的眼睛"，相信这有助于澄清贪杯这个细节。

当时的英国人普遍对美国人有一种居高临下的优越感，在这方面丘吉尔并非如此，但他是个例外。英国外交部高级外交官亚历山

---

* 美国演员，以出演西部片和战争片中的硬汉而闻名。

第七章　抗击德国，示好美国：1940—1941年

大·贾德干爵士写下的评语便是一个典型的例子。在与霍普金斯会面之后，他在日记中写道："看起来简单、人挺好"。[61]这样的评语实在太不得体，尤其是评价外国官方来访人员还是亚历山大·贾德干爵士工作的一部分。

在接下来的两年里，霍普金斯成为联系丘吉尔和罗斯福的关键纽带，可以说，霍普金斯事实上是罗斯福的私人外交部长。第一次出访英国，霍普金斯在那里住了近一个月，是原本预计时间的两倍。在访问英国期间，他有11个傍晚是跟丘吉尔一起度过的。在霍普金斯的访英之旅接近尾声的时候，一天他和丘吉尔及其随行人员在格拉斯哥（Glasgow）的车站酒店（Station Hotel）一起共进晚餐。

晚餐间，霍普金斯站起来说道："我想你们大家都希望知道我回国之后会对罗斯福总统说些什么。"[62]是的，所有人都很想知道。霍普金斯说，他会把手放在《圣经》上，恳请总统考虑英美未来的关系走向。然后，他用接近耳语的音调，引用了《路得记》（Ruth）1:16中的文字："你往哪里去，我也往那里去；你在哪里住宿，我也在那里住宿；你的国就是我的国，你的神就是我的神。"（他没有继续引用下一节，而下一节的内容是"你在哪里死，我也在那里死"。）丘吉尔听后，激动得热泪盈眶。

大约在同一时期，美国坚定地采取了"欧洲优先"（Europe First）的战略[63]：如果美国参战，其最大的敌人将会是德国，而不是日本，同时战略物资中的绝大部分将会送到大西洋的彼岸。在丘吉尔看来，这是美国在"二战"中作出的最具历史重要性的决定。

霍普金斯乘坐泛美航空公司的飞机回到纽约，他对记者说："我可以肯定的一点是：希特勒搞不垮这帮人。"[64]霍普金斯极大地修复了肯尼迪大使对英美关系造成的许多损害。

然而，还有其他的一些小动作也帮助推动了事态发展。1941年2月，丘吉尔向美国人保证[65]，他们需要的只是美国的物资：枪炮、

坦克、飞机、轮船、食品、燃料和资金。他有一句话让人印象深刻："给我们工具，我们就能把活儿干成。"这句话非常具有感染力，类似工人的口气，态度谦逊而又简单明了。

但是，这个极具感染力的句子却故意隐瞒了其真实的意图。"丘吉尔演讲的时候就喜欢虚张声势"[66]，美国驻英大使馆武官雷蒙德·李在日记中这样写道，他当时已经升任准将，是美使馆中最亲英的官员。历史学家理查德·托伊（Richard Toye）认为，几乎可以肯定，当时丘吉尔就已经知道[67]，为了赢得战争，除了美国丰富的物资，英国还亟需其大量的人员支持。事实上，1941年6月英国联合计划参谋部（British Joint Planning Staff）就得出结论："美国积极参战已经成为我方可能赢得并结束战争的必要条件。"[68] 换句话来说，丘吉尔需要的不仅仅是工具，他还需要美国把全部的人力和工业生产力投入到战争中来。他心里很清楚，嘴上却不能说。

第八章
丘吉尔、奥威尔及英国的阶级斗争：1941年

奥威尔密切关注着不列颠空战以及伦敦大轰炸，他绝不相信德国空军可以通过这种方式让英国就范。他写道："空袭不可能决定一场大战的结果。"[1]

从很多方面来看，战争期间，奥威尔自己也诸事不顺。他曾跟一个朋友提到："他们不让我参军，目前怎么说也不要我，因为肺的问题。"[2] 这点确实并不在意料之外：1938年的一次体检显示[3]，他身高6.3英尺，体重却只有159磅*，而且X光检查显示他肺部有阴影。尽管如此，而且脖子上还有旧伤，他仍然大量抽烟，抽的还是自己手工卷成、劲儿很大的叶子烟。他还申请过空军部（Air Ministry）公共关系办公室的一个职位[4]，也没有成功。当时，他的妻子在政府的一个审查部门工作。

如果有健康的身体，奥威尔很可能成为一名伟大的战地记者，成为英国的厄尼·派尔（Ernie Pyle†）。而且，奥威尔对战斗有更强

---

* 磅：英美制质量或重量单位，1磅合0.4536千克。
† "二战"中美国最著名的战地记者，曾凭借战地新闻赢得了1944年的普利策奖。

烈的感觉，会更加努力反映战争的真实状况，而不是像派尔那样有时候会选择淡化处理。

奥威尔认为自己有能力也有责任为战争作出更多贡献，但苦于找不到渠道。他在给朋友的一封信中悲叹道："觉得自己毫无用处这种感觉实在太糟糕了[5]，而大量极具重要性的职位却又被蠢货和亲纳粹分子占据着。"他极度沮丧的情绪溢于言表，有一天甚至走上伦敦街头，把宣传苏联的海报一张张撕下来。"在任何正常情况下，"他在日记中承认，"自己在墙上写东西，或是干涉别人写的东西都是违背我本能的行为。"[6]

值得注意的是，因为战争的爆发，奥威尔好几年都没有写小说。1939年，他发表了颇显平庸的《上来透口气》，然后一直到《动物庄园》，都没有发表其他小说作品。《动物庄园》1943年开始动笔，1945年欧洲战事结束不久便付印问世。然而，跟丘吉尔一样，战争期间奥威尔也显示出了旺盛的精力。仅1940年一年时间，他就有一百多篇各类文章和时评见诸报端。[7] 在其中一篇非常著名的文章中，他把 W. H. 奥登（W. H. Auden*）批评得体无完肤，因为奥登在《西班牙》（"Spain"）一诗中写道，"有意识地承认必要谋杀的罪恶"（the conscious acceptance of guilt in the necessary murder）[†]。"必要谋杀"这几个字激起了奥威尔的愤怒。他写道："像奥登先生这样毫无道德底线只有在一种情况下才可能出现，就是每当扳机扣响时，他自己都身在别处。"[8] "这种左翼观点就像是不知道火烫的人还要玩火一样。"几乎可以肯定的是，奥威尔很清楚奥登在1939年就已经离开英国前往美国生活。

---

* 全名为威斯坦·休·奥登（Wystan Hugh Auden），英美诗人，著作多署名为 W. H. Auden。
[†] 奥威尔的这篇文章名为《在鲸腹中》（"Inside the Whale"），写于1940年。奥登的《西班牙》一诗写于1937年。

第八章　丘吉尔、奥威尔及英国的阶级斗争：1941 年

1940 年 4 月 17 日，奥威尔为在美国出版的《20 世纪作家》（*Twentieth Century Authors*）一书写了下面这一段自我介绍，语言朴实却发人深思：

> 工作之余，我最喜欢在花园里忙碌，特别是种菜。我喜欢英式烹饪和英国啤酒、法国红酒、西班牙白葡萄酒、印度茶、浓烈的烟草、煤火、烛光和舒适的椅子。我不喜欢大城市、噪音、机动车、广播、罐装食品、中央暖气和"现代家具"。……我健康状况糟糕，但不曾妨碍我做任何想做的事情，除了目前不能投身战场……我现在没有在写小说，主要是因为这场战争让我难受不已。[9]

几个星期以后，奥威尔离开乡下农舍前往伦敦与妻子住在一起。6 月，他加入了国民自卫军（Home Guard），一支在德军入侵时可以发起抵抗、保卫家园的民兵组织。奥威尔很快升为伦敦第五营 C 连（the 5th London Battalion's C Company）的中士。他在日记中写道，一名军官训话时说，国民自卫军不需要学习太多战术，因为如果德军入侵，"我们的工作就是以身殉职"。[10] 奥威尔对这样的言论大感意外，在日记中对国民自卫军指挥官的能力表示严重怀疑。"这些讨厌的死脑筋，又蠢又弱，除了空有蛮力，在其他方面一无是处。他们就像挂在脖子上的沉重负担，让人喘不过气来，要不然我还会对他们产生一丝同情。"奥威尔自己在向士兵训话时则非常注重实际问题。他说，手榴弹"朝下扔要比朝上容易"。[11] 他还要大家警惕打在墙上的子弹，因为会跳弹伤人。

1940 年年中，跟许多人一样，奥威尔也认为"英国几乎肯定会在未来几天或几周内遭受地面侵略"。[12] 但跟许多人不同的是，他很享受那段时光，而这一点又很像丘吉尔。他的朋友西里尔·康诺

利（Cyril Connolly）注意到："伦敦大轰炸时，他感觉极度放松[13]，尽管身边充满了炸弹、英勇行为、瓦砾、物资匮乏、无家可归的人以及革命的情绪。"奥威尔的妻子也十分相似，当空袭警报拉响时，她会关掉公寓里的灯[14]，走到窗前观察外面的情况。奥威尔从来都醉心观察，而此时各种新鲜、不同的事物层出不穷，吸引他不断观察、思考。他在日记中写道，他看到的炸弹坑最深不会超过12英尺[15]，因此认为德军的炸弹可能比较小，也许类似他过去在西班牙见过的15厘米炸弹。在一处防空洞里，他"听到有人抱怨座位太硬，夜晚太长，却没有悲观主义情绪"。[16]

奥威尔饶有兴趣地观察到，在公园里跟主人散步的狗很快就学会了在听到空袭警报响起时快跑离开。[17]他唯一的抱怨就是："在空袭严重的晚上，反击时的轰轰枪炮声让人无法工作。每到这种时候，就很难静下心来做事，就算是看报纸上的无聊文章也会花去两倍于平时的时间。"[18]

战争初期，他最铿锵有力的一篇文章是《雄狮与独角兽》（"The Lion and the Unicorn"）[19]，可看作他献给不列颠之战的一首歌。这篇文章创作于1940年8月到10月间，也就是不列颠之战最激烈的时期。在这篇文章中，他从一个左翼爱国者的角度去审视这场战争，对英国贵族的种种行为表示失望不安，同时预言战争可能会带来一场社会巨变。

他对张伯伦的评价犹如出自丘吉尔之口，他写道：

> 反对他的人说，他是一个内心黑暗、诡计多端的阴谋家，企图把英国出卖给希特勒，但极有可能的是，他不过是一个愚蠢的老年人，凭借自己有限的能力疲于应付。不然的话，很难解释他政策中自相矛盾的地方，也很难解释他为何抓不住出现在面前的机会。跟大多数人一样，他既不愿意为和平也不愿意

第八章 丘吉尔、奥威尔及英国的阶级斗争：1941年

为战争付出任何代价。[20]

奥威尔在战争之初表现出了惊人的乐观。他满怀希望地认为："这场战争可以抹去现存的大部分阶级特权，除非我们输掉。"[21]历史证明他的预测基本上是正确的，很多阶级特权确实在战后消失，但这是通过和平地将权力移交给工党政府实现的，而非依靠暴力革命。

丘吉尔是奥威尔唯一表示过敬意的保守党成员。他在一篇有关社会主义者、乌托邦小说家赫伯特·乔治·威尔斯的文章中写道，丘吉尔比威尔斯更了解布尔什维克。[22]对此，威尔斯愤怒地回应道："读一下我早期的作品，你这坨狗屎。"[23]威尔斯当时年事已高，他把奥威尔斥为一个"托派记者"。[24]

1941年4月28日，丘吉尔通过BBC发表演讲，之后奥威尔在日记中写道："虽然我不喜欢丘吉尔讲话的风格，但他慷慨激昂的老派演讲确实非常精彩。"[25]对于其他保守党人，奥威尔表现出对右翼人士的一贯不信任。他的一名朋友评价说："尽管有丘吉尔这样的例外，英国贵族整体极度腐化，缺乏最基本的爱国之情。"[26]奥威尔对此表示赞同。

* * *

不列颠之战以及随后的伦敦大轰炸对英国的阶级结构产生了深远的影响，奥威尔和丘吉尔都敏锐地注意到这一点。下层人民在1940年的德军空袭中损失惨重，而丘吉尔政府对空袭对他们造成的影响却反应迟钝。伦敦地铁站最初并没有作为防空掩体向公众开放，部分原因是害怕这样会影响交通,而且担心避难的人会拒绝离开。[27]

斯特普尼（Stepney*）在轰炸中损失惨重，在该地区工作的地方官员菲尔·皮拉廷（Phil Piratin）是一名具有共产主义思想的人士，他对地铁站不向遇袭群众开放一事深感羞愧愤怒，于是带着一大群东伦敦人（East Enders†）前往伦敦最豪华的酒店之一，萨沃伊（Savoy）大酒店，要求在地下室避难。丘吉尔在报纸上读到相关报道，询问内阁成员为什么地铁站没有作为防空掩体使用。"我得到的回答是，这是极不合适的做法。"[28]他后来回忆道。丘吉尔表达了异议，很快地铁站作为防空掩体向公众开放。

德军的空袭从1940年秋开始一直持续到1941年春，随着空袭的延续，穷人的形象在英国人眼里变得高大起来。人类学家汤姆·哈里森（Tom Harrisson）在这期间研究了有关伦敦空袭的文献，他评论道："现在劳动阶层成了百分之百的英雄，夸大其词的歌颂之词泛滥成灾，毫无谨慎、庄重或准确性可言。"[29]

同时，人们开始用怀疑的眼光看待富裕阶层，尤其是在很多有钱人搬离伦敦住所回到乡村大宅之时。"劳斯莱斯里的贵妇对士气的打击超过了戈林派来的轰炸机。"[30]奥威尔表示。巴兹尔·斯特普尔顿（Basil Stapleton）是英国皇家空军的王牌飞行员，他回忆说，自己有一次看到一辆劳斯莱斯碾过救火的水管，影响了救火队员的工作。他和同伴们将车拦下，"和其他人一起，我们合力把劳斯莱斯掀翻过去"。[31]

不仅仅是英国人开始对贵族心存怀疑。在华盛顿，美国陆军参谋长（Chief of Staff of the U.S. Army）乔治·卡特莱特·马歇尔（George C. Marshall）将军1941年时就向美国记者明确表达过担忧，认为上流社会绥靖主义者的态度可能破坏人们为战争付出的努

---

* 位于伦敦东部，当时是一个贫民区。该地区在20世纪60年代以后发生了很大改变。

† 含贬义，指居住于伦敦东部贫民区的穷人。

第八章　丘吉尔、奥威尔及英国的阶级斗争：1941 年　　　145

力，同时还可能让派往英国、准备进军欧洲的美国军队深陷泥潭。根据陆军情报部门首脑的一项书面记录，马歇尔曾说："国务院告诉我，有一种可能性是，英国会跟纳粹寻求和解。"[32] 他接着表示：

> 那么，我应该如何布置我们的先驱突击队呢？从国务院收到的消息让我非常担心。现在的麻烦是，好像英国方面有一些人更愿意乞求和平，而不是勇于迎击。这些人是既得利益者，传统上的统治阶层。

丘吉尔竭力向来访的美国人一再保证，他绝不会容忍向德国妥协的行为。同年晚些时候，在接待一名代表宾夕法尼亚州煤矿区的美国国会议员时，他说："我们的国家没有一丝懦弱的表现，人民一刻不会容忍懦弱的迹象，也不会容忍政府方面任何的优柔寡断。"[33]

更为重要的是，1940 年在战争中起到决定性作用的，不是有绅士派头的陆军，也不是声势浩大的海军，而是皇家空军。空军是一个地地道道的中产阶级组织，带着一股汽油和润滑油的味道。

奥威尔和丘吉尔都注意到皇家空军的中产阶级性质，也都对此发表过评论。用奥威尔的话说，空军"几乎完全……不在统治阶层圈子里"。[34]

的确，一名历史学家注意到，那时皇家空军成员有时候被奚落为"穿上军装的机修工"[35]，跟有钱人的专职司机一样默默无闻。伊夫林·沃一向非常关注阶级差别，在他以"二战"为背景的一本小说中，一个角色对皇家空军军官被允许加入上流社会晚餐俱乐部一事哀叹不已。在一时失态中，书中的这个人物解释道，因为这件事情发生在不列颠空战期间，"空军一时间几乎变得令人尊重……我亲爱的朋友，这对于每个人来说都是一场噩梦"。[36] 不过，皇家空军中仍残留着某些阶级结构的痕迹。根据飞行员休·邓达斯的回忆，在一些由伦敦富有贵族组成的空军"辅助"机构中，其成员把其他正常空军机构人员戏称为"有色人种部队"[37]，还觉得这么说非常好玩儿。阶级差别还体现在战机使用方面，军官衔的飞行员一般都有一架专属自己的战机，而士官衔的飞行员则赶上哪架就飞哪架。[38]

不管怎样，皇家空军在抗击德军入侵中所起到的作用蕴含着深刻的阶级意义，这一点引起了奥威尔的注意。他写道："原因之一是，需要建立起一支庞大的空军，原有的阶级体制不得不作出重大改变。"[39] 不列颠之战结束后，他在随即发表的《雄狮与独角兽》一文中写道："纳尔逊（Nelson*）和克伦威尔（Cromwell†）的后人并不在上议院。他们在田间地头，在街道上，在工厂里，在军队中，在廉价吧台旁，在郊区后花园里，现如今他们仍然在一代鬼魂的压制之下。"[40]

看待这个问题时，丘吉尔的角度不同，他认为贵族在不列颠之战中作用甚微，对此他向下属表达了担忧。他注意到，伊顿、哈罗和温切斯特（Winchester）等培养国家精英的著名公学"几乎没有"[41]为皇家空军输送人员。在参加不列颠之战的三千名战斗机飞行员中[42]，只有仅仅两百名左右来自伊顿、哈罗或其他精英学校。跟"一战"相比，这个数字少得可怜。[43] 在"一战"中，仅伊顿公学就向军队输送了5768人，其中1160人阵亡，1467人受伤。丘吉尔写道："他们把战斗交给了下层中产"[44]，也就是辛勤工作

---

* 霍雷肖·纳尔逊（Horatio Nelson, 1758—1805），英国著名海军将领，曾率皇家海军赢得一系列重大战役。1805年特拉法加战役中，他率领英军击溃法国和西班牙组成的联合舰队，自己却在战事进行期间中弹身亡。伦敦市中心的特拉法加广场上竖有纳尔逊纪念柱。

† 奥利弗·克伦威尔（Oliver Cromwell, 1599—1658），英国政治人物，1649年处死查理一世并废除英格兰君主制，死后查理二世复辟。

第八章　丘吉尔、奥威尔及英国的阶级斗争：1941 年

的教师、银行职员、商店业主和低层政府雇员等的后代。

关于下层中产阶级的"优秀子弟"，丘吉尔写道："他们拯救了我们的国家，他们有权来统治我们的国家。"[45] 从这个意义上来说，玛格丽特·撒切尔（Margaret Thatcher）是丘吉尔眼中非常合适的政治继承人，她父亲是一个 13 岁就辍学了的小镇杂货店店主。作为一颗冉冉升起的政治新星，她曾在上衣翻领上别着一枚丘吉尔头像的银色别针。[46] 撒切尔 1959 年首次当选议员，与已是耄耋老者的丘吉尔在议会共事约有五年时间，直到丘吉尔 1964 年辞去议员一职。1979 年，不列颠之战 39 年之后，撒切尔当选英国首相。

撒切尔对丘吉尔的记忆深刻。在她的任期内，丘吉尔在"二战"中使用过的掩体得到修葺并首次向公众开放。她对于 20 世纪的看法也是丘吉尔式的。当她作为首相访问捷克斯洛伐克时，她还特地为内维尔·张伯伦的绥靖行为道歉。她在布拉格的联邦议会上发言时说："我们在 1938 年辜负了你们，采取了灾难性的绥靖政策而任由希特勒践踏你们的独立。尽管丘吉尔后来很快拒绝履行《慕尼黑协定》，我们仍以此为耻，铭记于心。"[47]

"二战"期间，丘吉尔对阶级问题非常敏感，指示将军们在率军作战时一定要谨慎对待这方面的问题。在早期，他就提醒位于达特茅斯（Dartmouth）的皇家海军学院（Royal Naval College），在选拔接受军官培训的学员时，必须"尤其谨慎，不要让阶级偏见影响决策"。他发誓对这样的事情他会调查到底，"除非能够拿出更好的理由说服我"。海军方面坚持我行我素，没有听从警告，丘吉尔也没有食言，坚持直接干预。他甚至亲自召见了几名考试成绩优秀但名落孙山的候选人员。"我已经见过了这三名考生，"他通知海军高层说，"考生 A 确实带点伦敦东区（cockney）口音，另外两个是商船队上士和机械师家的孩子。但是，考试的目的是选拔人才，跟出身和财富无关。"[48] 他认为不录取这三名考生是不公平的，因此

下令录取他们接受军官培训。对于丘吉尔这样一位肩负指挥战争、抵御侵略重任的人物来说，做到这些实在难能可贵。

在与海军方面打交道时，他做到了言行一致。一次，登上皇家博阿迪西亚（HMS Boadicea）战舰之后，本来应该在舰楼上与高级军官和政府官员在一起的丘吉尔却不见了。"我们好一阵子找不到他，"一名当时在战舰上的海军上尉在给父亲的信中写道，"最后在锅炉工用餐的甲板上找到他，当时他正坐在大餐桌上跟人闲聊。"[49]

军装制服上的徽章问题是这场阶级之战的又一个细节，丘吉尔与英国军方建制派人员发生争执，长达数月。这个貌似鸡毛蒜皮的小事，在丘吉尔看来却是一件基于阶级差异的大事，当然他的看法是非常正确的。军队将领向丘吉尔表示，只有跟贵族领地相关联的老牌军事单位才有资格佩戴绣有本单位特有徽章的肩章，借口是出于经济考虑，要么是做肩章的羊毛短缺，要么是缝制的人手不足。丘吉尔对这样的说法深表怀疑，不愿放过任何细节。他从贸易局（Board of Trade）那里了解到，就算向所有部队，包括由中产阶级出身军官指挥的"新贵（arriviste）部队"提供肩章，所需羊毛数量相对来说也不多，不过区区 8.5 万码，而当时一个星期的羊毛使用总量为 800 万码。心胸狭隘的艾伦·布鲁克将军在自己的日记中抱怨道："在这个问题上，他表现得像个小孩，浪费了我们很多时间。"[50]

但是，正如战略家埃利奥特·科恩（Eliot Cohen）所认为的那样，介入军事管理的琐事，恰恰体现了丘吉尔对战时领导力的敏锐理解。这关乎保持军队士气，而当时的不利战事对士气已经造成了一次又一次的打击，所以"不同的臂章、徽章这样的事情并不是小事情。"[51] 在战争时期，正如拿破仑所目睹过的一样，士兵会为了荣誉而英勇作战甚至献出生命。丘吉尔在给军队文职管理人员的手谕中写道："请能否向我解释一下，在这个问题上皇家卫队为什么会受到特别优待。他们得到了什么特别许可吗？如果是这样，又是基于什么原

第八章　丘吉尔、奥威尔及英国的阶级斗争：1941年

因？我倒是认为，常备军，尤其是威尔士或苏格兰这样地域性的常备军，更渴望得到支持以振奋士气、突出个性，而获得徽章所带来的喜悦恰恰能够促成这一结果。"[52]丘吉尔这么说并不仅仅因为他喜欢漂亮的东西和明亮的颜色。他很清楚，在战场上浴血奋战的中产阶级军官和他们手下的劳动阶级士兵比以往任何时候都需要获得尊重。

* * *

"英国是天底下等级最为森严的国家，"奥威尔在《雄狮与独角兽》一文中断言道，"这是一片势力与特权的土地，当权的大多老朽愚蠢。"[53]然而，在同一篇文章中，在猛烈抨击统治阶级的同时，他又指出新任首相是个例外："从1931年开始，他们就凭借自认为永远正确的直觉一错再错，直到丘吉尔政府终于对这一情况叫停。"[54]

作为一名持社会主义立场的人，奥威尔自己都为其在"二战"期间对丘吉尔的一再赞许感到惊讶。他在"二战"后期这样写道："重要的是，在如今这样的灾难时期，最能够将全国统一起来的人就是丘吉尔，一个贵族出身的保守党人。"[55]

同样令人惊讶的是，丘吉尔在阶级问题上的观点也与奥威尔高度一致。奥威尔有一次把自己称为"无政府主义者中的保守党分子"[56]，而丘吉尔则是无政府主义的保守党人，于1904年脱离保守党。尽管他在1924年重新加入，但是保守党内人士对他一直颇有微词。丘吉尔对他们来说总是有点格格不入。

战争时期，阶级问题似乎总是挥之不去，每每出现在意想不到的地方。一些英国人（Britisher）对贵族疑心很重，认为他们大多同情法西斯主义，不可完全信赖。[57]威廉·乔伊斯（William

Joyce）当时为纳粹电台的宣传性节目当播音员，得了个"哦哦大人"[58]（Lord Haw-Haw）的绰号，其实他并非来自贵族家庭，而是出身于美国纽约的布鲁克林（Brooklyn）区。

丘吉尔和奥威尔都逐渐对自己所属的阶级产生了警惕之心，认为问题正是源于阶级。对于奥威尔，早在他作为一名年轻的殖民警察生活在缅甸时这种转变就产生了。尽管有伊顿公学的教育背景，奥威尔成年后的大部分时期在吃穿用度方面都表现得像是来自劳动阶级一样。"二战"中的一个晚上，他回到家里，误把妻子给猫煮的鳗鱼当作晚餐吃下，而把留给自己的牛肉糜土豆泥饼喂了猫。[59]在朋友和同事面前，他常常穿着一件法兰绒衬衫，外面套着花呢外套，下面是一条肥大的灯芯绒裤子，鞋子也从来不会擦亮。他的一个朋友回忆说："我从来都没看他穿过西装，不管天气如何，都没有戴过帽子。"[60]

丘吉尔对自己所属阶级的怀疑来得要晚一些。伴随这种怀疑的，有他对英国统治阶级对希特勒态度的失望，也有他对军队中贵族习气的灰心，许多军队将领，特别是皇家海军将领都带着这一习气。

在奥威尔看来，恰恰是丘吉尔与保守党贵族的这种格格不入让他赢得了其他阶级的好感。奥威尔在1943年这样写道："对于一个受欢迎的英国领导人，绅士做派会让其陷入严重的不利境地，而丘吉尔……却不是一名绅士。"[61]在很多人眼中，丘吉尔擅长投机钻营、自吹自擂，在两个党派之间换来换去，毫无忠诚可言，而且最糟糕的，还是半个美国人。一个评论丘吉尔的人认为他是"半个外国人，完全不合适"。[62]

1940年，哈利法克斯勋爵和另外一些被历史学家马克斯·黑斯廷斯（Max Hastings）称为"老绥靖派"的保守党人对丘吉尔施加压力，要他考虑与德国议和，而内阁中的工党成员[63]，即克莱门特·艾德礼和阿瑟·格林伍德（Arthur Greenwood），却给予他强有力的

第八章　丘吉尔、奥威尔及英国的阶级斗争：1941年

支持。丘吉尔将工党的这次支持牢记于心，至少到"二战"结束前都没有忘记，而在那之后，他却身不由己地陷入党派政治，并为此付出了代价。

丘吉尔反对与希特勒进行任何形式的和谈，这种强硬立场也可能带有阶级因素。当时的人们都很清楚，英国贵族的一些显赫成员对希特勒态度暧昧，所以丘吉尔决断肯定的言辞在中产阶级、劳动阶级甚至穷苦人士听来，很有可能像是一种含蓄的承诺，保证只要有他在，就绝不会背叛人民。C.P. 斯诺是一个教堂管风琴乐师的儿子，他回忆在1940年，丘吉尔的声音是如何帮助他消除疑虑的："他是个贵族，但是对自己的阶级和朋友，还有其他任何人都不会手软，只要这么做能帮助我们国家挺过难关。在1940年那一个又一个的夏日傍晚，当他的声音传来，回响在贫民窟的街头时，我们相信他，穷人相信他。"[64]

* * *

对军事行动的判断，奥威尔和丘吉尔有时候都会显示出令人惊讶的强硬，甚至严酷。丘吉尔这样做并不让人意外，但是奥威尔在1941年3月的日记中提到，他认为英国出于政治考虑应该任由被占领的法国忍饥挨饿，这就有些让人出乎意料了。"正确的做法应该是[65]，等到法国处于饥荒的边缘，而贝当政府也因此根基不稳之时，再以提供食物为条件换取他们在重要问题上的合作，比如让出法国海军舰艇的重要军事单位。当然，这样的做法在目前看来是不可想象的。"他总结道，"人们在为自己信仰的价值作战时，是无所顾忌的。"[66]

当时伦敦西部富裕社区的很多有钱人都逃到了别处，奥威尔希望当局能够征用这些房屋，为遭受轰炸而无家可归的伦敦东区人提

供避难所，而同时他又不无悲哀地意识到："其实这些脑满肠肥的有钱人还是有很大的影响力，不会让这样的事发生。"[67] 他因此坚持认为，穷人最终会起来反抗这种行为："这场战争显然正在演变成一场革命，看到有钱人的所作所为[68]，你不由得会联想到1916年的圣彼得堡。"然而，到了1941年春天，他开始调整自己对英国革命前景的看法。"回顾这本日记的前半部分，"他在4月13日写道，"可以看到我的政治预测是如何落空的[69]，然而，可以说，我所期待的革命性变革其实正在发生，只不过是以慢动作的形式。"

奥威尔在缅甸担任过警察，也在西班牙内战中担任过小分队长，这些经历似乎让他对军事行动产生了敏锐的分析能力，至少在战术层面上是这样，他可以透过战时的宣传报道看到本质。1941年4月22日，他在日记中对英国在希腊取得军事胜利的乐观看法表示怀疑："最让我感到不安的是一再重复的声明[70]：我们正在给敌军造成巨大伤亡，德国人以密集队形前进，被我们成片成片地射倒，等等，等等。跟法国战役（Battle of France*）时的说法一样。"果然，两天之后，英国领导下的盟军就开始从希腊撤退，有一万两千人未及逃脱，除了一些阵亡之外，大多被俘，还有许多坦克和其他重型装备也没能带走。

同年8月，他准确地预言道："我们陷入了一场漫长的消耗战，每个人都会越来越穷。"[71] 从那时起，他的日记中断了近六个月，对此他没有给出任何解释。

* * *

丘吉尔的一些高级军事顾问把这种消耗归咎于丘吉尔本人，但

---

* 第二次世界大战期间德国入侵法国和欧洲西北沿海国家的军事行动。

第八章　丘吉尔、奥威尔及英国的阶级斗争：1941 年

其实丘吉尔往往比这些顾问更清楚如何使用英国的战斗力。1941年4月，他命令驻扎在地中海的皇家海军指挥官安德鲁·B. 坎宁安（Andrew B. Cunningham）上将采取行动，阻止德军通过的黎波里（Tripoli）运送补给。丘吉尔建议在的黎波里港入口处沉没一两艘船，但遭到人称"ABC"的坎宁安断然拒绝。丘吉尔随后命令对港口进行炮击，并告知坎宁安的上级，海军必须采取行动，否则就会被视为"让同僚的努力遭受失败"。[72] 坎宁安抗议说，这样的突袭可能会给英国海军造成重大损失，然后极不情愿地率舰队前往利比亚（Libya）。令他惊讶的是，他的舰队在黎明时分对的黎波里港口进行炮击，长达 42 分钟之久，而英国方面却没有任何舰船或人员被敌人的炮火击中。

在这次无伤亡行动之后，坎宁安写了一封信给丘吉尔，火药味十足。"这次我们侥幸逃脱[73]，只是因为德国空军在其他地方作战赶不过来。"他写道，"我们这才做到了出其不意。**整个地中海舰队花了五天时间才完成的任务，从埃及派一支重型飞行中队过去，几个小时也许就能完成。**舰队在这次行动中冒了极大风险，在我看来，这么做毫无道理。"

坎宁安的信非常不得体，甚至可以说是鲁莽。作为海军上将，他竟然试图指示首相应该如何调度陆基空军力量。丘吉尔搜集了相关信息后予以回击：

> 你应该力求信息准确，没有准确性就没有判断力。空军总参谋长告诉我，你在 42 分钟内向的黎波里发射了 530 吨炮弹。同量的炸弹如果由驻马耳他的惠灵顿（Wellington*）轰炸机中队投放可能需要 10 个半星期，如果由驻埃及的斯特灵（Stirling）

---

* "惠灵顿"和下文的"斯特灵"是两种型号的轰炸机。

轰炸机中队投放大约需要 30 个星期。[74]

丘吉尔并没有因为这次争执而对坎宁安心怀不满。他很欣赏这位海军上将的急脾气，两年后提拔他为皇家海军司令，丘吉尔一向偏爱好斗的军事领导。

英国陆军总参谋长（Chief of the Imperial General Staff）艾伦·布鲁克将军是当时与丘吉尔合作最紧密的军官，不得不近距离忍受丘吉尔的行事做派。布鲁克是一个坚忍不拔的北爱尔兰人，颇有军事才能，但在"二战"中只能说施展了一半的才华。在日记中，他并没有把丘吉尔描述成高贵的救世主，而是一名不知所谓的醉汉，说丘吉尔在"二战"期间的胡言乱语对军事行动的伤害大于帮助。

1941 年，他在日记中写道，在一次深夜会议上，丘吉尔"史无前例地大发脾气[75]，指责我们除了阻挠他的意图外，没有任何建树。他指责我们没有自己的想法，说每当他提出主意时我们除了反对不会干别的。……只有上帝知道，如果没有他我们会落到何种境地，也只有上帝才知道，要是都听他的我们会遭什么殃"。

布鲁克将军热爱鸟类学，他在 1942 年 2 月写道，与丘吉尔会面"完全就像一座鹦鹉馆"*[76]，丘吉尔对军方负责人态度很是严厉。布鲁克抱怨说，丘吉尔会说一些非常任性的话，比如："你们中难道就没有一位将军能打胜仗吗？没有人有主见吗？我们要这样一直输下去吗？"[77]

海军将领们也未能幸免。在战争初期，海军要求从地中海撤退，丘吉尔对此非常不满，反感地提醒他们："战舰就是用来打仗的。"[78]

在军事方面，布鲁克对丘吉尔的评价相当负面，他认为"有条

---

* "鹦鹉馆"一般用来形容纷乱嘈杂、气味难闻、炎热难耐的环境，这里指让参会者无法放松、感觉很不舒服的一次会议。

第八章　丘吉尔、奥威尔及英国的阶级斗争：1941年

不紊的战略行动不是温斯顿的强项"。他并非一时冲动或因为疲惫而口出此言，这是他在战后多年经过深思熟虑得出的结论。他在多年后出版的日记中写道，丘吉尔"更喜欢凭直觉和冲动行事[79]……他的军事计划与想法中，既有最辉煌的构思，同时也有最疯狂而危险的想法。要说服他放弃这些疯狂的计划，需要超人的努力，而且从来没有完全成功的希望，因为他会一次又一次地重提这些想法"。

对丘吉尔的这些负面评价，即使准确，但权衡之下，多少也有些无关紧要。丘吉尔在战争期间很喜欢用"事件层面"[80]这个词，有时用来质疑官员是否真正了解自己所做的事的意义。布鲁克在自己的判断中始终没有看到，在战争的最高层面上，丘吉尔是一位一流的战略思想家。这位首相与将军们不同，他擅长把战争的各个部分组合起来，仿佛它们是一张宏大的拼图，连接着不同的战场和人民。丘吉尔能够权衡军事行动和政治障碍，不仅在一时一地，而是在数年时间里持续而为。丘吉尔很清楚、布鲁克却不理解的是，"在一场大型战争中，军事和政治事务是不可能分开的"。[81]丘吉尔写道："在最高层面上，它们是一体的……这个悲剧性世纪的许多文献都存在一种偏见，认为战争中只有军事方面的考虑才是重要的，政客的介入只能阻碍军人清晰的专业观点。"

丘吉尔对大战略方针的最好解释，出现在他那篇表达自己对绘画挚爱的文章中。那篇文章魅力十足，可读性很强。"画一幅画就像打一场仗，"他解释说，"原则是一样的。这与展开一个长期的、持续的、相互关联的论点是同一类问题。这是一个命题，无论包括几个还是无数个部分，都是由一个统一概念来指挥的。"[82]

对于军事上的统一构想，丘吉尔往往比将军们有更多的洞察力，即如何将空中力量、海上力量和陆上力量结合起来，使整体力量比单个部分更强大、更有威力。例如，他认为驻扎在埃及的将军没能利用海军为陆军提供火力援助，也没能沿北非海岸运送补给，他在

1940年的一份备忘录中批评说：" 拥有两栖力量而不加以利用便是一种犯罪。"[83]

德国突袭苏联

1941年6月22日，德国向苏联发动进攻，撕毁了1939年8月的德苏条约*，奥威尔对此在日记中写下了长篇思考。英国人普遍的想法和官方的军事估计是，跟纳粹之前针对的目标一样，苏联也不可能在胜仗连连的德国战争机器面前坚持太久。奥威尔写道："人们普遍把斯大林想象成在帕特尼（Putney†）的一家小店里卖茶壶、跳高加索舞的人。"[84]奥威尔对苏联的持久力充满信心："更为冷静的估计是这样的：'如果到了10月份俄国军队仍未被打垮并且还在与希特勒对抗，那么他[希特勒]就完了，很可能今年冬天就完蛋。'"

在同一天晚上，丘吉尔欢迎苏联加入反纳粹联盟，他在广播中提到了希特勒：

> 我们将在陆地上与他作战，我们将在海上与他作战，我们将在空中与他作战，直到在上帝的帮助下，我们将地球从他的阴影中拯救出来，并将人民从他的枷锁中解放出来。任何对抗纳粹的人和国家都会得到我们的援助。任何与希特勒同行的人和国家都是我们的敌人。因此，我们将全力以赴帮助俄国和俄国人民。[85]

奥威尔在日记中称赞道，丘吉尔的演讲"非常好"。[86]

---

* 指1939年8月23日签署的《德苏互不侵犯条约》（German-Soviet Nonaggression Pact），该条约将东欧划分为德国和苏联的势力范围。

† 位于伦敦西南部的一个相对富裕的地区，传统上是伦敦人享受开阔空间、清新空气的一个休闲去处。

第八章　丘吉尔、奥威尔及英国的阶级斗争：1941年

斯大林与希特勒曾签署条约，这在苏联的官方历史中没有提到，让奥威尔深感震惊的是，那些跟着党的路线走的共产党人迅速企图抹去这一记忆[87]，同时要求美国和英国"立即开辟第二战场"，以减轻德国对苏联的压力。这种对基本事实的意识形态控制，被奥威尔称之为将事实投入"记忆空洞"（memory hole），而"记忆空洞"也成为他七年后写作《1984》时的一个主题。

宣传员奥威尔

奥威尔最终找到了为战争奉献自己力量的方式，于1941年8月加入了英国广播公司国际频道（BBC Overseas Service），做了两年多对印度的广播工作，他所做的是他一生中大部分时间都在谴责的那种宣传工作。在那里，就像年轻时决定成为一名殖民地警察一样，他再次将自己置身于一种与自身观念严重相悖的职业中。

毫不奇怪的是，对于这份工作，奥威尔大部分时候都感觉很不舒服，特别是因为他工作的部分职责是要尽力让英国在面子上好看一些，而这在1941年和1942年却并不容易做到。1942年1月，他在广播中断言："像新加坡这样强大的堡垒是难以攻克的。"[88]当然，他这么做是希望为英国在亚洲战场的努力争取支持，在那里，印度已经受到日本的威胁。许多人赞同他的这一说法，但奥威尔的分析却错得离谱，仅仅几个星期后，新加坡这个岛屿要塞便迅速沦陷，成为这场战争中最严重的失败之一。后来，奥威尔认为应该向丘吉尔致敬[89]，因为他决定亲自宣布这个坏消息，而不是推给别人。

1942年8月，迪耶普（Dieppe）突袭*失败，这又是一次令人痛心的挫折，奥威尔竭力将这次行动描述为一场平局，"双方伤亡

---

*　1942年8月19日由盟军发动，突袭德国占领下的法国北部港口迪耶普。

惨重"[90]，而事实并非如此。迪耶普是一场大溃败，奥威尔几乎肯定知道这一点，或者至少怀疑过这一点。

作为一名播音员，听众对他的评价好坏参半，部分原因是他的声带受到了损伤，而另一部分原因则是，因为他灵魂的每寸每缕都让他不适合担当政府的喉舌。约翰·莫里斯（John Morris）当时是英国广播公司日文部的负责人，曾跟奥威尔有较近的工作关系。他回忆说："尽管他写得很好，发言却很蹩脚，结结巴巴的。即使是在私人谈话中，他也不善表达，说话时常找不到合适的词。他每周一次的广播稿写得很漂亮，但是讲话的声音却单调乏味。"[91]

奥威尔的文风确实一如既往地犀利。例如，下面这一段摘自他在1943年写成的一篇关于《麦克白》（Macbeth）的小评论，这篇文章现在几乎已被人遗忘：

> 《哈姆雷特》是一个不知道如何杀人的人的悲剧。《麦克白》是一个知道如何杀人的人的悲剧……《麦克白》是莎士比亚戏剧中唯一一部反派和英雄是同一角色的作品。[92]

BBC对奥威尔评价颇高，超过了他自己对这份工作的喜欢。"优质、敏感、忠诚，"对他第一年的工作评价如此说道，"他有坚定的信念，但从不骄傲，没有不愿接受指导的情况。"[93]他受到推荐升职加薪。

然而，奥威尔却始终没有融入BBC。大约在同一时期，他在日记中写道："那里的气氛介于女子学校和疯人院之间，我们目前所做的一切毫无用处，甚至比无用更差。"[94]

在他的日记里，没有对思想受到粗暴干涉或审查的抱怨。相反，他对BBC总体上的无能感到沮丧，发现其海外听众人数远远少于预期。这使他怀疑自己的工作是不是毫无用处。三个月后，他补充

第八章　丘吉尔、奥威尔及英国的阶级斗争：1941年

写道："BBC让人震惊的地方……倒不是道德上的卑劣，也不是徒劳无功，而是一种挫败感，一种无法完成任何事情的感觉。除了反复的犹豫不决，一事无成。"[95]

他唯一喜欢待在BBC办公室里的时间是在清晨，当清洁女工清扫大厅时，她们会齐声高歌。"她们一大群人同时到达，坐在接待大厅里等待分发扫帚，像鹦鹉馆一样喧哗嘈杂，然后开始清扫楼道，大家一起唱歌，非常美妙的合唱。一天中这时候的气氛跟之后的完全不同。"[96]

在BBC工作期间，他唯一一次休假是去了伍斯特郡（Worcestershire）[97]，在塞文河（Severn）上钓鱼。在他早期的小说《上来透口气》中，叙述者说的一些话可能带着奥威尔自己的影子："回顾一生，老实说，我做过的其他事情都不能像钓鱼这样带给我如此乐趣。相比之下，其他一切都有点失败，连女人方面也是如此。"[98]奥威尔确实喜欢钓鱼，但可能并不擅长——在塞文河上的这两个星期里，他有五天几乎什么也没钓到[99]，即使有收获的时候，也主要是小小的雅罗鱼。

在BBC工作的经历，对奥威尔来说最重要的也许是加强了他对国家控制信息的不信任感。"所有的宣传都是谎言，即使是在说真话的时候。"[100]他在1942年这样写道，这个悖论后来成为《1984》的核心。更讽刺的是，小说中的刑讯室叫"101室"，而这取自位于伦敦波特兰广场（Portland Place）55号BBC大楼的会议室。奥威尔曾多次在那里开会，常常无聊得要死。

他一定也怀疑过，自己关于莎士比亚和杰拉尔德·曼利·霍普金斯（Gerard Manley Hopkins*）的言论，无论多么有见地，都没有真正为战争作出多大贡献。

---

* 维多利亚时期最负盛名的诗人之一。

那个时候，他已经开始思索战后世界的本质。当然，这是建立在他对希特勒和斯大林的看法以及他在西班牙的经历基础上的。在战争初期，远在美国参战之前，他就已经开始为这场冲突之后的世界担忧。他在1941年春天提出，极权主义可能会在全世界蔓延。

> 而重要的是要认识到，它对思想的控制不仅是做减法，而且会做加法。它不仅禁止你表达甚至思考某些特定的想法，而且还规定你应该思考什么，它为你创造一种意识形态，它试图控制你的情感生活……[101]

他最有力量的两本著作，即是在这种令人恐惧的冥想中诞生的。

正当奥威尔打算离开BBC的时候，他认识了戴维·阿斯特（David Astor），他是南希和沃尔多夫·阿斯特的第三个孩子。戴维和他专横的母亲十分疏远。他母亲曾经说过，她和沃尔多夫的五个孩子"受孕时没有快乐，生下时没有痛苦"。[102]她的一名后辈回忆说，她喜欢把孩子逼哭。她生性非常独立，后来成为议会中的第一位女议员。戴维还在牛津念书时，就反对母亲对基督教科学派（Christian Science）的信仰和对绥靖政策的支持。

总体来说，戴维·阿斯特比他大多数家人都要开明，他当时在父亲拥有的《观察家报》（*Observer*）工作[103]，正在寻找优秀的作家，希望这份报纸能够焕然一新。前任主编在丘吉尔对战争的掌控这一议题上与阿斯特家族意见不合，因此辞职。戴维·阿斯特确实为这份报纸带来了生机[104]，在他掌管报纸的头十年里，发行量翻了一番。

"我一见到他就非常喜欢他，"戴维·阿斯特在回忆奥威尔时这样说道，"我很喜欢所读到的关于他的一切，但他一点也不出名。他更像是一个散文作家，在BBC做一些事情，但并不是名人。"[105]阿斯特曾考虑聘请奥威尔担任战地记者，但体检却发现奥威尔"由

第八章　丘吉尔、奥威尔及英国的阶级斗争：1941 年

于胸部状况不适合赴海外工作"。[106] 奥威尔离开 BBC 之后，有好几年时间定期为《观察家报》撰写书评。他与贵族子弟阿斯特的友谊——这对奥威尔来说是不同寻常的——将贯穿他的余生，助其写出毕生最重要的作品。阿斯特将帮助他找到一个写《1984》的地方。再过几年，阿斯特将为他找到一块长眠之地。

在皇家海军象征着英国全球势力的年代，小男孩会穿上水手服拍照。右图：丘吉尔，7岁，已颇有气势。下图：埃里克·布莱尔（"乔治·奥威尔"），3岁

丘吉尔，1895年，女王第四轻骑兵团（Fourth Queen's Own Hussars）少尉

丘吉尔（右），1911年，第一海军大臣

丘吉尔（右），1899年11月，在南非被布尔人俘虏

奥威尔（后排左一）和参加伊顿公学墙球比赛（Eton wall game）的同学合影，1921 年

奥威尔，17 岁

奥威尔眼中威根码头可能的样子。两个孩子在威根的一个街角跟一个失业者说话，1939 年

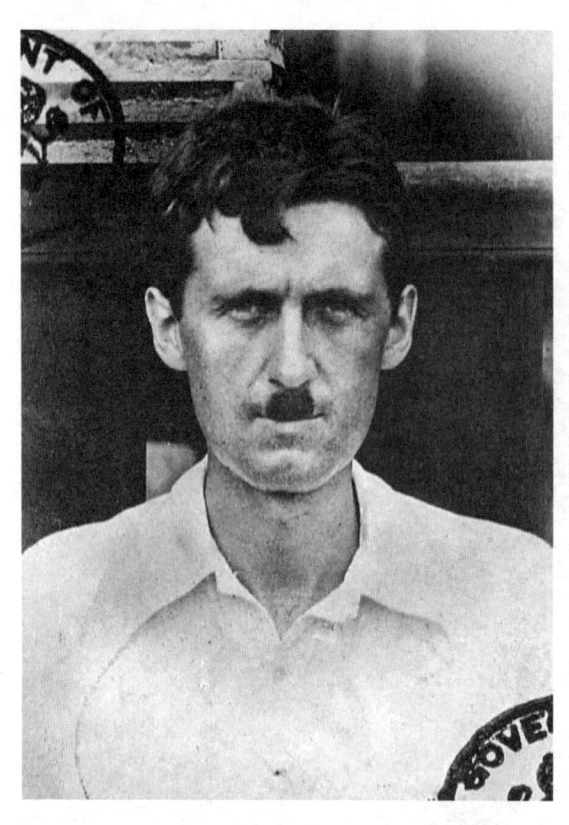

奥威尔在缅甸时期的护照照片

奥威尔（后排左三）在缅甸的一个警察营地，1923 年

1936年，西班牙内战期间，巴塞罗那，马统工党民兵组织总部的卫兵。奥威尔站在最后

1938—1939年冬季，奥威尔在摩洛哥疗养

1943年，时任英国首相丘吉尔在马耳他一家造船厂视察轰炸造成的破坏

1945年5月8日，伦敦，丘吉尔向人群挥手致意，宣布对德作战取得胜利

奥威尔（后排最右边）在"二战"期间与国民自卫队在一起

1941—1943年"二战"期间，奥威尔在BBC东方部担任谈话制作人，制作意在声援战争的评论性节目

上图：1943 年，丘吉尔在卡萨布兰卡会议上与富兰克林·罗斯福总统进行交谈。下图：同年晚些时候举行的德黑兰会议期间，丘吉尔与罗斯福和约瑟夫·斯大林坐在一起。丘吉尔离开德黑兰时显得忧心忡忡，因为他意识到美国和苏联正联手排挤英国。这次会议也是奥威尔《动物庄园》的一个重要灵感来源

丘吉尔在美国。上图：1946年，丘吉尔和家人在一辆豪华轿车里。下图：1952年，明显衰老了很多的丘吉尔在白宫与哈里·杜鲁门总统会晤

两位作家（和吸烟者）。上图：办公桌前的奥威尔。下图：丘吉尔，伦敦唐宁街10号首相官邸内阁室

第九章

美国参战：1941—1942年

1941年12月7日，日军偷袭珍珠港，丘吉尔得知后欣喜若狂，认为世界大战已经胜利了。

丘吉尔的首席军事助手布鲁克将军的反应却颇为狭隘，符合其个性。将军在日记里抱怨说，这意味着之前48个小时自己部门的工作都被"浪费了！！"。

"这一点，"罗伊·詹金斯总结道，"就体现了一名优秀的参谋和一位世界级政治家的区别。"[1]

在丘吉尔看来，日军袭击珍珠港给他带来了难以掩饰的喜悦，即使在八年之后写到这段历史时也是如此。下面这段无拘无束的文字摘自他的回忆录，可以看作一种赞美称颂：

> 英格兰会活下去，英国会活下去，英联邦和大英帝国会活下去……我们不会灭亡。我们的历史不会走到终点。我们作为个人甚至可能不必死去。希特勒的命运已经注定。墨索里尼的命运已经注定。至于日本人，他们会被碾成齑粉。剩下的工作不过是适当使用压倒性的武力。[2]

的确，当战争进行到这一步，丘吉尔已经完成了他的两个主要战略任务：让英国在战争中活下来，把美国带入战争。他十八个月前在刮胡子的时候向儿子提到的任务已经完成了。

即便如此，在接下来的四年里，他在应对美国的过程中也面临着许多艰苦的工作。他的下一步是确保美国政府坚持"欧洲优先"的战略，把打败希特勒作为首要的战争目标。他需要做到这一点，同时又不能显得过于霸道。

1941年12月26日，丘吉尔在美国国会联席会议上发表讲话，这一行动从几个方面来说都非常精彩。首先，去国会山发言本身就是一步妙棋。张伯伦即使在位的话也很可能不会去，即使去了，给美国立法者留下的印象也可能是古板贴身男仆与无趣版卓别林的合体。

丘吉尔在珍珠港事件后向美国国会发表的演讲是政治天才的作品，其结构很有艺术性，分为四个部分，可分别命名为：

我
我们
他们
我们抗击他们

丘吉尔首先用了几百字的篇幅向国会，也就是美国，介绍自己。演讲的前三段以"我"字开头，几乎把自己描绘成听众中的一员，提及自己一半美国人的血统。"我不禁反思，如果我的父亲是美国人，母亲是英国人……我可能是靠自己的努力来到这里"[3]——也就是通过竞选成为国会议员，而不是通过邀请来到这里。

接着，针对美国人对贵族的厌恶，他含蓄地说道："我是下议院的孩子，在我父亲崇信民主的家庭中长大。"然后，他引用林肯的话，并拓展开来："我一直满怀信心，朝着葛底斯堡'民有、民治、

第九章　美国参战：1941—1942 年

民享'的理想前进。"

　　做完自我介绍，他用一种近乎诗意的方式，把演讲的重点转向新的战时联盟，从"我"过渡到"我们"。他欢迎美国参战，盛赞自己在华盛顿感受到的自信气氛。"我们英国人在最黑暗的日子里[4]，也有同样的感觉，"他说道，含蓄指出英国人已经打了 16 个月的仗，"我们确信最后一切都会好起来。"

　　这里的第一个"我们"当然是指英国人。然后，在两句话之后，他又一次提到"我们"的时候却指向了英国人和美国人："对抗我们的力量是巨大的。[5]他们是冷酷的，他们是无情的。"在这之后，当他说到"我们这边"时，指的是英国和美国。这两个国家在他的演讲中已经融为一体。"在残酷的战争中，我们双方都有很多东西需要学习……给了我们这么多时间，我们确实应该心存感激……我们从事的是世上最崇高正义的工作……我们是自己命运的主宰……只要我们对自己奋斗的目标充满信心，保持不可战胜的意志力，就一定会到达光明的彼岸。"

　　接下来丘吉尔快速回顾了陆地和海上的战况。在这一过程中，他巧妙地将大英帝国的未来与自由世界的未来联系在一起，这种联系是许多美国人想不到的："18 个月前，许多人认为大英帝国已经支离破碎，现如今她已重获生机，无比强大，力量与月俱增，这是不争的事实。最后，请原谅我这样说，我认为最重要的时刻，是看到一个空前团结的美国，已经为自由亮出利剑。"[6]

　　最后，他以一段咏叹调结束本节，谈到日本是何等愚蠢，选择同时与英国和美国作战。"他们以为我们是什么样的人？"[7]他问。这是一个非常美国式的问题——他们知道自己在跟谁作对吗？这样，他再一次在演讲中将美国人和英国人合而为一。"难道他们没有意识到，我们永远不会停止抗击，直到他们和全世界得到一个永远不会忘记的教训？"这句话赢得了听众的起立致敬。在回忆录中，丘吉尔很高兴地指出，这些反问赢得了"最响亮的回答"。[8]总而言之，丘吉尔的这次演讲已不仅仅是演讲，更像是一次外交上的求婚。

那天晚上，住在白宫的丘吉尔从床上爬起来，打开了房间的一扇窗户。他突然感到呼吸急促，告诉随行医生，他"心脏隐隐作痛，痛感顺着我左臂往下移动"。医生意识到这是某种心脏病轻微发作的症状[9]，但是只轻描淡写地告诉了丘吉尔，因为他觉得丘吉尔脑子里的事情已经太多了。

他脑子里的事情的确是太多了。一周之内，丘吉尔的表现就好像他向美国人提出的建议已被接受并建立了合作关系一样。在给内阁的一份说明中，他说在某件事情上有必要听从美国人的意见，并解释说："我们不再是单身，而是已经结婚了。"[10] 他这个从来没有伺候过别人的人，在晚上去品尝罗斯福亲自调制的鸡尾酒时，还小心翼翼地亲自为其推着轮椅。这不是一次简单的首脑会晤。丘吉尔在白宫住了整整两个星期。在这 14 个晚上，他有 13 个晚上是与罗斯福和哈里·霍普金斯共进晚餐的。[11]

其实对丘吉尔来说，跟美国总统搞好关系从来都不是一件自然而然的事情，并不像他在当时或是后来在回忆录中所说的那样。在丘吉尔政治生涯的早期，他有时候听起来相当反美，至少在私下如此。1928 年，当卡尔文·柯立芝（Calvin Coolidge）总统谈到欧洲需要向美国偿还战争债务时，丘吉尔当着朋友面痛骂美国。"今天晚上，温斯顿无所顾忌地谈论了美国，"一位叫亨利·詹姆斯·斯克林杰-韦德伯恩（Henry James Scrymgeour-Wedderburn）的客人，也就是未来的邓迪伯爵（Earl of Dundee），在他的日记中写道，"他认为他们傲慢自大，从骨子里敌视我们，希望主宰世界政治。"[12]

在给妻子克莱芒蒂娜的信中，丘吉尔也写道："柯立芝的声明让我的血因愤怒而沸腾。他们为什么不能放过我们呢？他们已经索

第九章 美国参战：1941—1942 年

取了欧洲欠他们的每一分钱；他们说了不会出手相助，那么最好也不要插手，让我们管理好自己的事。"住在乡间别墅的克莱芒蒂娜当天便回信告诫他，有传言说他将从财政大臣调任外交大臣。她很有预见性地写道："我想，调任外交部对你来说是件好事，但我担心大家已经知道你对美国怀有敌意[13]，这可能会妨碍你的工作。你必须要尝试、了解、熟悉美国，让他们喜欢你。"

20 世纪 40 年代，他将完全按照自己睿智妻子的建议行事。他回忆录中最真实的一句话可能是他对与罗斯福共事的评论："我和他的关系是由我精心培养起来的。"[14]

对丘吉尔来说，奉承来得并不自然，但因为别无选择，他不得不这样做。这是战事的需要，但在英国国内，他的同僚却对此表示厌恶。"我们对美国人毕恭毕敬，"国王的一名亲戚指责道，"首相最近给罗斯福的电报中充斥着多愁善感和卑躬屈膝的奉承，简直令人作呕。"[15]

对珍珠港事件，奥威尔明显对美国人持有更为怀疑的态度。他观察到，伦敦人变得越来越亲俄，"亲美情绪却没有相应增长，而是恰恰相反"，他解释说，原因是"我们的新联盟激发了普通低层中产阶级中普遍存在的反美情绪"。[16]

不管出于什么原因，在如何看待美国这一问题上，奥威尔与丘吉尔仿佛进行了角色互换。奥威尔变成了忽略现实的浪漫主义者，而丘吉尔则变成了硬邦邦的现实主义者。

"19 世纪的美国文明是资本主义文明的巅峰"[17]，奥威尔曾这样说道。在他看来，19 世纪早期的美国是劳动者的自由主义天堂，"国家几乎不存在，教堂力量薄弱且思想多元，而且有渠道获得土地。如果谁不喜欢自己的工作，只需炒掉老板，搬到更远的西部。"[18]当然，奥威尔对美国历史上这段狂野岁月的喜爱更多是从一个白人男性的角度出发的。黑人、美洲原住民和妇女可以享有的自由和机会远远少于他在评论中宣称的那样。

20世纪30年代中期，职业生涯刚刚起步的奥威尔曾考虑为马克·吐温（Mark Twain）写一本传记[19]，但没有找到感兴趣的出版商。丘吉尔年轻时也考虑过写一本美国题材的书——美国内战史。他早年第一次在美国巡回演讲时，介绍他走上演讲台的便是马克·吐温。[20]

在奥威尔最喜爱的作家中有三位是美国人[21]——马克·吐温、沃尔特·惠特曼（Walt Whitman）和杰克·伦敦（Jack London）。从这一点来看，查尔斯·狄更斯（Charles Dickens）笔下19世纪美国的丑恶形象并没有影响到奥威尔，而狄更斯也是奥威尔最喜爱的作家之一。《马丁·翟述伟》（Martin Chuzzlewit）是狄更斯根据自己1842年的美国之旅写成的一部小说[22]，将美国描绘成一个充斥着"金钱、煽动分子和酒吧"的国家，暴力而虚伪，在奴役数百万人的同时，却标榜着荣誉、自由和独立。

奥威尔似乎对自己所处时代的美国并不怎么感兴趣。作家克里斯托弗·希钦斯（Christopher Hitchens）注意到："对于美国，他表现出了一种奇怪的盲点"[23]，而希钦斯从来都对奥威尔充满了崇拜，"他从来没有去过美国，对美国也几乎没有表现出什么好奇心……换句话说，美国是奥威尔对自己所生活时代先知先觉的一个巨大例外"。

随着大批美军士兵涌入英国，英国人的反美情绪不断上升。1943年，66支船队向英国运送了681,000名美军士兵。"越来越多美国人出现在街头，"一位伦敦女性回忆说，"他们用一种红印第安人作战时的喊声互相呼唤，并在格林公园（Green Park*）组织棒球比赛。"[24] 美国在英国的军事存在将在1944年5月，即诺曼底登陆

---

* 伦敦的皇家公园之一，位于伦敦市中心的威斯敏斯特区。

第九章　美国参战：1941—1942 年

前夕达到顶峰，达到惊人的 160 万名。

* * *

偶尔，奥威尔会表现得比丘吉尔更了解英国政治，而在 1942 年初似乎就有这样一个例子。丘吉尔成功访美归来，却发现下议院陷入动荡，有议员大声质疑，提出有必要对战事领导层进行一些改变。这对丘吉尔来说是一个非常艰难的时刻，因为许多有关战事的消息是坏消息，而他担心更坏的消息还会接踵而至。开战两年多以来，英军屡屡受挫，英国人幻想破灭，逐渐认清形势。英国远征军（British Expeditionary Forces，缩写为 BEF）被逐出欧洲大陆西部（即法国和比利时）、北部（即挪威）和东南部（即希腊），还丢掉了非洲的达喀尔（Dakar）。在伦敦，人们开玩笑说，BEF 根本就是"Back Every Fortnight"[25]（两周后退一次）的缩写。在东亚地区，英军也在日军的攻击下节节败退。

丘吉尔要求下议院对战事展开辩论，然后投票表决是否对他的领导能力有信心。"最近从远东传来了许多坏消息[26]，我认为极有可能会传来更多的坏消息，接下来我会解释原因，"他先发制人地说道，"在这些坏消息中，裹挟着许多有关军事预测和行动方面失误和不足的说法，没有人会假装这样的灾难发生时没有失误和不足。"接着，他用非常随意的语言向反对者发出挑战："辩论不需要绕来绕去，投票时也不要胆小如雏鸡。"

随后进行了三天辩论，有些言辞相当激烈。"首相站起来说他对自己的团队感到满意，还说如果有错误，他一个人承担。说这些都是没用的。"辩论的第一天，保守党人赫伯特·威廉姆斯（Herbert Williams）嘲笑道，"他是我们国家唯一对自己的团队感到满意的人。"

工党议员托马斯·塞克斯顿（Thomas Sexton）也表达了类似的观点："我们的人民感到困惑，无视这个事实是没有用的。战争期间给予人民的希望不断破灭，人民对此感到困惑，包括对挪威的希望、对希腊的希望、对克里特岛的希望和对马来亚的希望，——破灭。"

另一位议员指责丘吉尔领导的是一个"一言堂政府"，他的统治"结合了那种专制主义和家长作风"。

辩论即将结束时，长期追随张伯伦的爱德华·特纳（Edward Turnour）警告说，这次投票本质上毫无意义。他说："目前，下议院内部存在严重的不安情绪，无论采取什么方式进行表决，都无法改变这种不安情绪"，"只有一种情况能改变这一点，那就是扭转局面，取得比过去几个月好一些的战绩"。

辩论结束后，丘吉尔起身向下议院再次发表讲话：

我不道歉，我不找借口，我不做承诺。

我感到危险仍然笼罩在我们头上，大小灾难即将发生，我的担心丝毫没有减轻，但同时，我的信心从来没有像现在这样坚定，我们将结束这场冲突，以符合我们国家利益的方式，以符合世界未来的方式。

我说完了。

说到这里，丘吉尔垂下双臂，手掌朝外，"仿佛在接受圣痕*一样"[27]，哈罗德·尼科尔森评论道。丘吉尔接着对下议院说："现在让每个人根据自己的真心和良心行使职责吧。"[28] 他以464对1

---

* 圣痕（stigmata）指基督受难时手、脚和身体上的伤痕，此处指丘吉尔的肢体语言仿佛在说他的行为是上帝赋予的责任。

第九章 美国参战：1941—1942年

赢得了这次投票。

1942年2月中旬，新加坡沦陷。这一结局发生得很快且令人不安。新加坡具有重要的象征意义，是大英帝国在东南亚实力的堡垒，但英军指挥官只经过一个星期的战斗就向一支兵力不如自己的日本部队投降，大约85,000名盟军士兵被俘。丘吉尔后来哀叹道，这是"英国历史上最严重的灾难和最大规模的投降"。[29]

奥威尔崇拜丘吉尔，但也认为此次失败极度令人不安，让他怀疑丘吉尔能否继续担任首相。他写道："在新加坡沦陷之前[30]，人们可能会说，大多数人喜欢丘吉尔，虽然不喜欢他的政府的其他部门，这是事实，但最近几个月，丘吉尔的支持率大幅下滑。此外，他还受到保守党内部右翼势力的反对（保守党总体上一直讨厌丘吉尔，尽管他们长时间不得不保持沉默）。"他总结道："我觉得丘吉尔掌权不会再有很长时间了。"

奥威尔一直觉得自己在BBC的工作就像是深陷泥潭之中，终于下定决心要离开。他觉得自己在BBC忙忙碌碌，却没有作为：

> 现在我在这本日记里所做的记录比过去还要少，因为我真的没有任何空余的时间。然而，我所做的一切都是徒劳的，花时间所做的事情都越来越没有意义。似乎每个人都有同样的感觉——最可怕的挫败感，觉得自己只是在做愚蠢的事情……我们都卷入其中，做着对战事没有任何实际帮助的事情，而庞大的官僚机构却认为这是必要的。[31]

他甚至认为自己种植粮食的努力也是白费。他原本预测会出现土豆短缺的情况，然而后来他在另一篇同样郁闷的日记中写道，英国1942年的土豆产量"是巨大的"。他觉得自己种东西简直是白费力气。

奥威尔知道自己应该离开BBC，做一些别的工作，但那时候还不清楚应该做什么。而且他的生活也并不完全都是失落。他的外甥亨利·戴金（Henry Dakin）去他家住了三个月，后来回忆说奥威尔带他去看了查理·卓别林（Charlie Chaplin）的《淘金热》（*The Gold Rush*），当时这部片子经过剪辑后作为有声电影重新发行。"他哈哈大笑，比那里的任何人笑得都欢。"戴金说。

在家里，奥威尔和艾琳通常会吃过早餐就去工作。晚上，奥威尔一般会在自己的房间里写作。"艾琳外表比较邋遢[32]，但长得非常漂亮，非常让人喜欢，"戴金回忆说，"他们在一起过着愉快的生活，彼此相亲相爱，对我也非常好。"

戴金注意到，艾琳好像总是穿着一件黑色的大衣，即使在做饭和吃饭的时候也不脱下。她在那段时间可能一直深陷抑郁之中。在工作中认识她的莱蒂丝·库珀（Lettice Cooper）回忆说，艾琳在哥哥死于敦刻尔克之后，"她常说不介意自己是生是死。她总是这样说"。[33]

战争期间，奥威尔夫妇放弃了偏居乡间小屋的生活，前往战时的伦敦工作，因而经历了数百次德军的空袭。他们不停地搬家，从一个公寓搬到另一个公寓，一部分是因为建筑物被炸毁，一部分也是因为越来越多的有钱人搬到乡下，腾出了更好的住房。有一次，在他们搬到圣约翰伍德（St. John's Wood）的阿比路（Abbey Road）之后，有朋友约他们共进晚餐，庆祝乔迁之喜，席上有一只上好的鸡和一瓶价值不菲的波尔多红葡萄酒。晚餐期间，一枚炸弹突然在附近爆炸。主人马克·本尼（Mark Benney）回忆说："我们被爆炸的冲击力从座位上掀了起来。"[34] 他很高兴地看到，酒瓶并没有受损，所有的客人也为此欢欣鼓舞。对于大家的幸免于难，奥威尔很快提出了一个基于阶级考量的解释："如果我们住在街角的那些工人阶级的小屋里，早就死定了。"

第九章　美国参战：1941—1942年

* * *

随着战争的展开，丘吉尔在保持自己国内地位的同时，也不得不继续培养他与美国的关系。有时候伟大的成就会被低估，因为实现成就的人让取得成就的过程看上去比真实情况要容易。丘吉尔在第二次世界大战期间在处理与美国的关系上可能就是这样一种情况。我们现在回头看这段历史，很容易认为英美结盟是理所当然的事情，但其实这种亲密关系仿佛存在于一个巨大的雷区中，有很多需要挖掘和化解的问题，稍有不慎，结果将会是致命的。美国人不喜欢丘吉尔试图蚕食德国在地中海和北非的边缘势力，而丘吉尔认为这种战略对于把德军从俄国前线引开是非常必要的，丘吉尔的观点非常正确，至少在1942年和1943年是这样。丘吉尔非常鄙视美国的反殖民主义，他认为与美国人合作时，自己的部分任务是"让他们实际接触一下那些他们观点强烈却经验不足的政治问题"[35]，比如大英帝国的未来，尤其是印度的未来。丘吉尔拥护戴高乐（de Gaulle），而罗斯福则对他保持警惕。许多美国人认为中国和英国一样重要，这让丘吉尔大吃一惊。在第一次拜访罗斯福之后，他写道："如果我用一个词来概括我在美国新学到的东西，那就是'中国'。"[36]

在如何看待俄国的作用方面，西方盟国间的观点差异尤其令人恼怒。罗斯福认为英国人做不到，但是自己却可以驾驭斯大林，他告诉丘吉尔："我相信你不会介意我的坦率，我认为，我能够以一己之力，比你们的外交部或我们的国务院更好地驾驭斯大林。斯大林非常讨厌你们这些高高在上的人物。"[37]在这一点上，罗斯福大大高估了自己的能力。斯大林是一个不折不扣的控制大师，在处理战事时如此，在塑造战后世界时也如此。后来，当美英两国目睹斯大林的冷酷多疑而大吃一惊时，丘吉尔劝告罗斯福说："苏联的国家机器相信自己能通过霸凌得到一切。"[38]这句话听起来简直像是出自奥威尔之口。

丘吉尔常常不得不放低身段、保持缄默。1942年4月，罗斯福就如何处理印度问题给丘吉尔提出了一些建议。丘吉尔起草了一份严厉的回复，开头处说："收到你的电文，我非常不安。"[39]接着他还威胁说要因为这个问题辞去首相职务。可随后，他却把那份愤怒的草稿放在一边，写了一份新的电文，以"您英明的建议，我已认真阅读"为开头。这样大幅度的变化实在让人叹为观止。

尽管奥威尔坚决反对帝国主义，但在美国对印度的建议问题上，他站在了丘吉尔一边。奥威尔在日记中写道："目前的问题是美国人不得体的言论[40]，多年来，他们一直对'印度自由'、对大英帝国喋喋不休，指手画脚。现在他们突然意识到，印度知识分子不想要独立，也就是说，他们不想承担责任。"

丘吉尔在"二战"中第二次访问华盛顿，在此期间，美国总统和英国首相之间的关系得到巩固，第二次访问发生在第一次，也就是丘吉尔在国会发表讲话的那一次六个月之后。1942年6月21日星期日的清晨，下榻白宫的丘吉尔在卧室醒来，他住的房间就在哈里·霍普金斯的房间对面。丘吉尔在床上看了报纸，在住处吃了早餐，然后信步走下楼梯，去罗斯福办公室里见他。

就在丘吉尔和罗斯福开始交谈的时候，工作人员送来一封粉红色的电报并交给罗斯福。罗斯福快速扫了一眼电报，一言不发地递给了丘吉尔。上面写着："图卜鲁格（Tobruk）投降，2.5万人被俘。"[41]这对丘吉尔来说无异于当头一棒。起初他并不相信，因为就在头一天晚上，他收到一封开罗来的电报，向他保证，位于利比亚和埃及边界附近的对德要塞防御工事完好。而且图卜鲁格物资充足，应对三个月不成问题，还拥有一个巨大的汽油库。似乎没有什么令人信服的理由可以解释为什么指挥官会迅速投降。

丘吉尔要求对战败消息进行确认。当消息确认属实时，他控制

第九章 美国参战：1941—1942年

不住面部肌肉的抽搐。这跟五个月前在新加坡一样，处于守方的盟军面对数量少于自己的敌人选择了屈服。

丘吉尔当时非常痛苦，很有可能流下了眼泪，不过他在回忆录中并没有明说，而是这样写道："我没有试图在总统面前掩饰我的震惊。那是一个痛苦的时刻。失败是一回事，耻辱是另一回事。"

美国人注意到丘吉尔并没有为英国的失败寻找借口。战争部长（Secretary of War）亨利·斯廷森（Henry Stimson）在日记中写道："他说这完全是领导能力的问题。"[42]隆美尔（Rommel*）的指挥胜过了他们，战斗力超过了他们，而且部队武器也优于他们。"

"我们能帮上什么忙吗？"[43]坐在办公桌前的罗斯福问道。

丘吉尔抓住了这个机会："给我们谢尔曼坦克（Sherman tank†），越多越好，尽快运到中东。"

美国陆军总司令乔治·马歇尔将军受召前往罗斯福办公室。他指出，向英方提供这些坦克就意味着要从第一装甲师召回这些坦克，而这个师刚刚收到这些坦克。根据丘吉尔的记载，马歇尔当时说："从士兵手中夺走武器是一件可怕的事情。"但是，他接着又说："如果英国迫切需要，就应该给他们。"马歇尔还自告奋勇地表示，他可以找到并运送一百门105毫米自行火炮，类似于谢尔曼坦克的轻装版。大约三百辆坦克连同火炮很快就上路了。更重要的是，在讨论1942年美国是否率军进入北非的时候，丘吉尔感情占了上风，当时马歇尔和艾森豪威尔都极力反对这一行动，认为登陆地应在法国某处，进军北非会分散兵力。

那天下午，丘吉尔把医生叫到自己的房间。"图卜鲁格沦陷了，"他说，"我很羞愧。我不明白为什么图卜鲁格会放弃抵抗。我们

---

* 纳粹德国驻北非陆军元帅，人称"沙漠之狐"。
† "二战"时美国开发制造的一种坦克，也是"二战"中产量最大的坦克之一。

三万多人举手投降。如果他们不去杀敌,那……"[44]说到这里,他停了下来,跌坐在椅子上。

在回忆录中,丘吉尔对美国人在那一刻给予的帮助多次表示感激,他在同一卷中不是一次而是两次回忆到这段历史。丘吉尔以同样的笔墨回忆了1942年继新加坡投降后,发生在图卜鲁格的第二次投降给他带来的痛苦。

* * *

丘吉尔对美国人日益增长的感情在英国并没有得到他所属阶级其他成员的认同,无论是左派还是右派。安东尼·布伦特(Anthony Blunt)、金·菲尔比(Kim Philby)、唐纳德·麦克莱恩(Donald Maclean)和盖伊·伯吉斯之所以组成亲苏间谍集团[*],部分原因是他们厌恶美国及其文化。菲尔比在自己的回忆录中说,伯吉斯乐于公开地"对美国人的生活方式进行猛烈抨击"。[45]

相比之下,英格兰的右翼势力反美情绪更为强烈。张伯伦在1937年12月曾说:"美国人就是随便说说,对他们什么都不要指望,这才是最好、最安全的做法。"[46]当丘吉尔派哈利法克斯勋爵出任英国驻华盛顿大使时,英国驻印度总督林利思戈侯爵(Lord Linlithgow)写信给他,对哈利法克斯勋爵"想方设法讨好一群见风使舵的暴发户"[47]的处境表达了同情。

什么是势利鬼?一个很好的定义就是,遇到尴尬的社交场合,很快就认为是对方的问题。尼科尔森就是典型的势利鬼。在战前访问美国时,他认为当地人虽然心怀善意,但却让人瞧不上:"感觉

---

[*] 这里提到的四人加上约翰·凯恩克罗斯(John Cairncross)即为所谓的"剑桥五人组"(Cambridge Five),他们是苏联在"二战"和之后的冷战时期潜伏在英国的间谍,活动时间从20世纪30年代到50年代早期。

第九章 美国参战：1941—1942 年

他们大多数人挺和善的，但是无知愚蠢，完全不明白我的观点。"[48] 他对美国人的开放也不屑一顾："美国人的自作聪明让我火冒三丈……美国人这个人种注定永远肤浅。"[49] 他对美国人的怀疑态度一直持续到战争期间。1943 年 11 月，他在给妻子的信中写道："我们要先进得多，有时我对美国人真是感到绝望。"[50]

还有人怀疑，尽管美国人笑容可掬，但他们并不认同英国战时的主要目标，即保全大英帝国。"美国总统不是大英帝国的朋友，"后来在 1957 年成为英国首相的哈罗德·麦克米伦（Harold Macmillan）明确表示，"反对帝国主义是罗斯福思想的一个重要组成部分，但是对于如何在庞大的殖民帝国中逐渐实现独立而不造成混乱，他的想法却粗糙不堪。"[51] 被英国人视为粗糙不堪的观点包括罗斯福认为越南应该获得独立。如果罗斯福倡导的越南独立没有遭到英法两国断然拒绝的话，历史也许会迥然不同。

因为这样的居高自傲，许多英国官员低估了美国日益增长的实力，然后到了 1944 年，当美国开始在英美关系中占据主导地位时，他们又感到震惊和愤怒。

所有这些偏见都意味着，最初的英美会谈就像很多人的第一次约会一样，充满了热情、无知和笨拙的尴尬。"总统的随从非常犹太化，"[52] 外交官奥利弗·哈维说，他还觉得美国社会令人惊讶地落后，"在社会进化方面落后我们一百年。"[53]

哈维是"二战"期间英国外交大臣安东尼·伊登的顾问，他居高临下的态度还不止于此。他还对美国的种族主义感到震惊，不喜欢美国军方在派驻英国时坚持执行美国种族隔离政策："美国人这样输出自己的内部问题，实在是丑陋。[54] 我们不希望看到英国开始出现私刑。我无法忍受美国南方人对黑人普遍抱有的态度。这是美国文明的一大溃疡，让他们主张中的一半成为无稽之谈。"当然，这也是英国保守党一个多世纪以来的观点，可以追溯到作家塞缪尔·约翰逊（Samuel Johnson）让美国革命派感到刺耳的提问："为什么蓄奴人追求自由的呐喊声最响亮？"[55]

当哈利法克斯勋爵1941年被差遣到华盛顿时，他也有类似的反应。他认为美国人不欢迎他，不是因为他曾坚持绥靖政策而大栽跟头，而是因为"受犹太人控制的某些媒体"[56]对公众舆论的影响。在那里，他很快认为美国人就是"一大群小孩子——有点愣头愣脑，非常热心，往往受情绪支配"。

英国人的性格中也有一些东西，尤其是贵族阶级那种深入骨髓的满不在乎的态度，一定在当时让美国人感到困惑不已。安东尼·伊登曾回忆说，在不列颠之战期间，在他乡间别墅的上空经常发生激烈的空战，"有时是在我们打网球的时候"。[57]一次，一架梅塞施米特（Messerschmitt）战斗机坠毁在他房子后面的树林里。他没有记录飞机掉下来是不是打断了网球比赛。十六年以后，伊登因为自己对美国人的极度误读，导致了苏伊士危机（Suez Crisis），他因为这场危机失去了首相的位置，而英国在世界上的地位也因此进一步被削弱。

第十章

严酷的战后世界：1943年

此时的奥威尔，虽然仍是名不见经传，却正在步入伟人的殿堂。反观丘吉尔，则开始从权力巅峰坠落，因为他开始面对战后世界的严峻现实。

与此同时是美国的崛起。战争之初，美国给人印象很差，英国人因此低估了他们。美军的不守纪律让富有经验的英军深感担忧，一名英国军士回忆说："在我们每天晚上仪仗队站岗的地方，他们靠在步枪上，嚼着口香糖，抽着香烟，没有一点士兵该有的样子。"[1]

对于美国人，奥威尔也同样感觉不安。1942年末，他写道，自己在伦敦街头看到的美国陆军士兵，"脸上总是挂着一副抹不去的不满表情"。[2] 这不是奥威尔希望看到的样子。

在最高层，美国军方也没有让英国满意。马歇尔将军及下属在出席1943年1月举行的卡萨布兰卡（Casablanca）会议时，完全没有做好准备，而这次会议极其重要，将影响接下来一整年的战事，例如攻打西西里岛（Sicily）后进攻意大利本土的计划。在罗斯福的指示下，马歇尔参会时只带了五名顾问，结果正如他多年后向自己的传记作者坦承的那样："我们完全没有做好准备。"[3] 英国方面则对比鲜明。他们尽情享受摩洛哥几乎被人遗忘的明媚阳光、美味的鸡蛋和柑橘，用皇家海军6000吨级的"布洛洛号"（*Bulolo*）载来了满满一整船受过良好教育、头脑敏捷的军官。[4] 这些军官带着已经大致草拟好的各种作战计划，无论领导人在讨论中涉及什么话题，他们都能够迅速提供相应文件。参加过西班牙—美国战争（Spanish-American War）*的美国海军上将欧内斯特·金（Ernest King）抱怨说，美国方面"每次不管提出什么议题，英国人都有已经准备好的文件"。[5] 结果美方往往无法作出明智的反应。例如，美方没有跨大西洋航运专家，当他们告诉英方，他们的假设是每年需要向英国运送360万吨物资时，英方说，这个数字实际上应该是700万吨。[6]

与美方相反，丘吉尔一如既往地关注细节。当时他的顶级战事策划人员坚持认为不可能在1943年8月30日之前进攻西西里[7]，他花了近一个下午的时间来梳理这种假设，然后得出结论，实际上攻势还可以提前几周，在6月底或7月初进行。后来证明他当时的结论是正确的，1943年7月10日拂晓，英美士兵在西西里岛南部海滩成功登陆。

对于美方提出的思路，英方嗤之以鼻。"马歇尔几乎没有任何战略眼光[8]，他满脑子想的都是如何建立部队，而不是如何使用部队。"在卡萨布兰卡会议期间，丘吉尔的军事顾问布鲁克将军在日记中这样写道："他来到这里时，脑子里并没有任何真正的战略概念，没有提出任何有关未来战事的策略。他所做的不过是针对我们提出的计划笨拙地指手画脚。"

美国参加卡萨布兰卡会议的本意是讨论跨过英吉利海峡进攻欧洲北部的时间和准备工作，希望能在当年，即1943年发动进攻。

---

* 发生于1898年。

第十章　严酷的战后世界：1943年

然而，会议的结果却跟设想相去甚远，达成的意见是至少在1943年应该采取面向地中海的战略。这种谨慎的战略也许正是罗斯福内心真正想要的，可能就是出于这个原因，他不让马歇尔带上足够数量的顾问和规划者来参加这场意在制订进攻欧洲北部战略的会议。其实，早在这次会议之前，丘吉尔就已经告诉自己的顾问，他觉得罗斯福会倾向于地中海战略。[9]对于在1943年跨越英吉利海峡进攻欧洲大陆的设想，罗斯福远远不如马歇尔那么热情高涨。[10]他担心这样做风险太大，认为美军需要更多实战经验。他预计一年之后德国地面部队会减少，而且德国的空中力量也会削弱。马歇尔尽管主张在1943年登陆法国，但也向罗斯福坦承，参与北非行动的马克·克拉克将军（General Mark Clark）认同英国的说法，即"登陆行动之前，必须进行长期训练，因为登陆行动一定会遭到顽强的抵抗"。[11]当时还有一种可能性，就是罗斯福希望把军事力量调配到太平洋战场，而这就必然需要推迟对欧洲大陆发动进攻的时间。

美国人从自己的错误中吸取了教训，而且学得很快。马歇尔从卡萨布兰卡回到华盛顿后，立刻下令重组自己的作战参谋组。[12]"我们真是输得精光。"马歇尔的参谋之一，准将艾伯特·魏德迈（Brigadier General Albert Wedemeyer）向自己在华盛顿的顶头上司汇报时不悦地说道。他还说：

> 我们来了，我们听到了，我们被征服了*……他们像蝗虫一样向我们扑来，带着大量的参谋和其他各种助手，拿着准备好的计划，保证不仅能够达成自己的目的，还能从容不迫地完成任务，并相当有希望继续在整场战争中扮演指导战略的角色。[13]

---

* 这是套用恺撒大帝（Julius Caesar）的名言"我来了，我看到了，我征服了"（I came, I saw, I conquered）来自嘲。

这是第一次大规模作战计划会议，美国颜面尽失，之后多年一直被英国人瞧不起。"美国人还是太外行了，"英国外交官奥利弗·哈维在 1943 年 8 月写道，"如果要在西线战场迅速取胜，就必须遵循我们的战略，由我们的人负责实施。"[14]

布鲁克将军在 1942 年和 1943 年对美方人员的关注少之又少，这令人惊讶。他在日记中记录了所有与他见过面的英国官员的名字，也记下了大多数法方人员的名字。但是对于美方人员，除了艾森豪威尔和沃尔特·比德尔·史密斯（Walter Bedell Smith）因为频频见面而为他所熟悉以外，跟他共进晚餐的美方人员被"一些美国官员"[15]之类的说法一笔带过，好像他们是小孩子，见了也不用听他们的意见。这并非偶然，丘吉尔的医生也曾提到过，布鲁克"跟美国人相处并不融洽"。[16]

布鲁克在日记中提到美国军队时，通常都带有一丝轻蔑。1943年 2 月，他在日记中轻叹道："恐怕美国军队还要经过大量的训练才能派上用场。"[17]当时美国陆军在突尼斯（Tunisia）的卡塞林山口（Kasserine Pass）与德军经历了首次交锋，战果不佳。"我们有个说法是，美国人一听到枪声就跑。"[18]哈罗德·尼科尔森在日记中轻声笑道。就连丘吉尔也被美国在卡塞林的糟糕表现惊呆了。他向国王汇报说："美国第二军遭受重创，显然武器损失近半，却没有给敌人造成严重损失。"[19]但他在汇报结束时却表现出了明智的乐观态度："他们虽然缺乏经验，却是一支勇敢的部队，会从失败中迅速吸取教训，不畏艰苦提高自身水平，拥有最强大的军事素质。"直到 1943 年 5 月，布鲁克还坚持认为美军"在 1945 年或 1946 年之前"不可能在法国登陆。[20]

布鲁克同样也没有意识到让苏联保持参战状态意义有多么重大。他在日记中抱怨说，向斯大林运送了几百辆坦克和战斗机："在我个人看来，这么做简直就是疯了。"[21]他不明白，其实只要能鼓

第十章　严酷的战后世界：1943 年

励苏联继续作战，把送给他们的装备换成同等重量的黄金都是值得的。事实上，丘吉尔手下的重要官员有一个共同之处，就是往往心胸狭窄，他们对战事并没有丘吉尔那么深刻的了解。1942 年 10 月，意义重大的斯大林格勒战役（Battle of Stalingrad）进入了白热化阶段，鼓励苏联坚持下去至关重要，而英国外交部的贾德干爵士却在日记中扬扬得意地写道："在草拟的回信中成功保留了对俄国的一顿痛骂。"[22]

丘吉尔离开卡萨布兰卡后前往埃及。即使在战争期间，他也继续享受生活。一天早晨 7 点半时，他正在开罗的英国大使馆吃早餐[23]，准备战事计划。有人问他要不要茶，他说不，却改要了一杯白葡萄酒，一口喝光。当女主人委婉地表示惊讶时，他却轻松地说，这已经是他当天的第三杯酒，那天早上已经喝了两杯威士忌加苏打水。即使在战争压力下，丘吉尔也能保持自我放纵，这本身就是一件行为艺术。他还习惯穿淡粉色丝绸制成的内衣。[24]

丘吉尔很挑食——服务人员都清楚他的喜恶，从来不会把他不喜欢的东西端上来[25]，包括香肠、卷心菜、腌牛肉和米布丁。他的一名战时助手数过，他一天大约抽十六支雪茄。[26] 埃莉诺·罗斯福（Eleanor Roosevelt）回忆说："有人能抽这么多烟，喝这么多酒，而且还能保持身体健康，太让我惊讶了。"[27]

在德黑兰出现的新世界

1943 年 11 月，也就是卡萨布兰卡峰会结束约 10 个月之后，同盟国三位领导人，丘吉尔、罗斯福和斯大林第一次会面。历史上他们一共会面了两次，另一次是后来战争即将结束时在雅尔塔（Yalta）的会议。尽管今天的美国人对德黑兰（Tehran）会议已鲜有印象，但那次会议对丘吉尔和奥威尔都产生了巨大的影响。丘吉尔因为这次会议陷入了长期的黑暗情绪中,而小说家、新闻人奥威尔则因为这次会议带来的刺激,写出了自己第一部伟大的小说作品。

德黑兰会议让丘吉尔吃惊不已。在他的回忆录中,有关这次会议的内容跟后来的雅尔塔会议几乎一样多。德黑兰会议,包括会前筹备、会谈本身、期间的宴会和会谈结果等各类细节,占据了《第二次世界大战回忆录》第五卷的大量篇幅。在回忆录中,丘吉尔表示,他认为德黑兰会议取得了巨大的成功,至少在军事方面是这样的。他写道:"纵观整个战场,我们在友好的气氛中各据一处,又因为紧迫的目标团结一致,我个人对此非常满意。"[28] 这简直就是奥威尔所描述的那种文风,以我们现在的理解,是使用语言来隐藏而不是揭示本意。

事实上,丘吉尔对德黑兰会议深感不安。他到达德黑兰时喉咙疼痛难忍,而局面也从那时起每况愈下。第一场会谈结束后,他的医生问他是不是出了什么问题。"出了很多该死的问题。"[29] 丘吉尔咆哮着回答道。那是罗斯福第一次表现得自己在合作关系中高人一等。[30] 也正是在德黑兰,丘吉尔意识到,自己希望长期主导英美联盟的梦想将无法实现。

丘吉尔在回忆录中披露了两个让他感觉特别痛苦的时刻。首先,罗斯福总统拒绝与他私下会面[31],尽管他刚刚与斯大林私下见过。斯大林的举止与丘吉尔截然相反,在三人正式会议上,他显得十分轻松,抽着烟,拿着一支粗粗的红色铅笔愉快地乱涂乱画。

其次,在一次由英美苏三国首脑和七名其他官员参加的小型晚宴上,斯大林毫不掩饰自己的想法,提出战争结束时要处决五万名德国军官。[32] 丘吉尔听了非常愤怒,回应道:"英国议会和公众绝不会容忍大规模处决行为……在这一点上,苏联绝不能有任何错觉。"

随后斯大林又提出要大规模清算德国总参谋部的想法。丘吉尔再次表示谴责,说他宁愿自杀,也不愿"用这种恶名玷污我自己和国家的荣誉"。罗斯福可能想要通过幽默改善紧张的气氛，不过实在措辞拙劣，他说，作为折中，只需要处决四万九千名德国军官。

就在这时，罗斯福的儿子、以非正式成员身份参加晚宴的埃利奥特·罗斯福（Elliott Roosevelt）从座位上站起来开始发言。这并非他该说话的场合，但是他说了，而且是以一种令人瞠目结舌的方式。他反对丘吉尔的观点，支持斯大林的计划。在丘吉尔的笔下，埃利奥特·罗斯福是一个堕落、丑闻缠身的美国年轻人，不过他与丘吉尔自己的问题儿子伦道夫倒别无二致。根据丘吉尔的说法，小罗斯福补充说，他确信美国陆军会支持斯大林的想法。小罗斯福曾两次作为丘吉尔的客人访问过英国，到了1943年，他显然认为自己已经足够成熟，可以在大人物的餐桌上发言了。

丘吉尔忍无可忍。"我起身离开，走进隔壁房间，那里处于半黑暗状态。"他回忆道。小罗斯福在自己的平淡无奇的回忆录中补充说，丘吉尔走过他身边时对他说："你知道自己在说什么吗？你怎么敢说这样的话？"

过了一会儿，在隔壁房间里站在阴影中的丘吉尔感到有两只手从后面拍了拍他的肩膀。晚宴主人斯大林过来向他保证说，他"不过是在闹着玩儿"。[33] 当然，丘吉尔很清楚，这不仅仅是玩笑话。早在六个月前，丘吉尔就已经得知，几乎可以肯定是斯大林在1940年春下令在斯摩棱斯克（Smolensk）附近的卡廷森林（Katyn Forest）屠杀了2万名波兰军官。[34] 当时，无论丘吉尔还是罗斯福都没有能力谴责斯大林，而且英美两国元首还会竭力阻止在战争期间对大屠杀展开调查。

那天晚上，丘吉尔的内心非常复杂，因为就在同一天早些时候，他才刚刚向斯大林赠送了一把礼剑，纪念一年前苏联在斯大林格勒的奋勇抵抗，这场战役可以说是整个战争的转折点。这份礼物激发了小说家伊夫林·沃的灵感，他对西方国家居然与斯大林结盟感到非常震惊，于是不无讽刺地把自己有关"二战"的系列小说称为"《荣誉之剑》三部曲"（The Sword of Honour trilogy）。在《无条件投降》（Unconditional Surrender）一书开头的摘要里[35]，他提到男主角时这样写道："他认为，与俄国结盟使参战的正义性丧失殆尽。"［这本书在美国发表时书名为《战斗的终结》(The End of the Battle)。］

丘吉尔在德黑兰看到了英国的衰落。他认为德黑兰会议是世界历史上的一个重要时刻。然而，他的一些最亲密的顾问却并没有这样的敏锐度。在德黑兰期间，贾德干在日记中写道，他"对这次会议感到厌烦，无所事事，简直就是浪费时间"。[36]

丘吉尔带着灰暗的心情飞离德黑兰，对英国霸权地位的丧失感到痛苦。德黑兰会议之后，他的个性似乎发生了变化。从一个在1940年精力充沛的强人变成了1944年的懒汉，他越来越健忘，口才越来越差，而且往往非常疲惫，不时打盹，许多个清晨都醒得很晚。一天晚上，在他的乡间别墅里，他坐在炉火旁，喝着汤，向布鲁克将军坦言说，他和罗斯福都再无当年之勇。"他说他仍然可以睡得好，吃得好，特别是喝得好！但他再也不像从前那样可以从床上一跃而起，而是很想在床上躺上一整天。我以前从来没有听他承认过自己开始走下坡路。"[37]

丘吉尔开始用动物作比喻来思考德黑兰会议。会议结束后不久，他对老友维奥莱特·博纳姆·卡特说，在德黑兰与斯大林和罗斯福会面时，他意识到，与苏联和美国相比，他自己的祖国是多么微不足道。"一边是伸出利爪的俄国大熊，另一边是伟岸的美国大象，而在他们中间的，是可怜的英国小毛驴，但只有小毛驴才知道正确的回家之路。"[38]

当然，许多人也把丘吉尔比喻成动物。战争早期，他的助手科尔维尔就曾说过，当他把晨间急件送到丘吉尔那里时，这位皮肤粉

第十章　严酷的战后世界：1943 年

红、秃顶、胖乎乎的首相"穿着丝绸背心躺在床上,看起来就像一头好看的猪"。[39] 在戴安娜·库珀（Diana Cooper）*夫人眼里,战争期间经常穿着拉链连体工装裤的丘吉尔,"看起来就像一头砌砖建房的好小猪"。[40] 1942 年 1 月,丘吉尔在佛罗里达州游泳,他的医生写道："温斯顿就像一头在沼泽中游动的河马,半泡在水里晒太阳。"[41]

* * *

奥威尔也开始使用动物的隐喻。德黑兰会议对奥威尔理解自己所处的时代意义非凡,对他伟大的作品《动物庄园》和《1984》都产生了巨大的影响。《动物庄园》是一个当代寓言故事,而《1984》则刻画了一个未来的反面乌托邦。两者的根源可以部分追溯到德黑兰会议：世界正在被新兴的超级大国分割。在《1984》中,世界由三个极权主义超级大国组成[42]：大洋国（Oceania）、东亚国（Eastasia）和欧亚国（Eurasia）,而英格兰则萎缩为"一号跑道"（Airstrip One）。

德黑兰会议结束之后,奥威尔终于有所行动,走上了一条成长为伟大作家的道路。当年 11 月,他离开了国民自卫队。这么做表面上是出于健康原因,但当时确实是离开的好时机,因为很明显德国不再有可能入侵英国。战事发生了变化,盟军正在集结,为第二年登陆法国做准备。同时,奥威尔也离开了英国广播公司[43],在措辞礼貌的辞职信中,他解释道："我觉得,回到写作和新闻工作中,我会比现在更加有用。"之后发生的一切证明他对自己的评价是完全正确的。在接下来的六年里,他写了两部伟大的小说和一些非常

---

* 达夫·库珀的妻子。达夫·库珀在丘吉尔政府担任过公共资讯部长和驻法国大使。

精彩的政治文化评论。

那时候,奥威尔即将开始为《论坛报》(Tribune)的"随心所欲"("As I Please")专栏写文章。《论坛报》是一份规模不大的周报,其倾向社会主义的政治观点比戴维·阿斯特的《观察家报》更接近奥威尔自己的政治立场。1943年12月,他在为该专栏写的第一篇文章中调侃美国士兵,写道:"即使你绕开随处可见醉汉、妓女的皮卡迪利大街,现在不管去伦敦的什么地方,你都很难排除英国是被占领土的感觉。大家都能接受的共识似乎是,唯一有礼貌的美国士兵是黑人。"[44]最重要的是,他开始写《动物庄园》。

第十一章

《动物庄园》：1943—1945年

没有记录显示丘吉尔曾读过《动物庄园》。这本书是奥威尔最伟大的作品之一，讲述了农场动物在成功反抗人类主人之后却惨遭肥猪奴役的故事。既然丘吉尔在几年之后看了《1984》而且非常喜欢，那么，很可能他也看过《动物庄园》。其实，要说丘吉尔本人根据自身经历对苏联领导人得出同样的结论，也是完全可能的。1950年，丘吉尔在与马尔科姆·马格里奇谈到斯大林时哀叹道："真遗憾，他竟然变成了这样一头猪！"[1]

如果丘吉尔看过《动物庄园》，他会留意到这本书深深植根于自己熟悉的文化传统。以会说话的动物为题材的寓言由来已久，至少可以追溯到古希腊时期的伊索（Aesop），这种寓言后来在大英帝国鼎盛时期似乎尤为兴盛，即19世纪末20世纪初，也就是丘吉尔的青年和中年早期。

19世纪90年代，拉迪亚德·吉卜林（Rudyard Kipling*）出版了两册《丛林奇谭》(*The Jungle Books*)，掀起了动物寓言的热潮。

---

* 英国小说家、诗人，诺贝尔文学奖获得者，1865年出生于印度孟买。

丘吉尔非常欣赏吉卜林和他的作品，这毫不奇怪。"他对我影响至深。"[2] 丘吉尔在 1944 年这样评论道。但令人有些意想不到的是，在《缅甸岁月》一书中严厉谴责英帝国主义行径的奥威尔也非常喜爱这位帝国桂冠诗人。他在 1936 年吉卜林去世不久后写道："吉卜林是本世纪唯一一位在写作上没有彻底失败的畅销书作家。他也许是一名帝国主义者、一名绅士，但其个人品行端正，这一点毫无疑问。"[3]

这种英国特有风格的作品还有很多。《彼得兔的故事》(*The Tale of Peter Rabbit*)出版于 1902 年，也就是维多利亚女王去世和奥威尔出生之间的那一年，极受欢迎，销售了数百万册，之后还有一系列续集。这本书中有一个恐怖的细节，可能比较符合奥威尔的胃口。"'亲爱的孩子们，'[4] 一天早晨，兔子老太太说，'你们可以到田野里去，或者沿着小路走，但是千万不要走进麦格雷戈先生（Mr. Macgregor）的花园：你们的父亲就是在那里出事的，被麦格雷戈太太放进了一个馅饼里。'"在奥威尔的《缅甸岁月》中，当地英国社区的头儿名字就叫"麦格雷戈先生"，这也许不完全是个巧合。

米尔恩（A. A. Milne）讲述的感人至深的"小熊维尼"（Winnie the Pooh）和他的动物朋友们的故事出版于 20 世纪 20 年代，同样大受欢迎。在这些拟人化的小说中，肯尼思·格雷厄姆（Kenneth Grahame）1908 年出版的《柳林风声》(*The Wind in the Willows*)有一个与该类别其他作品迥然不同的特点，即以爱德华时期*中上阶层的生活为背景，完全沉醉于这个阶层的世界中。《柳林风声》这部经典儿童文学作品以"鼹鼠"在"他的小家"奋力进行春季大扫除开始。鼹鼠家里摆放着加里波第（Garibaldi†）和维多利亚女王的

---

* 指 1901 年至 1910 年英王爱德华七世在位时期。

† 朱塞佩·加里波第（Giuseppe Garibaldi，1807—1882），意大利民族统一运动领袖。

画像，还有乔舒亚·雷诺兹（Joshua Reynolds）在1776年创作的名画《孩童时的撒母耳》（*The Infant Samuel*）的一幅复制品，这幅画19世纪在英国极受欢迎，曾被大量复制。但是，即使是爱德华时期的鼹鼠也有自己的脾气和承受的极限。厌烦了大扫除工作，再加上天气转暖，他把刷子扔到地上，大声喊道："烦死了！"[5]之后鼹鼠出门去探索春天，很快就和"水鼠"成了朋友。水鼠对鼹鼠说："我非常喜欢你的衣服，老伙计……只要负担得起，总有一天我要给自己买一套黑色天鹅绒吸烟装。"*[6]故事的结尾是鼹鼠和水鼠，还有他们的朋友獾和蟾蜍一起出击，帮助蟾蜍夺回了被鼬鼠、白鼬和黑足鼬霸占的家园。

《柳林风声》中有大量精彩的片段，描写了在泰晤士河上游谷地"乘船玩闹"的乐趣。这些内容一定会让奥威尔回忆起自己在这里度过的早年时光。他童年时住在泰晤士河畔亨利，后来又就读于从那里往东几英里处的伊顿公学。伊顿公学就在泰晤士河边上，他在那里读书的时候常常在河边玩耍。奥威尔毕生热爱自然，醉心于观察自然、与自然接触，务农、狩猎和捕鱼都是他喜欢的工作。"蟾蜍的眼睛可能是所有生物中最美丽的，"他在"二战"结束后的第一个春天这样写道，"像金子一样，或者更确切地说，像戒指上镶嵌的金黄色半宝石。"[7]奥威尔对自然界的观察力让他的政论性文章也显得栩栩如生。在奥威尔看来，工党政客克莱门特·艾德礼不仅是一条冷冰冰的鱼，而且是"一条刚死未僵的鱼"。[8]

当然，还有休·洛夫廷（Hugh Lofting）写的《杜立德医生的故事》（*The Story of Doctor Dolittle*）。"一战"期间，洛夫廷是爱尔兰近卫团（Irish Guards）的一名工兵，在前线时也努力搜寻人性的踪迹，

---

* 出现于19世纪50年代，多以天鹅绒和丝绸制成，是上流社会绅士在隆重的晚宴之后脱掉燕尾服吸烟时所穿的一种便装。

却徒劳无功。《杜立德医生的故事》源自他写给孩子们的一系列家书。在前线，人们像动物一样活着，在壕沟中、地洞里，被老鼠包围，被虱子叮咬，成群地被杀，除了会说话之外，和动物有什么区别？这个写给孩子们的故事发表于"一战"结束两年之后。

这些作品在奥威尔着手创作《动物庄园》时都十分畅销，而他的作品也将是一本以会说话的动物为角色的书，这本书在未来将成为经典，令人难忘。

* * *

奥威尔的警世寓言

奥威尔给《动物庄园》起的副标题是"一个童话故事"。的确如此，但他的故事写的却是成人的世界，一个有关幻想破灭、政治暴力和背叛理想的故事。就像彼得兔的父亲一样，"乌托邦"理想社会也在花园小径上遭遇了麻烦。《动物庄园》的故事发生在威灵顿（Willingdon）的"马诺农场"（Manor Farm）里，位于英国东南海岸东萨塞克斯郡，在黑斯廷斯（Hastings）和布赖顿之间。农场的主人琼斯先生（Mr. Jones）是一个老酒鬼，对动物疏于照料。琼斯先生常去红狮酒馆（Red Lion）喝酒，这个名字或许也不是个巧合，因为在《柳林风声》中，蟾蜍逃离时跑去的地方也叫这个名字。[9]

因为劳动成果被夺走，自己又遭受虐待，动物们心生不满，开始抱怨。在整整一个周末无人喂食之后，愤怒的动物们把琼斯和他的帮工一起赶出了农场。之后，动物们做的第一件事情就是为挂在厨房里的火腿体面地举行了葬礼。动物们由一头叫"拿破仑"（Napoleon）的公猪领导，这是一个斯大林式的角色。起初"拿破仑"愿意跟对手、一头叫"雪球"（Snowball）的猪合作，"雪球"则是一个托洛茨基式的角色。接着，人类试图夺回农场，动物们奋起反击，击退了人类。这个场景很容易让人联想到《柳林风声》里展现战斗场面的故事高潮。

农场里大多数动物轻信承诺，反应迟钝，并没有意识到由猪建立起来的新制度其实很快已经开始压榨它们。"猪并不从事实际的工作，而是指挥和监督其他动物"[10]，派其他动物去收割干草，还把当天早上收来的牛奶统统自己喝掉。雪球教了动物们一句口号："四条腿好，两条腿坏"。[11]羊儿们非常喜欢这句话，一吹嘘起来就是好几个小时，"百听不厌"。很快，猪把吃苹果的权力也留给了自己，告诉其他动物，只有这么做猪才能够履行监督的职责。奥威尔在日记中写道，他认为这个场景是"故事的转折点"。[12]他向朋友解释说："如果动物们在猪把苹果留给自己吃的时候能够站出来反对，也就不会有后面的事情了。"[13]

雪球和拿破仑在是否建造风车的问题上产生了分歧，促使拿破仑引入了新的角色——九条只听命于他的大狗。狗把雪球赶出了农场，然后回到拿破仑身边。"很明显，"故事的匿名叙事人以警示的口吻说道，"它们对着拿破仑摇尾巴的样子跟其他狗对琼斯先生摇尾巴的样子一模一样。"[14]不久，拿破仑便宣布不再进行公开辩论。当"四只小猪"[15]尖声反对时，拿破仑的狗便以威胁性的咆哮作为回应。

猪随后从猪圈里搬出来，住进了琼斯先生的农舍。它们开始向人类出售鸡蛋，引发了由三只小母鸡领导的反叛。鸡的反抗没能持续多久，它们被饿得奄奄一息，不得不投降，有九只死掉了。四头之前表示过抗议的猪随后被指控与逃亡中的雪球秘密合作，破坏农场运作。它们刚一认罪，狗便冲上前撕开它们的喉咙。[16]"招供和处决的故事就这样继续下去，直到拿破仑的脚前堆满了尸体，空气中弥漫着浓浓的血腥味。"

猪在农舍的地窖里发现了一箱威士忌，高兴地唱歌唱到深夜。

然后，猪开始酿造啤酒，同时削减除了看门狗之外其他所有动物的口粮。

几年过去了，猪开始用后腿走路。羊也把口号改成了："四条腿好，两条腿更好！"[17]拿破仑的蹄子里还随时抓着一条鞭子。书的最后一章有全书最著名的一句话，也是对全体农场成员的告诫："所有的动物都是平等的，但有些动物比其他动物更加平等。"[18]这句话成了这场动物革命的墓志铭。

猪开始篡改自己的历史，这直接反映了奥威尔对现代国家担忧的核心。逃亡中的雪球被指根本不是英雄，而是懦夫，是人类对付动物的工具。奥威尔多年来一直在思考这种倾向。"极权主义国家奇怪的特点是，虽然控制思想，但却不固定思想"[19]，他在1941年谈到使思想不可改变这个问题时，这样写道，"他们建立起不容置疑的教条，然后开始朝令夕改。"

在这样一个政体中，所谓客观现实，不过是国家政权在特定的某一天所承认的东西。即使是公认的事实，也可以随时改变，成为行使权力的一种功能。因此，在《动物庄园》中，猪不断地修改农场的规则，使之符合自己的利益，同时也不断修改农场的历史。在奥威尔看来，这种控制过去、现在和未来的行为，是国家施行全面控制中非常关键的一个方面。他后来总结道："事实上，极权主义要求不断改变过去，从长远来看，可能会要求人们不相信客观真理的存在。"[20]这个观点将成为他最后一本书的核心主题之一。极权者想要控制的不仅仅是未来，也包括过去。

在书的最后一幕，猪在屋子里和跟它们做生意的人类打牌、喝酒。拿破仑和其中一个人在打牌时作弊。其他的农场动物站在外面，透过窗户向里张望。"外面的动物从猪看向人，又从人看向猪，再从猪看向人，已经分不清哪些是猪，哪些是人了。"[21]

这是一个警世故事，用一种滑稽的方式描写了斯大林主义。"当

第十一章 《动物庄园》：1943—1945年

然，我的初衷是讽刺俄国革命，"奥威尔对朋友德怀特·麦克唐纳（Dwight Macdonald）说，"但我确实希望引起更广泛的思考，因为这种革命（即暴力的密谋式革命，由潜意识中渴望权力的人领导）能带来的，不过是主人的更迭。"[22]

在写《动物庄园》的过程中，奥威尔晚上会在床上为妻子大声朗读他写下的内容。[23]这可能是这个故事展开得如此流畅的一个原因。《动物庄园》也可以被看作是一个纯粹的寓言故事：聪明的猪花费大量时间阅读，狗知道如何阅读但却不想阅读，自私的猫虚伪地在是否所有两条腿的生物都是敌人的问题上两边都投赞成票，而这个问题惹恼了农场的鸟儿。重读《动物庄园》，你一定会好奇地思考这本书到底对 E.B. 怀特（E. B. White）产生了多大的影响。[24]在《动物庄园》出版并成为全球畅销书四年后的1949年，怀特开始写《夏洛特的网》（Charlotte's Web），讲述了友善、温和的小猪"威尔伯"（Wilbur）的故事以及它与聪明的蜘蛛"夏洛特"（Charlotte）之间的友谊。

这两本以会说话的猪为主角的故事，还有洛夫廷的《杜立德医生的故事》，一起跻身于有史以来最畅销的书籍之列。

* * *

在《动物庄园》写成之前的几年里，奥威尔多次看到苏联政权的行动。托洛茨基本人于1940年8月在墨西哥被一名西班牙共产党人暗杀[25]，这名杀手受训于苏联秘密警察"内务人民委员部"。凶器是一把登山冰斧，为了减轻重量，冰斧的手柄被锯掉了。而在此三个月前，另一伙受苏联训练的西班牙内战老兵企图用步枪和炸弹袭击托洛茨基，但没有成功。

1941年2月，从苏联出逃的瓦尔特·克里维茨基（Walter

Krivitsky）在华盛顿死亡，死因蹊跷。[26] 当时他住在华盛顿的一家酒店里，向美国官员提供情报。根据克里维茨基的说法，有一名驻西班牙的英国记者是苏联内务人民委员部的人，受命暗杀佛朗哥。他不知道那个记者的名字，但在苏联解体后，秘密警察档案解密，确认那名记者就是金·菲尔比。在成为英国情报人员之前，菲尔比曾在西班牙内战期间担任伦敦《泰晤士报》的战地记者，1940年德国人入侵法国时，菲尔比正被派驻那里工作。

在西班牙，菲尔比伪装成亲法西斯人士活动了两年。[27] 但当他最终见到佛朗哥时，苏联内务人民委员部的关注点已经发生了变化，他们更注重打压西班牙的反共产主义左派，包括马统工党及其成员，如奥威尔。

克里维茨基是在其好友伊尼亚斯·雷斯（Ignace Reiss）在瑞士被苏联特工杀害后逃亡的。多年来，苏联内务人民委员部针对法国的白俄罗斯移民不断进行绑架和谋杀活动。[28] 历史学家克里斯托弗·安德鲁（Christopher Andrew）指出，即使到了今天，人们也往往没有认识到20世纪30年代末苏联外交政策"对暗杀的重视"。

《动物庄园》的出版过程出奇艰难，部分原因是苏联间谍的干预。奥威尔曾提前提醒左翼出版商维克托·戈兰茨（Victor Gollancz），表示戈兰茨可能不会喜欢这本书，也不会同意出版。戈兰茨从1933年到1939年一直出版奥威尔的书，从《巴黎伦敦落魄记》到《上来透口气》，等等。他之前只对奥威尔拒过一次稿，就是《致敬加泰罗尼亚》。这一次，戈兰茨一开始的回答很坚决：别胡说。但是，当他看完《动物庄园》的手稿后，很快就把稿子退了回来，并称奥威尔这次说对了。在写信给奥威尔的文学代理人时，他表示："我不可能出版……这么一本全面攻击性质的书。"[29]

至少还有其他四家英国出版商也拒绝出版这本书[30]，其中包括

第十一章 《动物庄园》：1943—1945 年

费伯（Faber）出版社，当时的编辑是艾略特（T.S. Eliot*）。他觉得这个故事太过托洛茨基主义，自己很不喜欢，而且表示，猪"比其他动物聪明得多,因此最有资格经营农场"。乔纳森·凯普（Jonathan Cape）出版社本来有意出版该书，但在受到英国信息部（British Ministry of Information）俄国事务负责人彼得·斯莫利特（Peter Smollett）的警告后改变了主意。[31] 斯莫利特表示，他担心这本书可能会影响英国和苏联的关系。几年后，斯莫利特被揭发出是金·菲尔比招募的间谍，为苏联服务。

奥威尔被这些出版社的拒稿惊呆了。1944 年 5 月，他在给朋友的信中写道："我正在发愁找出版商，虽然通常我写的东西在出版方面没有任何困难，而且现在正是出版商争相寻觅手稿的时候。"[32] 美国出版商对这本书也同样不感兴趣。直到 1945 年 12 月,哈考特·布雷斯（Harcourt Brace）才以 250 英镑买下该书的美国版权，这已经是该书在英国获得成功之后。在此之前，已经有五名出版商拒绝了这本书。

《动物庄园》在 1944 年 2 月便已完成，但直到 1945 年 8 月才得以出版。其间的一段时间，奥威尔为《论坛报》撰写专栏。1944 年 6 月，他和妻子收养了一个名叫理查德（Richard）的孩子。这个孩子那年 5 月出生在纽卡斯尔（Newcastle），被收养时只有三个星期大，连衣服都没有。奥威尔的妻子当时很担心自己不会爱这个孩子，一个朋友回忆说，但是"最后，艾琳非常高兴有他在身边，全心爱着他，为他骄傲"。[33] 后来在需要完成永久收养手续时，她衣着得体整洁地去见法官，还特地买了一顶黄色的帽子。

收养理查德后不久，一枚纳粹早期使用的巡航导弹 V-1 "飞弹"在他们的公寓附近爆炸，导致公寓受损无法居住。他们不得已再次

---

* 著名诗人、剧作家、出版人，1948 年获诺贝尔文学奖，出生于美国，后移居英国。

搬家，搬到了伦敦北部的伊斯灵顿（Islington）。伊斯灵顿如今是一个颇为时髦的区域，是佐薇·赫勒（Zoë Heller）的《丑闻笔记》(Notes on a Scandal）和尼克·霍恩比（Nick Hornby）的《关于一个男孩》(About a Boy）等小说里故事发生的地点。但是，一位奥威尔传记作家评论道，在1944年，伊斯灵顿是一个颇为破落的地方，"是奥威尔喜欢的那种边缘地带……工人阶级区域里的一个中产阶级下层人士聚居区"。[34]

1945年2月，奥威尔前往欧洲大陆，为《观察家报》报道"二战"欧洲战场最后阶段的情况。戴维·阿斯特回忆说："他想要跟着第一批部队进入德国，因为他清楚，尽管自己写了很多关于独裁的文章，但还从未去过一个处于独裁统治下的国家。"[35]

这次冒险颇不明智，因为奥威尔身体并不健康，1945年3月底他就住进了科隆（Cologne）的一家医院。在那里，他开始写《给我遗稿执行人的一些说明》("Notes for My Literary Executor"），值得注意的是，他在上述说明中把自己早期的两部小说斥为"愚蠢、粗制滥造的作品"。[36] 住院期间，他得知妻子需要动手术切除子宫肿瘤。1945年3月29日，艾琳进入手术室之前，给奥威尔写了一封信，宽慰他说自己的病房很舒适，还可以看到花园。第二天，他收到电报，得知艾琳在手术麻醉期间去世。她的葬礼于4月3日举行。[37] 这也许是奥威尔把《1984》的开篇定在了1984年4月4日的原因，这是他惨淡新生活的开始。

葬礼之后，奥威尔把儿子交给朋友照顾，自己回到欧洲继续从事记者工作。在这期间，他似乎没有什么作品，这也可以理解。"我想，他觉得自己并没有看到什么特别有用的东西。"[38] 阿斯特说。4月13日，奥威尔从巴黎给小说家安东尼·鲍威尔寄信，信中写道："艾琳死了。她在3月29日的一次手术中突然意外去世，其实这并不是一次大手术。我当时留在这里，没有想到会出什么问题……我

第十一章　《动物庄园》：1943—1945 年

没有看到最终的验尸报告，也不想看，不管做什么她都不会再活过来。"[39] 他此时的沉默很可能是内心痛苦的表现。20 世纪 40 年代与奥威尔结识的加拿大无政府主义者、诗人乔治·伍德科克（George Woodcock）写道："他只对我提起过一次他的第一任妻子艾琳。"[40]

* * *

《动物庄园》在艾琳去世 5 个月后，同时也是"二战"结束 3 天后，出现在英国的书店里，是由弗雷德里克·沃伯格（Fredric Warburg）出版的。这本书带来的反响完全不同于奥威尔早期的任何一本书。"我们有多少纸就印了多少本，也就是 5000 本，一两个月内就全部卖完。"沃伯格说，"然后我们四处搜罗，找到更多纸张，印了又印，印了又印。销售从未停过。"[41]

奥威尔有生以来第一次看见自己同时在文学和经济上都获得了成功。他终于可以归还 1938 年收到的一笔 300 英镑的资助，当时这笔钱由一位匿名人发来，此时奥威尔也是通过一位朋友归还的，这笔钱在那时让他能够前往摩洛哥度过一个冬天，疗养肺部。在第一笔还款的留言中，奥威尔充满歉意地说："抱歉等了这么长时间才开始还款，但今年以前我真的没有偿还能力。"[42] 他接着写道："只是到最近我才开始赚到一些钱。"

但是他一点也没有因此高兴起来。在《动物庄园》出版后不久，奥威尔从一个朋友那里买了把手枪[43]，并跟这名朋友说，他担心共产党会暗杀他。两位研究奥威尔的专家，约翰·罗登（John Rodden）和约翰·罗西（John Rossi）写道，他曾经面临比他想象的更严重的险境。冷战结束后对苏联档案的检查显示，奥威尔在西班牙时期就被列上了一个死亡名单[44]，如果在西班牙被抓住就会被处死。但话说回来，在西班牙之外，大多数被苏联秘密警察杀害的人是从苏联叛逃的人或者反共产党的俄国人,所以奥威尔的恐惧可能多少有一点偏执的成分在里面。

丧偶后的奥威尔开始避世索居,大部分时间住在苏格兰西海岸外的朱拉岛(Jura)上靠北端一处,那里遥远偏僻,几乎连路都没有。但他也知道自己很孤独,去伦敦的时候,他向许多年轻女子求过婚,大多是他根本不熟悉的人。他知道自己病了,想确保去世后儿子理查德有人照顾。他的一个朋友西莉亚·柯万(Celia Kirwan)曾婉拒过他的求婚,但仍跟他保持联系。[45]一次,他邀请一点都不熟悉的邻居安妮·波帕姆(Anne Popham)一起吃饭。[46]她回忆说,他让她坐在床上,抱着她说:"你很迷人……你觉得可能会喜欢上我吗?"她觉得这种方式"令人尴尬",于是尽快脱身离开。

"政治与英语"

奥威尔也在思考语言遭受肢解的问题,这将是他下一本(也是最后一本)书《1984》中一个重要的主题。《动物庄园》出版后,大约在1945年12月,奥威尔在酝酿《1984》的过程中完成了题为《政治与英语》("Politics and the English Language")的文章,这可能是他最著名的一篇文章。

奥威尔写作时通常是以一个观察者的角度,但在这篇文章里,他转变了角色,提出了一系列规则并给出建议。他指出,一个用心写作的人,对自己写的每一句话都应该问一系列问题,比如到底想要说什么,用什么词最能表达这个意思。他认为,写作者应该特别小心,不要使用陈腐过时的表述,因为这样的表述并不能真正引起读者的共鸣。

他简明扼要地总结了自己的观点[47],提出了六条"基本"规则:

第十一章 《动物庄园》：1943—1945年

一、切勿使用隐喻、明喻或者其他在出版物中屡见不鲜的修辞手法。

二、能用短词的时候绝不用长词。

三、可以删掉一个词的地方，一定要删掉。

四、能用主动语态的地方就不要用被动。

五、能用日常英语词汇的地方，就不要使用外来词、术语或者行话。

六、如果为了遵守以上规则而语出荒唐，宁可破坏这些规则。

今天的作家都应该把这些规则贴在自己的墙上。

人们较少注意到的是，这篇文章并不是简单地反对糟糕的写作，而是怀疑这种写作方式背后的动机。他认为，晦涩、沉闷、拉丁化的写作是出于某种目的：一般来说，是为了掩盖事情的真相。"政治语言……是为了使谎言听起来真实，让谋杀变得道貌岸然，让清风披上坚实的外表。"[48]因此，在他最出色的一段话中，他写下了下面的句子，令人难忘：

从空中轰炸毫无抵御能力的村庄，把居民赶到郊外，用机枪扫射牛群，用燃烧弹焚烧棚屋：这叫平定。无数农民被夺去农田，被迫沿公路蹒跚而行，只带着随身可携带的物品：这叫**转移人口**或整顿边疆。未经审判就被囚禁多年，或一枪打入后颈，或被送到北极木材营地死于坏血病：这叫消灭不可靠分子。[49]

这可以说是奥威尔所处时代的简史，此时的奥威尔正处于自己的巅峰时期。

＊＊＊

丘吉尔也有同感。他也曾靠写文谋生，对文字的滥用非常敏感。他曾经评论说："一个人如果不能用高质量的英语说出自己的想法，那么他就没有太多值得一听的东西。"[50]

跟奥威尔一样，丘吉尔毕生都十分反对低质量的文章。"针对官方文件，尤其是外交部电报，他态度坚决地反对冗长。"[51] 曾在战争期间任其助手的约翰·马丁（John Martin）爵士这样回忆道。丘吉尔曾把福勒（Fowler）的《现代英语用法》(Modern English Usage)[52] 一书作为圣诞礼物送给一位皇室成员，可能是年轻的伊丽莎白公主，她当时很快就将成为女王。他向外交部长抱怨英国外交官一再出现的拼写错误"不可接受"。[53] 战争早期，安东尼·伊登提出将当地民兵称为"地方防卫志愿者"（Local Defense Volunteers）[54]，丘吉尔改为使用"国民自卫队"（Home Guard）这个更简单、更实在的名称。食品部长出于职责提出成立战时"公共饮食中心"（Communal Feeding Centers），丘吉尔嫌这个名称太啰唆，也不喜欢其社会主义色彩，于是将其重新命名为"英国餐厅"（British Restaurants）。

即使在领导一场有关生死存亡的巨型战争时，丘吉尔也会停下来指导下属写作。1940年8月19日，在不列颠之战期间，他抽出时间发布了一个关于简洁表达的指令。他说："目标是，报告应该用一系列短小精悍的段落来阐述要点。"然后列举了一些表达啰唆的反面例子。[55] 如果以下这段话出现在奥威尔的文章中，一点也不会让人奇怪：

我们不要再用下面这样的措辞："同样重要的是，要牢记下列考虑因素……"或"应考虑是否有可能实施……"这些冗长

第十一章　《动物庄园》：1943—1945 年

的表达大多只是铺垫，可以一并省去，或用一个词代替。我们不要害怕使用简短的表达，即使是口语化的表达……

他甚至冒昧地就写作问题向罗斯福提出建议。1944 年 2 月，丘吉尔建议说："把副词，甚至形容词删掉，几乎总是会比较好。"[56] 在撰写回忆录的时候，他一如既往地对笨拙的表达保持很高的敏感度。一次，他在引用一篇关于撒哈拉战斗的回忆录时，因其中使用了"depotable"一词向读者道歉。[57]"这个讨厌的词在当时用来指'不可饮用'（undrinkable）。"为此，他还说，"我很抱歉。"

第十二章

丘吉尔与不列颠：衰落与成就，1944—1945年

在战争的最后阶段，丘吉尔和奥威尔都在慢慢失去往日的活力。

一次，丘吉尔和美国作曲家兼表演家欧文·伯林（Irving Berlin）共进午餐。从头至尾，丘吉尔都以为自己是在跟供职于英国驻华盛顿大使馆的历史学和哲学家以赛亚·伯林交谈。当时正值欧文·伯林访问伦敦期间[1]，他的音乐剧《这就是军队》（*This Is the Army*）正在伦敦上演。丘吉尔与这位创作了《白色圣诞节》（"White Christmas"）、《穿着时尚，精心装扮》（"Puttin' on the Ritz"）和《上帝保佑美国》（"God Bless America"）等热门歌曲的作者讨论了战争状况和罗斯福总统连任的前景。听到丘吉尔称自己为"教授"时，欧文·伯林开始怀疑丘吉尔认错了人，在午餐过程中变得沉默寡言。欧文·伯林离开后[2]，丘吉尔不屑一顾地说："伯林跟大多数官僚没什么两样。他们的履历很棒，但一见面就让人深感失望。"

奥威尔大约就是在那个时期注意到了丘吉尔的虚弱状态。[3] 1944年4月，他写道："丘吉尔，如果从他的声音来做判断的话，已经衰老了很多。"当时距离后来诺曼底登陆的日子不远。

丘吉尔卓越的演说能力也仿佛进入了休眠期。在戴维·坎纳丁（David Cannadine）编辑的丘吉尔《最伟大的演说》*一书中，从1942年2月以后，直到1945年春丘吉尔就戴维·劳埃德·乔治和富兰克林·罗斯福去世发表演说，这中间的三年乏善可陈，一片空白。丘吉尔1941年12月第一次在美国国会发表的演说让人热血沸腾，而17个月后的第二次演说却只能算得上尽职尽责、完整全面，但毫无亮点可言。

1944年至1945年，也就是美国参战的后半期，英美联盟的关系不断走着下坡路。丘吉尔在德黑兰已经意识到这一点，而这也奠定了他对战争最后两年看法的基调。

有三次紧张的局势导致他与盟友间关系紧张。美方对丘吉尔不愿在欧洲开辟第二战场感到恼火。1944年，罗斯福似乎在有意回避丘吉尔，有时候他会拖上一阵子才回应丘吉尔。在一定程度上，当然是因为罗斯福生病了。前新闻部长、后来担任英国驻巴黎大使的达夫·库珀1944年4月在信中向妻子抱怨称，英国的政策"被铐在了一个顽固的老瘸子身上"[4]，指的便是罗斯福总统。但罗斯福的疏远态度也反映了英美之间渐行渐远的关系。美国不再像以往那么需要英国，当时的美国即将赢得战争并拥有世界。

丘吉尔也知道英国已经走向衰落。当他发誓说"我成为国王的首席大臣，并不是要来操持大英帝国的瓦解"[5]，这根本就是花言巧语，因为他肯定知道，战后的大不列颠再也不可能恢复从前的辉煌。

同时，人们对丘吉尔的夸张噱头也开始失去兴趣。1944年时，布鲁克将军已经对丘吉尔深恶痛绝。他在1月的时候写道："我的上帝，为他效劳真是烦死我了。"[6]一个月之后，他又叹道："我常

---

* 书的全名为《热血、辛劳、眼泪和汗水：最伟大的演说》（Blood, Toil, Tears and Sweat: The Great Speeches），企鹅出版社1990年出版。

第十二章　丘吉尔与不列颠：衰落与成就，1944—1945年

常怀疑我是不是快要疯了，他到底是不是正常人。"[7]3月，他写道："他已经完全失去理智，心态非常危险。"[8]同月，他再度写道："我觉得自己就像被拴在了疯子的战车上！！"[9]

1944年6月，诺曼底登陆后，布鲁克的记录是："整个晚上温斯顿都在谈论战略，一派胡言乱语，实在让我们痛苦极了。"[10]他在日记中谴责丘吉尔是"一个彻头彻尾的战略外行，[他]……沉浸在无关的细节之中，永远无法从真实的角度看待战略问题"。[11]他这样评价丘吉尔："我从来没有同时佩服和鄙视一个人到同样的程度。"[12]

让布鲁克最为光火的可能是1944年7月6日的一次会议，当时伦敦正遭受着德国V-1飞弹的疯狂袭击。正如上一章所提到的，奥威尔当时住的公寓也遭到了破坏。

> 他在下议院就飞弹发表演说，之后非常疲倦。他试图喝些酒以恢复体力，结果喝醉了，陷入了伤感的糟糕情绪中，任何事情都随时可能让他发怒，对每个人都疑心重重，对美国人怀恨在心。他恨意极重，整个战略观点都发生了扭曲。我一开始就跟他大吵起来。他开始辱骂蒙蒂（Monty*），怪他行动进展得不够快，还说艾森豪威尔也说蒙蒂过于谨慎。我勃然大怒，问他能不能考虑信任一下手下的将军，哪怕就5分钟都好，不要不停地辱骂、贬低他们。他说他从来没有做过这样的事……然后，他提出了一系列幼稚愚蠢的建议……[13]

布鲁克日记中的很多内容，以及战后其他人的批评都是准确的，这些批评往往针对的是丘吉尔颇以自我为中心的《第二次世界大战

---

* 英国陆军元帅伯纳德·劳·蒙哥马利（Bernard Law Montgomery）的昵称。

回忆录》。作为一名战时领袖，丘吉尔身上有许多缺点。[14] 他忽视了后勤工作，没有意识到海军航空兵的作用，对战争的其他一些重要方面也缺乏认识。跟许多英国人一样，他仍然仅仅把航空母舰看作舰队的眼睛[15]，让航空母舰像局外人一样帮助指挥巡洋舰和战列舰，而不是作为一种新型打击力量取代战列舰。他还低估了德国潜艇在战争中的作用。[16] 跟英军将领一样，他也低估了日本的军事实力，并高估了英国军队在亚洲，尤其是在新加坡大本营的持久力。总的来说，一位研究丘吉尔的学者写道："丘吉尔对远东地区存在一些误解甚至谬见，影响了他作为政治家的决策和作为历史学家的写作，这么说并不有失公允。"[17]

在战争初期，他坚持认为，战胜德国唯一可行的办法是进行轰炸而不是向德国派遣地面部队[18]，这也许是因为在美国参战之前，他无法提出其他有说服力的制胜理论。"我环顾四周，思索我们如何才能赢得战争，我只能看到一条可靠的途径，"他在1940年7月写道，"……那就是派遣重型轰炸机对纳粹本土进行绝对毁灭性的打击。通过这种手段，我们一定能够压倒他们，除此之外我看不到别的出路。"

丘吉尔的注意力常常被吸引到突袭行动和间接攻击上，而这么做往往有损于主要目标。"温斯顿喜欢搞怪的行动。"[19] 他的情报顾问德斯蒙德·莫顿爵士评论道。丘吉尔高估了入侵意大利所能带来的好处。他是在罗马西南部的安齐奥（Anzio）实施登陆行动的主要推动者[20]，这是盟军在"二战"中陷入军事泥潭最严重的一次。丘吉尔过分依赖他个人在"一战"中的经验[21]，没有意识到在"二战"期间，军事力量的机械化降低了步兵的作用，提高了大炮和坦克的重要性。这个盲点可能让他低估了美国在1944年到1945年间的军事实力，很可能导致他在登陆法国问题上拖拖拉拉，却同时努力推动对轴心国周边地区实施更多军事打击。

第十二章 丘吉尔与不列颠：衰落与成就，1944—1945年

然而，在重大问题上，丘吉尔对的时候多，错的时候少。他的看法比大多数下属正确，所以他针对下属的观点不断进行质问的做法才如此有价值。回顾这场战争的战略困境，丘吉尔若有所思地说："深入探索总是对的。"[22] 他这么说是正确的，非常正确。美国战略家、历史学家埃利奥特·科恩写道，丘吉尔不断向下属提出问题，相当于"对军方判断不间断地质询"。[23] 如果其他战时领导人可以效仿他的这个方式，也会颇有成就。他们不应该寻求共识，而是应该审视顾问之间的分歧，询问其提出不同意见的原因。这么做有助于帮助下属意识到他们在提出方案的时候可能无意识地做了一些假设。没有争议的会议，很可能也没有什么成效，尤其是战事规划会议。充满争议的会议通常令人不快，特别是对于顾问来说，但只有这样才能在被敌人找到漏洞之前完善战略、发现弱点。战略的本质便是作出艰难的选择，用艾森豪威尔将军的话来说，就是在"必要"和"重要"之间作出抉择。丘吉尔在这方面极为出色。

在总结丘吉尔的战略思想时，科恩表示："他把战争政策看作是大块的积木，搭在一起才能创造出取得胜利的结构。很少有人能够或确实以这种方式思考。"[24] 科恩补充说，最引人瞩目的是丘吉尔对战略时机的把握——首先为英国军队的壮大争取时间并等待美国参战，然后同意在1944年向欧洲派遣地面部队。

值得赞赏的是，丘吉尔很清楚他需要布鲁克将军这样的人来反驳自己。毕竟，是丘吉尔首先注意到布鲁克，提拔他到领导岗位，并重用多年。当布鲁克充满批评论调的日记首次出版时，丘吉尔的医生曾问他是否会解雇这位将军。"绝不，"丘吉尔回答道，停顿一下之后，重复说道，"我完全肯定。"[25]

战争期间，丘吉尔曾对其军事助手伊斯梅将军说，他开始感到布鲁克很恨他。[26] "我知道是这样的，可以从他的眼睛里看出来。"丘吉尔说。

伊斯梅回答道："总参谋长不恨你！他敬爱你！但是，当他不同意你意见的时候，不会嘴上说同意。"这当然是布鲁克恪尽职守所必须做到的。

听到这话，丘吉尔眼里泛起了泪花："亲爱的布鲁克！"

＊＊＊

随着美国实力的增强，英国人的反美情绪也日益高涨。现在提起伊诺克·鲍威尔（Enoch Powell）这个人，大家记住的是他在20世纪60年代是一名反移民的反动政治人物，而其实在那之前，他曾有过两段截然不同但都非常成功的职业生涯。"二战"前，他是当时最杰出的古典学家之一，尤其以有关修昔底德（Thucydides）的著作而闻名。后来在战争期间，他成为一名非常成功的军事情报员，从士兵一路升至准将。与此同时，他变得强烈反美。1943年2月，他在给父母的信中写道："我看到，比德国或日本更危险的敌人正初露端倪……我们可怕的敌人，美国。"[27] 在战争期间，他一度接受马尔科姆·马格里奇的野战安全训练。[28] 马格里奇当时是一名中士军衔的训练员，后来成为奥威尔的朋友，在奥威尔临终前的几个月里常常跟他见面。

奥威尔目睹并记录了英国不断增长的反美主义。他写道："对美国的敌意明显增长，现在这种敌意甚至延伸到了以前的亲美人士身上，比如文学知识分子。"[29] 他补充说，左派开始认为"美国是潜在的帝国主义国家，在政治上远远落后于英国。现在最流行的说法是，张伯伦绥靖的对象是德国，而丘吉尔绥靖的对象是美国。"1944年底，《经济学人》（Economist）杂志采用了这句话，指责丘吉尔对美国奉行"绥靖政策"。[30] 1945年3月，随着欧洲战场胜利的临近，丘吉尔的助手约翰·科尔维尔在日记中写道："美国人在英国变得非常不受欢迎。"[31]

同样，美国人也因为丘吉尔不愿向法国派遣地面部队直接打击德国而感到愤怒。当时观点左倾的记者拉尔夫·英格索尔（Ralph Ingersoll）就曾说："持怀疑观点的人认为，从1942年开始，英国人就在耗费俄国人的生命和美国人巨资，像银行家一样从两边获得丰厚的利益。是啊，他们有什么好着急的呢？"[32]

美国超越英国

但是，英国人自欺欺人，过分强调美国的缺点，对美国惊人的进步视而不见。到1943年底，英国军队已经战斗了四年，他们疲惫不堪。英国出现士兵数量不足的情况，而美国的军队则刚刚开始展现实力。1943年初，丘吉尔曾告诉布鲁克将军，盟军向欧洲发起地面进攻时的最高指挥官一定会由他这位英国将军担任。但到了同年8月，丘吉尔已经认识到，在西线击败德军的部队将以美国人为主，于是向罗斯福让步，同意指挥官由美国人担任。[33]几周后，他写道："我们将能够派出数量几乎跟美军相等的兵力，但在头几次作战之后，军事集结必须完全由美军完成，因为我的人力资源已经消耗殆尽。"[34]

1944年初，出现了安齐奥这个军事泥潭。这场发生在罗马西南海滩的登陆战是丘吉尔倡导的，但由美国人指挥。行动很快陷入僵局，英美双方开始了新一轮的相互指责。美方说英军太过疲劳（说得没错），英方则指责美军指挥官约翰·卢卡斯（John Lucas）和马克·克拉克过于谨慎、无能（这也说得没错），并且说美军怯懦（这么说则完全没道理）。事实上，如果真要找出罪魁祸首，那就是丘吉尔，是他提出了在意大利登陆这个主意，想把德国人打个措手不及。不过，安齐奥战役的失败并没有使英美盟国关系更加恶化，这展现了艾森豪威尔的技巧、能量与耐心。

美军带着源源不断的人力、机器和能量越过大西洋而来。到1944年中期，美军的作战效率已经超过英军。值得注意的是，美军部队正快速实现机械化，其机动性远远超过了英国的徒步士兵。1944年在法国，有一次英国陆军元帅蒙哥马利对美国陆军将军劳顿·科林斯（Lawton Collins）的后勤计划表示怀疑，他认为一个军团（也就是通常由三个师组成的集团军，总兵力在五万人左右）不可能只通过一条道路就能实现补给。科林斯听了，毫不客气地回答说："蒙蒂，也许你们英国人做不到，但我们可以。"[35]

美国之所以超过英国，部分原因是英国高估了自己的技术实力，而低估了美国的灵活性。英国工业步履蹒跚，原因之一是英国贵族对应用科学的藐视。奥威尔指出，很长一段时间以来，英国一直"被思想狭隘、完全没有好奇进取之心的人统治着"，这些人认为科学"有点不光彩"，甚至"鄙视"科学。[36]

丘吉尔也意识到了这个问题。1944年12月，丘吉尔写信给生产大臣时，谈到了青霉素，这在当时还是一种神奇的新药。"令人沮丧的是，尽管这是英国人的发现，但美国人已经远远领先于我们，不仅是在产量上，而且是在技术上。"[37] 然而，即使是丘吉尔，这个对雷达、核武器和当时其他的一些发明欣赏有加的人，在其历史著作中也常常忽略了英国的科学技术。历史学家罗纳德·卢因（Ronald Lewin）对此有这样的评论："好像工业革命从没发生过一样。同样的，与士兵和政治人物相比，科学家没有得到应有的荣誉。对于牛顿（Newton）、法拉第（Faraday）、卢瑟福（Rutherford）还有其他很多科学家，要么没提到，要么随便说两句。"[38]

丘吉尔并不是唯一一个忽视科学技术的人，其他历史学家也是如此。因为大部分研究历史的学者来自贵族阶层，他们反映的往往是这个小群体的偏见。英国历史学家多年来一直对工业革命造成的

第十二章 丘吉尔与不列颠：衰落与成就，1944—1945年

社会动荡颇为不满。乔治·特里维廉（George Trevelyan）是当时最有影响力的学者之一。他比丘吉尔小两岁，同样也是一名政治家的儿子。特里维廉几乎将科学和技术描述为一种反英的东西，对于英国这个在几十年前引领了工业革命的国家来说，这是一种非常奇怪的观点。他在《英国社会史》（*English Social History*）中写道："早在19世纪中叶，工业变革就开始制造大众庸俗，这种庸俗注定很快就会随着新型媒体的出现、乡村的衰落和生活的机械化而淹没高标准的文学文化。当科学教育到来时，人文主义将不可避免地被取而代之。"[39]

历史学家科雷利·巴尼特（Correlli Barnett）认为，由于精英阶层的这种态度，创新科学的实际应用进程迟缓，成为20世纪英国普遍存在的问题。在研究了"二战"期间英国坦克的生产情况后，他得出结论，坦克的机械故障"主要是由于公司在设计、开发和制造方面的不称职而造成的"。他认为，英国的坦克是"过于仓促、笨拙的零碎开发，而不是全面细致的设计和测试"[40]的产物，而且与"战后英国新型汽车的灾难性模式如出一辙"。他指出，美国在1939年至1944年间为英国制造的坦克数量超过英国自行制造的数量，这便是其中一个原因。这种令人沮丧的情况在卡车、雷达设备、无线电等各种其他产品的生产中不断重演。英国只在喷气推进技术上处于领先地位，但即使是在这个领域，在制造喷气式发动机时，英国人也不得不依赖美国制造的承压涡轮叶片和叶轮。

一些学者对巴尼特的观点提出质疑，但他们的反驳却缺乏说服力。例如，历史学家戴维·埃杰顿（David Edgerton）[41]在1991年的一篇文章中对巴尼特提出抨击，却没有针对巴尼特的基本观点，即英国的航空航天、汽车和信息技术等领域在20世纪50年代无可争议的衰落其实在十年前的战争期间就已经表现出来。

美国在人员和技术方面都取得了进步。战争期间，美军战斗力

的提高远远超过了英军。后来成为著名中东历史学家的伯纳德·刘易斯（Bernard Lewis）在"二战"中是英国的一名军事情报员。他提到自己对美军的印象主要有两个。[42] 第一，他们出于傲慢拒绝研究英国的作战经验，坚持自己犯错。第二，也是更重要的一点，"是他们认识错误、制定和运用纠错方法的速度。这是我们做不到的"。美国军事参谋雷蒙德·李指出[43]，美军认为从英国人那里学不到什么东西，其中一个原因是美国人的自负感，即截至1942年初，"英国人到现在还没有在战争中取胜，他们有什么资格向我们提出建议？"至于英军的技术能力，李先生很是鄙夷："英国人确实不是一个喜欢机械的民族，他们会用任何借口来逃避新事物。不仅对坦克和飞机如此，对我们为他们提供的其他一切设备都是如此。"

诺曼底登陆后的几个月里，英军将领被迫更多地关注美方，因为当时英方没有后备部队，而美军部署的作战部队规模增长到了英军的三倍。[44] 美国人开始要求在战争决策中拥有更大的发言权，有时甚至在没有征求英方意见的情况下就自行作出决定。

丘吉尔被"龙骑兵"挫败

1944年，当战争接近尾声的时候，奥威尔跟以往一样沉下心来回顾自己在战争期间发表的文章。"首先我必须承认，至少到1942年底，我对局势的分析完全都是错误的，"他写道，"我过分强调了战争的反法西斯性质，夸大了实际发生的社会变化，低估了反动势力的巨大力量。"[45] 当他写下这段感想的时候，他不可能知道，仅仅七个月后，工党就将执掌政权，并开始实施他所支持的全面社会变革。

丘吉尔在思想上不再具有这样的灵活性，部分原因是他太累了，但也是因为他感觉被美国束缚了手脚。到1944年夏末，盟军向德国本土发起进攻时，美方有时会采取新的行事方法：先是礼貌地询问英方意见，然后置之不理。"到 1944 年 7 月为止，英国在很多事情上还有相当大的发言权，"十年之后，丘吉尔这样总结道，"而在那之后，我意识到，重大决定都是美国作出的。"[46]

1944 年夏天，丘吉尔就沉痛地意识到这一点。当时他坚决反对"龙骑兵行动"（Operation Dragoon），遭到美方的一再反驳。该行动计划向法国南部派遣部队并向东北方推进，从而与在诺曼底登陆的军队会师。在战争早期，丘吉尔推崇采取间接手段，这是正确的，因为当时攻击纳粹外围最重要的原因是让苏联有理由继续参战。但到了 1944 年中期，盟军实力已足够强大，有能力进攻欧洲的心脏地带。外围行动的时代已经过去。

长期以来，丘吉尔一直赞成要弄清楚事实，因为事实往往可以支持他的战略观点。然而，现在事实对他不利，他却似乎变得不知所措。

丘吉尔在回忆录中提到了"龙骑兵行动"，表示有关该行动的问题"引发了我们和美国朋友在高层战略上的首次重大分歧"。[47] 丘吉尔反对这个行动计划，部分原因是，要实施这个计划就必须把意大利北部的盟军调过来。他坚持把重点放在意大利，这个做法是不理智的，因为当时盟军在意大利前线已经陷入僵局，即便能够打破德军的防线，继续向北也会在阿尔卑斯（Alps）山口面对德军坚固完善的防御工事。事实上，斯大林在八个月前的德黑兰会议上发表的第一个声明就是强烈反对盟军进攻意大利。斯大林说，在苏联看来，意大利并非"对德国本土发起攻击的合适据点，阿尔卑斯山构成了一道几乎无法逾越的屏障"。[48] 当然，斯大林可能也不希望盟军进入他觊觎已久的东欧地区，这些地区很快就将被苏联占领、控制。

丘吉尔一直坚决反对"龙骑兵行动"，他给罗斯福和总统顾问都写了信。"毫无疑问,"他在信中争辩称,"8月底向罗讷河谷(Rhone Valley)推进的行动极易遭受抵抗[49],从而陷入僵局。"几个星期后,他又给罗斯福发电报,电文中写道:"我请求你"取消这次行动。他还在艾森豪威尔身上下功夫,表示"龙骑兵行动"会像1944年早些时候导致盟军在意大利海岸滞留数月的安齐奥登陆战一样惨败。艾森豪威尔的副官在日记中写道:"艾克*说'不',整个下午都在说'不',以各种形式的英文表达说'不'。"[50]之后,丘吉尔开始指责美国人"恃强凌弱",还威胁要因为"龙骑兵行动"一事辞去首相一职。

丘吉尔从没承认过在法国南部实施的"龙骑兵行动"其实是成功的。按照计划,此次行动将成为对德军发起的重要侧翼进攻,使德军在法国和意大利面临更为复杂的军事形势。实际发生的情况是,从1944年8月中旬登陆开始,美军几乎没有遇到什么抵抗,这恰恰是因为德军正在其他战场疲于应对。不到一个月时间,美军就一路追击,把德军从法国里维埃拉(French Riviera)地区一路逼到了法国、瑞士和德国的三国交界处,接着与巴顿(Patton)将军的部队会师。丘吉尔和蒙哥马利一样,也许还没有意识到机械化的美国陆军在进攻速度方面可以快到什么程度。

此时的丘吉尔已不再像战争初期那般头脑敏捷、思维灵活,尽管他仍然脾气不好、吹毛求疵。即使在法国南部登陆行动之后,他仍然错误地坚持:"到目前为止,行动的结果与设计者的意图完全相反。"[51]

即使是在多年后撰写的回忆录中,他也拒绝面对事实,他断言称,即使这次行动打开了像马赛(Marseilles)这样的港口,"也来不及帮上什么忙。实情就是如此,而且在1944年早些时候就能看

---

* 艾克(Ike),艾森豪威尔的昵称。

第十二章　丘吉尔与不列颠：衰落与成就，1944—1945 年

出会发生这样的事"。[52]

事实上，正如历史学家威廉姆森·默里（Williamson Murray）和艾伦·米利特（Allan Millett）在他们权威性的"二战"史中所指出的那样："美国人是对的。"[53] 他们表示，这主要是因为夺取马赛和土伦（Toulon）这两个南部大港口"对于 1944 年至 1945 年秋冬两季在德国边境作战的美军来说，是后勤上的天赐之物，特别是因为盟军直到 12 月才用上安特卫普（Antwerp）的港口"。马赛的港口设施相对来说没有受到损坏，通往马赛的铁路网也是如此，在为诺曼底登陆做准备时，盟军对法国进行了轰炸，但并没有摧毁马赛港和周边的铁路交通线，这与法国北部铁路的遭遇完全不同。1944 年至 1945 年间，盟军在西欧所有补给的四分之一经过法国南部中转，然后通过铁路迅速并且完好无损地送往前线。[54] 截至 1944 年 12 月，盟军每个月通过马赛和附近港口运输 501,000 长吨*的货物，是法国北部港口的两倍。[55] 当然，丘吉尔常常对后勤缺乏考虑，这也许是安特卫普长期掌握在德国人手中的原因之一。

丘吉尔对"龙骑兵行动"的恼怒也可能令他付出了机会成本。在 1944 年夏天，他伟大的头脑本可以用来思考战后世界的大事件，例如，可以采取什么行动来应对苏联接管东欧的情况？特别是，可以在什么方面帮助波兰？这些都是非常值得他思考的问题。但也许正因为这些问题如此重要，又如此棘手，所以他选择把精力放在是否应该在法国南部登陆这个次要问题上。

随着战后世界的轮廓开始显现，丘吉尔变得越发沮丧，陷入被他称为"黑狗"（Black Dog）[56] 的阴郁情绪中。在 1944 年 8 月的一次午餐时，他告诉老朋友维奥莱特·博纳姆·卡特，他得出的结论是"摆在我们面前的是一个可怕的世界"。[57] 那天晚上，她在日

---

*　约合 509,016 吨。

记中写道："温斯顿显得非常疲惫……最重要的是，我并没感到他有接近胜利时应该有的那种欣喜若狂。"

几周之后，他用不安的口吻对自己的医生说："我对这个勇敢的新世界没有寄予期望。"[58]

这个曾经如此深入研究战事细节的人，在这个时候似乎时而会对战事感到厌倦。1944年9月魁北克首脑会议期间，他一边泡澡，一边听助手汇报对德国占领区的计划。这名助手吃惊地看到，丘吉尔偶尔会没入水中，让自己"对某些段落充耳不闻"。[59]

英方因为自己相形见绌而开始闹脾气。1944年秋天，布鲁克将军颇为不悦地认为，盟军的努力遭受阻碍是因为"两个主要因素[60]……一、美国的战略，二、美国的组织"。这不仅仅是气急败坏的表现，而且是对战场实际情况的不当评判。为了解决他所认为的问题，布鲁克的建议是，"我们必须把控制权从艾森豪威尔手中夺过来"。[61]布鲁克认为自己的建议是可行的，这本身就表明了他根本不了解两国之间的力量平衡。布鲁克对美国知之甚少的另一个例子，体现在大约同一时期他写给自己看的、有关艾森豪威尔的一段话。他认为，盟军进攻德国是否能够取得成功，"全靠蒙蒂能不能很好地驾驭他"。[62]布鲁克似乎完全没有意识到，艾森豪威尔极不喜欢蒙哥马利，不相信他的军事判断力，还因为蒙哥马利没有攻下比利时的重要港口安特卫普而倍感愤恨。艾森豪威尔认为蒙哥马利不理解美军的行动方式，不久就开始认真考虑将其撤换。艾森豪威尔是有这样的权限的，所以说，实际情况是艾森豪威尔指挥着蒙哥马利，而不是反过来。

即使是在诺曼底登陆日之后相当一段时间里，这种尖酸刻薄的言辞都不少见。1944年10月，英国驻亚洲的高级军官亨利·波纳尔（Henry Pownall）中将在日记中写道，美国是"一个非常原始、不成熟、无教养的国家，没有任何礼仪规范"。[63]有趣的是，波纳

第十二章 丘吉尔与不列颠：衰落与成就，1944—1945 年

尔后来协助丘吉尔撰写了六卷战争回忆录，但对于其中有关英美关系的叙述似乎没能施加多大影响。

1945 年初，丘吉尔的最高军事顾问布鲁克将军写道，丘吉尔"看上去非常衰老，思路迂回，眼睛里总是泪汪汪的"。[64] 丘吉尔确实已经筋疲力尽，身心俱疲。

旧秩序正在走向终结。1945 年 2 月，雅尔塔峰会结束后，丘吉尔登上停靠在埃及亚历山大港（Alexandria）的昆西号（USS Quincy）巡洋舰，最后一次见到罗斯福。后来，丘吉尔写道："我感到他生命的气息已经变得非常微弱。"[65] 两个月后，罗斯福去世。

令人费解的是，战争期间经常游走四方的丘吉尔，此时却以公务繁忙为由，决定不参加罗斯福的葬礼。丘吉尔在战争期间去过世界上很多地方，这种说法显然站不住脚。他似乎认为，在向美国人卑躬屈膝五年之久后，终于轮到美国人主动来找他了。"我认为杜鲁门（Truman）总统应该来我们这里。"[66] 他在给国王的信中解释自己不去美国的原因时这样说道。然后，尽管他声称有紧急的政府事务缠身，却仍然去了乡村度周末，还跟女儿尽兴地跳了一支维也纳华尔兹[67]，结果跳得头晕目眩，忙说"停下"，然后摇摇晃晃走向一把椅子坐下。一位在当时见过丘吉尔的议员说，他似乎对罗斯福的死"无动于衷"。[68]

丘吉尔的医生查尔斯·威尔逊推测，一直以来，丘吉尔对罗斯福其实颇为厌烦："罗斯福的思想，我指的是他对社会问题和普通人权利的关注，在温斯顿的头脑中没有激起任何火花。打仗是他们唯一的共同点。"[69] 威尔逊认为丘吉尔对斯大林更感兴趣："温斯顿以前没有遇到过这种类型的人。尽管斯大林故意无礼，说话粗暴，但他对斯大林仍然很感兴趣……这个人激发了他的想象力。"丘吉尔在 1947 年曾对威尔逊说，罗斯福是"一个根本没有任何想法的人"。[70]

罗伊·詹金斯在他为丘吉尔写的传记中也表达了类似的看法。"更有可能的是，丘吉尔和罗斯福之间的情感联系从来没有像人们普遍认为的那样密切，"他评论道，"他们之间更像是环境造就的权宜性伙伴关系，而不是个人之间的友谊。"[71]

这种评价可能低估了他们之间的关系，那不是一般意义上的友谊，所以不应该用衡量个人友谊的方式进行评判。其实，这两位世界舞台上的领导人在多年危机中保持了令人惊讶的亲密关系。他们一定认识到彼此间有某种相似之处。试想两名巨匠相遇会发生什么？很可能，他们会停下来关注彼此。正如哈里·霍普金斯的传记作者罗伯特·舍伍德（Robert Sherwood）所言，"丘吉尔是罗斯福为数不多愿意倾听的一个人，反之亦然"。[72]

丘吉尔圈子里的一些人开始相信，因为他低估了罗斯福，最终被罗斯福玩弄于股掌之上。长期担任丘吉尔顾问的德斯蒙德·莫顿认为，丘吉尔一半的美国血统可能"让他对罗斯福推翻大英帝国的目标视而不见，让罗斯福得手了"。[73]

这种观点反映的是对历史的无知。在罗斯福出现之前的十几年，大英帝国就已经走向衰落。英国在19世纪末便已经失去了工业主导地位，在"一战"中耗尽人力，又在"二战"中耗尽了剩余的物力。

此外，英国的工业也在慢慢扼杀自己。商业历史学家小阿尔弗雷德·钱德勒（Alfred D. Chandler Jr.）总结道，英国公司由家族成员管理，对获取利润更感兴趣，而不是投资新的机器和其他装备，因此"英国公司没能采用最先进的现代技术"。[74]这样的情况导致英国大学大量杰出的研究成果并没有转化成生产力。英国曾领导了煤炭和蒸汽动力的第一次工业革命，但总体上却缺席了19世纪末20世纪初以来围绕着石油、化工、金属、电力、电子和轻型机械（如汽车）进行的第二次工业革命。到了20世纪40年代末，大英帝国不复存在，也没有建立起能够与其他大国相竞争的经济。正如科雷利·巴尼特所说的那样，事实上到"二战"结束时，"英国的工业已经注定在战后滑落至自由世界中的第五位，其制造业产值仅相当于西德的五分之二"。[75]有趣的是，1977年至1995年间，巴尼特曾担任剑桥大学丘吉尔档案馆的负责人。

战争到了这个阶段，唯一能使丘吉尔兴奋的事情就是视察前线。1945年3月，他兴奋地走上德国莱茵河（Rhine）上的一座桥梁，站在那里。当时在场的威廉·辛普森（William Simpson）将军见了，惊恐不已。辛普森将军来自得克萨斯州（Texas），为人低调，当时是美军的一名高级指挥官，现在已经没有多少人记得他，这一点颇不公平。辛普森对丘吉尔说："首相，你前面有狙击手，他们正在炮击桥的两侧，现在又开始炮击你身后的道路。我不能承担你留在这里的责任，必须请你离开。"[76]丘吉尔反应激烈，抓着桥上一条已经断裂的主梁，回头生气地看着辛普森。但是，在噘了噘嘴之后，他态度软下来，静静地离开了这个危险的地方。这些小插曲，正如维奥莱特·博纳姆·卡特所评论的那样，显示了丘吉尔"永恒的童心"。[77]人们一定也想知道，丘吉尔当时是否意识到，他在世界上已经没有什么可以做的了，在战争即将结束时战死沙场或许也是退出世界舞台的一个好办法。

"二战"结束，丘吉尔步履蹒跚

丘吉尔究竟衰弱了多少？到他被请下桥梁的那一刻，非常多。这一点在他1945年5月13日发表的有关欧洲战场的最后一次重要演说中充分体现了出来，他当时状态已落到谷底。整整五年前，他发表了"热血、辛劳、眼泪和汗水"的壮丽演说，那种高度，他再也无法企及。

1945年5月的演讲，他是这样开头的："在发生了各种事件之后，上周情况变得明朗起来，到目前为止一切都很顺利。"他的声音听起来有点心不在焉。

然后，在这个最具历史意义的时刻，他跑题了，开始毫无必要地抨击爱尔兰总统埃蒙·德瓦莱拉（Eamon de Valera）领导的中立政府："我认为，历史上很少有人以如此克制与平静的态度对待他们，国王陛下的政府从来没有对他们［指爱尔兰］施以暴力，尽管这么做有时是相当容易和自然的，我们任由德瓦莱拉政府先是与德国人眉来眼去，后来又跟日本代表尽情嬉戏。"[78]

在整个战争期间，丘吉尔一个突出的优点就是能够在道义和情感上得体地应对突发情况，然而在这个如此重要的时刻，他却完全没有这样做。他对爱尔兰这样一个曾经遭受英格兰暴力压迫的中立小国冷嘲热讽，完全不是一名伟大的英国领导人在庆祝欧洲胜利的演说中应该提到的内容，要知道这场胜利将决定世界的未来。他漫无边际的讲话表明他是在即兴发挥。事实上，丘吉尔完全有理由感谢德瓦莱拉。早在战争初期，英国就希望在爱尔兰建立基地，通过飞机和船只搜索潜艇。一些历史学家指出，如果爱尔兰政府手段要得好一些，也许能说服丘吉尔把北爱尔兰的控制权交给爱尔兰，作为允许英国在爱尔兰建立基地的条件，然后爱尔兰选择站在英国一边参战。当然，丘吉尔在1945年5月的演讲中表现的愤怒，可能是因为德瓦莱拉在两周前代表爱尔兰政府就希特勒的死亡向德国致哀。

在这个颇为奇怪的演讲接近尾声处，丘吉尔谈到了未来，这时候的他恢复了一些平衡。这个段落听起来有点像出自奥威尔之口。丘吉尔警告说："在欧洲大陆，还需要确保我们捍卫的那些简单而光荣的目标在胜利后的几个月里不会被搁置或忽视，确保'自由'、'民主'和'解放'这些词不会遭受歪曲，脱离我们所理解的真实含义。"[79]之后不久，丘吉尔在伦敦和密苏里（Missouri）发表的演说中再次提到这个主题，他警告说，欧洲遭受"铁幕"（Iron Curtain）分割，在铁幕后面，人们不得不担心害怕"警察的敲门声"。[80]

关于爱尔兰的题外话也显示出随着战争走向结束，丘吉尔的心态正在发生变化。他似乎觉得可以再一次放任自己制造分裂的本能。在接下来的一个月，他警告说如果工党掌权将极具危险性，使用了更加夸张的言辞："任何掌管国民生活和工业的社会主义政府都不可能允许公众自由、尖锐或激烈地表达不满。他们一定会回归本色，建立某种形式的盖世太保组织。"[81] 用这样的言辞来谈论在战争期间与之组成联合政府的工党领导人让人目瞪口呆，而且极其愚蠢。事实上，正是因为工党领导人在1940年拒绝支持张伯伦，才帮助丘吉尔登上了首相的位置。相比许多保守党人，工党领导人对丘吉尔更好。马格里奇写道，在这次选举中，丘吉尔"为了赢得保守党领袖的位置，而放弃了自己辛苦树立的国家领导人形象，他并不适合担任政党领袖，这个位置也毁了他的名声"。[82]

即便如此，奥威尔仍然认为丘吉尔会在选举中获胜。"我一直认为保守党将以微弱多数获胜，"他在投票前几周写道，"我仍然坚信这一点，尽管不像以前那么充满信心，因为潮流显然正朝着另一个方向涌进。甚至可以想象，工党有可能赢得大选，即使工党领导层并无此意愿。"[83]

丘吉尔的眼泪

对丘吉尔来说，战争将以泪水结束，就像战争曾以泪水开启那样。1945年5月，希特勒死亡，德国战败，丘吉尔与战时内阁的每一位成员真诚握手。布鲁克写道："他非常友好地感谢我们每个人，眼里含着泪水，感谢我们在战争中所做的一切，以及我们'从阿拉曼（El Alamein*）一路走到今天'所付出的无尽努力。"

1940年5月，丘吉尔在演说中提到将献出热血、辛劳、眼泪和汗水，现实中他绝对献出了辛劳、眼泪和汗水。在现代世界领导人中，也许没有哪位像丘吉尔一样，在任职首相期间那样频繁地在公众面前流泪。这一点特别值得注意，因为正如西蒙·沙玛所指出的那样，丘吉尔的眼泪出现在"一个将情绪外露视为一种极其糟糕的做派的文化中"。[84]丘吉尔经常流泪哭泣，不仅仅是在严肃的仪式上，也不仅仅是在个人悲伤的时刻，而是在谈话和公开演讲中。可以说，这是他领导风格的一个基本要素，非常不像英国人，因此作为一位英国领导人，这一点更加引人注目。当然，这也反映了他对公共领域和私人领域缺乏界限感，这一点也颇为奇怪。

有一次，丘吉尔因为肺炎前往摩洛哥疗养，康复后回到英国。在他心爱的下议院里，他还没有坐下来，"就有两滴很大的眼泪滑过脸颊流下"。[85]他甚至可以在口授演讲内容时把自己感动得泪流满面。"他可能会来回走动几分钟，自言自语推敲句子用语。"他的一名秘书回忆说，"有时他的声音会变得沉重，偶尔还会有一滴眼泪顺着脸颊流下。"[86]有一次，丘吉尔向布鲁克将军述说在战时担任首相的巨大压力，说着说着便开始哭泣。布鲁克写道："泪水顺着他的脸庞流下。"[87]

丘吉尔在公开场合流泪，也许是他压力巨大的一种表现。即便如此，这也不是他政治上的弱点，相反是一种力量。英国人民在战争中深受苦难，约有67,000名英国平民在战争期间死于炸弹和导弹袭击[88]，以及袭击所引起的火灾和建筑物坍塌，这一切都实实在在地发生在"家门口"。丘吉尔的眼泪让英国人看到自己的领袖是一

---

* 盟军在埃及阿拉曼战役（1942年10月23日至11月3日）中的胜利扭转了"二战"北非战场的形势。

个有感情的人，这在一个阶级间存在巨大隔阂和不信任感的国家并不容易做到。

尽管如此，丘吉尔的许多眼泪可能主要是为了自己而流，或者说是为了自己的目的而流。丘吉尔很清楚，如果他自己不感动，他身边的人也不会感动。"演说家是众人激情的化身，"他在写于1897年早期、从未发表的文章《修辞的支架》（"The Scaffolding of Rhetoric"）中断言道，"要让众人感动落泪，他自己必须先落泪。为了说服他们，他自己必须首先相信。"[89]

丘吉尔的泪水意味着什么？德斯蒙德·莫顿爵士在战争期间与丘吉尔关系密切，但后来对丘吉尔却保持着严厉的评判态度。他认为丘吉尔对权力的热爱远远超过他对人的热爱，甚至表示丘吉尔几乎完全缺乏共情能力。他写道："温斯顿根本就不知道别人为他承担了多少麻烦。"[90] 另一位丘吉尔曾经的盟友和助手罗伯特·布思比（Robert Boothby）也有类似的说法："温斯顿总是很难进入别人的心灵。"他写道："'除了我以外，你不可有别的神'*[91] 一直是他对别人的第一条也是最重要的一条戒律。"但是，他又补充说，这在丘吉尔身上并非一个不好的特征，因为"如果一个人的性格中没有无情的因素，他就不可能对抗希特勒"。

也就是说，丘吉尔本质上的自私可能是一名战时领导人所必备的缺点，这听起来像是一个悖论，但一个共情能力强的人可能因为年复一年的全球战争所带来的情绪和压力而垮掉。

在波茨坦发生的双重死亡幻象

1945年7月，丘吉尔离开伦敦，前往德国波茨坦（Potsdam）

---

* "Thou shalt have no other gods before me"，《圣经》十诫中的第一条。

参加战争期间的最后一次峰会。在峰会上,美方告知英方,他们的原子弹试验刚刚取得了成功。丘吉尔倍感敬畏,开始积极思考这种新型武器将如何改变战争的结局,甚至如何有助于遏制俄国人。布鲁克认为这个消息更像是"美国式的夸张"[92],这倒很符合他一贯的思维方式。他在日记中担心丘吉尔会被新核时代的影响冲昏头脑。"我不寒而栗地感觉到,他正任由一个半生不熟的试验结果扭曲他的整个外交观点!"这是一个守旧的普通人的看法,他无法辨别突发变化的长远意义。丘吉尔的天赋与才能就在于他可以辨别这一点。

在美国核爆炸试验成功的同一天,也就是7月16日,丘吉尔前往柏林[93],参观了希特勒的地堡,包括他殒命的房间。八天后,丘吉尔梦见自己躺在太平间里。他告诉医生:"我看到了,非常逼真,我的尸体躺在一个空房间桌子上的白色单子下面。一双光脚从单子下面伸出来,我认出来是自己的脚。"[94]

这个预兆性的梦是准确的。第二天,丘吉尔就遭遇了政治性死亡,他和他的政党在全国大选中以绝对劣势输掉了选举。当时太平洋战区的战事尚未结束,在此时就被赶下领导人位置,反映了选民对他的否定,实在令人震惊。历史学家约翰·查姆利总结道:"丘吉尔代表着大英帝国,代表着英国的独立,代表着英国的'反社会主义'愿景。1945年7月时,第一个已经急剧衰退,第二个完全依赖于美国,第三个在工党大选胜利后消失殆尽。"[95]

因此,六年来丘吉尔第一次不得不在伦敦寻找住处。面对这一毁灭性转折的,是一个刚刚带领国家取得伟大胜利的人。"二战"结束时,英国没有被外敌占领,同时仍然是一个民主国家。即使在今天想来,这依然是令人难忘的双重胜利。正如历史学家威廉姆森·默里所总结的那样:"因为有丘吉尔执掌方向,英国的价值观依然大部分完整,尤其是考虑到英国在1940年6月所处的困境,这确实是一个里程碑式的伟大成就。"[96]

第十三章
丘吉尔的反击:《第二次世界大战回忆录》

1945年大选的失败深深刺痛了丘吉尔,令他愤怒不已。跟奥威尔一样,丘吉尔也隐居到乡下,但没有去内赫布里底群岛(Inner Hebrides*),而是躲进了自己位于伦敦南部柔缓绿色山丘间的乡村别墅,开始书写自己对"二战"的回忆。[1]在接下来的八年里,他和研究人员及写作团队将完成190万字的巨著,共六卷,4823页。在这部巨著中,他从一名中心人物的角度,回顾了这场有史以来最严重的冲突。与许多政治回忆录作者不同的是,他在书中尽情挥洒自己强烈的情感,这也是这部回忆录可读性强的一个原因,直到今天仍有大量读者。

当然,这并不是说丘吉尔的回忆录是完全正确的。事实上,有关其中的错误、夸大和遗漏,人们已经写过很多本书。然而,这本回忆录仍然很有说服力,原因是多方面的,其中最重要的是,"二战"主要领导人中只有丘吉尔对这场战争书写了回忆录。[2]丘吉尔

---

* 奥威尔在第一任妻子艾琳1945年去世后,隐居去了离苏格兰西海岸不远的朱拉岛(见第十二章),这个岛屿是内赫布里底群岛的一部分。

在书中的立场宛如一位古希腊国王谈论自己在荷马战争中的核心地位。"我现在对海军部当时作出的主要决定非常满意。"[3]他在某处回忆道,那口气就差用"朕"自称了。在战争期间,他的文字措辞有时会更有君主做派,比如在给皇家海军的一封信中,他写道,"对于这些情况,我辗转难安"[4],他指的是英国在德国潜艇袭击下遭受的惨重损失。丘吉尔的行文中有时甚至带有一丝荷马史诗般的气息,比如,在他的笔下,艾森豪威尔的参谋长比德尔·史密斯将军"从艾森豪威尔总部借捷翼而至"。[5]

然而,战争中确实发生的事件和丘吉尔对于这些事件的叙述之间有着明显的分歧。丘吉尔在战争中的表现是成功的,当然,他个人也是当之无愧的胜者。可是,当他着手书写回忆录时,越来越意识到大英帝国已经江河日下,甚至可能都不再算是个强国,疲惫不堪,相对贫穷,在经济竞争中遭受重创。英国能找到的最好角色,是为新贵国家美国的那些首鼠两端的暴发户、笨拙鲁钝的政客和傲慢无礼的将军充当配角,并且引导他们走向智慧之路。

第一卷《风暴将至》

历史学家可能会对回忆录的准确性提出质疑,他们也确实应该这样做。例如,丘吉尔完全不记得1918年在伦敦晚宴上见到过罗斯福,但却在《风暴将至》(*The Gathering Storm*)中声称,在那次会面中,"我被他的伟岸风采所打动"。[6](罗斯福的回忆则截然不同,他曾以示好的口吻对乔·肯尼迪说,他,即罗斯福,"自从1918年去英国的时候,就一直不喜欢他[丘吉尔]。他在我参加的一次晚宴上像个十足的讨厌鬼,对我们颐指气使"。[7])

丘吉尔的回忆录也许不是传统意义上的历史,但读后却令人难以忘怀。尤其在前几卷中,丘吉尔以自己独特的声音穿透战争的迷

第十三章　丘吉尔的反击：《第二次世界大战回忆录》　　241

雾。他能够将宏大的画面压缩成一个简短的表达，形象地表现出来，比如，他提到在两次世界大战之间，"一战"的失败扇动着"如鳞片般剥落的翅膀"[8]，在德国上空盘旋。他的节奏感很强，行文中有时甚至带有一丝大人给心爱的孩子读故事时那种令人安心放松的语气。"莱茵河，宽阔、深邃、水流湍急的莱茵河，一旦被法国军队掌控并得到巩固，将会成为牢固的屏障和盾牌，保护法国人世世代代延续下去。然而，来自英语国家的情绪和观点却截然不同。"[9]过度修辞是丘吉尔在文体上存在的问题。他华而不实地写道，在20世纪30年代，英国人满足于"在敌人锻造武器时，口沫横飞地说着虔诚的陈词滥调"。[10]如果用两个词可以营造一种悦耳的韵律，他就不会只用一个词。例如，他写道，战前展现的是"英国人昏庸而怠惰的画面"。[11]

但大多数时候，丘吉尔的文笔坚定而扎实，尤其是在第一卷里，这是六卷书中最从个人角度坦露心迹的一卷。他写道，希特勒的崛起得益于"商业巨头阿尔弗雷德·胡根贝格（Alfred Hugenberg）这个凶狠好斗却转瞬即逝的人物"的一臂之力。[12] 20世纪30年代的德国"被一小撮得志的亡命之徒牵着走"。[13]

历史的传奇画卷在他的笔下缓缓展开。一般的历史学家可能只会用寥寥几句简单指出德国工业在1936年进入了战备状态，而丘吉尔却生动地描绘了这幅画面。他写道："德国的军火工厂在高压下运转。车轮日夜转动，大锤昼夜敲击，整个工业变成了军火库，将所有人焊接在一起，变成一台纪律严明的战争机器。"[14]

他很好地勾勒出了主要人物的形象。首相张伯伦"机警、有条不紊、有主见、高度自信……他最大的愿望是作为一名伟大的和平缔造者载入史册；为此，他不顾事实坚持拼搏，让自己和国家面临巨大的风险"。[15]阿道夫·希特勒将张伯伦的雄心壮志击得粉碎，在丘吉尔的笔下，他是一个"来自贫困深渊、恶魔般的天才，因'一战'的失败而激愤,因仇恨之心、复仇之意而丧心病狂,醉心于自己的宏伟计划,要让日耳曼人成为欧洲乃至世界的主宰"。[16]

他对文字描述有着一种特别的直觉,为之注入强劲的扎实感。他不会平淡无奇地说,这是自征服者威廉(William the Conqueror)时代*以来,英国第一次面临外族入侵。相反,他写下了这样的句子:"在英国的土地上,已有近千年没有看到过外国军营的篝火。"[17]

在他的笔下,拆弹小队(UXB squads)成员的面庞与众不同,他们的工作是钻进狭小的坑穴,拆除未爆炸的德国炸弹:"他们瘦削而憔悴,脸色发青,但双眼炯炯有神,紧闭的嘴唇显出异常的刚毅……在描写这段艰难的时期时,我们似乎过度使用了'坚定不屈'这个词。这个词应该专门用来描写拆弹小队的成员。"[18]

作为一名作家,丘吉尔还有一个其他历史学家很少具有的优势,因为他切身知道事件发生时的感受,因此可以让读者身临其境。例如,本书在前面第四章中提到,丘吉尔于1937年曾与德国时任驻伦敦大使冯·里宾特洛甫共进午餐。丘吉尔在回忆录中提到这个人的时候说,他后来又一次与这位外交官共进午餐,并冷冷地说道,那一次是"冯·里宾特洛甫先生被绞死之前我最后一次见到他"。[19]

与历史学家不同的是,他的写作时常带有强烈的感情色彩,尤其是前两卷,也是六卷中最好的两卷。1939年,波兰参与了纳粹瓜分捷克斯洛伐克的行动,扮演了可耻的角色,这一点到现在几乎已经被人遗忘,而在丘吉尔的回忆录中,他将这段历史称为"鬣狗"(hyena[†])的行为。[20]

---

* 即诺曼征服,指1066年法国诺曼底公爵威廉征服英格兰,成为英格兰国王威廉一世。

† 英文中,常用"鬣狗"来形容残酷阴险的人。

第十三章　丘吉尔的反击：《第二次世界大战回忆录》

第二卷《他们最光辉的时刻》

我们在前面已经看到，丘吉尔1940年5月成为首相之后，接下来的七个月达到了他人生的巅峰。将他回忆录的前两卷做个比较，第一卷可能写得更好，但第二卷中的故事同样引人入胜，甚至更加紧张激烈。可以说，在1940年，是丘吉尔拯救了英国。毋庸置疑，正是他领导各方力量，阻止了纳粹德国占领欧洲的野心。那时，德国与意大利和日本结盟，与俄国和平相处。"1940年是无与伦比的一年"[21]，他在这卷书中写道。他将这卷书命名为《他们最光辉的时刻》(Their Finest Hour)，但当然，也是他自己最光辉的时刻。

虽然他从来没有明确表示过，但法国的沦陷让他目瞪口呆，几乎无言以对，尤其是法国领导人的行为让他震惊不已。然而更加糟糕的情况还在接踵而至。"法国之战失败了，"他在这卷书的最后写道，"不列颠之战取得了胜利，但大西洋之战现在必须打响。"[22] 在回忆录中，他在多处表达了个人的情感，其中最让人记忆深刻的一句话这样写道："在战争期间，唯一真正让我害怕的是德国潜艇的威胁。"[23] 丘吉尔害怕跨大西洋航运可能被德国潜艇摧毁，掐断英国的粮食、能源和军需品补给，从而迫使英国屈服。1940年末，一支由34艘船组成的船队从加拿大出发[24]，途中20艘被炸毁沉没，那时候他担心害怕的情绪达到了顶点。

第三卷《伟大的同盟》和第四卷《命运的铰链》

从第三卷开始，回忆录显得不再是个人心迹的坦露，而更加像是官样文章。这部回忆录的写作是团队努力的成果，由丘吉尔监制了整个创作过程，他的助手为其收集文件、记录口授、起草章节等。丘吉尔则身兼数职，不仅是作者，还同时是作品中的主题人物、培养助手的教练和整合全书的编辑。有关这部回忆录的创作过程，剑桥大学的历史学家戴维·雷诺兹（David Reynolds）有一本非常精彩的著作。他总结称，丘吉尔"管理着一个庞大的研究团队，资金充足，其规模可以与现代科学巨擘媲美。他并非事必躬亲，而是负责设定规模、指导方向，并确保进度"。[25]

由于采取这种方式写作，回忆录逐渐显露出一种半官方的口气，有时候显得像是在复述官方表述或是在为委员会起草文件，例如："法国第十九军在英属区南部占领了菲基林山（Djebel Fkirine），而在北部，美国第二军在23日发动进攻，稳步向马特尔（Mateur）推进。"[26] 当然，这是一部四千多页的巨著，出现这种情况无可厚非。

回忆录中也出现了一些草率的情况。比如，有一章是关于美国在太平洋战争中取得的早期胜利，这章结尾处向美国海军和空军致敬[27]，而美国空军的贡献在这一章中却根本没有提到。另一个例子是，在某一处写到丘吉尔在美国国会发表第二次演讲的日期是1943年5月19日[28]，而仅仅六个段落之后，时间却变成了5月20日。

内容质量方面的一些下滑其实并不令人意外。在对战争最初几年的叙述中，丘吉尔表现出了一种强大的心理力量，这种力量不可能一直持续下去。1940年，丘吉尔被逼到墙角，退无可退，为了英国和他自己的生存必须拼尽全力。他顶住反对意见，推动英国战争机器全速运转。而到了"二战"的最后几年，从1942年开始，他需要做的不过是维持战争机器继续运转，同时引导美国朝着他认为最好的方向前行。

尽管如此，回忆录写作团队也出现了一些非常严重的错误。最让人瞠目结舌的一处错误出现在第四卷第十四章，该处对"美国海军的胜利"做了简略的陈述，本身没有什么问题，问题在于内容并不真的是丘吉尔写的。因此，这一章的标题带了一个非常奇怪的星号:"第十四章 美国海军的胜利*"("Chapter XIV. American Naval Victories*")。这个星号与1943年太平洋战争胜利的性质无关,而是跟丘吉尔的记述的来源有关。"《美国海军的胜利》中没有多少是丘吉尔自己写的,"雷诺兹指出,"他主要采用了戈登·艾伦(Gordon Allen)所写的草稿,只是重写了开头,并对一些表述加以润色。而艾伦在很大程度上又是转述了塞缪尔·埃利奥特·莫里森(Samuel Eliot Morison)所著的美国海军"二战"作战史第四卷的内容。"[29] 这造成了一个非常棘手的问题,因为莫里森所著的海军史虽然是与官方合作完成,但并非政府出版物,因此受到版权保护,这与没有版权的美军官方历史记录不同。

莫里森本人偶然发现自己的说法被借用到他处。[30] 丘吉尔回忆录的这一章在以书的形式出版之前,其摘录先行发表在了《纽约时报》(New York Times)上。1950年10月,莫里森在翻看报纸的时候,吃惊地看到自己的思考和结论竟然以丘吉尔的名义发表出来。例如,莫里森写道:"珊瑚海战役(Battle of Coral Sea)将永远值得纪念,因为这是第一次纯粹的航母对航母的海战,在这场战役中,所有的损失都是由空袭造成的,双方舰艇都没有在水面上直接面对敌人。"[31] 而丘吉尔对珊瑚海的表述则是:"这场战役史无前例,是第一场水面舰艇没有发生交火的海战。"[32]

莫里森打电话给自己的律师,律师又联系了丘吉尔的美国出版商。他们沟通的结果便是在这章标题处加上那个奇怪的星号,隐晦地承认了不妥之处。在页面下方,提示读者"* 见 S. E. 莫里森《珊瑚海、中途岛和潜艇行动》(Coral Sea, Midway, and Submarine Actions)"。丘吉尔在回忆录的致谢中还加上了一句话:"我要感谢美国海军预备役的塞缪尔·埃利奥特·莫里森少将,他关于美国海军作战史的著作清楚呈现了美国舰队的行动。"雷诺兹还补充说,这种引用另一位历史学家作品的做法,"在丘吉尔的回忆录中是独一无二的,但为了避免抄袭指控所带来的尴尬,这么做是完全必要的"。莫里森大度地让此事到此为止,从来没有公开过。

最后一次对胜利的欢呼出现在第三卷的末尾,丘吉尔回忆起自己在位于突尼斯市(Tunis)附近迦太基(Carthage)的巨大罗马圆形剧场里,对三千名英美士兵发表胜利演说的场景:"全体听众鼓掌欢呼,无疑就像两千年前,他们的先辈在观看角斗时那样。"[33]

第五卷《收紧包围圈》和第六卷《胜利与悲剧》

并非所有的战争领导人都是精明的战争分析家。他们知道自己做了什么,但不一定清楚事情发生的原因,也不一定明白战争的各个部分是如何组合在一起的。相比之下,丘吉尔非常擅长对战争进行分析,而且是在极其宏观的层面上。他痴迷于研究战争的运作方式,在第五卷中提到了一种"使所有战争时期的努力协调一致,达成总体和谐"[34]的神秘艺术。在所有20世纪的国家领导人中,丘吉尔是最了解这种神秘艺术的人。

丘吉尔的这种特质使其在描述为诺曼底登陆所做的大规模、复杂的准备工作时充满活力。诺曼底登陆是西线战场的高潮,也是丘吉尔回忆录的高潮。这似乎是他在书中最后一次吐露心迹,真情流露。即便如此,字里行间情感的强度也远远比不上对1939—1941年的回忆,再次反映出到了诺曼底登陆前夕,美方已经占据了优势。

1944年初,他面临着方方面面的一系列问题,比如战略方面(如何应对戴高乐?)、行动方面(如何防止德国潜艇击沉跨海峡的运兵船队?)、个人方面(丘吉尔和英王乔治六世是否会亲自前往见证盟军踏上法国领土?),等等。诺曼底登陆当天,丘吉尔向下议院表示:"这次大规模行动无疑是有史以来最复杂、最困难的一次。无论从空中还是从海上的角度来看,都涉及潮汐、风量、海浪、能

第十三章　丘吉尔的反击：《第二次世界大战回忆录》

见度等诸多因素，以及陆、空、海三军的高度联合行动，行动发生的条件无法也不可能完全预见。"[35]

在此之后，回忆录的力度开始大大减弱。1950年年中，当时《每日电讯报》监制第五卷连载工作的是马尔科姆·马格里奇，他来到丘吉尔的乡间别墅查特韦尔庄园，与其讨论一些制作上的小问题。丘吉尔显得心神不安，担心忧虑。马格里奇在日记中写道，他很快就明白了潜在的巨大困难：

> 他的回忆录怎么了，他为什么如此烦恼，事实上都是因为他已经失去了兴趣，只是简单地把他在战争期间写下的大量文字串在一起而已。美国人为这个系列和版权支付了一大笔钱，他们已经对此表示非常不满。谈话过程透露出来，有些章节根本不是他自己写的，我怀疑他做的工作很少很少。[36]

回忆录的第六卷覆盖了欧洲战场战事的结束，但没有写到太平洋战争的结束。这一卷出现了一个颇不寻常的转变，就是丘吉尔作为作者的角色似乎越来越少，而更多的是以回忆录主要人物的角色出现。最后一卷的大部分内容是由多年来协助他书写回忆录的团队起草的。等到完成之际，他心事重重，精力的重点又转到了别处，因为从1951年10月开始，他第二次出任首相，表现平平。除此之外，在出任首相期间，1952年2月他出现了一次轻微的中风，在1953年6月又遭遇了一次相当严重的中风。

研究回忆录的历史学家雷诺兹总结说，第六卷"仍然是丘吉尔的作品"。[37]"即使大部分文字可能不是他亲手所写，但他确定了这一卷的基调，并决定了这一卷何时出版，甚至是否出版。"

丘吉尔在这一卷尤其需要谨慎处理的，是自己对艾森豪威尔将军在欧洲战区战事收尾时所采取措施的尖锐批评，因为，这本书出版时，艾森豪威尔已经成为美国总统。丘吉尔对一位助手说，他不得不省略部分内容："他不能再完整地讲述美国是如何为了讨好俄国人，把已经占领的大片土地拱手相让，以及当他呼吁谨慎从事时，美国的犹疑态度。"[38]第六卷并不是写得不好，而是与前面五卷完全不同。第六卷更多依赖当时的文件，用简短连续的评述将文件串联起来。书中引用的官方电文往往只用一句话隔开，如"我在同一天给斯大林发了电报""同一天收到了下面的内容"[39]等等。

除了诺曼底登陆前夕激动人心的内容，这卷书的基调越来越郁郁寡欢。作为回忆录的最后一卷，这本书最令人吃惊的是无处不在的悲伤。最为矛盾的是，即将到来的胜利对丘吉尔来说却是"最为不快的时刻"。[40]丘吉尔看到了未来，心中充满恐惧。

真实的情况是，丘吉尔在战争结束时和之后都不在状态。英国的衰落更加显而易见，越来越难以视而不见。西蒙·沙玛写道，丘吉尔在这一时期的雄辩"似乎有沦为浮夸的危险"。[41]

然而，总体而言，这六卷回忆录取得了辉煌的成就。从1948年开始到1953—1954年，这部作品大约每年出版一卷，最后一卷先在美国出版，五个月之后，也就是1954年4月在英国出版。到最后一卷出版之时，丘吉尔已经成功地让自己对战争的看法成为人们最重视、关注的意见，他自己也成为战争的中心人物。回顾"二战"历史的时候，没有人可以不参考丘吉尔的叙述。

第十四章
奥威尔：成就与辞世，1945—1950年

跟丘吉尔一样，"二战"也在某些方面把奥威尔击垮了。他身体衰弱的程度比丘吉尔更明显，也更严重。他在写自己最后一本也是最负盛名的著作期间，病情越来越重。

奥威尔这位社会主义者明显比前首相丘吉尔思想更为悲观。在战后的岁月里，年迈的丘吉尔是从胜利者的角度回顾过去，而身患肺结核的奥威尔却是在惊恐中思考未来。

"春天来了，甚至来到了N1区*，他们不能阻止你享受春天。"[1]他在1946年4月写道："原子弹在工厂里越堆越多，警察在城市里巡逻，谎言从喇叭里不断传来，但地球仍在围绕着太阳转，无论是独裁者，还是官僚，尽管他们对此深恶痛绝，也无法阻止地球围着太阳转。"他喜欢自然界这种"无视权威"的一面。

随着"二战"的结束，奥威尔开始构思自己的最后一本书。1946年，当他开始动笔的时候，伦敦是"一个破败、灰暗、看起来非常疲惫的地方"[2]，他的朋友托斯科·法伊弗尔（Tosco Fyvel）

---

* 伦敦邮编为"N1"的区。

写道。在整个战争期间，英国都没有实行面包配给制[3]，但是为了帮助缓解欧洲特别是德国的饥荒，英国从1946年开始实行面包配给制。同年5月，奥威尔写道：

> 对于军队以外的任何人来说，停战后的生活与战争期间其实一样糟糕，也许更甚，因为物资短缺所造成的影响是累积性的。例如，随着衣服越来越破旧，衣物短缺就越来越难以忍受，去年冬天，燃料短缺情况甚至比战争期间的任何时候都严重。[4]

《动物庄园》是建立在传统寓言上的一部政治剧。奥威尔接下来的作品则是对另一种体裁即恐怖小说的政治化演绎。他笔下的怪物并不像《科学怪人》（Frankenstein）那样是19世纪科学发展的产物，也不像哥斯拉（Godzilla*）那样是20世纪武器造成的怪胎。他笔下的怪物是20世纪政治的产物，产生了一种全方位管控的国家，时而凶暴，但几乎总是笨拙多过精明。

跟丘吉尔一样，奥威尔也将在战后不久发出警告，提醒人们尽管纳粹战败，但巨大的危险仍然存在。丘吉尔在1946年3月的"铁幕"演说中呼吁世人警惕"独裁者或组织严密的寡头集团，他们通过享有特权的政党和政治警察队伍，丝毫不受约束地行使国家大权"。[5]他认为："不久前刚刚因为盟国的胜利所照亮的大地，已经蒙上了一层阴影……从波罗的海（Baltic）边的斯德丁（Stettin†）到亚得里亚海（Adriatic）边的的里雅斯特（Trieste），一道横贯欧洲大陆的铁幕已然降下。"

奥威尔也看到了铁幕的阴影正在向西延伸。对于这样的未来，

---

* 日本电影史上最悠久、最经典有名的怪兽角色。
† 波兰西北部港口城市什切青（Szczecin）的旧称。

第十四章 奥威尔：成就与辞世，1945—1950年

他想警告说，这是不可以的，至少对于像他这样珍视个人隐私和言论自由的人来说是不可接受的。几年来，他一直在思考战后欧洲的"压制"这个主题，并在1941年警告说："这是一个极权主义国家的时代，不会也不能允许个人享有任何自由。一提到极权主义，人们立刻就会想到德国、意大利等国，但我认为，这个新生事物极有可能在全球范围内出现。"[6] 他担心，一个全方位行使权力的国家不仅会禁止人们表达某些想法，而且还会更进一步，规定人们应该怎么想。

可能是为了免受打扰，也可能因为变得更加内向，奥威尔尽可能长时间地住在朱拉岛上，努力要完成这本书。岛上的房子是他的朋友戴维·阿斯特为他找到的。阿斯特说，这"几乎是在不列颠群岛上能找到的最偏远的地方"。[7]"我没想到他会一直住在那里。我只是建议他去那里短短地度个假，因为他显然需要度个假。"他补充说道，"对于一个身体虚弱的人来说，去那里住真的是疯了。"[8]

奥威尔隐居在这个寒冷、暴风雨频繁的小岛上[9]，要打个电话也得去南边27英里的地方，途中还得经过一条路况糟糕的道路，有些地方比高沼地中的小径好不了多少。1946年7月21日，本应该是盛夏时分，却"冷得让人想在每个房间里生起火来"。[10] 第二年1月，风"大得让人站不住"。[11]

一位去那里拜访过奥威尔的客人表示，他搬到那里可不是为了招待访客："他有点自暴自弃的情绪，经常发牢骚。他喉咙上的伤口（在西班牙时的枪伤）常常发出口哨一样的呼呼声。他一走动就发出凄厉可怕的呼呼声，还留着向下耷拉着的胡子。我们面对的不是一个活泼、令人愉悦的头脑，而是一个沮丧痛苦、充满敌意的老家伙。我们没有办法，只能受着。"[12] 奥威尔在岛上的生活只够勉强糊口，不是因为缺钱，而是因为粮食配给制。他请一位从伦敦来看他的朋友带些面粉来，并解释说："自从定量配给以来，我们这

里的面包和面粉几乎总是处于短缺状态。"[13]

奥威尔冒失的性格有时会显露出来。1947年8月,尽管健康状况一直不佳,他还是决定在朱拉岛上再住一个冬天。他宽慰一位朋友说道:"尽管冬天有一段时间可能非常寒冷,跟大陆的联系有时会中断一两个星期,但是只要手头有面粉可以做司康饼就没关系。"[14]

同一个月,他带着儿子和一些来访的客人,包括侄子亨利·戴金,乘坐摩托艇出海玩,途中会经过岛北端著名的科里弗雷肯漩涡(Corryvreckan whirlpool),这是欧洲水域最大的漩涡之一。奥威尔轻松地向客人保证,他已经研究过这个漩涡的危险性。然而,他却严重低估了海洋的威力。"我们被剧烈地抛来抛去,"戴金回忆说,"然后一声爆响,引擎直接从架子上掉了下来,掉进海里不见了。"[15]他们把船划到一座海岛的悬崖边,可是当戴金试图把船拉上去的时候,船却翻了。几个人坐在这个布满岩石的岛上,浑身湿透,心情沮丧。奥威尔除外,他一个人跑去研究岛上的海雀数量。两个小时后,一条捕捞龙虾的船经过那里,才带着他们离开。第二天,奥威尔又去附近的两个海湾钓鱼[16],钓到了十二条鳟鱼。

住在朱拉岛上的大部分时间里,奥威尔的病情都非常严重。他告诉房东,也是他的一个朋友,希望自己能在死前完成这本书。[17] 1947年5月,他在给出版商的一封信中写道:"这本书,我已经写了一个挺好的开头[18],自己觉得完成了近三分之一的草稿。目前还没有达到预期的写作量,因为自一月份以来,我的身体实在糟糕透顶(还是胸口的老毛病),怎么也好不起来。"他一直也没有好起来,在接下来的两年里,他的一些日记也反映了这样的情况:

  1947年9月5日[19]:"胸口不舒服,几乎没有出门。"
  1947年10月13日[20]:"身体不舒服,没有出门。"

第十四章　奥威尔：成就与辞世，1945—1950年　　253

1948年9月16日[21]："非常不舒服，每晚体温约101度*。"
1948年10月13日[22]："身体侧面疼痛难忍。海面平静。"

关于1948年12月19日这一天[23]，也就是他修改完这本书后不久，他写下了一条批注。在日记上留下了12天的空白后，他写道："身体不适，没能写日记。"

两个星期之后，他被送进了结核病患者疗养院[24]，最后被送到了伦敦的一家医院，医生是安德鲁·莫兰德（Andrew Morland），戴维·赫伯特·劳伦斯（D. H. Lawrence†）也曾接受过他的治疗。《1984》出版时，奥威尔已经在一步步走向死亡。这将是他最后的一本书，出版于1949年6月。丘吉尔《第二次世界大战回忆录》的第二卷《他们最光辉的时刻》同月在英国出版。留给奥威尔的时间不多了，此时他的生命只剩下不到七个月的时间。

《1984》

《1984》的主人公是一个名叫温斯顿·史密斯（Winston Smith）的中年英国人，郁郁寡欢。他居住在一栋名为"胜利大厦"（Victory Mansions）的公寓楼里，很像"二战"期间奥威尔在阿比路附近住过的公寓楼。这座楼往西南方向约三个街区处，有一个两层楼高的小录音室[25]，披头士乐队（Beatles）从1963年开始在那里制作唱片，后来有一张专辑就以这条路命名‡，从而让这条路在20世纪60年代名声大噪。

---

*　此为华氏度，相当于38.3摄氏度。
†　20世纪英国著名作家，作品最具争议性的作家之一。
‡　指1969年9月26日发行的专辑《阿比路》（Abbey Road）。

小说开篇的第一句话似乎是平铺直叙，却又令人深感不安："那是四月里一个晴朗却寒冷的日子，时钟敲了十三下。"[26]读到这一句的最后，读者被带入了一个非常不同的世界，这个世界里很可能出了大问题。第二段开头是这样的："走廊里飘着一股煮卷心菜和旧踏脚垫的味道"，一看就是奥威尔的手笔。主人公叫"温斯顿"，他的名字到第二段就已经出现了两次。在第二段末尾处，主人公走过一幅海报，上面用全大写字母非常醒目地印着"老大哥在看着你"的字样。读者看到这里，前面营造的那种不祥的感觉便得到了证实。

读完第一页就很清楚，作者知道他想说什么，也知道应该用什么方式表述。读者在书中进入了一个否认客观现实的世界，或者说客观现实在这个由全知全能政权统治的国家里是非法的。在这里，监控无处不在。[27]"思想警察"（Thought Police）使用可以同时发射和接收信息的"电幕"（telescreens）进行监控，这些电幕敏感度极高，连人们心跳加速都可以感知得到。"可以想象，他们无时无刻不在监视着每一个人。"奥威尔写道，预见了今天无所不知的电子设备。温斯顿从公寓的窗口向外眺望，看到一公里外"真理部"（Ministry of Truth）大楼上党的三条巨幅标语[28]：

战争即和平
自由即奴役
无知即力量

作者接着描述了政府的其他部门：负责战争的"和平部"（Ministry of Peace）、"丰足部"（Ministry of Plenty）和行使警察职能的"仁爱部"（Ministry of Love）。"仁爱部"是"一个真正可怕的部门，里面完全没有窗户"。[29]这些部门便是奥威尔这个现代恐怖故事中怪物的手臂。

第十四章 奥威尔：成就与辞世，1945—1950年

尽管主人公的名字叫"温斯顿"[30]，但这个角色与奥威尔之间的共同点远远多于与丘吉尔的共同点。跟奥威尔一样，温斯顿抽着难闻的廉价烟，年龄不过四十岁左右，弯腰捡东西时都会大口喘气。而且跟奥威尔一样，他对父亲的记忆也是"模糊的"。当然了，因为作者是奥威尔，书中世界里许多的不愉快都是通过气味来表达的。在温斯顿上班的地方，食堂散发着"一种酸酸的怪味，混合着劣质杜松子酒、劣质咖啡、带有金属腥味的炖肉和脏衣服的味道"。[31]

在温斯顿看来，而且也是作者本人的观点，生活中最重要的行为不是公开表述，也不是出版发表，而是准确地观察自己周围的世界。收集客观事实是一种革命性的行为，而坚持自己有这么做的权利可能是最具颠覆性的行为。温斯顿是这么想的，也是这么做的，他在日记中用大写字母强调性地写道："打倒老大哥。"[32] 尤其使他愤怒的是，党坚持认为，只有党才能决定什么是真实的，什么是虚假的。"党告诉你要拒绝相信自己亲眼看到、亲耳听到的证据，"有一天，他这样思考，"这是他们最终、最根本的要求。"但是，非常危险地，温斯顿开始有了自己的思想。他在日记中写道："自由就是有说出二加二等于四的自由。如果得到了这个自由，其他一切便会顺理成章。"[33]

书中的温斯顿不知道，奥威尔也没有这样说的是，以上的推理显然是遵循了大多数英国哲学家的传统，即以约翰·洛克（John Locke）和大卫·休谟（David Hume）为代表的经验主义（empiricism）。更具体来说，生活在极权主义国家的主人公开始像约翰·斯图尔特·密尔（John Stuart Mill）一样进行思考，而密尔继承的是洛克和休谟的思想衣钵。

密尔最著名的作品之一是《论自由》（On Liberty），出版于1859年，思考的是如何在国家权力增长的情况下维护个人自由，是

一部极具前瞻性的著作。密尔开篇即明确指出，书的主题是"社会合法凌驾于个人之上的权力是何种性质,有何种限度"。[34]他还表示："这个问题很少被提及，也几乎没有普遍讨论过，但是……极可能很快成为有关未来的非常重要的问题。"自由的核心是个人领域，"意识的内在领域……意识的自由……思想和感情的自由"。[35]

在《1984》中，密尔提出的问题的确变得至关重要，因为个人的内心领域遭受到国家政权的侵犯。在小说靠后的部分，奥威尔明确了这种哲学联系，他写道，"老大哥"社会没能实现生产力的增长，因为"科学和技术的进步依赖于经验主义的思维习惯，而这种思维习惯无法在严格管制的社会中存在"。[36]在奥威尔看来，技术进步与监控型国家的共存是不可想象的。

温斯顿意识到自己正在变成异见分子，很可能被当权者发现并遭到追杀。"他是一个孤独的幽灵，说着没有人会听到的真相，"奥威尔写道，"但只要他说出来，人类精神的连续性就不会被打破，而是以某种隐晦的方式持续下去，不是通过让别人听到，而是通过让自己保持理智。"[37]在这段话中，奥威尔预示了后来的索尔仁尼琴（Solzhenitsyn）、萨哈罗夫（Sakharov）和阿马尔里克（Amalrik）等持不同政见的人士，通过表述自己所认知的事实，在现实世界中，在1984年后不久，为苏联的垮台贡献了自己的力量。在这两个世界中，一个是虚构的1984年，一个是现实中的苏联，只要质疑官方对事实的陈述，并记录下自己观察到的事实，提供一个不同的视角，就是一种道德上的胜利。这两个世界中的当权者都很清楚这一点，并认定这是一种有煽动性的行为。

小说中，温斯顿的工作是改写历史。他厌恶这份工作，他的反叛也是源自对工作的厌恶。在书的前半部分，他在心里想道："如果党能够把手伸进历史，然后这件或那件事情就变成了从没发生过——这种情况，毫无疑问比单纯的折磨和死亡更加可怕。"[38]他

第十四章 奥威尔：成就与辞世，1945—1950年

在一个小隔间里工作，旁边女同事的工作是从记录中删除所有"被人间蒸发的人名，因此被视为从来没有存在过。她做这个工作挺合适的，因为几年前她自己的丈夫也人间蒸发了"。[39] 温斯顿使用一台名为"说写器"（speakwrite）的机器工作，读者也许会联想到20世纪80年代的文字处理软件WordPerfect。他办公桌的边上有一个"记忆空洞"，丢弃在里面的文件都记录着不受承认的事实。

奥威尔在无产阶级身上看到了一线希望。温斯顿在日记中写道："如果说还有希望，那就在无产者身上。"[40] 这是《1984》的主题，尤其是其前半部分。温斯顿反复思考这个说法，但并不十分理解，更多的是将其当作一种信仰。奥威尔没有在书中明确解释过这种想法，但他在1942年写过一篇文章，预想了一些"极权主义未来的场景"。[41] 在这篇文章中，他解释了为什么工人阶级是最抵触全方位控制型右翼政府的一个阶层：

> 要想永久赢得工人阶级的支持，法西斯主义者就必须提高平均生活水平，而这一点是他们做不到的，也可能是不愿意做的。工人阶级的斗争就像一株植物的生长。植物是盲目而无知的，但却懂得不断向光明挺进，即使面对无尽的挫折，也会这样做。

奥威尔将无产阶级描述为本质上无法控制的阶层。政府的本意并不是要控制他们，而是分散他们的注意力。"繁重的体力劳动、照顾家庭和孩子、与邻居的琐碎争吵、电影、足球、啤酒，尤其是赌博，塞满了他们的头脑，"温斯顿心中想道，"他们根本就不值得怀疑。"[42] 但他们保留了人情味，既不忠于党派也不忠于国家，而是"忠于彼此"。[43] 这似乎就是温斯顿和奥威尔把希望寄托在无产阶级身上的本质原因。但是他们又似乎都不知道无产者的这一特征

将如何让他们成为逃离《1984》般噩梦世界的力量源泉。托马斯·平钦（Thomas Pynchon）是一位认同奥威尔的现代小说家，他指出："温斯顿·史密斯自己似乎不认识什么无产者。"[44]

* * *

书的后半部分主要讲述的是温斯顿与一个名叫朱莉娅（Julia）的女人令人唏嘘的爱情故事。总体来说，奥威尔并不擅长描写女性，尤其不擅长描写性爱。有时候，他似乎认为性交是男人的事情，而女人只须屈从。温斯顿和朱莉娅在乡间散步时走入了一片僻静的小树林，然后开始做爱。"他把她拉倒在地，她完全没有反抗，他可以对她为所欲为。"[45]书中这样写道。史密斯双腿发软，可当朱莉娅告诉他，她是多么享受性爱之后，他又恢复了活力。

对于这对结局注定悲惨的恋人来说，性交是反抗国家政权最有力的形式。"他们的拥抱是一场战斗，高潮是一场胜利。是对党的打击，是一种政治行为。"[46]乍一看，这似乎像是一种早期的嬉皮主义，但也可能不仅如此。奥威尔说得没错，极权主义国家存在一种禁欲、惩戒的氛围。即便如此，奥威尔还是写出了一种尴尬。有一次，温斯顿意在恭维地对朱莉娅说："你只有腰部以下是一个叛逆者。"[47]

当然，警方一直在监视他们。两人被捕入狱，没有正式指控，也没有陪审团。

在这一点上，奥威尔和丘吉尔的意见完全相同，他们都认为没有指控就不能抓捕，这一点尤其重要。丘吉尔在1942年11月的一份官方备忘录中这样写道：

最可憎可恶的莫过于政府当局不依据法律提出指控便将一

第十四章　奥威尔：成就与辞世，1945—1950年

个人投入监狱，特别是还无限期剥夺其接受审判的机会，这是所有极权政府建立的基础……与民主最大的背离就是仅仅因为不喜欢一个人就把他关进监狱甚至长期囚禁。这一点在实质上是对文明的考验。[48]

丘吉尔下令释放自1940年以来就一直被关押的英国法西斯头子奥斯瓦尔德·莫斯利，并作出了这番简洁的陈述。之前逮捕莫斯利是因为英国有可能遭到德国入侵，而莫斯利可能从内部接应。在逮捕和释放莫斯利这两次事件上，奥威尔都表示了对丘吉尔的支持。"在1940年，逮捕莫斯利是一个完全正确的行动。依我看，如果德国入侵英国得逞，枪毙他都是正确的。当国家面临生死存亡问题的时候，任何政府都不能拘泥于法律文字。"[49] 但是，他又表示，到了1943年，莫斯利已不再构成威胁，只是"一个患有静脉曲张、荒唐失败的政客。不经审判而对他继续囚禁，则是践踏我们奋力要保卫的基本原则"。

在监狱里，温斯顿和朱莉娅都被折磨得意志崩溃，被迫互相告发。给温斯顿施刑的头目名叫奥布赖恩（O'Brien）。这个名字是否有深意、有什么深意并不清楚，但是英国共产党驻西班牙代表休·奥唐奈（Hugh O'Donnell）曾被驻西班牙的苏联机构给予"奥布莱恩"的代号。[50] 奥威尔在西班牙的时候认识这个人，但是不清楚他是否知道这个代号。《1984》中，奥布莱恩轻蔑地告诉温斯顿："你相信现实是某种客观的、永恒的、独立存在的东西。你还认为，现实的本质是不证自明的……但我告诉你，温斯顿，现实不是外在的……党认为的真理就是真理，只有通过党的眼睛才能看见现实。"[51]

故事的最后，两个意志崩溃的恋人再次相遇，际遇同样凄凉。他们向对方坦白了自己的背叛行为，然后分开。没有留下任何希望。

* * *

这本书出版于1949年6月，在英国大获成功，在其他国家也产生了巨大的影响。该书的出版商弗雷德里克·沃伯格回忆说，这本书在欧洲引起了"轰动"。沃伯格说，在当时的欧洲，"这是一个极其重要的政治行为。你一定记得，为'二战'作出巨大贡献的俄国在战后变得非常强大，并且在某种程度上受到敬仰。这本书跟《动物庄园》虽然形式大不相同，但都是你能找到的反苏联的最强有力的檄文。欧洲人正是这样看待这本书的"。[52] 这部小说后来卖出了数百万册，被誉为"有关20世纪的最权威的小说"。[53]

随着这本书声誉飞升，奥威尔的健康却每况愈下。他已时日不多，自己也很清楚这一点。1949年初，他告诉朋友理查德·里斯（Richard Rees）："我一直病得很厉害，吐了很多血。"[54] 几周后，他在给里斯的另一封信中还说道："我还是什么工作都做不了。有时候我拿起纸笔想尝试着写几行字，但是做不到。"[55]

奥威尔日渐衰弱下去。跟书写回忆录最后两卷的丘吉尔一样，奥威尔在写作《1984》期间和之后也开始感到疲惫。他的文章越来越缺乏力量，论点也越来越失去犀利。1948年中期，他谈到社会主义的未来时这样写道：

> 即使我们把富人挤走，广大人民群众也必须减少消费或增加生产。是我夸大了现在的混乱局面吗？可能吧，而且我会很高兴看见自己错了。但我想说的是，这个问题，在忠于左派意识形态的人中间，是无法真正展开讨论的。[56]

但凡奥威尔的身体比当时好一丁点都不会写出这样的文字，仅仅在两年前，他可是写出了《政治与英语》这样的佳作。

第十四章　奥威尔：成就与辞世，1945—1950 年

奥威尔生命的最后两年中大部分时间在医院度过，一步步走向死亡。他躺在病床上，听到别的病人有贵族背景的访客的说话声，他将这些人称为"上流社会"，犀利精确地描述了他们声音的特点：

> 这是怎样的声音！透着某种过量的营养，虚幻的自信，不断哈哈大笑，却不知道在笑什么，最根本的是，这是一种庄重与华丽，却混杂着根本上的恶意——这些人，就算看不到他们的脸，人们出于本能也可以感觉到，他们是任何聪明、敏感或美丽之物的敌人。[57]

要知道，受过伊顿公学教育的奥威尔自己的口音也是这样的。他清醒诚实，无法忽视这一点，所以在这篇日记的最后，他把自己也纳入了谴责的范围："难怪每个人都这么恨我们。"[58]

这是他一生中最后一篇日记，写于 1949 年 4 月 17 日。

同年 9 月，马尔科姆·马格里奇去医院看望奥威尔。当时马格里奇正与英国左派交恶，因为他如实报道了 1933 年的乌克兰饥荒，而当时《纽约时报》却当这件事没有发生一样*。他在当晚的日记中写道，奥威尔"看起来极度虚弱，而且应该说，露出了一种将不久于人世的样子——他的表情透着一种怪异的清晰，轮廓被拉长"。[59]

奥威尔完成并发表的最后一篇文章是对丘吉尔战争回忆录第二卷《他们最光辉的时刻》的评论。他很欣赏这位政治家，尽管他们的政治观点存在着巨大差异：

> 他不时发表的政治回忆录，无论从坦率度还是从文学质量

---

* 《纽约时报》没有报道乌克兰饥荒是因为当时驻苏联首席记者瓦尔特·杜兰特（Walter Duranty）的故意隐瞒。

来说，总是比一般人高出许多。除了其他身份，丘吉尔也是一名新闻记者，对文学有着一种真正的，甚至可以说很挑剔的感情。他还有一种不安分、不断探究的心态，既对具体的事实感兴趣，也对分析背后的动机感兴趣，有时包括分析他自己的动机。总的来说，丘吉尔的文章更像是出自一个真实的人，而不是一个公众人物。[60]

这些话出自奥威尔之口，是非常高的评价。

奥威尔接着回顾了丘吉尔在1940年的表现。丘吉尔当时的巨大贡献在于，在敦刻尔克行动前后认识到虽然法国战败，但并不意味着英国也会被打败。但是，奥威尔批评丘吉尔没有认识到苏联人"对社会主义者的憎恨超过对保守派的憎恨"，也没有认识到墨索里尼的法西斯主义"从本质上绝对敌视英国"。

下面是奥威尔一生发表的最后的文字：

> 无论人们多么不同意他［丘吉尔］的观点，无论人们多么庆幸他和他的政党没有赢得1945年的大选，都不得不佩服他，不仅佩服他的勇气，而且佩服他的大度和善意。这种大度和善意甚至体现在了这类正式的回忆录中……[61]

那篇评论之后，奥威尔还写过几封信，然后便永远地离开，再无声息。

1949年10月13日，奥威尔与索尼娅·布劳内尔（Sonia Brownell）结婚。布劳内尔在伦敦文坛颇为活跃，而且跟奥威尔一样，也出生于英属印度。奥威尔第一次向她求婚时，她拒绝了，后来接受了。一位为奥威尔写过传记的作家评论说："没有人会抱有幻想，认为她爱乔治。"[62] 一位认识奥威尔两任妻子的朋友回忆说："索尼娅聪明、嗜酒、逗趣、危险、脾气急躁——所有艾琳没有的东西。"[63] 另一位熟人记得索尼娅"基本上令人难以置信地不快乐"。[64]

奥威尔的日记里没有提到过索尼娅，因为他在六个月前就不再写日记。举行婚礼时，奥威尔在床上坐了起来，但是无法站立。[65] 为这场可怕的临终婚礼担任伴郎的，是戴维·阿斯特。[66] 婚礼上，奥威尔在睡衣外面穿了一件紫红色的天鹅绒吸烟装。

那年秋天的大部分时间，奥威尔都在床上阅读但丁（Dante）的《神曲》(*Divine Comedy*)。[67] 11月14日，马格里奇注意到奥威尔"又开始消瘦下去，整体状态相当不好"。[68] 奥威尔的钓鱼竿立在房间的角落里，但他再也用不上了。[69]

奥威尔与美国

一次，马格里奇去医院探望奥威尔的时候，奥威尔告诉他，自己心中有五本书想要写。[70] 其中一个可能的题材是研究美国的反英情绪。如果奥威尔有机会去一趟美国的话，他的观点肯定会改变，但究竟会怎么变，我们无从知晓。他当时已经开始重新考虑自己对20世纪美国的厌恶。"如今，反美就是附和群氓。"[71] 战争结束后两年左右，他在一篇当时没有发表的文章中这样说。他接着写道，但是，喧嚣反美的众人如果必须在俄国和美国之间选择一个，"不管当下时髦的言论如何，每个人心里都清楚，我们应该选择美国"。

如果奥威尔有机会去美国，他可能会对很多东西感到排斥——巨大的国土面积、可能被他视为炫耀的消费、趾高气扬和自以为是。最可能的情况是，他不会认同美国坚定的、以自我为中心的个人主义。他最欣赏英格兰的，是其强烈的个体社区意识。在《雄狮与独角兽》中，他这样评价英国人："所有真正的本土文化都围绕着这样一些事物展开，这些事物即使在社区公共环境下进行，也并不带有官方的色彩，比如酒吧、足球赛、后花园、壁炉和'一杯好茶'。"[72]

美国人的自我形象与这样的集体性相去甚远，更多表现出的是孤立的个体。从早期的《猎鹿人》(*The Deerslayer**)和《弗吉尼亚人》(*The Virginian*†)，到后来的各色枪手，表现的都是这种形象，比如《独行侠》系列(*The Lone Ranger*‡)。20 世纪 40 年代和 50 年代的每一部 B 级西部片似乎都是以独行侠进入或者离开一处城镇的形式开始或结束的。这种形象一直存在，比如摩托车手飙行在空旷的高速公路上，或者登山者在落基山脉独自攀登，都是今天电视广告的素材。跟英国人相比，美国人对反叛者和孤独者更有认同感，比如克林特·伊斯特伍德(Clint Eastwood)执导的电影《荒野浪子》(*High Plains Drifter*)。流行歌手迪翁(Dion)在 1961 年录制的一首流行歌曲中将此简化为青春期的本质："是的，我是一个流浪者，是的，一个流浪者／我四处流浪，流浪，流浪。"在美国，这是一个值得效仿的形象，而不是令人哀叹的命运。

如果奥威尔有机会访问美国，他也会看到资本主义以一种不同的、更强大的、适应性更强的形式存在。

***

然而这已无可能，奥威尔的生命正在一点点消失。12 月 21 日，马格里奇在日记中写道："他现在看起来很萎缩，面色蜡黄。给他注射青霉素，却很难找到肌肉可以把针扎下去。"[73]

圣诞节那天，马格里奇去看望奥威尔后，在日记中写道："他

---

* 美国作家詹姆斯·费尼莫尔·库珀(James Fenimore Cooper, 1789—1851)的小说，1841 年出版。
† 美国作家欧文·威斯特(Owen Wister)的小说，1902 年出版。
‡ 1949 年至 1957 年在美国 ABC 电视网播出的美国西部剧情电视连续剧。

第十四章　奥威尔：成就与辞世，1945—1950年　　265

的脸看起来几乎已经死去了……空气中弥漫着死亡的恶臭，就像秋天的花园。"[74] 1950年1月19日，马格里奇又一次去看望奥威尔，并在日记中写道，他怀疑自己是否还能再次见到活着的奥威尔。他不幸言中，1950年1月21日凌晨2点半左右，奥威尔去世，那年他四十六岁。

奥威尔去世时，"冷战"正开始发生。"冷战"这个词源于奥威尔[75]，他在1943年12月的一篇书评中首次用到，然后在1945年，也就是"二战"结束后两个月时再次使用，之后在1946年第三次使用。马格里奇安排了葬礼。葬礼于1月26日在一个没有暖气的教堂里举行，是一件"相当忧郁、寒冷的事"[76]，马格里奇写道。奥威尔的另一位朋友安东尼·鲍威尔选择《传道书》（Ecclesiastes）的最后一卷作为葬礼的布道词。[77] 在这个作家为作家组织的，同时有更多作家出席的仪式上，采用这个章节是非常合适的，因为其中有"著书多，没有穷尽"这个句子。

奥威尔生前最后一个愿望是葬在英格兰的一个教堂墓地里，这也体现了他终身对田园的热爱。他的朋友戴维·阿斯特得知后，买下了两块墓地。[78] 一块安葬了奥威尔，另一块在2001年给了自己。在他们附近，长眠着赫伯特·亨利·阿斯奎斯，也就是丘吉尔的好友维奥莱特·博纳姆·卡特的父亲。

1953年2月，丘吉尔第二次阅读《1984》。他对医生说："这是一本非常了不起的书。"[79]

第十五章
丘吉尔：余生黯然，1950—1965年

奥威尔去世后的次年，丘吉尔犯下了一生中最糟糕、最可悲的一个错误：决定第二次角逐首相一职。人们认为，他这样做是为了对1945年7月大选遭受的惨败进行报复。1945年是他第一次参加首相竞选，被公众无情抛弃，而在之前的1940年，他是通过任命获得的首相职位。

1951年10月，丘吉尔第二次登上权力巅峰，历史学家们往往对此避而不谈。当时他年事已高，中风和轻微的心脏病发作使他身体虚弱。摆在他面前的有两项主要任务：重建国内经济；调整外交政策，使之更好地适应英国战后日渐衰落的地位。然而，他对这两项主要任务既不感兴趣，也毫不擅长。如果说20世纪30年代是丘吉尔的"荒野"岁月，那么20世纪50年代则是他的迷茫岁月。

作为一个和平时期的首相，丘吉尔也会怀念自己在"二战"期间使命的简单性，首先是生存，接着是战胜德国人。而现在，不再有一个希特勒需要面对。丘吉尔和他的父亲一样，是个天生的反对派。[1]罗伊·詹金斯评论说："重新审视丘吉尔第二次担任首相的种种细节，不可能看不到他其实并不适合担任这个职务，这一点显

而易见。"[2] 而通常来说，詹金斯对丘吉尔的政治举措一般都是持理解态度的。1955年4月，丘吉尔因为一连串中风进一步衰弱，他自己也不得不承认，到了该交出权力的时候了。

卸任后的丘吉尔在饮食上更加毫无节制。丘吉尔离开首相职位两年后，伊夫林·沃在蒙特卡洛（Monte Carlo）看见他在一家餐馆里"狼吞虎咽地吃着大量油腻的食物"。[3] 这名小说家在写给伊恩·弗莱明（Ian Fleming*）妻子的一封信中，刻薄地描述说年迈的丘吉尔脸像是"灰色的大象，毫无表情"。就是在这一次，丘吉尔在蒙特卡洛一家赌场外等车时，美国歌手弗兰克·西纳特拉（Frank Sinatra）冲上前与他握手[4]，热切地说："我盼望这一天已经盼了20年了。"歌手离开后，迷惑不解的丘吉尔问助手说："这家伙是谁？"

丘吉尔继续过着舒适的生活：在1961年飞越大西洋的旅途中，他与随从除了照常享受一流设备之外，还要了七瓶葡萄酒、两瓶干邑白兰地和两磅斯蒂尔顿（Stilton）奶酪。[5]

然而，尽管丘吉尔的身体和思想都在衰退，其声誉却不断提高，部分原因是他的战争回忆录在全世界广受欢迎，系列中的最后一部于1953年11月在美国出版，同年他获得了诺贝尔文学奖。

接着他完成并出版了《英语民族史》（A History of the English-Speaking Peoples）。这套书他在20世纪30年代开始动笔，担任首相后就搁置了。这套书有的部分浪漫，有的部分粗糙，其文学造诣类似他的第二个首相任期。一向对丘吉尔持有善意的英国历史学家罗纳德·卢因将这套书称为"一部童话"，并补充说道："没有哪位专业历史学家会将其看作教科书。"[6] 另一位善意的评论家则认为该系列中的一些内容"业余得不可救药"。[7] 与《第二次世界大战回忆录》相比，这四卷书更依赖团队努力，但这个团队的领

---

* 英国作家，以007系列间谍小说闻名。

导者却已经失去了卓越的领导力。

20世纪50年代末,丘吉尔的精神和身体都大不如从前,他几个孩子的情况也越来越糟。其中两个孩子先于他离开人世:排行第四的玛丽戈尔德(Marigold)在1921年死于化脓性感染,老大戴安娜(Diana)1963年服用巴比妥酸盐自杀。排行第二的伦道夫有着父亲所有的恶习却没继承到什么美德。他六次参加下议院竞选,每次都输给了对手。(他曾于1940—1945年间进入过议会,但那次是因为各政党之间有战时协议,没有对手与他竞争议席。)他在第二次婚姻失败后,把前妻斥为"一个卑鄙的中产阶级恶妇,总是急于取悦别人却不得,都是因为她自己糟糕的言行"。[8] 他这么说倒是很能体现自己的品行。有一次,因为怀疑得了癌症,他接受了手术,结果切除的是良性肿瘤。对此,有时候算是他朋友的伊夫林·沃说,现代科学就是这个德行,在他身上找到了唯一不是恶性的部分并切掉了。伦道夫成年后的大部分时间有酗酒问题,丘吉尔去世后仅三年他也去世了。(而伊夫林·沃当时已经开始吸毒,于1966年4月去世。他走在伦道夫前面,仅比丘吉尔晚去世15个月。)

丘吉尔的第三个孩子莎拉(Sarah)是一个不得志的演员。她经历了三次草率的婚姻,并跟她哥哥一样陷入了酗酒的泥潭。第五个也是最后一个孩子玛丽(Mary)是丘吉尔所有孩子中唯一一个生活幸福的人。这表明,丘吉尔确实算不上一个好父亲,当然,在这方面他自己也的确没有什么可以借鉴的榜样。

在公众领域,丘吉尔的声誉在20世纪50年代末遭受了重大打击,批评他的书籍开始出现,一部分原因是他自己的回忆录激起了反击。其中最值得注意的是1957年出版的经过删减的艾伦·布鲁克元帅的回忆录。紧接着,死硬的帝国主义分子也跳了出来,他们嚷嚷说是丘吉尔出卖了英国。跟军事理论家巴兹尔·利德尔·哈特(Basil Liddell Hart)同一阵营的记者兼历史学家R.W.汤普森

（R. W. Thompson）斥责说："丘吉尔的悲剧在于他是混血。"他写道："他的英国父亲和美国母亲造成了他忠诚度的分裂，这一点早有预兆。"[9]

近些年，一小群学者以修正主义的方式看待丘吉尔的一生，采用的是耸人听闻的标题，如《揭开丘吉尔的假面具》（Churchill Unmasked）。然而，他们的说法似乎对广大民众、对埃利奥特·科恩这样具有战略头脑的学者来说几乎没有什么影响。如果把丘吉尔比作一片森林，这些书的本质就是要读者忽略这片森林，转而专注于某个作家认为值得多看几眼的几株树木。

* * *

今天，丘吉尔就像是一个民间传说中的人物，一个智慧的源泉。这么说起来，纽约洋基队（New York Yankees）的著名棒球手尤吉·贝拉（Yogi Berra）跟他颇为相似，有很多成为名言的话其实并不是他说的，但他因这些话加上他真正说过的话而出名，比如："那里太拥挤了，没有人会去。"（Nobody goes there anymore. It's too crowded.）很多广为流传的丘吉尔名言其实也并不是他说的，但数量多到"丘吉尔中心"（Churchill Centre*）特意在网站上开辟专栏来澄清误传。[10] 例如，很多人听说过这样一个故事：阿斯特夫人对丘吉尔说，如果她嫁给他，就会在他的咖啡里下毒。丘吉尔回答说，如果他娶了她，就会喝下去。这个故事其实源于1900年美国一家报纸上刊登的一则笑话。

下面这句名言一直被误认为是丘吉尔或者奥威尔说的[11]："人

---

* 成立于1968年，现已改名为"国际丘吉尔协会"（International Churchill Society），由热心研究丘吉尔的人士组成，致力于帮助年轻一代了解丘吉尔的领导力和政治家精神。

第十五章　丘吉尔：余生黯然，1950—1965 年

们可以在夜间酣然入睡，因为有粗人莽汉随时准备对那些要伤害他们的人施以暴力。"事实上，这句话并非来自他们两人中的任何一位。这句话最早出自影评人理查德·格雷尼尔（Richard Grenier）之手，1991 年发表在保守派报纸《华盛顿时报》（Washington Times）上。格雷尼尔在文章中很明确地表示，他的这句话是在诠释奥威尔的意思。具体来说，格雷尼尔似乎指的是奥威尔文章里对吉卜林的评价："他清楚地看到，高度文雅的人之所以存在，是因为有其他人，一些不可避免欠文雅的人，为他们守卫供粮。"[12] 格雷尼尔在诠释奥威尔的时候并没有使用引号，但几年之后，当另外两位美国保守派作家在重复格雷尼尔的诠释时却使用了引号。这两名作家是《国家评论》（National Review）的凯特·奥贝恩（Kate O'Beirne）和专栏作家乔治·威尔（George Will）。在此之后，趋于保守的英国历史学家安德鲁·罗伯茨（Andrew Roberts）也在重复格雷尼尔的诠释时使用了引号。2006 年，《国家评论》完成了误传的最后一步，将这句话错误地归结为丘吉尔的名言。[13]

然而在其他一些场合提到丘吉尔却是非常合适到位的，有时还让人颇感意外。1964 年，古巴领导人菲德尔·卡斯特罗（Fidel Castro）透露说，他正在阅读丘吉尔的《第二次世界大战回忆录》。一次他前往哈瓦那（Havana）的一家书店视察，对赶来亲眼一睹新领导人的人群说道："如果丘吉尔没有采取行动打败纳粹，就不会有你们，就不会有我们。我们必须给予丘吉尔特别的关注，因为他也曾带领一个小小的岛国对抗过一个强大的敌人。"[14]

滚石乐队（Rolling Stones）的吉他手基思·理查兹（Keith Richards）也很崇拜丘吉尔，这点让人颇为惊讶，不过他倒是正确引用了丘吉尔的名言。引用的目的，是为他自己散漫的生活方式辩护："我从酒精中得到的东西，比它从我身上拿走的东西多多了。"[15] 理查兹出生于 1943 年，当时正是丘吉尔第一次担任首相期间。他

补充说："我对毒品和其他东西也有同样的感觉。我是从它们那里得到了一些东西的。"有时候，丘吉尔的话里包含一种悖论，听起来就像是出自尤吉·贝拉之口，例如："世界上有很多可怕的谎言在流传，最糟糕的是，其中一半是真的。"[16]

但是，对丘吉尔的神化也是有代价的。最值得注意的是，他把英美两国之间的关系称为"特殊关系"，将之拔高，成为一个抽象的符号概念。他之后的一些英国首相也沿用了这一说法，但是他们似乎并不清楚，丘吉尔这么说是为了给冷酷算计、有时甚至是极度痛苦的战时联盟关系披上一层温暖的光辉。正如历史学家马克斯·黑斯廷斯所说："英国政府极其关心美国以及美国政府对我们的看法，到了一种痴迷的程度。"[17]

这种对英美"特殊关系"的追求在2003年陷入了最糟糕的境地，在一定程度上为由美国牵头、轻率地对伊拉克采取的军事行动起到了推波助澜的作用。曾于1997—2007年任英国首相的托尼·布莱尔（Tony Blair）在自己的回忆录中写道："当美国需要我的时候，我会立刻站到它的身边。"[18]然而对这一举动更为准确的描述却是，当美国需要一个真心朋友的明智建议时，布莱尔却充当了一个啦啦队队长。9·11袭击发生后，他立即发表声明："在这个悲剧的时刻，我们……在英国与美国朋友肩并肩站在一起，跟他们一样，不把这种邪恶从世上驱除，我们决不罢休。"同一个月晚些时候，布莱尔出访纽约。他用一种极度怀旧的言辞声称，在"二战"初期的时候，"有一个国家、一个民族站在我们一边"。这种说法是非常不准确的。了解历史的人不禁要问，加拿大、澳大利亚、新西兰和南非，这些在伦敦大轰炸期间援助过英国的国家，听到他对于谁在1939年和1940年帮助过英国的说法时会作何感想。当时美国驻伦敦大使可是公开预测德国会取得战争的胜利。正如澳大利亚历史学家罗宾·普赖尔（Robin Prior）所说："1940—1941年期间，自由民主的捍卫

第十五章　丘吉尔：余生黯然，1950—1965年

者不是并肩作战的英国和美国，而是英国和英联邦国家。当他们为自由而战时，世界上最大的民主国家只会偶尔丢给他们一些面包屑。"[19]

2002年7月，布莱尔在给小布什（Bush*）发去的一份备忘录中表示，如果与伊拉克发生对抗，"无论如何，我都会支持你"。[20] 英国官方近年来对布莱尔政府在伊拉克战争前期的决定进行了调查，披露了这份备忘录。调查认为，对于在2003年3月对伊拉克采取的军事行动，布莱尔开出的这种空白支票使英国"很难在后来撤回支持"。

如果布莱尔像丘吉尔那样善于战略，他很可能会反对美国对伊拉克采取军事行动，而英国的反对会使美国政府很难开战。可以肯定的是，如果英国当时在伊拉克问题上公开表示不同意见，短期内确实会使跨大西洋关系变得紧张，但从长远来看，拒绝在伊拉克问题上支持美国其实是一种真正的友谊行为，也是一种战略眼光。

而在现实中，布莱尔于2003年夏天去往美国国会，当时人们对美国在伊拉克的所作所为已经产生了越来越多的疑问，布莱尔却敦促美国人继续努力。他鲁莽地认为不用在意历史的教训，建议说："跟过去不同……除了在最笼统的层面，历史研究可为当今世界提供的借鉴少之又少。"[21] 布莱尔强调英美间关系的特殊性，却似乎没能抓住这种关系的复杂性，在本应关注历史教训时却对之不屑一顾，这种貌似加强英美特殊关系的努力却反而给两国之间的关系造成了巨大伤害。

* * *

就丘吉尔本人而言，他在1965年1月去世前，甚至在去世后

---

* 这里指乔治·沃克·布什（George Walker Bush），第43任美国总统，常被称为"小布什"。

都在公开场合保持着对美国的热爱。在他自己设计的葬礼上，美国国旗与英国国旗一起飘扬，《共和国战歌》("The Battle Hymn of the Republic"*)[22]回响在圣保罗大教堂金色和白色拱门之上，回荡在教堂内圆形穹顶之间。然而，美国总统林登·约翰逊（Lyndon Johnson）也许记起了丘吉尔二十年前对罗斯福葬礼的轻视，不仅自己拒绝出席，甚至也没有派副总统出席。

---

* 美国著名爱国歌曲。

第十六章

奥威尔：声名鹊起，1950—2016年

"那是四月里一个晴朗却寒冷的日子，时钟敲了十三下。"[1] 2015年4月，扎赫拉·萨拉赫丁（Zahra Salahuddin）为巴基斯坦《黎明报》（*Dawn*）撰写的一篇专栏文章中用了这句话作为开头。在文章中，她批评巴基斯坦政府为了监控互联网而扩张自己的权力。她认为，这种做法表明"老大哥"出现了，所以她引用了《1984》开篇的第一个句子。

在世界各地的媒体上，像这样对奥威尔作品的引用和致敬比比皆是。从这一点上看，在文化上奥威尔仍然活在当代。近年来，从对当代的影响力来看，他甚至可能已经超过了丘吉尔，当然这并不是指他的历史重要性。他的作品在其过世后对当代产生的影响力已经成为英国文学史上的一座丰碑。

与他同时代的人如果活到今天，一定会对他目前享有的地位大感震惊。他一生中大部分时间默默无闻，即使在伦敦的文学圈子里也是如此。英裔美国小众作家洛根·皮尔索·史密斯（Logan Pearsall Smith）在《动物庄园》出版后不久就看了这本书，他打电话给自己的老朋友西里尔·康诺利，一位有影响力的编辑，想了解一下这本书的作者。皮尔索·史密斯说，这个不知道从哪儿冒出来的奥威尔"把你们这帮人全比下去了"。[2]

也许，皮尔索·史密斯在说这番话的时候带着一种预言的心态，因为他打了那个电话的第二天就去世了。他的评价正确捕捉到了奥威尔地位的变化轨迹：奥威尔在20世纪30年代一直默默无闻，直到20世纪40年代中期才勉强算是有了一点名气。而自他在1950年初去世后，其地位稳步上升，简直势不可挡。"他的影响和榜样作用随着时间的流逝愈加光彩夺目"[3]，《金融时报》(*Financial Times*)的一位撰稿人在2014年这样写道。

奥威尔在世时，书的销量不过几百、几千本，而自他去世后，销量估计已达5000万册。[4]

研究奥威尔死后声誉的提升本身都成了一个学术领域，如约翰·罗登的《乔治·奥威尔：文学声誉的政治》(*George Orwell: The Politics of Literary Reputation*)。我们不清楚奥威尔是否会赞同这些作品的观点，尤其是当这些作品有着下面这样一些晦涩难懂的句子时："通常情况下，主要表征词是变体演化的出发点，但变体也可以作为确立主要表征词的基础。某些表征词之所以成为'主要'表征词，其原因不是时间上的优先性，而是在于接受历史中的中心地位和出现的频率。"[5] 读了《政治与英语》之后怎么还会写出这样的句子呢？然而，这种写作风格其实展现了一个更大的现实问题，即学术界其实对奥威尔关注不够，吸引到的往往是一些三流学者。社会学家尼尔·麦克劳克林（Neil McLaughlin）认为，奥威尔被大学学术圈"相对忽视"的原因恰恰是他在"大众文化"中备受尊重，或许也包括他长期以来一直受到保守派的推崇。[6] 与此成为鲜明对比的是，在过去的70年里，很多游离于学术界之外的一流公共知识分子，如欧文·豪（Irving Howe）、诺曼·波德霍雷茨（Norman Podhoretz）和克里斯托弗·希钦斯等人，一直在赞扬奥

第十六章 奥威尔：声名鹊起，1950—2016年

威尔并认真分析他的作品。

奥威尔在世时，只有少数作家注意到他，其中最著名的是马格里奇和阿瑟·凯斯特勒（Arthur Koestler）。凯斯特勒曾作为共产党间谍以记者身份前往西班牙，在那里被国民军监禁。与奥威尔一样，西班牙内战的经历使凯斯特勒对左派和右派都深感失望。他回到英国后发表了一系列关于西班牙的演讲，与共产党公开决裂。在演讲中，他拒绝谴责马统工党并回忆说："当时共产党将其当作头号敌人。"[7] 他说出了自己的真心话，即马统工党的领导人是真诚投身革命的，把他们称为叛徒是愚蠢的、丑陋的。

然而，凯斯特勒和马格里奇都算是例外。他们注意到奥威尔是因为他们和奥威尔走的是同样一条艰难的道路。这三个人都反对斯大林主义主导的共产主义。

奥威尔在世时，他的名字没有在英国版的《名人录》（Who's Who）中出现过[8]，在1955年版也就是奥威尔去世后第一个版本的《巴特利特语录》（Bartlett's Quotations*）[9] 中也只有一个条目而已。1956年，出版了奥威尔早期作品但因其批评斯大林主义而停止与之合作的维克托·戈兰茨在一封信中对自己的女儿说："我认为奥威尔被极大地高估了。"[10]

就算到了1963年，诗人和公共知识分子斯蒂芬·斯彭德仍然轻视奥威尔[11]，认为他虽然是一名优秀的杂文作者，却无足轻重，影响甚微。有意思的是，斯彭德是在一本献给奥威尔遗孀索尼娅的书中这样写的。在一次采访中，当被问及奥威尔时，斯彭德对奥威尔的赞美可以说是极尽拐弯抹角之能事："如果仔细阅读他的作品，

---

* 美国历史最悠久、传播最广泛的语录集，1855年首次发行，最新的第18版于2012年面世。该语录集按作者而不是像其他许多语录集那样按主题排列条目，作者按出生日期排序而不是按字母顺序。

你常常会认为他得出正确的结论是出于不充分的理由。"[12]在其蹩脚的自传中，斯彭德完全没有提到奥威尔。然而，对于自己在西班牙战争期间的生活，他却像小型版海明威一样，采用了狂热语言来描述："总是有……一种只为一刻而活的戏剧性感觉，其他一切都抛之脑后，被一种独特的西班牙感受所震撼。"[13]他还不合逻辑地表示："我有关西班牙的诗是一个支持军事行动的、和平主义者的诗。"[14]一次，凯斯特勒在伦敦皇家咖啡厅（如前文所提及，奥威尔生前也常去那里）与斯彭德就政治话题发生争执，前者轻蔑地说："不要再说了，不要再说了，我都可以预测到你在接下来的20分钟里要说些什么。"[15]凯斯特勒会用这种语气对斯彭德说话，并不让人惊讶。

后来的评论家很少会像斯彭德那样轻视奥威尔。在20世纪60年代，大约在斯彭德贬低奥威尔的同一时期，奥威尔的声誉开始稳步上升[16]，数十年不变。他的杂文也第一次结集出版。

自那之后，奥威尔便名声大振。[17]现在，奥威尔被看作是他那个时代的一个重要人物，有时还被称为20世纪最重要的作家之一。20世纪的许多回顾性思想史都集中在他的身上。

在2000年首次出版的彼得·沃森（Peter Watson）的《20世纪思想史*》（*The Modern Mind*）中，奥威尔被提升到了中心位置，将其他人的思想与之对照。该书共分四部分，第一部分的标题是"从弗洛伊德到维特根斯坦"（"Freud to Wittgenstein"），第二部分的标题是"从斯宾格勒到《动物庄园》"（"From Spengler to *Animal Farm*"）。在历史学家托尼·朱特的最后一部作品《思考20世纪》（*Thinking the Twentieth Century*）中，奥威尔也被单独列出，尽管位置并不是很高。2015年出版的一部战后英国史取名为《奥威尔

---

* 也译作《现代心灵》。

消逝的雄狮》(Orwell's Faded Lion)。如前所述，在美国保守派杂志《国家评论》列出的20世纪最重要的非小说类书籍名单上[18]，奥威尔有两部作品——《致敬加泰罗尼亚》和《杂文集》——进入了前十名，是唯一获此殊荣的作家。排在榜首的是丘吉尔的《第二次世界大战回忆录》。《观察家报》的文学编辑罗伯特·麦克克鲁姆(Robert McCrum)把奥威尔称为"20世纪最具影响力的英国作家之一"。《卫报》评论员菲利普·弗伦奇(Philip French)更认为，不论国籍，奥威尔"可能是20世纪最伟大的作家"。[19]最近，《卫报》认为《1984》"可以说是20世纪最著名的英国小说"。[20]在美国最高法院现任成员发表的意见书中，奥威尔是被引用次数第三多的作家，排在莎士比亚和刘易斯·卡罗尔(Lewis Carroll*)之后。[21]

在其上升期，对奥威尔的分析和评论中，有些特别糟糕，这倒是与奥威尔的特点相符，因为很少有如此伟大的作家像他一样，创作出了那么多糟糕的作品。

苏维埃阵营中的奥威尔

奥威尔声誉提升的原因之一是他对东欧和俄国知识分子的影响，这些知识分子试图理解和描述他们的新统治者。1953年，波兰诗人兼外交官切斯瓦夫·米沃什(Czesław Miłosz)在其著作《被俘的心灵》(The Captive Mind)中写道："即便是那些只是通过道听途说了解奥威尔的人也会感到惊讶，一个从未在俄国生活过的作家竟然对那里的生活有着如此敏锐的感知力。"有时候，这部书读起来就像是对《1984》的诠释。"当局反对任何深入人类内心的倾向，特别是在文学和艺术方面，"米沃什评论道，"没有表达出来的

---

* 《爱丽丝梦游仙境》的作者。

东西是不存在的。因此,如果禁止人们去探索人性的深处,就是毁掉人们进行这种探索的欲望,而人性深处本身也会慢慢变得不再真实。"[22] 这样的结果,他警告说,便造成了"在东部*,人与社会之间没有界限"。

苏联异见人士安德烈·阿马尔里克(Andrei Amalrik)在1970年出版了《苏联能活到1984吗?》(*Will the Soviet Union Survive Until 1984?*),批判苏联政府,书名明显是在向奥威尔致敬。阿马尔里克在书中准确地预言道:"任何一个国家,如果被迫投入如此多精力,在身体和心理上控制数百万自己的国民,都不可能无限期地生存下去。"[23]

* * *

到了20世纪80年代,奥威尔身上的光环是如此璀璨,以至于在知识界爆发争论,假如他能够长寿,将会属于哪个意识形态阵营。1983年,新保守主义运动的教父诺曼·波德霍雷茨断言:"如果他活到今天,我相信他会是一个新保守主义者。"[24]

波德霍雷茨之所以抱有这一观点是因为他坚信奥威尔的核心主题是左翼知识分子的失败。然而,文学批评的陷阱之一是将自己的观点归结为自己的主题。用新发现的右派观点来批评左派可能是波德霍雷茨的指路明灯,但却并不是奥威尔的指导思想。相反,有力地贯穿于其所有时期作品的主题,都是现代社会中权力的滥用,无论是左派还是右派,包括他早期的《缅甸岁月》到20世纪30年代末的作品,再到其伟大的杂文,以及《动物庄园》和《1984》。对滥用权力的探究,有时表现为在殖民地缅甸主仆间的钩心斗角,有

---

* 指苏联和东欧阵营。

第十六章 奥威尔：声名鹊起，1950—2016年

时则是大萧条时期巴黎的服务员和洗碗工之间的关系，但最常见的，是在他的杂文和1937年以后的作品中，对国家和个人之间关系的审视。例如，波兰的工会运动在20世纪80年代高度推崇奥威尔，发行了带有他形象的邮票[25]，用于非官方渠道的邮政服务，正是由于上述原因。（另外，人们一定想知道波德霍雷茨怎么可能无视奥威尔反对以色列建国的立场。奥威尔的朋友、犹太复国主义者托斯科·法伊弗尔回忆说，在奥威尔看来，"犹太复国主义者是白人殖民者，就像在印度或缅甸的英国人，而阿拉伯人就像缅甸本地人……他反对犹太民族主义，反对所有民族主义"。[26]然而，法伊弗尔却没能解释另一个明显的矛盾：奥威尔在其著作中高度推崇英国的乡村生活，其态度之强烈，即使算不上民族主义，也相当于一种地区主义。）

保守派对奥威尔青睐有加最持久的一个原因是，现代左派从未对战后的奥威尔完全放心。这一点实在令人遗憾。那些相信言论自由但也对不受约束的资本主义持怀疑态度的人应该在他们的心中为奥威尔保留一席之地，而不是让他被保守派所独享。某个派别或分支的政治作家引用了一名作者的话，并不一定意味着这名作者会赞同这一派的观点。任何希望了解奥威尔政治观点的人最好牢牢记住他曾在1945年11月所写下的话："我属于左派，必须在左派内工作，即便我非常憎恶俄国极权主义。"[27]他不会让自己像他批评过的另一名作家那样，"受当下进步政党愚蠢行为的驱使而竟然成为某种托利主义者"。[28]

不过，从奥威尔的著作来猜测，如果他能长寿一些，在20世纪60年代末，他可能会对嬉皮士的一些自恋行为以及新左派（New Left）的许多方面感到震惊。他曾经写道："享乐主义的社会是不会持久的。"[29]但很有可能，他不是作为一个保守派人士来批评20世纪60年代，而是会采用农业村落社会主义的角度。因此，他很可能会对20世纪60年代和70年代的其他一些方面表示欣慰，如回

归大地运动和其他反对工业化农业生产、支持小农种植的有机食品的活动等。确实，在他自己的生活中，他也是一个回归大地的人。在苏格兰生活期间，尽管健康状况不佳，他仍试图自己捕鱼和种植粮食。鉴于他对自然的热爱和对大公司的怀疑，他很可能也会关心全球变暖的现象。

* * *

随着1984年的到来，也就是奥威尔去世34年后，他的声誉再次飞升。这一年，《1984》再次成为畅销书[30]，在这一年的年初每天售出5万册。史蒂夫·乔布斯（Steve Jobs）和苹果公司在这一年的超级碗（Super Bowl*）赛场高调播放的一则广告，也掀起了一波关注奥威尔的潮流。那则广告第一次向公众宣布麦金塔（Macintosh）电脑†将被推出，广告采用的是《1984》的意象[31]：一个巨大灰色屏幕上播放着"老大哥"的视频，屏幕被一个身穿彩色跑步服的年轻女子扔出的飞锤砸碎。这则广告虽然只播放过一次，却成为有史以来最著名的广告之一。

如果奥威尔饱受摧残的呼吸系统能让他活到1984年，那时他就已经81岁了。在接近生命终点的时候，他也许会继续他略带自满的英式非主流人生旅程，也许他选择的方式是过一种与世隔绝的农业生活，一如他曾经在内赫布里底群岛的生活那样。关于奥威尔，斯蒂芬·斯彭德终于说对了一次，他评论道："他所珍视的，是以英国乡村为基础的旧英格兰概念，在这个概念中，保守就是反对发生变化，尤其是发生可能引起不平等的变化。他在整体上对19世

---

* 美国职业橄榄球大联盟的年度冠军赛。

† 即现在常说的Mac电脑。

第十六章 奥威尔：声名鹊起，1950—2016 年

纪兴起的、冷酷的工业中产阶级持反对态度。"[32]

如果奥威尔能看到今天的世界，几乎可以肯定的是，他会支持对美国、英国、俄罗斯等国日益严重的财富不平等现象进行批评。根据《动物庄园》的故事大纲，对一些国家发生的革命和动乱，再到政党和新亿万富翁寡头之间的不正当联盟的复杂历史，奥威尔可能并不会感到惊讶。我们不禁想问，如果奥威尔能够在今天的一些国家住上一两年，他可能写出什么样的作品。

* * *

对奥威尔飞升的声誉仅有的两次严重打击[33]，是两次内情曝光，一次在 1998 年，另一次在 2003 年，披露他在晚年曾为英国政府拟写过一份他怀疑为共产主义者的名单。如果从他所处的时代来看，他在 1949 年 5 月在病榻上的这一告发行为[34]，就变得可以理解一些。在西班牙的时候，奥威尔看到过自己的朋友未经审判便被苏联人囚禁、处决，而且在《动物庄园》发表以后，他有理由担心自己的人身安全。如前所述，《动物庄园》在出版前就遭遇到了一些障碍，这些障碍是由秘密为苏联工作的英国官员彼得·斯莫利特设置的。而斯莫利特是由金·菲尔比招募进来的，当时菲尔比的间谍身份还没有暴露，跟盖伊·伯吉斯、安东尼·布伦特爵士等一众尚未被揭露的苏联间谍一样，在英国很是活跃，并广受尊重。1949 年 9 月，奥威尔已经到了弥留之际，菲尔比作为英国驻美国大使馆的情报部门负责人被派往华盛顿。

尽管如此，现代左右两派思想家仍然能在一个关键点上达成一致：奥威尔的著作已经成为我们理解上个世纪的核心，也是理解我们自己所处时代的核心。新保守主义右翼用诸如"被一些人称为 20 世纪最重要的作家"[35]这样的说法把他抢到怀里，而左翼作家希钦

斯的断言把奥威尔拔得更高："作为一个作品涉及法西斯主义、帝国主义等多种意识形态的作家，他拥有20世纪，这是其他英语作家无法企及的。"2013年，《新共和》（New Republic）期刊的一位作家把奥威尔比作蒙田（Montaigne）和莎士比亚，并称他为"世纪之智者"。[36]

奥威尔在9·11事件后的"复活"

在此之后，奥威尔的声誉还有第三次，也许是最令人意想不到的一次飞升。一些评论家曾认为，在1984年后，或者至少在苏联解体后，奥威尔会逐渐被人淡忘。哈罗德·布卢姆（Harold Bloom）曾在1987年预言，《1984》将被视为"一部过去的作品，就像《汤姆叔叔的小屋》（Uncle Tom's Cabin）一样"。[37]甚至连一直支持奥威尔的文学评论家欧文·豪也认为，冷战结束后，人们对《1984》可能最多也只剩下"历史兴趣"。[38]

然而，奥威尔的思想在冷战后的新一代中引起了共鸣。奥威尔非但没有被淡忘，反而获得了新一轮的欢迎。《1984》故事中历史背景的消逝，似乎让这部小说获得了解放，小说中传达的信息被认为是对现代人类所面临问题的普适性回应。

之所以这么说，是因为近年来，奥威尔对一个全面控制、无所不知的政府的描述，在世界各地的作家和读者心中产生了回响。"我们生活在一个受监控的新时代，乔治·奥威尔笔下每个公民都处于不断监控之下的社会正变成一个普遍现象，非常令人担忧"[39]，一名博客作者在2015年7月这样写道，仿佛就是在陈述事实。2015年，伊拉克作家哈桑·阿卜杜拉扎克（Hassan Abdulrazzak）说："我确信乔治·奥威尔在写《1984》时并没有想到：'我得为伊拉克的孩子写一个有教益的故事。'但这本书为我解释了萨达姆统治下的伊

第十六章 奥威尔：声名鹊起，1950—2016 年

拉克，比之前或之后的任何书说得都好。"[40] 2015 年，《1984》被列为俄罗斯年度十大畅销书之一。[41]

2014 年，《1984》在泰国反政府示威者中极受欢迎，成为一种象征，菲律宾航空公司因此在其提示清单中警告说[42]，随身携带这部书的乘客面对海关和当局其他部门时，可能会遇到麻烦。一位在东南亚工作、笔名为艾玛·拉金（Emma Larkin）的美国记者写道："在缅甸，有这么一个笑话，说奥威尔不是写了一部关于这个国家的小说，而是写了三部：由《缅甸岁月》《动物庄园》和《1984》组成的三部曲。"[43]

奥威尔早期对政治权力滥用的思考也找到了新的读者。马吉德·纳瓦兹（Maajid Nawaz）是一名伊斯兰激进分子[44]，他在埃及被监禁时阅读了《动物庄园》，意识到奥威尔回应了自己内心的疑问。他说："我开始把这些点联系起来，心想：天哪，如果和我在一起的这些人有朝一日得势掌权，就会是伊斯兰版本的《动物庄园》。"在津巴布韦，一家反对派报纸连载了《动物庄园》[45]，通过插图凸显这场遭受背叛的革命，那头叫"拿破仑"的猪戴上了津巴布韦终身总统罗伯特·穆加贝（Robert Mugabe）喜欢的大框眼镜。作为回应，有人用反坦克地雷炸毁了这家报社。一位古巴艺术家因计划在 2014 年上演《动物庄园》而被捕入狱，并未经过审判。[46] 为了确保当局能看明白，他在两头猪身上分别涂上了"菲德尔"（Fidel*）和"劳尔"（Raoul†）这两个名字。

在后 9·11 时代，《1984》与当代的相关性再次凸显出来，并在西方找到了新一代的读者，之所以会出现这样的情况，有三个方面的原因，而这三个方面是相互关联的。

---

* 指古巴前国家领导人菲德尔·卡斯特罗（Fidel Castro）。
† 指古巴当时的国家领导人劳尔·卡斯特罗（Raoul Castro），菲德尔·卡斯特罗的弟弟。

对于今天的美国人来说,《1984》永久性战争的背景带有令人不寒而栗的警告之意。在书中,就像今天的美国一样,冲突发生在舞台之外,只是偶尔听到远处有火箭弹的爆炸声。奥威尔在《1984》中写道:"温斯顿没办法确切地记得,自己的国家有哪天没在打仗。"[47](所有现在二十出头或年纪更轻一些的美国人也都有此感想。在小说中,一些人甚至怀疑政府在伪造战争,声称有战争正在进行,目的是维持其对权力的控制。)

在当前这个时代,美国参与的战争发生在中东偏远地区,用无人机发射精确制导导弹,同时出动少量地面部队,如海豹突击队或其他特种部队在地面作战,与此同时,敌对势力偶尔会在伦敦、巴黎、马德里和纽约等城市制造爆炸事件。《1984》中的这段话显示了令人胆寒的先见之明:

> 这是一场目标有限的战争,交战各方既没有毁灭对手的实力,也没有发动战争的坚实基础……真正参战的人员,其实数量很少,大多是训练有素的专业人士,造成的伤亡相对较少。如果战事发生的话,发生地点往往语焉不详,一般人只能靠想象猜测发生的具体位置。在文明的中心地区,战争不过意味着……偶尔有火箭弹落下来,造成几十个人的死亡。[48]

推动当前奥威尔热潮的第二个因素是9·11之后"情报国家"(intelligence state)的兴起。在我们现在生活的时代,无论在东方还是西方,政府都充满侵入性,十分霸道。在21世纪初,美国政府经常使用遥控无人飞机飞往没有与其正式交战的国家实施猎杀行动,如巴基斯坦、也门。许多被杀者连身份都没有确认,他们不过是展现出了美国政府认为具有威胁性的行为模式。杀死这样的人被称为"特征打击"[49](signature strikes)——也就是,役龄男子表

第十六章 奥威尔:声名鹊起,1950—2016年

现出的行为模式与恐怖分子有关联,比如与已知的恐怖分子通过电话或参加过他们的会议。在巴基斯坦、也门和索马里,已经进行过几百次这样的打击。(从法律角度,美国人还指出,被当作目标打击的男子携带有武器,但这是一种狡辩,因为现在的阿富汗和巴基斯坦边境一些地区就像是曾经的道奇城[Dodge City*]一样,在这些地方成年男子通常携有武器。)所谓的"元数据"(Metadata)操纵着数十亿比特的信息,以识别以前未见过的模式,使政府能够悄悄地分析数百万人的行为并编制档案。

当然,美国政府采取这些致命和侵入性的手段,是对9·11袭击作出的反应。对于这些袭击和美国政府的恐慌性反应,奥威尔很可能都会进行强烈谴责。指引他的,是思想自由(freedom of conscience)——既不受政府控制,也不受宗教或意识形态极端分子的影响。我们再回顾一下本书第一章末尾引用的奥威尔的观点:"如果自由意味着什么,它意味着有权告诉人们他们不想听的东西。"[50] 同样,让人觉得意味深长的是,《1984》中的温斯顿看到,对自由的最大威胁不是来自海外,而是来自他自己国家的政府。

第三个因素,可能也是最令人震惊的因素是,《1984》中使用酷刑的方式预演了今天的政府是如何使用酷刑来进行无休止的"反恐战争"。"9·11"事件之后,使用酷刑成为官方的政策,这在美国历史上是第一次。(在那之前,酷刑只是偶尔使用,而且是非法的,有时还会被起诉。)中情局官员坦承他们使用了酷刑,几乎是在威胁,看哪个检察官敢起诉他们——而到目前还没有发生过对这些行为的起诉。

学者们有时会争论哪位20世纪中叶的作家所预测的未来更准确一些,是赫胥黎还是奥威尔?在赫胥黎的《美丽新世界》(Brave

---

* 位于美国堪萨斯州(Kansas),以其旧日西部荒野边境小镇的历史而闻名。

New World）中，国家通过快乐控制人们，而奥威尔更为悲观地认为，国家的控制是建立在使用痛苦的基础之上。（赫胥黎曾是奥威尔就读伊顿公学时的一名法语老师。）事实上，这种对赫胥黎和奥威尔的区分是错误的，因为他们两位都是对的。绝大多数人只满足于娱乐，而不去挑战政府。但是常常可以看到少数持不同政见的人士，而镇压他们通常需要更严厉的手段。正如奥威尔在《1984》的结论中所说："人类的选择在于自由和快乐之间，而……对于大多数人来说，快乐是更好的选择。"[51] 更重要的是，大多数美国人似乎或多或少对国家安全机构监控他们的私人言行感到可以接受。无论是在这个方面，还是在使用酷刑方面，美国人民都默许了这种对自己国家传统的根本性背离。

其他国家也在效仿美国，探索使用高科技电子监听手段进行侵入式管控的可能性。堪称最奥威尔式的，是在2014年乌克兰动乱期间，当时的亲俄政府在受到抗议者的围攻时，通过监控抗议活动附近的手机位置，向所有抗议者的手机发送的一条群发短信。"亲爱的用户，"它警告说，"作为大规模骚乱的参与者，你已经被记录在案。"[52] 开头的这一声"亲爱的"特别能反映出"老大哥"的思维模式。

* * *

奥威尔不可能预见一切。他害怕极权主义的野蛮力量，但正如我们所知，他从未踏足过美国，也可能因此并不了解资本主义的复原能力。他错误地判断了"二战"期间美国士兵的适应能力，同样，他也低估了美国社会强大的适应能力。他在1943年的另一篇文章中写道："以利润为主导的经济体系，根本无法胜任现代规模的再武装。"[53] 对20世纪30年代的英国来说，这样的断言可能是对的。当时经济衰退，没有足够的资金支持创新。但在过去80年里，美

第十六章　奥威尔：声名鹊起，1950—2016年

国已经三次证明奥威尔的这种说法是错误的，第一次是在"二战"期间，第二次是在艾森豪威尔时代，第三次是在越南战争结束后重建美国军队的时候，当时里根的消费政策与硅谷科技力量结合在一起，创造出了一个强大的、以电脑为基础的美国军事机器。

因此，奥威尔同样也低估了西方国家和公司可以变得多么具有侵入性。他在《通往威根码头之路》中错误地预言："一旦社会主义建立起来，机械化进步的速度将更快。"[54] 他的视野可能受到了他所处地域的限制。他对资本主义局限性的看法是根据他在英国观察到的情况形成的，即停滞不前的工业时代后期资本主义。这一时期资本主义的最高目标是效率，这就意味着这个系统依赖于管理者从现有系统和工人身上一点点榨取出更多的金钱。"比方说，制造飞机的过程非常复杂，只有在一个有计划的中央集权社会中才有可能实现，而且这意味着各种压迫机制都会出现，"他在1945年写道，"除非人类的本性发生了某种不可预测的变化，否则自由和效率必将朝着相反的方向发展。"[55]

他没有机会看到，随着几十年后信息时代的到来，效率在经济上的重要性将远远低于创新和适应性。苹果、微软、谷歌和无数其他20世纪末建立起来的公司并没有制造出更好的打字机，他们创造的是全新的产品，如手持式电脑和为其开发的应用程序。

他们这样做效率并不高，因为创新必然是一个产生浪费的过程，失败比成功多得多。事实上，这些新公司只能通过向有能力开发创新产品的工人提供慷慨的工资和其他福利来保持竞争力。奥威尔也没有机会看到，这些公司建立的初衷是受加州个人解放意识形态的启发，却很快自相矛盾地制造出比工业时代的巨头更深入侵扰私人生活的产品，无休无止地监控个人，以便向他们出售更多产品。今天，数据不仅功能强大，而且已经成为创造巨额利润的来源。在硅谷有一句话，没有免费的应用程序——如果应用程序是免费的，那么使

用它的个人就变成产品本身。换句话说，今天的硅谷公司将人视为可供开采和利用的资源，这一点跟19世纪的煤炭不同。

近年来，奥威尔作品与时代的新型相关性似乎让他第一次成为一种流行文化名人，频繁出镜。在写作本书的过程中，我注意到，以"奥威尔"为关键词的"谷歌提示"保持着稳定的数量，每天都有20篇到30篇文章提到他，出现在世界各地的报纸、杂志、网站和其他媒体上。每天至少有一个条目是以这样的说法开头的："如果奥威尔今天还活着，他会……"——通常是该条目的作者谴责当时他们所反对的东西。在政治评论中，奥威尔被简化为一根方便的棍子，可以随时挥向自己的对手。以下是一个典型的例子，来自《华尔街日报》(Wall Street Journal)的右翼社论版："让我们把乔治·奥威尔的格言改成大洋洲版[56]：在奥巴马先生手下，朋友就是敌人，否认就是智慧，投降就是胜利。"这里还有另外一个例子，是那之后几周由一名自由派大学生所写的："美国还不是一个奥威尔式的反乌托邦……虽然他们的政策足够接近于'还不是'，但投给共和党的每一张选票都是将美国推向《1984》。"[57] 嘲笑这些对奥威尔作品的引用很容易，但这并不是重点，因为这些做法有着一个重要且有益的方面：很明显，奥威尔的作品教会了许多人警惕政府公告中令人麻木的言辞，警惕官方无孔不入的监控，最重要的是，警惕国家对私人领域的侵犯。

在艺术和娱乐领域，也不断有作品提到奥威尔，成为一种有趣的现象。累积起来，这些都使他成为当代文化中的一员。2013年，歌手大卫·鲍伊（David Bowie）列出了自己最喜欢的100本书，其中有三本是奥威尔的作品。[58] 伯明翰城足球俱乐部的教练将《1984》列为他最喜欢的一本书。[59] 一支来自芝加哥、欢乐喧嚣的年轻摇滚乐队自称"奥威尔们"（The Orwells），凭借《谁需要你？》（"Who Needs You?"）和《脏床单》（"Dirty Sheets"）这样的歌曲

第十六章 奥威尔：声名鹊起，1950—2016 年

赢得了国际声誉。如果奥威尔有音乐才能，有可能会写出这样的作品。加拿大独立二人组"城镇英雄"（Town Heroes）发行了一张专辑，灵感来自于奥威尔的建议：努力看清你眼前是什么。[60]

向奥威尔致敬最成功的现代作品也许是戴夫·埃格斯（Dave Eggers）的《圆圈》（*The Circle*），这是一部生动的小说，以今天的硅谷为背景重新讲了一个《1984》的故事。小说是关于一家名为"圆圈"的公司，这家公司看起来已经把苹果、谷歌和脸书收入囊中，也许还有其他几家信息公司。故事中，一位名叫梅（Mae）的年轻女子生活在一个自愿被全面监控的世界。苹果公司几年来一直在规划和建造的新总部大楼是一个完美的圆圈[61]，外面包裹着弧形的玻璃，这篇小说以"圆圈"为名也许并非巧合。苹果公司的设计无意中呼应了杰里米·边沁（Jeremy Bentham）提出的"理想监狱"，即圆圈状全景监狱（Panopticon）。[62] 但是，正如埃格斯所理解的那样，苹果大厦不是为了对囚犯进行内部观察，而是为了向外看到我们所有人的生活。

小说中，埃格斯对硅谷世界观进行了现实描写，也表达了自己的观点——硅谷企业的努力最终将损害个人的自由——以这两者推动情节。公司的三位负责人之一表示："每个人都应该有权利知道一切。"而且，他说，如果每个人都受到监控，"这将带来一种更道德的生活方式……梅，我们将最终被迫成为最好的自己"。埃格斯非常俏皮地把这个可怕的想法用加州话术包装起来："我们将最终实现自己的潜力。"

监控梅的人发现，她没有分享有关自己经历的所有数据。他们公开质问她，而在她周围的人看来，这种质问却是一种精神成长的形式。在同事的赞赏下，她这样总结自己被迫学到东西：

秘密是谎言

分享是关爱

隐私是盗窃

　　《数字趋势》(Digital Trends)网站认为这部书的部分内容"几乎是冒犯性的",作为行业媒体,它这么说恐怕并不让人意外。[63]

　　与此同时,在学术界,学者们开始对奥威尔职业生涯中的一些琐事进行研究,比如1931年,奥威尔在写作《巴黎伦敦落魄记》期间曾被判入狱一晚[64],他告诉警察他的名字是"爱德华·伯顿"(Edward Burton)。一位记者去往赫特福德郡调查奥威尔在那里经营小店的经历,毫无意外地发现,至少有一名邻居认为他在这方面"相当没用"。[65]

　　当然,要是在今天,奥威尔只需坐在那家小店里签名就能轻松赚大钱。2014年,奥威尔的文学遗嘱执行人向英国一家刊物透露,奥威尔遗产的收入在过去三年里每年增长10%[66],远远超过了停滞不前的经济。英国广播公司计划为这名前雇员竖立雕像,计划在2016年完成*。总而言之,就当代影响力而言,奥威尔可以说已经超越了丘吉尔。

* * *

　　今天的这些赞誉是否高估了奥威尔的价值?也许是的,尤其是在随意的引用中,将他描绘成一个先知,对极权主义的预言无与伦比。尽管如此,对奥威尔的赞誉是他应得的。他没有出现在同时代人的记述中,其中一个原因是,他比与他同时代的人更了解他们的时代。这在当时是无法证明的,但是在他停止写作之后60年间发

---

* 已于2017年11月揭幕,位于伦敦BBC总部、BBC广播大楼(Broadcasting House)外。

第十六章 奥威尔：声名鹊起，1950—2016年

生的事件已经证明了这一点。

然而，奥威尔对西方文化最持久的贡献可能是最不为人注意的。他是为数不多的、为我们的语言贡献了词汇和表达法的作家："双重思维"（doublethink）、"老大哥"、"记忆空洞"、"所有的动物都是平等的，但有些动物比其他动物更加平等"。

较少有人注意到的是，他所使用的独特风格，特别是在审视政治和文化方面，已经成为现代讨论此类问题的公认方式。在诸如《泰晤士报文学副刊》（*The Times Literary Supplement*）、《纽约书评》（*New York Review of Books*）以及数百家报纸的专栏等出版物中，流行的做法，或者至少努力希望做到的，是像他那样——平实、直述，并提供观察到但被忽略的具体事实作为依据。这也是奥威尔的文章和评论给人以现代感的原因之一。举个例子，看看出自塔-奈西希·科特斯（Ta-Nehisi Coates）这位21世纪美国政治作家之手的两个句子："但我们所有的相关措辞——**种族关系、种族鸿沟、种族正义、种族定性、白人特权，甚至是白人至上主义**——都掩盖了种族主义是一种发自内心的体验，它撕咬大脑，阻塞呼吸，撕裂肌肉，夺取器官，敲裂骨骼，打碎牙齿。你决不能对此视而不见。"[67] 这番话的措辞、节奏，最重要的是，强烈要求读者正视权力是如何表现出来的，都是典型的奥威尔式的表述。

说丘吉尔和奥威尔，以及其他许多人，可能为20世纪末的经济繁荣创造了条件，虽然有点夸张，但或许并不过分。丘吉尔作为战争领袖的行为使战后的世界成为可能。冷战是第二次世界大战的结果，后者的结束是由1940年发生的事件决定的，而丘吉尔正处于这些事件的中心。当时没有参战的俄国和美国最终将赢得这场战争，但在1940年，丘吉尔作为"没有输掉战争的那个人"[68] 具有重要意义，这是匈牙利出生的历史学家约翰·卢卡奇（John Lukacs）的评论，他本人在"二战"期间曾是纳粹的囚犯。英国作

家保罗·约翰逊（Paul Johnson）的一句话可能说得最好："每一个珍视法律保障下的自由，珍视由人民推选、来自人民、服务于人民的政府的人，都能在丘吉尔的人生故事中找到慰藉和信心。"[69]

经济增长为个人创造了空间，也为创造性的自我表达提供了机会。尽管互联网具有侵入性，但它在鼓励个人表达方面仍然是利大于弊的。在过去两个世纪的大部分时间里，通常需要拥有一定财力才可能成为出版商。现在情况不同了，任何会用电脑的人都可以向全世界广播观点、事实和图像。缺点是，政府和企业可以利用所有这些数据，使互联网成为《1984》中的双向电幕般的东西，但更加包罗万象，是一个结合了国家监督和资本主义商业的巨大机制。

奥威尔看到人们可能成为国家的奴隶，但他没有预见到，人也可能成为另一种让他感到恐惧的东西——公司的产品，人作为数据资源被无休止地挖掘、兜售。毫无疑问，如果奥威尔在世，他将会对这类事情提出强有力的抨击。

后记
丘吉尔与奥威尔的道路

在历史的关键时刻,丘吉尔和奥威尔所做的,首先是寻求事实的真相,然后按照自己的信仰行事。他们当时面对的威胁,可谓是世界末日临头,自己的生活随时可能被摧毁。在他们周围,许多人预测邪恶会取胜,以此作为妥协的理由,指望能与邪恶和平相处。丘吉尔和奥威尔却没有随波逐流,他们的武器是勇气和洞察力。如果说他们身上有什么智慧可以让人学习,那就是运用下面这两个步骤,尤其是在撼动心智的危机时刻:努力找出事实真相,然后遵循自己的原则作出回应。

他们的判断也常常有误[1],但他们不懈努力寻求问题的根源,这种精神同样重要。尤其是奥威尔,他一直努力要看透各种谎言、迷惑和干扰。他没有企图塑造符合自己观点的事实,而是让事实改变自己的观点。

当我们面对恐怖主义、全球变暖、国家内部的不平等和种族主义,以及惊慌失措的政客和蛊惑人心的领导人时,我们一定要好好记住丘吉尔和奥威尔是如何应对他们那个时代的重大事件的。他们尤其擅长看穿自己所属的社会群体的错觉,这种能力是一个特别有用的工具，也是交友和保持友谊的好方法。

不要忘了，我们中的大多数人，在大多数时候，不欢迎像奥威尔和丘吉尔那样的声音出现在我们中间。我们中的大多数人，在面对危机时，不会深入探讨问题，相反会竭力逃避。这就是20世纪30年代的绥靖主义：不处理问题，面对不可避免的严峻事实时采取逃避态度。

泰勒·布兰奇（Taylor Branch）在马丁·路德·金（Martin Luther King Jr.）传记的第一卷中反复使用了"心理逃避"[2]（psychological avoidance）这个词来描述美国白人对民权运动最初的主流反应。在20世纪50年代和60年代的美国，民权活动家面临的最大问题不是偏见本身，甚至在南方也不总是如此。最大的问题是人们抱有的一种不情愿的态度，即使是充满善意的人，面临一个脓疮般不能再等的错误，也不愿意出手解决。

1963年4月，金博士[*]在美国亚拉巴马州伯明翰的一个监狱里，他被指控在民权运动中参加游行和静坐而触犯了法律。他的律师给他带来了4月13日的《伯明翰新闻》（Birmingham News）。在第二页上，他看到了这么一个标题：白人神职人员敦促当地黑人退出示威活动。当地七位曾发言支持融合的白人宗教人士，反对马丁·路德·金发起的运动，称其"不明智、不合时宜"。[3] 这几位温和的神职人员告诫说，正确的做法是双方的极端分子都冷静下来，给人们时间。

因为没有其他纸张可用，金在报纸的空白处写下自己的回应，四天后完成。在这封"伯明翰城市监狱来信"中，金跟奥威尔和丘吉尔一样，只是要求人们看清自己眼前的东西。他首先说明自己在运动中做了什么事情以及是如何做的。他建议这几位神职人员，

---

[*] 即马丁·路德·金，他拥有神学博士学位。

"（1）收集事实，以确定不公正的事情是否存在"，接下来的三个步骤依次是："（2）谈判、（3）自我净化，以及（4）直接行动。"

如果是奥威尔，他会认为第一步收集事实是最具革命性的行为，就像《1984》中的温斯顿那样。金认为，在一个以事实为基础的世界里，个人有权对事实作出独立的认识和判断，政府必须努力去赢得公民的忠诚。当政府不能兑现承诺时，就会失去公民的忠诚。这一思想既具有深刻的革命性，又非常具有美国特色。

接下来，金陈述了摆在他面前的事实：

> 伯明翰可能是美国种族隔离最极端的城市。伯明翰警察的丑陋暴行在美国任何地方都众人皆知，其在法庭上对黑人的不公正待遇臭名昭著，这也是事实。在伯明翰，以黑人住房和教堂为目标的爆炸事件比美国其他任何城市都多。这些都是确凿、残酷的事实，尽管令人难以置信。

马丁·路德·金主张通过触犯法律来促使政府体面地对待公民，这难道不是自相矛盾吗？他回答说，完全不是，并指出，根据个人独立判断行事是一项永恒的权利。"任何提升人格的法律都是公正的，"他坚定地说，"任何贬低人格的法律都是不公正的。"

如果是奥威尔，他也很可能会接受这种区别。他也会同意马丁·路德·金以下的观点："如果我生活在一个国家，在那里，基督教信仰所珍视的某些原则受到压制，我相信我会公开主张触犯这些反宗教的法律。"

几页之后，金表达了对民权运动最终将取得胜利的信心，他断言道："受挫的正义比得胜的邪恶更强大"。[4] 这些话与丘吉尔在1940年春天的立场如出一辙。不出所料，金很快成为国家机器监视的对象。

在丘吉尔和奥威尔所处的时代，面对希特勒的崛起等问题，很多人选择了逃避。这些人的行为表明，逃避心态让他们在面临压迫时变得何等软弱。即使军事威胁已迫在眉睫，英国的统治阶级仍然无法鼓起勇气去捍卫自由民主的生活方式。对抗极权主义的威胁是非常复杂的挑战，它对我们的最低要求是认清其本质——一种致命的极权主义意识形态，不仅扼杀了人们的言论自由，还扼杀了人们的思考自由。对于像奥威尔和丘吉尔这样善于思考的人来说，这种扼杀是一种纯粹的折磨。

随着时间的推移，我们逐渐认识到在并不遥远的过去，谁才是真正的英雄。我们认识到，20世纪60年代真正引领美国的是马丁·路德·金、巴亚德·拉斯廷（Bayard Rustin[*]）、马尔科姆·X（Malcolm X[†]）和其他拒绝耐心等待的人。在其他国家，我们应该了解令东欧和俄罗斯转向另一体制的人：瓦茨拉夫·哈维尔（Václav Havel[‡]）、切斯瓦夫·米沃什、莱赫·瓦文萨（Lech Wałęsa[§]）、教皇约翰·保罗二世（Pope John Paul II）、亚历山大·索尔仁尼琴、安德烈·萨哈罗夫（Andrei Sakharov[¶]）和其他持不同政见的人。

与他们同时代的人大多走上了不同的道路。在这种情况下，大多数人的选择几乎总是错误的，至少在一开始是这样。出生于捷克的作家米兰·昆德拉（Milan Kundera）在《笑忘录》（*The Book of Laughter and Forgetting*）中写道，1948年春天，当苏联将斯大林主义强加给捷克斯洛伐克时，他们受到了"更有活力、更有才智、更优秀的人"[5]最热烈的欢迎。"是的，随你怎么说，共产党人是

---

[*] 非洲裔美国人，著名社会运动领导人。
[†] 非洲裔美国人，著名非裔美国民权运动领导人。
[‡] 异见人士领袖，后成为捷克总统。
[§] 异见人士领袖，后成为波兰总统。
[¶] 苏联原子物理学家。

更有才智的。他们有一个宏伟的计划，一个建立全新世界的计划，在那里每个人都能找到自己的位置。反对者没有伟大的梦想，只有一些令人厌烦、陈腐的道德原则，他们试图用这些原则来修补现有秩序的破裤子。"

捷克斯洛伐克共产党掌权后，开始系统化地抹掉过去。对于这个做法，奥威尔不会感到意外。昆德拉笔下一位即将多年身陷囹圄的历史学家这样说道："你通过抹去记忆清算一个民族……你毁掉它的书、它的文化、它的历史。"[6] 后来，昆德拉自己也走上了流亡之路。

拒绝随波逐流其实很难。要想与这些人中最有权势的角色决裂，需要不同寻常的坚定性格和清晰的头脑。但是，如果我们要想保留独立思考、发言和行动的权利，不任凭政府或时髦思想支配，而是以自己的良知行事，那么拒绝随波逐流是我们所有人都应该努力选择的一条道路。在大多数时间、大多数地方，自由不是通过军事行动获得的东西。相反，它是一种活生生的状态，每天都在增长或减少。它存在于我们如何思考和交流，在公共话语中如何对待彼此的方式中；存在于作为一个社会，我们所珍视、鼓励的东西是什么以及如何做到。丘吉尔和奥威尔为我们指明了道路。正如一百年前林肯在葛底斯堡所做的那样，金也在同样的道路上找到了拯救美国的方法。

我们都可以努力做到这一点[7]，追寻事情的真相，特别是关于自己国家的过去。事实具有深刻的双重效果。在阿根廷（Argentina）、南非和西班牙巴斯克（Basque country）部分地区开展的一系列"真相与和解"（truth and reconciliation）调解会＊表明，事实是非常有效的工具——不仅可以揭穿谎言，也可以为迈向未来

＊ 让受害人和施暴者自由地陈述在过去冲突期间发生的事情，受害人从施暴者那里得到真相，代价往往是放弃追究施暴者的责任，最后的目的是让真相完全曝光之后达成和解。

奠定基础。为了民主的繁荣，多数人必须尊重少数人大声提出异议的权利。准确的观点在一开始的时候几乎总是少数人的立场。不管是在俄罗斯、叙利亚，还是在美国国内，当权者往往想要转移人们对某一特定事件的注意力，即使存在铁一样的事实。为什么美国白人花了这么长时间才认识到，我们的警察经常把黑人当作需要恐吓的敌人，即使是在今天？为什么我们允许那些丝毫不具备丘吉尔那种对传统体制忠诚度的政治领导人自称为"保守派"？

努力想要看清事物的本质也许是西方文明的基本动力。从亚里士多德（Aristotle）和阿基米德（Archimedes）到洛克、休谟、密尔和达尔文（Darwin），从奥威尔和丘吉尔再到"伯明翰城市监狱来信"，有着一条绵长但直接的脉络：客观现实是一种真实的存在，凭着善意和真诚，人们可以认知这一现实，而且当这一现实被呈现给其他人时，他们也会因此改变观点。

致谢

非常感谢"新美国基金会"（New America Foundation）的彼得·伯根（Peter Bergen）、贝利·卡哈尔（Bailey Cahall）、安妮—玛丽·斯洛特（Anne-Marie Slaughter）和雷切尔·怀特（Rachel White）为我提供的多种帮助。艾米丽·施耐德（Emily Schneider）和贾斯汀·林奇（Justin Lynch）为我提供了有力的研究帮助。最后一轮的研究是由戴维·斯特曼（David Sterman）完成的，他在收集照片方面也做了大量的工作。

感谢亚利桑那州立大学（Arizona State University）在"新美国"的赞助下给予我的支持。

也感谢博格利亚斯科基金会（Bogliasco Foundation）的支持，他们为我提供了一个月的写作场所，并有一群优秀的研究员在晚上与我挑灯夜谈。

感谢凯瑟琳·基德尔（Katherine Kidder）和斯图尔特·蒙哥马利（Stuart Montgomery）为我提供的早期研究帮助，他们当时在新美国安全中心（Center for a New American Security）工作，对此我也深表感激。

有几位友人阅读了初稿的全部或部分内容，并提出了有益的建议。弗农·勒布（Vernon Loeb）再次慷慨地自愿参与，并以富有想象力的方式帮助我修改了手稿。李·波洛克（Lee Pollock）的评论和推荐帮助我完善和深化了关于丘吉尔的几个段落。理查德·丹齐格（Richard Danzig）的意见让我重新考虑如何把丘吉尔和奥威尔进行比较和对比。卡琳·切诺威斯（Karin Chenoweth）对20世纪30年代政治背景的思考，既是帮助也是启发。蒂姆·诺亚（Tim Noah）在思考后记方面也给了我相当大的帮助。卡伦·墨菲（Cullen Murphy）给了我非常有用的总体意见，让我认识到怎么才能使这本书更容易理解。理查德·维伯（Richard Wiebe）对初稿提出了宝贵的意见，特别是在章节旨在表述的内容与实际所写内容之间的差距。其他阅读本书并作出宝贵贡献的人还包括：迈克尔·阿布拉莫维茨（Michael Abramowitz）、艾伦·赫夫芬格（Ellen Heffelfinger）、理查德·科恩（Richard Kohn）、安妮—玛丽·托雷斯（Anne-Marie Torres）、詹姆斯·怀特（James White）、查尔斯·萨莫尔（Charles Summerall）和唐克·萨莫尔（Tunky Summerall）。谢默斯·奥斯本（Seamus Osborne）作为手稿的志愿监督者，表现令人钦佩。上面提到的所有人都不对本书中的任何内容承担任何责任。我在这之前写过五本书，在这个过程中我发现错误是不可避免的，而且这些错误都是我的。

感谢 http://georgeorwellnovels.com 和 www.winstonchurchill.org 网站上非常有用的信息。此外，还要感谢 http://Hansard.millbanksystems.com 网站上的议会记录。

我希望对数百名研究丘吉尔、奥威尔和"二战"的学者表示自己的感激之情。在写这本书的过程中，我阅读了他们的作品。我特别仰赖的作品，包括马丁·吉尔伯特的著作，他对丘吉尔的许多研究在过去几年里一直是我的指南。但我想补充的是，我最喜欢的丘吉尔传记是威廉·曼彻斯特（William Manchester）的多卷作品，也许是因为他的美国视角。吉尔伯特提供了权威的记录，但曼彻斯特让这些记录变得活灵活现。我还受到罗伊·詹金斯所著的丘吉尔传记的影响，他的传记相当于根据他本人的了解，对所有其他传记进行了一次润色。不过，关于丘吉尔最令人难忘的书还是丘吉尔本人所写的那些。

在奥威尔方面，我要感谢安迪·穆尔桑德（Andy Moursund）在1982年左右送给我一套四卷的奥威尔杂文集。

我要感谢杰出的编辑斯科特·莫耶斯（Scott Moyers）对这本书以及之前五本书的帮助，也要感谢他的团队成员——克里斯托弗·理查兹（Christopher Richards）、科亚拉·巴罗（Kiara Barrow），以及盖尔·布鲁塞尔（Gail Brussel）领导的出色宣传活动。如果没有斯科特，这本书会大不相同、大为逊色。如果文字编辑是一项奥运会项目的话，简·卡沃利纳（Jane Cavolina）一定会获得一枚金牌。我还将要继续仰赖我的文学经纪人安德鲁·怀利（Andrew Wylie）的建议。我还要感谢道路合唱团（Dow Road Choir）每周的鼓励。

一如既往，我感谢我的妻子在漫长的人生旅程中不离不弃地陪伴着我。

注释

第一章 两个叫温斯顿的人

1. Martin Gilbert, *Churchill and America* (New York: Free Press, 2005), 132.
2. "Bullet in the Neck," in Audrey Coppard and Bernard Crick, *Orwell Remembered* (New York: Facts on File Publications, 1984), 158.
3. 2015年7月14日与伦敦大学学院奥威尔档案馆特藏部的史蒂文·赖特（Steven Wright），以及2015年7月15日与剑桥大学丘吉尔学院丘吉尔档案中心的档案员路易丝·沃特林（Louise Watling）的交流。
4. Sir Charles Wilson, later Lord Moran, *Churchill: Taken from the Diaries of Lord Moran* (Boston: Houghton Mifflin, 1966), 426.
5. Violet Bonham Carter, *Winston Churchill: An Intimate Portrait* (New York: Harcourt, Brace & World, 1965), 416.
6. Isaiah Berlin, "Winston Churchill in 1940," in *Personal Impressions,* 2nd ed. (Princeton, N.J.: Princeton University Press, 2001), 5.
7. Winston Churchill, *Painting as a Pastime* (Greensboro, N.C.: Unicorn Press, 2013), 64.
8. 温斯顿·丘吉尔1939年9月3日议会辩论，在 *Hansard, Parliamentary Debates* 数据库网上查阅。该数据库在下文中简称 *Hansard*。
9. George Orwell, "Literature and Totalitarianism," *The Listener,* 19 June 1941, in *The Collected Essays, Journalism and Letters of George Orwell, Volume 2: My Country Right or Left, 1940–1943,* ed. Sonia Orwell and Ian Angus (New York: Harcourt Brace Jovanovich, 1968), 134. 该文献在下文中简称 Orwell, *CEJL*, vol. 2。
10. Discussed as such in John Rodden and John Rossi, *The Cambridge Introduction to George Orwell* (Cambridge, U.K.: Cambridge University Press, 2012), 105.
11. Simon Schama, "The Two Winstons" in the BBC television series *A History of Britain*, Series 3,

presented by Simon Schama (2002; A&E Home Video), DVD.
12. Roy Jenkins, *Churchill* (New York: Farrar, Straus and Giroux, 2001), 849.
13. 参见 Simon Read, *Winston Churchill Reporting: Adventures of a Young War Correspondent* (Boston: Da Capo, 2015)。
14. Rodden and Rossi, *Cambridge Introduction to George Orwell*, 107.

第二章　冒险家丘吉尔

1. Winston Churchill, *My Early Life: 1874–1904* (New York: Touchstone, 1996), 8.
2. Peregrine Churchill and Julian Mitchell, *Jennie: Lady Randolph Churchill, a Portrait with Letters* (New York: Ballantine, 1976), 128–129.
3. Churchill, *My Early Life*, 31.
4. Randolph S. Churchill, *Winston S. Churchill: Youth, 1874–1900* (Boston: Houghton Mifflin, 1966), 79. 也参见 Martin Gilbert, *Churchill: A Life* (New York: Henry Holt, 1991), 9。
5. R. Churchill, *Winston S. Churchill: Youth*, 119.
6. William Manchester, *The Last Lion: Visions of Glory, 1874–1932* (New York: Bantam, 1984), 137.
7. Roy Jenkins, *Churchill* (New York: Farrar, Straus and Giroux, 2001), 8.
8. 2014年2月5日，康·库格林在华盛顿特区新美国基金会(New America Foundation)的发言。
9. Michael Shelden, *Young Titan: The Making of Winston Churchill* (New York: Simon & Schuster, 2013), 34.
10. Paul Johnson, *Churchill* (New York: Penguin, 2010), 7.
11. R. Churchill, *Winston S. Churchill: Youth*, 99.
12. Churchill, *My Early Life*, 12.
13. 文献同上，13。
14. R. Churchill, *Winston S. Churchill: Youth*, 63.
15. 文献同上，109。
16. Churchill, *My Early Life*, 17.
17. David Freeman, "Putting Canards to Rest," *Finest Hour: The Journal of Winston Churchill* (Downers Grove, Il.: The Churchill Centre, Spring 2010): 38.
18. Churchill, *My Early Life*, 39.
19. 文献同上，25。
20. 文献同上，35。
21. 文献同上。
22. R. Churchill, *Winston S. Churchill: Youth*, 188–189.
23. 文献同上，191。
24. 文献同上，202。

25. Sir Charles Wilson, later Lord Moran, *Churchill: Taken from the Diaries of Lord Moran* (Boston: Houghton Mifflin, 1966), 281.
26. Winston S. Churchill, *Painting as a Pastime* (Greensboro, N.C.: Unicorn Press, 2013), 20.
27. Churchill, *My Early Life*, 109.
28. Jonathan Rose, *The Literary Churchill* (New Haven, Conn.: Yale University Press, 2015), 24.
29. Churchill, *My Early Life*, 111.
30. Edward Gibbon, *The Decline and Fall of the Roman Empire*, vol. III, ed. J. B. Bury (New York: Heritage Press, 1946), 2042.
31. Churchill, *My Early Life*, 186.
32. Con Coughlin, *Churchill's First War: Young Winston at War with the Afghans* (New York: St. Martin's, 2014), 112.
33. George Orwell, "Why I Write," reprinted in *Orwell and Politics*, ed. Peter Davison (Harmondsworth, U.K.: Penguin Books Limited, 2001), 463.
34. Moran, *Churchill*, 9.
35. Isaiah Berlin, "Winston Churchill in 1940," in *The Proper Study of Mankind: An Anthology of Essays* (London: Pimlico, 1998), 6.
36. John Howard Wilson, "'Not a Man for Whom I Ever Had Esteem': Evelyn Waugh on Winston Churchill," in *Waugh Without End:New Trends in Evelyn Waugh Studies*, ed. Carlos Villar Flor and Robert Murray Davis (Bern, Switzerland: Peter Lang, 2005), 251.
37. Ethel Barrymore, *Memories* (New York: Harper, 1955), 126.
38. Violet Bonham Carter, *Champion Redoubtable* (London: Weidenfeld & Nicolson, 1999), 21.
39. Violet Bonham Carter, *Winston Churchill: An Intimate Portrait*. (New York: Harcourt, Brace & World, 1965), 4.
40. Moran, *Churchill*, 559; and Rose, *The Literary Churchill*, 132.
41. R. W. Thompson, *Churchill and Morton* (London: Hodder & Stoughton, 1976), 71.
42. Bonham Carter, *Winston Churchill*, 383.
43. Moran, *Churchill*, 324–335.
44. Churchill, *My Early Life*, 212.
45. 文献同上。
46. Winston Churchill, *The Story of the Malakand Field Force* (Mineola, N.Y.: Dover, 2010), 131.
47. Coughlin, *Churchill's First War*, 204.
48. R. Churchill, *Winston S. Churchill: Youth*, 342, 353–354.
49. Ralph Martin, *Jennie: The Life of Lady Randolph Churchill*, vol. 2 (Englewood Cliffs, N.J.: Prentice-Hall, 1971), 125–126, 130.
50. Churchill, *The Story of the Malakand Field Force*, 29.
51. 文献同上，128。
52. R. Churchill, *Winston S. Churchill: Youth*, 365.
53. Simon Read, *Winston Churchill Reporting* (Boston: Da Capo, 2015), 90.

54. Churchill, *Winston S. Churchill: Youth,* 439.
55. Churchill, *My Early Life,* 244.
56. 文献同上，259。
57. 文献同上，274。
58. 文献同上，298。
59. R. Churchill, *Winston Churchill: Youth,* 514.
60. Bonham Carter, *Winston Churchill,* 6.
61. John Ramsden, *Man of the Century: Winston Churchill and His Legend Since 1945* (New York: Columbia University Press, 2002), 39.
62. Violet Bonham Carter, *Lantern Slides: The Diaries and Letters of Violet Bonham Carter,* ed. Mark Bonham Carter and Mark Pottle (London: Phoenix, 1997), 162.
63. Bonham Carter, *Winston Churchill,* 210.
64. Jenkins, *Churchill,* 133.
65. Boris Johnson, *The Churchill Factor: How One Man Made History* (New York: Riverhead, 2014), 118.
66. Mary Soames, ed., *Winston and Clementine: The Personal Letters of the Churchills* (Boston: Houghton Mifflin, 2001), 198.
67. Sonia Purnell, *Clementine: The Life of Mrs. Winston Churchill* (New York: Viking, 2015), 40, also 11, 18, 26.
68. Churchill, *Painting as a Pastime,* 36.
69. Soames, *Winston and Clementine,* 116.
70. 这一点是彼得·阿普斯（Peter Apps）在 2016 年 3 月 9 日的一次谈话中向我提出的。阿普斯著有 *Churchill in the Trenches,* Amazon, 2015。
71. Soames, *Winston and Clementine,* 164, 177.
72. 文献同上，195。彼得·阿普斯向我推荐了这个段落。
73. Christopher Ogden, *Life of the Party: The Biography of Pamela Digby Churchill Hayward Harriman* (New York: Little, Brown, 1994), 121.
74. Martin Gilbert, *Winston S. Churchill: The Prophet of Truth, Volume V: 1922–1939* (London: Minerva, 1990), 41.
75. Mary Lovell, *The Churchills in Love and War* (New York: W. W. Norton, 2011), 344.
76. Lord Beaverbrook, *Politicians and the War, 1914–1916* (London: Collins, 1960), 25.

第三章 警察奥威尔

1. Sarah Deming, "The Economic Importance of Indian Opium and Trade with China on Britain's Economy, 1843–1890," Whitman College, Economics Working Papers 25, Spring 2011, 4.
2. "Mrs. Ida Blair's Diary for 1905," in Audrey Coppard and Bernard Crick, *Orwell Remembered*

(New York: Facts on File Publications, 1984), 19.
3. Gordon Bowker, *George Orwell* (London: Abacus, 2004), 15.
4. "The Brother-in-Law Strikes Back," in Coppard and Crick, *Orwell Remembered*, 128.
5. George Orwell, "Why I Write," in, *Orwell and Politics*, ed. Peter Davison (Harmondsworth, U.K.: Penguin, 2001), 457.
6. George Orwell, "Such, Such Were the Joys," in *The Collected Essays, Journalism and Letters of George Orwell, Volume 4: In Front of Your Nose, 1945–1950*, ed. Sonia Orwell and Ian Angus (New York: Harcourt Brace Jovanovich, 1968), 360. 该文献在下文中简称 Orwell, *CEJL*, vol. 4。
7. 文献同上，359。
8. 文献同上，333—334。
9. 文献同上，339。
10. 文献同上，362。
11. Bowker, *George Orwell*, 91–92.
12. George Orwell, *The Collected Essays, Journalism and Letters of George Orwell, Volume 1: An Age Like This, 1920–1940*, ed. Sonia Orwell and Ian Angus (New York: Harcourt Brace Jovanovich, 1968), 45. 该文献在下文中简称 Orwell, *CEJL*, vol. 1。
13. Orwell, *CEJL*, vol. 4, 114.
14. George Orwell, "Shooting an Elephant," in *Orwell and Politics*, 18.
15. George Orwell, *Burmese Days* (New York: Harcourt Brace Jovanovich, 1974), 16–17.
16. 文献同上，17。
17. 文献同上。
18. 文献同上，22—23。
19. 文献同上，29。
20. 文献同上，208。
21. 文献同上，39。
22. 文献同上，43。
23. 文献同上，40。
24. Orwell, "Why I Write," in *Orwell and Politics*, 459.
25. Orwell, *Burmese Days*, 12.
26. 文献同上，118。
27. 文献同上，280。
28. Orwell, *CEJL*, vol. 1, 142.
29. Orwell, "Shooting an Elephant," in *Orwell and Politics*, 22.
30. "The Brother-in-Law Strikes Back," in Coppard and Crick, *Orwell Remembered*, 127.
31. "An Old Burma Hand," in Coppard and Crick, *Orwell Remembered*, 64. Also, Emma Larkin, *Finding George Orwell in Burma* (New York: Penguin, 2005), 249.

32. George Orwell, *The Road to Wigan Pier* (New York: Harvest, 1958), 148.
33. Quoted in Michael Shelden, *Orwell: The Authorized Biography* (New York: HarperCollins, 1991), 126.
34. Harold Nicolson, *The War Years: 1939–1945* (New York: Atheneum, 1967), 234.
35. Stephen Dorril, *Black Shirt: Sir Oswald Mosley and British Fascism* (Harmondsworth, U.K.: Penguin, 2007), 522. 也参见 Michael Bloch, *Closet Queens: Some 20th Century British Politicians* (New York: Little, Brown, 2015)。
36. Nicolson, *The War Years*, 57.
37. 文献同上，325。
38. 文献同上，433，435。
39. Orwell, *Down and Out in Paris and London* (New York: Mariner Books, 1972), 120.
40. 文献同上，14。
41. "A Philosopher in Paris," in Coppard and Crick, *Orwell Remembered*, 211. 颇为不同寻常的是，许多年以后，在1987年，艾耶尔在纽约参加一个聚会时，无意间看到在一间卧室里，拳王迈克·泰森（Mike Tyson）正在强迫模特娜奥米·坎贝尔（Naomi Campbell）与自己发生性关系。艾耶尔上前干预，觉得受到挑衅的泰森说："你他妈知道我是谁吗？我是世界重量级拳王。"艾耶尔回答道："我是[牛津大学]的前怀克汉姆（Wykeham）逻辑学教授。我们都是各自领域的杰出人物。我建议我们理智地讨论一下这个问题。" Ben Rogers, *A. J. Ayer: A Life* (New York: Grove, 2000), 344. 艾耶尔是电视名厨尼格拉·劳森（Nigella Lawson）的继父，也曾是奥威尔的朋友马尔科姆·马格里奇的战时同事。Muggeridge, *Like It Was: The Diaries of Malcolm Muggeridge*, ed. John Bright-Holmes (London: Collins, 1981), 364.
42. Orwell, *Down and Out*, 18.
43. 文献同上，70—71。
44. 文献同上，168。
45. 文献同上，174。
46. 文献同上，89。
47. George Orwell, *Diaries*, ed. Peter Davison (New York: W. W. Norton, 2012), 141.
48. Orwell, *Down and Out*, 130.
49. 文献同上，132。
50. 文献同上，36。
51. 文献同上，73。
52. George Orwell, "Antisemitism in Britain," in *The Collected Essays, Journalism and Letters of George Orwell, Volume 3: As I Please, 1943–1945*, ed. Sonia Orwell and Ian Angus (New York: Harcourt Brace Jovanovich, 1968), 332–341. 该文献在下文中简称 Orwell, *CEJL*, vol. 3。
53. John Newsinger, "Orwell, Anti-Semitism and the Holocaust," in *The Cambridge Companion to George Orwell*, ed. John Rodden (Cambridge, U.K.: Cambridge University Press, 2007), 124.
54. Muggeridge, *Like It Was*, 376.

注释

55. Orwell, *Down and Out*, 55–56.
56. 文献同上，68。
57. 文献同上, 120, 121。
58. George Orwell, *Keep the Aspidistra Flying*, in George Orwell omnibus (London: Secker & Warburg, 1976), 578.
59. Mary McCarthy, "The Writing on the Wall," *New York Review of Books*, 30 January 1969, accessed online.
60. Orwell omnibus (London: Secker & Warburg, 1976), 255.
61. Bernard Crick, "Orwell: A Photographic Essay," in *Reflections on America, 1984: An Orwell Symposium*, ed. Robert Mulvihill (Athens, Ga., and London: University of Georgia Press, 1986), 76.
62. "Jack Common's Recollections," in Coppard and Crick, *Orwell Remembered*, 142.
63. "A Memoir by Anthony Powell," in Coppard and Crick, *Orwell Remembered*, 244.
64. Orwell, *CEJL*, vol. 4, 205.
65. Orwell, *Down and Out*, 154.
66. Orwell, *Diaries*, 29.
67. 文献同上，37。
68. Orwell, "In Front of Your Nose," in *CEJL*, vol. 4, 125.
69. Shelden, *Orwell*, 236.
70. Orwell, *Diaries*, 80.
71. Stephen Wadhams, ed., *Remembering Orwell* (Harmondsworth, U.K.: Penguin, 1984), 115.
72. Orwell, *Wigan Pier*, 95–96.
73. Orwell, *Wigan Pier*, 104.
74. 文献同上，21。
75. 文献同上，35。
76. Peter Stansky and William Abrahams, *Orwell: The Transformation* (Palo Alto, Calif.: Stanford University Press, 1994), 186.
77. Orwell, *Wigan Pier*, 174.
78. 文献同上，182。
79. Orwell's italics, 文献同上, 127。
80. 文献同上，128。
81. "Hampstead Friendship," in Coppard and Crick, *Orwell Remembered*, 102.
82. Victor Gollancz, foreword to Orwell, *Wigan Pier*, xix.
83. 文献同上，x。
84. 这最后一句话借用了作家蒂莫西·诺亚（Timothy Noah）写给我的、评论这段话的说法。
85. Bernard Crick, *George Orwell: A Life* (New York: Penguin, 1980), 295.
86. 文献同上，204。

87. Shelden, *Orwell*, 246.
88. Crick, *George Orwell*, 312.

第四章　丘吉尔：30年代落魄记

1. Stephen Spender, *The Thirties and After* (New York: Random House, 1978), 4.
2. 这一段在很大程度上借鉴了理查德·奥弗里（Richard Overy）在他下面这部优秀著作中所阐述的研究成果：*The Twilight Years: The Paradox of Britain Between the Wars* (New York: Penguin, 2009), 273。汤因比的评论见38页和43页，对罗斯著作的引用见273页，费希尔的评论见316页，伍尔夫的评论见345页。
3. Harold Lasswell, *Essays on the Garrison State* (New Brunswick, N.J.: Transaction, 1997), 43.
4. Harold Nicolson, *Diaries and Letters*, 1930–1939, ed. Nigel Nicolson (London: Collins, 1966), 41.
5. Stanley Weintraub, *Shaw's People: Victoria to Churchill* (University Park, Pa., and London: Penn State University Press, 1996), 229.
6. Martin Gilbert, *Winston Churchill: The Wilderness Years* (Boston: Houghton Mifflin, 1984), 33.
7. See Winston Churchill, *Blood, Toil, Tears and Sweat: The Great Speeches*, ed. David Cannadine (Harmondsworth, U.K.: Penguin, 1990), xxxiv.
8. William Manchester, *The Caged Lion: Winston Spencer Churchill, 1932–1940* (London: Abacus, 1994), 88.
9. David Reynolds, *In Command of History: Churchill Fighting and Writing the Second World War* (New York: Random House, 2005), xx.
10. Winston S. Churchill, *The Second World War, Volume I: The Gathering Storm* (Boston: Houghton Mifflin, 1948), 667.
11. 参见 Stuart Ball, "Churchill and the Conservative Party," in *Winston Churchill in the Twenty-First Century*, ed. David Cannadine and Roland Quinault (Cambridge, U.K.: Cambridge University Press, 2004), 78。
12. Jonathan Rose, "England His Englands," in *The Cambridge Companion to George Orwell*, ed. John Rodden (Cambridge U.K.: Cambridge University Press, 2007), 37.
13. George Orwell, "Looking Back at the Spanish War," in *Orwell in Spain*, ed. Peter Davison (Harmondsworth, U.K.: Penguin, 2001), 358.
14. Robert Rhodes James, ed., *Chips: The Diaries of Sir Henry Channon*, ed. Robert Rhodes James (London: Weidenfeld & Nicolson, 1967), 62.
15. Ian Kershaw, *Making Friends with Hitler: Lord Londonderry, the Nazis and the Road to World War II* (New York: Penguin, 2004), 141, 177, 222.
16. 文献同上, xvii, 175, 258, 319.
17. Randolph S. Churchill, *Twenty-One Years* (Boston: Houghton Mifflin, 1965), 27.
18. Charlotte Mosley, ed., *The Mitfords: Letters Between Six Sisters* (New York: HarperCollins,

注释

2007), 28.

19. 文献同上，87, 89。也参见 David Cannadine, *Aspects of Aristocracy: Grandeur and Decline in Modern Britain* (New Haven, Conn.: Yale University Press, 1994), 142。
20. Mosley, *The Mitfords*, 103.
21. 文献同上，68。
22. David Faber, *Munich, 1938* (New York: Simon & Schuster, 2010), 88–89.
23. John Ramsden, *Man of the Century: Winston Churchill and His Legend Since 1945* (New York: Columbia University Press, 2002), 44.
24. Thomas Jones, *A Diary with Letters, 1931–1950* (Oxford: Oxford University Press, 1954), 181. 也参见 William McNeill, *Arnold J. Toynbee: A Life* (Oxford: Oxford University Press, 1989), 172。
25. Jones, *A Diary with Letters*, 390.
26. Nicolson, *Diaries and Letters*, 1930–1939), 342–343.
27. Jonathan Freedland, "Enemies Within," *The Spectator*, 11 February 2012.
28. Lord Halifax foreword to John Wrench, *Geoffrey Dawson and Our Times* (London: Hutchinson, 1955), 12.
29. No author, *The History of The Times, Volume IV, The 150th Anniversary and Beyond, Part II: 1921–1948* (London: Office of the Times, 1952), 887.
30. Wrench, *Geoffrey Dawson and Our Times*, 361.
31. *History of The Times*, vol. IV, part II, 946, 1009.
32. Quoted in Anthony Cave Brown, *C: The Secret Life of Sir Stewart Menzies, Spymaster to Winston Churchill* (New York: Macmillan, 1987), 183.
33. Keith Feiling, *The Life of Neville Chamberlain* (London: Macmillan, 1946), 323.
34. Kershaw, *Making Friends with Hitler*, 243.
35. Jones, *A Diary with Letters*, 247.
36. Quoted in Gilbert, *Churchill: The Wilderness Years*, 60.
37. Winston Churchill, Parliamentary debate, 7 November 1933, accessed online at *Hansard, Parliamentary Debates*. 该数据库在下文中简称 Hansard。
38. *Hansard*, 28 November 1934.
39. Faber, *Munich, 1938*, 16.
40. Gilbert, *Churchill: The Wilderness Years*, 78.
41. *Hansard*, 11 March 1935.
42. Gilbert, *Churchill: The Wilderness Years*, 215.
43. Martin Gilbert, *Winston S. Churchill: The Prophet of Truth, Volume V: 1922–1939* (London: Minerva, 1990), 889.
44. *Hansard*, 24 March 1938.
45. 托马斯·琼斯给亚伯拉罕·弗莱克斯纳（Abraham Flexner）的信，见 Jones, *A Diary with Letters*, 125。

46. 文献同上，175。
47. 文献同上，208。
48. 文献同上，219。
49. Tony Judt with Timothy Snyder, *Thinking the Twentieth Century* (New York: Penguin Press, 2012), 68.
50. *Hansard*, 13 March 1930.
51. Gilbert, *Churchill: The Wilderness Years*, 113.
52. 文献同上，106。
53. W. P. Crozier, *Off the Record: Political Interviews 1933–1943*, ed. A. J. P. Taylor (London: Hutchinson, 1973), 32.
54. *Hansard*, 2 May 1935.
55. Gilbert, *Churchill: The Wilderness Years*, 146.
56. 文献同上，171。
57. Churchill, *The Second World War, Vol. I: The Gathering Storm*, 219.
58. *Hansard*, 18 December 1934.
59. *Hansard*, 4 October 1938.
60. 有关庞森比祖上的有关资料，参见 Overy, *The Twilight Years*, 237。
61. Brian Gardner, *Churchill in Power: As Seen by His Contemporaries* (Boston: Houghton Mifflin, 1970), 11.
62. Gilbert, *Churchill: Prophet of Truth*, 822.
63. Iona Opie and Peter Opie, *The Lore and Language of Schoolchildren* (Oxford: Oxford University Press, 1959), 6.
64. Nicolson, *Diaries and Letters*, 280.
65. Churchill, *The Second World War, Vol. I: The Gathering Storm*, 222–224.
66. *Hansard*, 14 April 1937.
67. Churchill, *The Second World War, Vol. I: The Gathering Storm*, 258.
68. *Hansard*, 24 March 1938.
69. Faber, *Munich, 1938*, 177.
70. Gilbert, *Churchill: Prophet of Truth*, 925.
71. Quoted in A. L. Rowse, *Appeasement: A Study in Political Decline, 1933–1939* (New York: W. W. Norton, 1963), 83.
72. Gilbert, *Churchill: Prophet of Truth*, 978–979.
73. 所有引用均来自 *Hansard*, 3 October 1938。
74. *Hansard*, 5 October 1938.
75. *Hansard*, 6 October 1938.
76. Roy Jenkins, *Churchill* (New York: Farrar, Straus and Giroux, 2001), 530, 534.
77. Harold Nicolson, *The War Years: 1939–1945* (New York: Atheneum, 1967), 355.

注释

78. Faber, Munich, 1938, 432.
79. Jones, *A Diary with Letters*, 411.
80. Gilbert, *Churchill: Prophet of Truth*, 1016.
81. Faber, *Munich, 1938*, 432.
82. Robert Self, *Neville Chamberlain: A Biography* (London and Burlington, Vt.: Ashgate, 2006), 344–345.
83. Crozier, *Off the Record*, 120.
84. Simon Schama, *A History of Britain, Volume 3: The Fate of Empire: 1776–2000* (London: BBC, 2003), 384.
85. Jenkins, *Churchill*, 535.
86. Gilbert, *Churchill: Prophet of Truth*, 1039.
87. 文献同上，1041。
88. L. S. Amery, *My Political Life, Volume 3: The Unforgiving Years, 1929–1940* (London: Hutchinson, 1955), 279.
89. Williamson Murray, "Innovation: Past and Future," *Military Innovation in the Interwar Period*, ed. Williamson Murray and Allan Millett (Cambridge, U.K.: Cambridge University Press, 2006), 307.
90. "*Bericht ueber Besprechung am 23.5.1939*" [Minutes of a Conference on 23 May 39], Evidence Code Document 79, Nuremberg Documents. Accessed online at Harvard Law School Nuremberg Trials Project.
91. Gerhard Weinberg, *A World at Arms: A Global History of World War II*, 2nd ed. (Cambridge, U.K.: Cambridge University Press, 2006), 239 and passim.
92. *Hansard*, 8 June 1939.
93. Wrench, *Geoffrey Dawson and Our Times*, 394.
94. *Hansard*, 24 August 1939.

第五章　奥威尔的炼成：西班牙，1937年

1. George Orwell, *Homage to Catalonia* (New York: Harvest, 1980), 6.
2. David Boyd Haycock, *I Am Spain: The Spanish Civil War and the Men and Women Who Went to Fight Fascism* (London: Old Street, 2012), 67.
3. 文献同上，69。
4. George Orwell, *The Collected Essays, Journalism and Letters of George Orwell, Volume 1: An Age Like This, 1920–1940*, ed. Sonia Orwell and Ian Angus (New York: Harcourt Brace Jovanovich, 1968), 459. 该文献在下文中简称 Orwell, *CEJL*, vol. 1。
5. 文献同上，37。
6. 文献同上，256。
7. "Jennie Lee to Margaret M. Goalby," in George Orwell, *Orwell in Spain*, ed. Peter Davison

(Harmondsworth, U.K.: Penguin, 2001), 5.

8. Adam Hochschild, *Spain in Our Hearts: Americans in the Spanish Civil War, 1936–1939* (Boston: Houghton Mifflin Harcourt, 2016), 65.
9. "With the ILP in Spain," in Audrey Coppard and Bernard Crick, *Orwell Remembered* (New York: Facts on File Publications, 1984), 146–147.
10. Orwell, *Homage to Catalonia*, 16.
11. 文献同上，20。
12. Bernard Crick, *George Orwell: A Life* (New York: Penguin, 1992), 322.
13. Christopher Andrew and Vasili Mitrokhin, *The Sword and the Shield: The Mitrokhin Archive and the Secret History of the KGB* (New York: Basic Books, 1999), 76.
14. Orwell, *Homage to Catalonia*, 18.
15. Gordon Bowker, *George Orwell* (London: Abacus, 2004), 230.
16. Orwell, *Homage to Catalonia*, 72.
17. "In the Spanish Trenches" in Audrey Coppard and Bernard Crick, *Orwell Remembered* (New York: Facts on File Publications, 1984), 149.
18. 文献同上。
19. Stephen Wadhams, ed., *Remembering Orwell* (Harmondsworth, U.K.: Penguin, 1984), 79.
20. 文献同上，85。
21. Michael Shelden, *Orwell: The Authorized Biography* (New York: HarperCollins, 1991), 258.
22. Orwell, *CEJL*, vol. 1, 266.
23. Orwell, *Homage to Catalonia*, 109.
24. 文献同上，110。
25. Andrew and Mitrokhin, *The Sword and the Shield*, 74.
26. Orwell, *Homage to Catalonia*, 117.
27. 文献同上，121。
28. Geert Mak, *In Europe: Travels Through the Twentieth Century* (New York: Vintage, 2008), 321. 也参见 Winston S. Churchill, *The Second World War, Volume I: The Gathering Storm* (Boston: Houghton Mifflin, 1948), 185。丘吉尔在回忆录中没有指明酒店的名字，但丘吉尔档案显示，1935 年 12 月中旬给他的信件和电报都是发往科隆酒店的。参见 Churchill Papers, Churchill College, Cambridge, Document CHAR 2/238/131.\。
29. Orwell, *Homage to Catalonia*, 131.
30. 文献同上，64。
31. 文献同上，147。
32. 文献同上，51。
33. 文献同上，65。
34. 本段和前面几段受到与作家卡琳·切诺威思对话的启发。
35. 文献同上，160。

36. Wadhams, *Remembering Orwell*, 88–89.
37. Orwell, *Homage to Catalonia*, 185.
38. Shelden, *Orwell*, 267.
39. Orwell, *Homage to Catalonia*, 186.
40. "Bullet in the Neck," in Coppard and Crick, *Orwell Remembered*, 159.
41. Andreu Nin: Andrew and Mitrokhin, *The Sword and the Shield*, 73.
42. Shelden, *Orwell*, 270.
43. Orwell, *Homage to Catalonia*, 204.
44. 文献同上, 205, 198。
45. 文献同上, 198。
46. 文献同上, 208。
47. 文献同上, 224。
48. Haycock, *I Am Spain*, 256.
49. Ernest Hemingway, *For Whom the Bell Tolls* (New York: Scribner, 1993), 229.
50. 文献同上, 247。
51. Malcolm Muggeridge, *Chronicles of Wasted Time* (Vancouver, B.C., Canada: Regent College, 2006), 488.
52. "Escape from Spain," in *Orwell in Spain*, 26. 另一个略有不同的英译版本，见 Bowker, *George Orwell*, 227.
53. 这一段末尾处的观点受到与卡琳·切诺韦思多次电子邮件交流内容的启发。
54. Orwell, *Homage to Catalonia*, 231–232.
55. George Orwell, "Review of *The Tree of Gernika* by G. L. Steer; *Spanish Testament* by Arthur Koestler," *Time and Tide*, 5 February 1938, in Orwell, *CEJL*, vol. 1, 296.
56. George Orwell, *Orwell and Politics*, ed. Peter Davison (Harmondsworth, U.K.: Penguin, 2001), 26.
57. Hugh Kenner, "The Politics of the Plain Style," in *Reflections on America, 1984: An Orwell Symposium*, ed. Robert Mulvihill (Athens, Ga., and London: University of Georgia Press, 1986), 63.
58. George Orwell, "Spilling the Spanish Beans," in *CEJL*, vol. 1, 270.
59. George Orwell, "Why I Write," in *Orwell and Politics*, ed. Peter Davison (Harmondsworth, U.K.: Penguin, 2001), 461.
60. 文献同上。
61. George Orwell, *The Collected Essays, Journalism and Letters of George Orwell, Volume 2: My Country Right or Left, 1940–1943*, ed. Sonia Orwell and Ian Angus (New York: Harcourt Brace Jovanovich, 1968), 257. 该文献在下文中简称 Orwell, *CEJL*, vol. 2。
62. Shelden, *Orwell*, 281.
63. Lionel Trilling, introduction to Orwell, *Homage to Catalonia*, v.

64. "The 100 Best Non-Fiction Books of the Century," *National Review*, May 3, 1999.
65. Bowker, *George Orwell*, 237.
66. Orwell, *Orwell and Politics*, 104.
67. Orwell, *Homage to Catalonia*, 181.
68. 文献同上。
69. Orwell, *Orwell in Spain*, 171.
70. Quoted in Dorothy Boyd Rush, "Winston Churchill and the Spanish Civil War," *Social Science* (Spring 1979): 90. 本段借鉴了该文章的结论。
71. Orwell, *CEJL*, vol. 1, 539.
72. 本段末尾处的观点受到与卡琳·切诺韦思另一系列电子邮件交流的启发。
73. Orwell, *Orwell in Spain*, 269–273.
74. Robert Graves and Alan Hodge, *The Long Week-End: A Social History of Great Britain, 1918–1939* (London: Faber & Faber, 1940; reprinted New York: W. W. Norton, 1963). 参见 Sir Charles Wilson, later Lord Moran, *Churchill: Taken from the Diaries of Lord Moran* (Boston: Houghton Mifflin, 1966), 319。
75. Shelden, *Orwell*, 359.
76. George Orwell, *Diaries*, ed. Peter Davison (New York: W. W. Norton, 2012), 224–225。
77. 文献同上，230。
78. 文献同上，232。

第六章　丘吉尔的炼成：1940年春

1. Martin Gilbert, *Winston S. Churchill: The Prophet of Truth, Volume V: 1922–1939* (London: Minerva, 1990), 1013.
2. Walter Thompson, *Beside the Bulldog: The Intimate Memoirs of Churchill's Bodyguard* (London: Apollo, 2003), 76.
3. 内维尔·张伯伦1939年9月3日议会辩论，在 Hansard, Parliamentary Debates 数据库网上查阅。该数据库在下文中简称 Hansard。
4. Winston S. Churchill, *The Second World War, Volume I: The Gathering Storm* (Boston: Houghton Mifflin, 1948), 409.
5. *Hansard*, 3 September 1939.
6. George Orwell, "Orwell's Proposed Preface to *Animal Farm*," in *Orwell and Politics*, ed. Peter Davison (Harmondsworth, U.K.: Penguin, 2001), 311.
7. George Orwell, *The Collected Essays, Journalism and Letters of George Orwell, Volume 3: As I Please, 1943–1945,* ed. Sonia Orwell and Ian Angus (New York: Harcourt Brace Jovanovich, 1968), 199. 该文献在下文中简称 Orwell, *CEJL*, vol. 3。
8. Charlotte Mosley, ed., *The Mitfords: Letters Between Six Sisters* (New York: HarperCollins, 2007), 143.

注释

9. Warren F. Kimball, ed., *Churchill & Roosevelt: The Complete Correspondence, Volume 1: Alliance Emerging, October 1933–November 1942* (Princeton, N.J.: Princeton University Press, 1987), 24.
10. Churchill, *The Second World War, Vol. I: The Gathering Storm,* 440. 也参见以下作品中关于肯尼迪的讨论：Norman Gelb, *Dunkirk: The Complete Story of the First Step in the Defeat of Hitler* (New York: William Morrow, 1989), 46–47。
11. Winston S. Churchill, *The Second World War, Volume II: Their Finest Hour* (Boston: Houghton Mifflin, 1949), 23.
12. David Nasaw, *The Patriarch: The Remarkable Life and Turbulent Times of Joseph P. Kennedy* (New York: Penguin Press, 2012), 315. 也参见：497。
13. 文献同上，373。
14. 文献同上，331。
15. David Dilks, ed., *The Diaries of Sir Alexander Cadogan, 1938–1945,* (New York: G. P. Putnam's Sons, 1972), 37.
16. Churchill, *The Second World War, Vol. I: The Gathering Storm,* 255.
17. 文献同上，433。更多细节参见：Martin Gilbert, *Winston S. Churchill: Finest Hour, Volume VI: 1939–1941* (London: Heinemann, 1983), 32。
18. Paul Johnson, *Churchill* (New York: Penguin, 2010), 104.
19. Robert Self, *Neville Chamberlain: A Biography* (London and Burlington, Vt.: Ashgate Publishing, 2006), 388.
20. Roy Jenkins, *Churchill* (Farrar, Straus and Giroux, 2001), 553.
21. John Colville, *The Fringes of Power: 10 Downing Street Diaries, 1939–1955* (New York: W. W. Norton, 1985), 143.
22. Quoted in Harold Nicolson, *The War Years: 1939–1945* (New York: Atheneum, 1967), 186.
23. 文献同上，251。
24. Sir Ian Jacob, in John Wheeler-Bennett, ed., *Action This Day: Working with Churchill* (New York: St. Martin's, 1969),183.
25. 从这里开始的两页大量参考了 Gilbert, *Churchill: Finest Hour.* 306–317。这本文献的背后是丘吉尔在《风暴将至》(*The Gathering Storm*)结尾处的自述，即他《第二次世界大战回忆录》的第一卷。有关这个关键过渡期的一些特定方面，还引用了其他几处文献。有关乔治六世更倾向于选择哈利法克斯，参见：Joseph Lash, *Roosevelt and Churchill, 1939–1941: The Partnership That Saved the West* (New York: W. W. Norton 1976), 110–111, 也可参见：Brian Gardner, *Churchill in Power: As Seen by His Contemporaries* (Boston: Houghton Mifflin, 1969), 39。关于如果哈利法克斯成为首相，他可能对德国采取的态度，参见 Dennis Showalter, "Phony and Hot War, 1939–1940," in Dennis Showalter and Harold Deutsch, ed., *If the Allies Had Fallen: Sixty Alternate Scenarios of World War II* (London/New York: Frontline/Skyhorse, 2010)。战后，克莱芒蒂娜·丘吉尔（Clementine Churchill）在一次法国大使馆的晚宴上坐在哈利法克斯旁边，哈利法克斯向她抱怨说她丈夫正在成为保守党的负担。克莱蒂娜激烈地回应道："如果那时候国家得依靠你的话，我们可能已经输掉了这场战争。"参见：Sir Charles Wilson, later Lord Moran, *Churchill:*

Taken from the Diaries of Lord Moran (Boston: Houghton Mifflin, 1966), 472。克莱芒蒂娜说得很对，正如历史学家赛巴斯提安·哈夫纳（Sebastian Haffner）所指出的那样："1940 年和 1941 年如果不是丘吉尔的话，完全可以想象希特勒可能会赢得战争，并建立一个从大西洋延伸到乌拉尔（Urals）或更远的大日耳曼党卫军国家。"参见：Sebastian Haffner, *Churchill* (London: Haus, 2003), 104。

26. Churchill, *The Second World War, Vol. I: The Gathering Storm,* 662.
27. 文献同上。
28. Thompson, *Beside the Bulldog,* 84.
29. Colville, *The Fringes of Power,* 122.
30. Joshua Levine, *Forgotten Voices of the Blitz and the Battle for Britain* (London: Ebury, 2007), 37.
31. Anthony Cave Brown, *C: The Secret Life of Sir Stewart Menzies, Spymaster to Winston Churchill* (New York: Macmillan, 1987), 263.
32. Churchill, *The Second World War, Vol. I: The Gathering Storm,* 667.
33. Gilbert, *Churchill: Finest Hour,* 327.
34. Andrew Roberts, *Eminent Churchillians* (London: Phoenix, 1995), 159.
35. 文献同上，168。
36. Robert Rhodes James, ed., *Chips: The Diaries of Sir Henry Channon,* (London: Weidenfeld & Nicolson, 1967), 252. 也参见：Richard Toye, *The Roar of the Lion: The Untold Story of Churchill's World War II Speeches* (Oxford: Oxford University Press, 2013), 42。丘吉尔的话引用自 Churchill, *The Second World War, Vol. II: Their Finest Hour,* 10。
37. Nicolson, *The War Years,* 85.
38. *Hansard,* 13 May 1940.
39. Michael Shelden, *Young Titan: The Making of Winston Churchill* (New York: Simon & Schuster, 2013), 7.
40. George Orwell, "Letter to the Editor of *Time and Tide,*" in *The Collected Essays, Journalism and Letters of George Orwell, Volume 2: My Country Right or Left, 1940–1943,* ed. Sonia Orwell and Ian Angus (New York: Harcourt Brace Jovanovich, 1968), 28. 该文献在下文中简称 Orwell, *CEJL,* vol. 2。
41. Gilbert, *Churchill: Finest Hour,* 358.
42. Stephen Roskill, *Churchill and the Admirals* (New York: William Morrow, 1978), 126.
43. Nasaw, *The Patriarch,* 447.
44. 文献同上，350。
45. Orville Bullitt, ed., *For the President: Personal and Secret: Correspondence Between Franklin D. Roosevelt and William C. Bullitt* (Boston: Houghton Mifflin, 1972), 428.
46. Hastings Ismay, *The Memoirs of Lord Ismay* (London: Heinemann, 1960), 116.
47. Gelb, *Dunkirk,* 316.
48. Alistair Horne, *To Lose a Battle: France 1940* (Harmondsworth, U.K.: Penguin, 2007), 610.

49. Hans von Luck, *Panzer Commander: The Memoirs of Colonel Hans von Luck* (New York: Dell, 1989), 42.
50. Stephen Bungay, *The Most Dangerous Enemy: A History of the Battle of Britain* (London: Aurum Press, 2001), 31. 也参见：Levine, *Forgotten Voices of the Blitz*, 19–20。
51. John Lukacs, *Five Days in London: May 1940.* (New Haven, Conn.: Yale University Press, 2001), 42, 192. 也参见：Churchill, *The Second World War, Vol. II: Their Finest Hour*, 76。
52. Carlo D'Este, *Warlord: A Life of Winston Churchill at War, 1874–1945* (New York: HarperCollins, 2008), 425.
53. Earl Ziemke, "Rundstedt," in Correlli Barnett, ed., *Hitler's Generals* (London: Weidenfield & Nicolson, 1989), 191.
54. B. H. Liddell Hart, *The German Generals Talk* (New York: Berkley, 1958), 113, 115.
55. Ian Kershaw, *Fateful Choices: Ten Decisions That Changed the World, 1940–1941* (New York: Penguin, 2007), 27; Gerhard Weinberg, *A World at Arms: A Global History of World War II*, 2nd ed. (Cambridge, U.K.: Cambridge University Press, 2006), 131.
56. Horne, *To Lose a Battle*, 610.
57. Michael Shelden, *Orwell: The Authorized Biography* (New York: HarperCollins, 1991), 330.
58. 文献同上，331。
59. 文献同上。
60. Kershaw, *Fateful Choices*, 41.
61. Colville, *Fringes of Power*, 141.
62. Boris Johnson, *The Churchill Factor: How One Man Made History* (New York: Riverhead, 2014), 22.
63. Jenkins, *Churchill*, 602.
64. Dilks, *Diaries of Sir Alexander Cadogan*, 291.
65. Jenkins, *Churchill*, 604.
66. Lukacs, *Five Days in London*, 149, 155, 182–183.
67. Hugh Dalton, *The Fateful Years* (London: Frederick Muller, 1957), 336.
68. Churchill, *The Second World War, Vol. II: Their Finest Hour*, 90.
69. John Charmley, *Churchill: The End of Glory* (New York: Harcourt Brace, 1993), 400.
70. Simon Schama, *A History of Britain, Volume 3: The Fate of Empire: 1776–2000* (London: BBC, 2003), 398.
71. W. P. Crozier, *Off the Record: Political Interviews, 1933–1943*, ed. A. J. P. Taylor (London: Hutchinson, 1973), 221.
72. Richard Overy, *The Battle of Britain: The Myth and the Reality* (New York: W. W. Norton, 2001), 17.
73. Bungay, *The Most Dangerous Enemy*, 13.
74. Roberts, *Eminent Churchillians*, 137–138.
75. *Hansard*, 4 June 1940.

76. Anthony Storr, *Churchill's Black Dog, Kafka's Mice, and Other Phenomena of the Human Mind* (New York: Ballantine, 1990), 9.
77. Bungay, *The Most Dangerous Enemy*, 22.
78. Nicolson, *The War Years*, 93.
79. Levine, *Forgotten Voices of the Blitz*, 43–44.
80. C. P. Snow, "Winston Churchill," in *Variety of Men* (London: Macmillan, 1967), 111.
81. Gelb, *Dunkirk*, 213.
82. Cathal Nolan, *The Allure of Battle: A History of How Wars Have Been Won and Lost* (New York: Oxford University Press, 2017), 445.
83. Harold Macmillan, *The Blast of War, 1939–1945* (New York: Harper & Row, 1968), 81. 也参见：Gelb, *Dunkirk*, 311。
84. Churchill, *The Second World War, Vol. II: Their Finest Hour*, 256.
85. Len Deighton, *Battle of Britain* (New York: Coward, McCann & Geoghegan, 1980), 84.
86. Statement made to and quoted by Crozier in *Off the Record*, 184.
87. Daniel Todman, *Britain's War: Into Battle, 1937–1941* (Oxford: Oxford University Press, 2016), 379.
88. Levine, *Forgotten Voices of the Blitz*, 57–58.
89. Gelb, *Dunkirk*, 301.
90. Ismay, *Memoirs of Lord Ismay*, 127.
91. Gardner, *Churchill in Power*, 47.
92. Churchill, *The Second World War, Vol. II: Their Finest Hour*, 47.
93. Winston S. Churchill, *Painting as a Pastime* (Greensboro, N.C.: Unicorn Press, 2013), 48.
94. Gardner, *Churchill in Power*, 47.
95. Churchill, *The Second World War, Vol. II: Their Finest Hour*, 243.
96. 文献同上，217。
97. Walter Millis, *Arms and Men: A Study in American Military History* (New Brunswick, N.J.: Rutgers University Press, 1981), 275.
98. *Hansard*, 18 June 1940.
99. Jenkins, *Churchill*, 611. 根据这个思路，有一个网站专门比较丘吉尔和林肯：www.lincolnandchurchill.com。
100. George Orwell, "London Letter," *Partisan Review*, July–August 1942, in *Orwell and Politics*, 162.
101. Winston Churchill, "Never Give In" (speech, Harrow School, 29 October 1941), accessed online at the Web site of the Churchill Society.
102. George Orwell, *Diaries*, ed. Peter Davison (New York: W. W. Norton, 2012), 286.
103. 文献同上，292。
104. Gilbert, *Churchill: Finest Hour*, 642.

105. Sir Ian Jacob, in Wheeler-Bennett, *Action This Day*, 159.
106. Todman, *Britain's War*, 225.
107. Churchill, *The Second World War, Vol. I: The Gathering Storm*, 650.
108. Lukacs, *Five Days in London*, 190.
109. Lord Normanbrook, in Wheeler-Bennett, *Action This Day*, 22.
110. Sir Ian Jacob, 文献同上, 168。
111. Churchill, *The Second World War, Vol. I: The Gathering Storm*, 158.
112. R. W. Thompson, *Churchill and Morton* (London: Hodder & Stoughton, 1976), 95.
113. Churchill, *The Second World War, Vol. II: Their Finest Hour*. 243.
114. Winston S. Churchill, *The Second World War, Volume IV: The Hinge of Fate* (Boston: Houghton Mifflin, 1950), 934.
115. Churchill, *The Second World War, Vol. II: Their Finest Hour*, 681.
116. David Jablonsky, *Churchill: The Making of a Grand Strategist* (Carlisle, Pa.: Strategic Studies Institute, U.S. Army War College, 1990), 72.
117. Churchill, *The Second World War, Vol. I: The Gathering Storm*, 459.
118. 文献同上, 662。
119. Bungay, *The Most Dangerous Enemy*, 101.

第七章　抗击德国，示好美国：1940—1941年

1. Ronald Lewin, *Ultra Goes to War* (London: Hutchinson, 1978), 86.
2. Stephen Bungay, *The Most Dangerous Enemy: A History of the Battle of Britain* (London: Aurum Press, 2001), 111. 也参见：152。
3. Martin Gilbert, *Churchill and America* (New York: Free Press, 2005), 200–201.
4. Richard Overy, *The Battle of Britain: The Myth and the Reality* (New York: W. W. Norton, 2001), 45.
5. George Orwell, *Diaries*, ed. Peter Davison (New York: W. W. Norton, 2012), 282.
6. Thomas Jones, *A Diary with Letters, 1931–1950* (Oxford: Oxford University Press, 1954), 460.
7. 文献同上, 466。
8. No author, *The History of The Times, Volume IV, The 150th Anniversary and Beyond, Part II: 1921–1948* (London: Office of the Times, 1952), 1022.
9. *The Collected Essays, Journalism and Letters of George Orwell, Volume 3: As I Please, 1943–1945*, ed. Sonia Orwell and Ian Angus (New York: Harcourt Brace Jovanovich, 1968), 132. 该文献在下文中简称：Orwell, *CEJL*, vol. 3。有关皇家咖啡馆，举个例子：1895年，弗兰克·哈里斯（Frank Harris）在皇家咖啡馆与奥斯卡·王尔德（Oscar Wilde）见面，敦促他撤销对昆斯伯里侯爵（Marquess of Queensberry）的诽谤诉讼，说："你不知道将会发生什么。"王尔德愤怒地拒绝了，并继续毁掉自己的生活。Stanley Weintraub, *Shaw's People: Victoria*

to Churchill. (University Park, Pa., and London: State University Press, 1996), 46. 哈里斯这位维多利亚时代出身名门的绅士，自己有不少见不得人的丑事。多年后，他帮助丘吉尔签订了一份利润丰厚的出版合同。Peter Clarke, *Mr. Churchill's Profession: The Statesman as Author and the Book That Defined the "Special Relationship"* (London: Bloomsbury Press, 2012), 27. 关于哈里斯，现在人们记住他的主要原因是他写的《我的生活和爱》(*My Life and Loves*)一书，这部四卷本的书写的是他在性方面的冒险经历。

10. *Hansard*, 20 August 1940.
11. Joshua Levine, *Forgotten Voices of the Blitz and the Battle for Britain* (London: Ebury, 2007), 302.
12. Overy, *Battle of Britain*, 91.
13. Winston S. Churchill, *The Second World War, Volume II: Their Finest Hour* (Boston: Houghton Mifflin, 1949), 657.
14. Harold Nicolson, *The War Years: 1939–1945* (New York: Atheneum, 1967), 111.
15. Levine, *Forgotten Voices of the Blitz*, 91.
16. Peter Stansky, *The First Day of the Blitz* (New Haven, Conn.: Yale University Press, 2007), 1.
17. David Nasaw, *The Patriarch: The Remarkable Life and Turbulent Times of Joseph P. Kennedy* (New York: Penguin Press, 2012), 474.
18. 文献同上，477。
19. Peter Ackroyd, introduction to Levine, *Forgotten Voices of the Blitz*, 2.
20. Neil Wallington, *Firemen at War: The Work of London's Fire Fighters in the Second World War* (Huddersfield, U.K.: Jeremy Mills Publishing, 2007), 91.
21. Martin Gilbert, *Winston S. Churchill: Finest Hour, Volume VI: 1939–1941* (London: Heinemann, 1983), 775.
22. 有关丘吉尔在1940年9月15日视察战斗机大队总部的内容主要参考了：Churchill, *The Second World War, Vol. II: Their Finest Hour*, 332–336. 同时也参考了一些其他资料：Sir Charles Wilson, later Lord Moran, *Churchill: Taken from the Diaries of Lord Moran* (Boston: Houghton Mifflin, 1966), 320–321; Levine, *Forgotten Voices of the Blitz*, 289; and the entry for 15 September 1940 in the Royal Air Force's "Fighter Command Operational Diaries" Web site.
23. Churchill, *The Second World War, Vol. II: Their Finest Hour*, 332.
24. 文献同上，336。
25. Bungay, *The Most Dangerous Enemy*, 330.
26. Gilbert, *Churchill: Finest Hour*, 729.
27. Len Deighton, *Battle of Britain* (New York: Coward, McCann & Geoghegan, 1980), 174.
28. Bungay, *The Most Dangerous Enemy*, 371.
29. James Leutze, ed., *The London Journal of General Raymond E. Lee, 1940–1941* (Boston: Little, Brown, 1971), 62.
30. Moran, *Churchill*, 348.
31. Field Marshal Lord Alanbrooke, *The War Diaries: 1939–1945*, ed. Alex Danchev and Daniel

注释

Todman (Berkeley: University of California Press, 2002), 107.

32. John Colville, *The Fringes of Power: 10 Downing Street Diaries, 1939–1955* (New York: W. W. Norton, 1985), 370, 364, 394, 403, 442, 509.
33. 有关丘吉尔看以霍雷肖·霍恩布洛尔船长为主角的小说，参见：Winston S. Churchill, *The Second World War, Volume III: The Grand Alliance* (Boston: Houghton Mifflin, 1950), 429。有关丘吉尔看奥斯汀（Austen）的小说，参见：Winston S. Churchill, *The Second World War, Volume V: Closing the Ring* (Boston: Houghton Mifflin, 1951), 425。
34. Bungay, *The Most Dangerous Enemy*, 376–384.
35. Robin Prior, *When Britain Saved the West: The Story of 1940* (New Haven, Conn.: Yale University Press, 2015), 181.
36. Levine, *Forgotten Voices of the Blitz*, 137.
37. Bungay, *The Most Dangerous Enemy*, 125.
38. 文献同上，162。
39. John Lukacs, *The Duel: The Eighty-Day Struggle Between Churchill and Hitler* (Boston: Ticknor & Fields, 1991), 158.
40. Levine, *Forgotten Voices of the Blitz*, 137.
41. Bungay, *The Most Dangerous Enemy*, 244.
42. Levine, *Forgotten Voices of the Blitz*, 199, 239.
43. Bungay, *The Most Dangerous Enemy*, 292, 371–374.
44. Tom Harrisson, *Living Through the Blitz* (Harmondsworth, U.K.: Penguin, 1990), 105.
45. Bungay, *The Most Dangerous Enemy*, 115.
46. 文献同上，368。
47. Orwell, *Diaries*, 319.
48. Churchill, *The Second World War, Vol. II: Their Finest Hour*, 675.
49. Nasaw, *The Patriarch*, 498.
50. Michael Beschloss, *Kennedy and Roosevelt: The Uneasy Alliance* (New York: W. W. Norton, 1980), 229.
51. Charles Lindbergh, *The Wartime Journals of Charles A. Lindbergh* (Harcourt Brace Jovanovich, 1970), 420.
52. Churchill, *The Second World War, Vol. III: The Grand Alliance*, 22.
53. George McJimsey, *Harry Hopkins: Ally of the Poor and Defender of Democracy* (Cambridge, Mass.: Harvard University Press, 1987), 316.
54. The description of Hopkins as being the advisor closest to President Roosevelt is from Warren Kimball, *The Juggler: Franklin Roosevelt as Wartime Statesman* (Princeton, N.J.: Princeton University Press, 1991), 9.
55. "情绪不稳定"一词出自：Roy Jenkins, *Churchill* (Farrar, Straus and Giroux, 2001), 573；"一半时间都是醉醺醺的"出自：David Reynolds, *The Creation of the Anglo-American Alliance 1937–41: A Study in Competitive Co-operation* (Chapel Hill, N.C.: University of

North Carolina Press, 1982), 114.
56. Robert E. Sherwood, *Roosevelt and Hopkins: An Intimate History* (New York: Harper & Brothers, 1948), 232, 234, 302. 具体行程细节，参见 Thomas Parrish, *To Keep the British Isles Afloat: FDR's Men in Churchill's London, 1941* (London: Collins, 2009)。
57. The significance of Bracken meeting Hopkins is underscored in Parrish, *To Keep the British Isles Afloat*, 133.
58. 本段和下一段的引文出自 Sherwood, *Roosevelt and Hopkins*, 238.
59. Gilbert, *Churchill: Finest Hour*, 985–986.
60. Martin Gilbert, ed., *The Churchill War Papers: The Ever-Widening War, 1941* (New York: W. W. Norton, 1995), 59, 61, 76.
61. David Dilks, ed., *The Diaries of Sir Alexander Cadogan, 1938–1945*, (New York: G. P. Putnam's Sons, 1972), 348.
62. Moran, *Churchill*, 6. 霍普金斯低声耳语的情形，见 Hastings Ismay, *The Memoirs of Lord Ismay* (London: Heinemann, 1960), 216. 大约 26 年后，鲍伯·迪伦（Bob Dylan）在其备受争议的英国巡演中演奏电吉他，被一些人骂为"犹大"。他在格拉斯哥入住了同一家酒店，并在那里录制了几首歌曲。其中一首的标题晦涩难解，但霍普金斯可能会喜欢：《这算是什么朋友？》。Steve Hendry, "The King in Queen Street," Glasgow *Daily Record*, 4 October 2015, accessed online.
63. Churchill, *The Second World War, Vol. II: Their Finest Hour*, 690.
64. Parrish, *To Keep the British Isles Afloat*, 188.
65. Winston Churchill, *Blood, Toil, Tears and Sweat: The Great Speeches*, ed. David Cannadine (Harmondsworth, U.K.: Penguin, 1990), 213.
66. Leutze, *The London Journal of General Raymond E. Lee*, 258.
67. Richard Toye, *The Roar of the Lion: The Untold Story of Churchill's World War II Speeches* (Oxford: Oxford University Press, 2013), 91.
68. Christopher Thorne, *Allies of a Kind: The United States, Britain, and the War Against Japan, 1941–1945* (Oxford: Oxford University Press, 1979), 111.

第八章　丘吉尔、奥威尔及英国的阶级斗争：1941年

1. George Orwell, "The Lion and the Unicorn," in *The Collected Essays, Journalism and Letters of George Orwell, Volume 2: My Country Right or Left, 1940–1943*, ed. Sonia Orwell and Ian Angus (New York: Harcourt Brace Jovanovich, 1968), 88. 该文献在下文中简称 Orwell, *CEJL*, vol. 2.
2. George Orwell, *The Collected Essays, Journalism and Letters of George Orwell, Volume 1: An Age Like This, 1920–1940*, ed. Sonia Orwell and Ian Angus (New York: Harcourt Brace Jovanovich, 1968), 410. 该文献在下文中简称 Orwell, *CEJL*, vol. 1。
3. Michael Shelden, *Orwell: The Authorized Biography* (New York: HarperCollins, 1991), 289.
4. Bernard Crick, *George Orwell: A Life* (New York: Penguin, 1980), 391–392.

5. George Orwell, "Letter to John Lehmann," in *CEJL*, vol. 2, 29.
6. George Orwell, *Diaries*, ed. Peter Davison (New York: W. W. Norton, 2012), 325.
7. John Rodden and John Rossi, *The Cambridge Introduction to George Orwell* (Cambridge, U.K.: Cambridge University Press, 2012), 26.
8. Orwell, *CEJL*, vol. 1, 516.
9. Orwell, *CEJL*, vol. 2, 24.
10. Orwell, *Diaries*, 308.
11. Shelden, *Orwell*, 237.
12. George Orwell, "Letter to the Editor of *Time and Tide*," in *CEJL*, vol. 2, 27.
13. Cyril Connolly, *The Evening Colonnade* (London: David Bruce & Watson, 1973), 383.
14. Shelden, *Orwell*, 330.
15. Orwell, *Diaries*, 312.
16. 文献同上，313。
17. 文献同上，316。
18. Orwell, *CEJL*, vol. 2, 54.
19. John Rossi, "'My Country, Right or Left': Orwell's Patriotism," in *The Cambridge Companion to George Orwell*, ed. John Rodden (Cambridge, U.K.: Cambridge University Press, 2007), 94.
20. Orwell, "The Lion and the Unicorn," in *CEJL*, vol. 2, 67.
21. 文献同上，78。
22. George Orwell, "Wells, Hitler and the World State," 文献同上，142。
23. Gordon Bowker, *George Orwell* (London: Abacus, 2004), 293. 也参见：Orwell, *Diaries*, 366。
24. Stephen Wadhams, ed., *Remembering Orwell* (Harmondsworth, U.K.: Penguin, 1984), xii.
25. Orwell, *Diaries*, 344.
26. 文献同上，295。
27. Daniel Todman, *Britain's War: Into Battle, 1937–1941* (Oxford: Oxford University Press, 2016), 478.
28. Joshua Levine, *Forgotten Voices of the Blitz and the Battle for Britain* (London: Ebury, 2007), 345–348, and Churchill, *The Second World War, Volume II: Their Finest Hour*, 351.
29. Quoted in Robert Hewison, *Under Siege: Literary Life in London, 1939–1945* (New York: Oxford University Press, 1977), 39.
30. Orwell, "The Lion and the Unicorn," in Orwell, *CEJL*, vol. 2, 90.
31. Levine, *Forgotten Voices of the Blitz and the Battle for Britain*, 377. See also obituary of "Squadron Leader 'Stapme' Stapleton," *Telegraph* (London), 22 April 2010, accessed online.
32. James Leutze, ed., *The London Journal of General Raymond E. Lee, 1940–1941* (Boston: Little, Brown, 1971), 339.
33. 文献同上，463。

34. Orwell, "The Lion and the Unicorn," in *CEJL*, vol. 2, 71.
35. Len Deighton, *Battle of Britain* (New York: Coward, McCann & Geoghegan, 1980), 32.
36. Evelyn Waugh, *Officers and Gentlemen* (New York: Dell, 1961), 255.
37. Hugh Dundas, *Flying Start: A Fighter Pilot's War Years* (New York: St. Martin's Press, 1989), 6.
38. Levine, *Forgotten Voices of the Blitz*, 226.
39. George Orwell, "London Letter, 8 May 1942," in *Orwell and Politics*, ed. Peter Davison (Harmondsworth, U.K.: Penguin, 2001), 167.
40. Orwell, "The Lion and the Unicorn," in *CEJL*, vol. 2, 109.
41. John Colville, *The Fringes of Power: 10 Downing Street Diaries, 1939–1955* (New York: W. W. Norton, 1985), 282.
42. Deighton, *Battle of Britain*, 93.
43. Anthony Cave Brown, *C: The Secret Life of Sir Stewart Menzies, Spymaster to Winston Churchill* (New York: Macmillan, 1987), 113.
44. Colville, *The Fringes of Power*, 278.
45. 文献同上，278，433。
46. John Ramsden, *Man of the Century: Winston Churchill and His Legend Since 1945* (New York: Columbia University Press, 2002), 575.
47. Margaret Thatcher, *The Path to Power* (New York: HarperCollins, 1995), 27.
48. Churchill, *The Second World War, Vol. I: The Gathering Storm*, 760–763.
49. Martin Gilbert, *Winston S. Churchill: Finest Hour, Volume VI: 1939–1941* (London: Heinemann, 1983), 148.
50. Field Marshal Lord Alanbrooke, *The War Diaries: 1939–1945*, ed. Alex Danchev and Daniel Todman (Berkeley: University of California Press, 2002), 347.
51. Eliot Cohen, *Supreme Command: Soldiers, Statesmen, and Leadership in Wartime* (New York: Anchor, 2003), 127.
52. Winston S. Churchill, *The Second World War, Volume IV: The Hinge of Fate* (Boston: Houghton Mifflin, 1950), 916.
53. Orwell, "Lion and the Unicorn," in *CEJL*, vol. 2, 67.
54. 文献同上，85。
55. George Orwell, "The English People," in *The Collected Essays, Journalism and Letters of George Orwell, Volume 3: As I Please, 1943–1945*, ed. Sonia Orwell and Ian Angus (New York: Harcourt Brace Jovanovich, 1968), 21. 该文献在下文中简称 Orwell, *CEJL*, vol. 3。
56. Bowker, *George Orwell*, 123.
57. 有些人坚持认为，"英国人"（Britisher）不是一个真正的词，但乔治·马歇尔在与英国官员的通信中使用了这个词。例如，他在 1950 年 10 月 25 日写给路易斯·蒙巴顿伯爵的便条中就用了这个词，参见：*The Papers of George Catlett Marshall, Volume 7: "The Man of the Age*,*"* ed. Mark Stoler and Daniel Holt (Baltimore, Md.: Johns Hopkins University Press, 2016), 26。

58. 参见下面这条文献中有关"二战"的讨论：James Bowman, *Honor: A History* (New York: Encounter, 2006), 157。
59. Crick, *George Orwell,* 431.
60. 有关奥威尔的穿着，见 George Woodcock, *The Crystal Spirit: A Study of George Orwell* (Boston: Little, Brown, 1966), 23. 也参见 Audrey Coppard and Bernard Crick, *Orwell Remembered* (New York: Facts on File Publications, 1984), 203。
61. George Orwell, "London Letter," *Partisan Review,* July–August 1943, in *Orwell and Politics,* ed. Peter Davison (Harmondsworth, U.K.: Penguin, 2001), 181.
62. Martin Gilbert, *Churchill and America* (New York: Free Press, 2005), 157.
63. Max Hastings, *Winston's War: Churchill 1940–1945* (New York: Vintage, 2011), 40.
64. C. P. Snow, *Variety of Men* (London: Macmillan, 1967), 112–113.
65. Orwell, *Diaries,* 333.
66. 文献同上，345。
67. 文献同上，316。
68. 文献同上，317。
69. 文献同上，339。
70. 文献同上，342。
71. 文献同上，358。
72. Michael Simpson, *A Life of Admiral of the Fleet Andrew Cunningham* (Abingdon, U.K., and New York: Routledge, 2012), 62.
73. Winston S. Churchill, *The Second World War, Volume III: The Grand Alliance* (Boston: Houghton Mifflin, 1950), 242. My italics.
74. Quoted in Ronald Lewin, *Churchill as Warlord* (London: Scarborough, 1973), 72.
75. Alanbrooke, *The War Diaries,* 207.
76. 文献同上，226。
77. 文献同上。
78. Winston S. Churchill, *The Second World War, Volume II: Their Finest Hour* (Boston: Houghton Mifflin, 1949), 443.
79. Alanbrooke, *The War Diaries,* 207, 273.
80. A. L. Rowse, *The Churchills: The Story of a Family* (New York: Harper & Row, 1966), 471.
81. Churchill, *The Second World War, Vol. III: The Grand Alliance,* 28.
82. Winston S. Churchill, *Painting as a Pastime* (Greensboro, N.C.: Unicorn Press, 2013), 45–46.
83. Churchill, *The Second World War, Volume II: Their Finest Hour,* 548.
84. Orwell, *Diaries,* 354.
85. Winston S. Churchill, *The Second World War, Vol. III: The Grand Alliance,* 372.
86. Orwell, *Diaries,* 353.
87. George Orwell, "Notes on Nationalism," in Orwell, *CEJL,* vol. 3, 370.

88. George Orwell, *The War Commentaries*, ed. W. J. West (New York: Schocken Books, 1986), 40.
89. 文献同上，213—214。
90. 文献同上，138。
91. "That Curiously Crucified Expression," in Coppard and Crick, *Orwell Remembered*, 171.
92. George Orwell, "*Macbeth*," 17 October 1943, in *Orwell: The Lost Writings*, ed. W. J. West (New York: Arbor House, 1985), 160–161.
93. Bowker, *George Orwell*, 294.
94. Orwell, *Diaries*, 361.
95. 文献同上，390—391。
96. 文献同上，386。
97. Bowker, *George Orwell*, 294.
98. George Orwell, *Coming Up for Air*, in George Orwell omnibus (London: Secker & Warburg, 1976), 476.
99. Orwell, *Diaries*, 392.
100. 文献同上，361—362。
101. George Orwell, "Literature and Totalitarianism," in *CEJL*, vol. 2, 135.
102. Jeremy Lewis, *David Astor* (London: Jonathan Cape, 1980), chapter 2. No page number available from Kindle version.
103. Stephen Pritchard, "Astor and the *Observer*," *Observer*, 8 December 2001.
104. Roger Lewis, "How the *Observer*'s Celebrated Owner-Editor Coped with Being So Rich," *Guardian*, 18 February 2016.
105. "David Astor and the *Observer*," in Coppard and Crick, *Orwell Remembered*, 184.
106. Crick, *George Orwell*, 421.

第九章　美国参战：1941—1942年

1. Field Marshal Lord Alanbrooke, *The War Diaries: 1939–1945*, ed. Alex Danchev and Daniel Todman (Berkeley: University of California Press, 2002), 209; Roy Jenkins, *Churchill* (Farrar, Straus and Giroux, 2001), 800.
2. Winston S. Churchill, *The Second World War, Volume III: The Grand Alliance* (Boston: Houghton Mifflin, 1950), 607.
3. Winston Churchill, *Blood, Toil, Tears and Sweat: The Great Speeches*, ed. David Cannadine (Harmondsworth, U.K.: Penguin, 1990), 226.
4. 文献同上，227。
5. 文献同上，228—229。
6. 文献同上，230。

注释

7. 文献同上，232。
8. Sir Charles Wilson, later Lord Moran, *Churchill: Taken from the Diaries of Lord Moran* (Boston: Houghton Mifflin, 1966), 16. 也参见：Churchill, *The Second World War, Vol. III: The Grand Alliance,* 671。
9. Moran, *Churchill,* 17.
10. Churchill, *The Second World War, Vol. III: The Grand Alliance,* 686.
11. Robert E. Sherwood, *Roosevelt and Hopkins: An Intimate History* (New York: Harper & Brothers, 1948), 444.
12. Martin Gilbert, *Winston S. Churchill: The Prophet of Truth, Volume V: 1922–1939* (London: Minerva, 1990), 301.
13. Mary Soames, ed., *Winston and Clementine: The Personal Letters of the Churchills* (Houghton Mifflin, 2001), 331–332.
14. Winston S. Churchill, *The Second World War, Volume II: Their Finest Hour* (Boston: Houghton Mifflin, 1949), 553.
15. Andrew Roberts, *Eminent Churchillians* (London: Phoenix, 1995), 49.
16. George Orwell, *The Collected Essays, Journalism and Letters of George Orwell, Volume 2: My Country Right or Left, 1940–1943,* ed. Sonia Orwell and Ian Angus (New York: Harcourt Brace Jovanovich, 1968), 177. 该文献在下文中简称 Orwell, *CEJL*, vol. 2。
17. George Orwell, "As I Please," 22 November 1946, in *The Collected Essays, Journalism and Letters of George Orwell, Volume 4: In Front of Your Nose, 1945–1950,* ed. Sonia Orwell and Ian Angus (New York: Harcourt Brace Jovanovich, 1968), 247. 该文献在下文中简称 Orwell, *CEJL*, vol. 4。
18. George Orwell, "Mark Twain—The Licensed Jester," in *CEJL*, vol. 2, 326.
19. Bernard Crick, *George Orwell: A Life* (New York: Penguin, 1980), 247.
20. Randolph S. Churchill, *Winston S. Churchill: Youth, 1874–1900* (Boston: Houghton Mifflin, 1966), 369, 525.
21. Gordon Bowker, *George Orwell* (London: Abacus, 2004), 62. See also "Quixote on a Bicycle," in Audrey Coppard and Bernard Crick, *Orwell Remembered* (New York: Facts on File Publications, 1984), 256.
22. Charles Dickens, *The Life and Adventures of Martin Chuzzlewit* (New York: Penguin, 1986), 338, also 336–337, 346–347, 592, 607.
23. Christopher Hitchens, *Why Orwell Matters* (New York: MJF Books, 2002), 104.
24. Norman Longmate, *The G.I.'s: The Americans in Britain, 1942–1945* (New York: Scribner, 1975), 228, 43, 36.
25. John Charmley, *Churchill: The End of Glory* (New York: Harcourt Brace, 1993), 449.
26. Parliamentary debates, 27, 28, 29 January 1942, *Hansard, Parliamentary Debates.* 该文献在下文中简称 *Hansard*。
27. Harold Nicolson, *The War Years: 1939–1945* (New York: Atheneum, 1967), 209,
28. Parliamentary debates, 27, 28, 29 January 1942, *Hansard, Parliamentary Debates.* 该文献在下

文中简称, *Hansard*。

29. Winston S. Churchill, *The Second World War, Volume IV: The Hinge of Fate* (Boston: Houghton Mifflin, 1950), 92.
30. Orwell, *CEJL*, vol. 2, 209.
31. George Orwell, *Diaries*, ed. Peter Davison (New York: W. W. Norton, 2012), 396–397.
32. Stephen Wadhams, ed., *Remembering Orwell* (Harmondsworth, U.K.: Penguin, 1984), 129–130.
33. 文献同上, 130。
34. Crick, *George Orwell*, 432.
35. Churchill, *The Second World War, Vol. IV: The Hinge of Fate*, 209.
36. 文献同上, 134。
37. 文献同上, 201。
38. Winston S. Churchill, *The Second World War, Volume V: Closing the Ring* (Boston: Houghton Mifflin, 1951), 270.
39. Warren F. Kimball, ed., *Churchill & Roosevelt: The Complete Correspondence, Volume 1: Alliance Emerging, October 1933–November 1942* (Princeton, N.J.: Princeton University Press, 1987), 447–448.
40. Orwell, *Diaries*, 371.
41. *Hansard*, July 2, 1942.
42. Simon Berthon and Joanna Potts, *Warlords: An Extraordinary Re-creation of World War II Through the Eyes and Minds of Hitler, Churchill, Roosevelt, and Stalin* (Cambridge, Mass.: Da Capo, 2006), 150.
43. Churchill, *The Second World War, Vol. IV: The Hinge of Fate*, 382–383. 这里的描述也参考了 Hastings Ismay, *The Memoirs of Lord Ismay* (London: Heinemann, 1960), 254–255; 参考了 Sherwood, *Roosevelt and Hopkins*, 204; 并参考了 Department of State, *Foreign Relations of the United States, The Second Washington Conference* (Washington, D.C.: U.S. Government Printing Office, 1968), 437.
44. Moran, *Churchill*, 41.
45. Kim Philby, *My Silent War* (New York: Modern Library, 2002), 174. See also Andrew Marr, *A History of Modern Britain* (London: Pan Macmillan, 2009), 141.
46. John Charmley, "Churchill and the American Alliance," in *Winston Churchill in the Twenty-First Century*, ed. David Cannadine and Roland Quinault (Cambridge, U.K.: Cambridge University Press, 2004), 146.
47. Max Hastings, *Winston's War: Churchill 1940–1945* (New York: Vintage, 2011), 149.
48. Harold Nicolson, *Diaries and Letters, 1930–1939*, ed. Nigel Nicolson (London: Collins, 1966), 205.
49. 文献同上, 189。
50. Harold Nicolson, *The War Years: 1939–1945* (New York: Atheneum, 1967), 328.
51. Harold Macmillan, *The Blast of War, 1939–1945* (New York: Harper & Row, 1968), 121, 359.

52. Oliver Harvey, *War Diaries, 1941–1945*, ed. John Harvey (New York: HarperCollins, 1978), 37.
53. 文献同上，85。
54. 文献同上，141。
55. James Boswell, *The Life of Samuel Johnson, Volume III* (Oxford: Talboys and Wheeler, 1826), 180.
56. Andrew Roberts, *"The Holy Fox" : A Biography of Lord Halifax* (London: Weidenfeld & Nicolson, 1991), 281–282.
57. Anthony Eden, *The Reckoning: The Memoirs of Anthony Eden* (Boston: Houghton Mifflin, 1965), 158–159.

第十章　严酷的战后世界：1943年

1. Norman Longmate, *The G.I.'s: The Americans in Britain, 1942–1945* (New York: Scribner, 1975), 62.
2. George Orwell, *The Collected Essays, Journalism and Letters of George Orwell, Volume 2: My Country Right or Left, 1940–1943*, ed. Sonia Orwell and Ian Angus (New York: Harcourt Brace Jovanovich, 1968), 236. 该文献在下文中简称 Orwell, *CEJL*, vol. 2.
3. *George C. Marshall: Interviews and Reminiscences for Forrest C. Pogue*, ed. Larry I. Bland (Lexington, Va.: George C. Marshall Foundation, 1996), 608, 613.
4. Martin Gilbert, *Winston S. Churchill: Road to Victory, Volume VII: 1941–1945* (London: Heinemann, 1989), 293.
5. Eric Larrabee, *Commander in Chief: Franklin Delano Roosevelt, His Lieutenants, and Their War* (New York: Harper & Row, 1987), 184.
6. Ronald Lewin, *Churchill as Warlord* (London: Scarborough, 1973), 184.
7. Hastings Ismay, *The Memoirs of Lord Ismay* (London: Heinemann, 1960), 288.
8. Field Marshal Lord Alanbrooke, *The War Diaries: 1939–1945*, ed. Alex Danchev and Daniel Todman (Berkeley: University of California Press, 2002), 364.
9. Gilbert, *Churchill: Road to Victory,* 296.
10. "Joint Chiefs of Staff Minutes of a Meeting at the White House, January 7, 1943," *Foreign Relations of the United States: The Conferences at Washington, 1941–1942, and Casablanca, 1943* (Washington, D.C.: U.S. Government Printing Office, 1968), 510.
11. "Meeting of Roosevelt with the Joint Chiefs of Staff, January 15, 1943, 10 a.m., President's Villa," *Foreign Relations of the United States, Washington and Casablanca Conferences,* 559.
12. Steven Rearden, *Council of War: A History of the Joint Chiefs of Staff, 1942–1991* (Washington, D.C.: NDU Press, 2012),13–14.
13. Albert Wedemeyer, *Wedemeyer Reports!* (New York: Henry Holt, 1958), 191–192. 战争结束很久之后，马歇尔给丘吉尔写信说："我不知道我跟谁的争论比跟你的争论更多，我也不知道还有谁让我更加敬佩。" *The Papers of George Catlett Marshall, Volume 7: "The Man of the Age,"* ed. Mark Stoler and Daniel Holt (Baltimore, Md.: Johns Hopkins University

Press, 2016), 986.

14. Oliver Harvey, *War Diaries, 1941–1945,* ed. John Harvey (New York: HarperCollins, 1978), 287.

15. Alanbrooke, *The War Diaries,* 419.

16. Sir Charles Wilson, later Lord Moran, *Churchill: Taken from the Diaries of Lord Moran* (Boston: Houghton Mifflin, 1966), 767.

17. Alanbrooke, *The War Diaries,* 384.

18. Harold Nicolson, *The War Years: 1939–1945* (New York: Atheneum, 1967), 347.

19. Winston S. Churchill, *The Second World War, Volume IV: The Hinge of Fate* (Boston: Houghton Mifflin, 1950), 733–734.

20. "Meeting of the Combined Chiefs of Staff, May 13, 1943, 10:30 a.m., Board of Governors Room, Federal Reserve Building," *Foreign Relations of the United States: The Conferences at Washington and Quebec, 1943* (Washington, D.C.: Government Printing Office, 1970), 45.

21. Alanbrooke, *The War Diaries,* 233.

22. David Dilks, ed., *The Diaries of Sir Alexander Cadogan, 1938–1945,* (New York: G. P. Putnam's Sons, 1972), 484.

23. Field Marshal Lord Alanbrooke, *The War Diaries,* 370.

24. Violet Bonham Carter, *Winston Churchill: An Intimate Portrait* (New York: Harcourt, Brace & World, 1965), 172.

25. William Manchester, *The Caged Lion: Winston Spencer Churchill, 1932–1940* (London: Abacus, 1994), 25.

26. G. S. Harvie-Watt, *Most of My Life* (London: Springwood, 1980), 53.

27. Eleanor Roosevelt, "Churchill at the White House," *Atlantic Monthly,* March 1965, accessed online.

28. Winston S. Churchill, *The Second World War, Volume V: Closing the Ring* (Boston: Houghton Mifflin, 1951), 405.

29. Moran, *Churchill,* 145.

30. Warren F. Kimball, ed., *Churchill & Roosevelt: The Complete Correspondence, Volume 2: Alliance Forged, November 1942–February 1944* (Princeton, N.J.: Princeton University Press, 1987), 596.

31. Robert E. Sherwood, *Roosevelt and Hopkins: An Intimate History* (New York: Harper & Brothers, 1948), 781. Color of pencil is from Richard Overy, *Why the Allies Won* (New York: W. W. Norton, 1996), 246.

32. Warren F. Kimball, ed., *Churchill & Roosevelt: The Complete Correspondence, Volume 1: Alliance Emerging, October 1933–November 1942* (Princeton, N.J.: Princeton University Press, 1987), 206, 642. Elliott Roosevelt, *As He Saw It* (New York: Duell, Sloan and Pearce, 1946), 190. 斯大林被称为这场晚宴的东道主，参见：Jon Meacham, *Franklin and Winston: An Intimate Portrait of an Epic Friendship* (New York: Random House, 2004), 258。另外，美国国务院也有对这次晚宴的记录，但内容有所保留，即使是在机密文件中也没有提

到埃利奥特·罗斯福的发言，参见：U.S. Department of State, *Foreign Relations of the United States: The Conferences at Cairo and Tehran* (Washington, D.C.: U.S. Government Printing Office, 1961), 552-555。

33. Churchill, *The Second World War, Vol. 5: Closing the Ring,* 374.
34. Benjamin Fischer, "The Katyn Controversy: Stalin's Killing Field," *Studies in Intelligence,* CIA (Winter 1999–2000), accessed online.
35. This synopsis, which has been excised from editions of the complete trilogy, is available online at www.abbotshill.freeserve.co .uk/USIntro.htm.
36. Dilkes, *Diaries of Sir Alexander Cadogan,* 580.
37. Alanbrooke, *The War Diaries,* 544.
38. Violet Bonham Carter, *Champion Redoubtable* (London: Weidenfeld & Nicolson, 1999), 312–313.
39. John Colville, *The Fringes of Power: 10 Downing Street Diaries, 1939–1955* (New York: W. W. Norton, 1985), 158.
40. Diana Cooper, *Trumpets from the Steep* (London: Century, 1960), 154.
41. Moran, *Churchill,* 22.
42. 见 George Orwell, "Letter to Roger Senhouse," in *The Collected Essays, Journalism and Letters of George Orwell, Volume 4: In Front of Your Nose, 1945–1950,* ed. Sonia Orwell and Ian Angus (New York: Harcourt Brace Jovanovich, 1968), 132.
43. George Orwell, "Letter to L. F. Rushbrook-Williams," in *CEJL*, vol. 2, 316.
44. George Orwell, *The Collected Essays, Journalism and Letters of George Orwell, Volume 3: As I Please, 1943–1945,* ed. Sonia Orwell and Ian Angus (New York: Harcourt Brace Jovanovich, 1968), 54.

第十一章 《动物庄园》：1943—1945年

1. Malcolm Muggeridge, *Like It Was: The Diaries of Malcolm Muggeridge,* ed. John Bright-Holmes (London: Collins, 1981), 410.
2. Sir Charles Wilson, later Lord Moran, *Churchill: Taken from the Diaries of Lord Moran* (Boston: Houghton Mifflin, 1966), 199.
3. George Orwell, "On Kipling's Death," in *The Collected Essays, Journalism and Letters of George Orwell, Volume 1: An Age Like This, 1920–1940,* ed. Sonia Orwell and Ian Angus (New York: Harcourt Brace Jovanovich, 1968), 159–160. 该文献在下文中简称 Orwell, *CEJL*, vol. 1。
4. Beatrix Potter, *The Tale of Peter Rabbit,* accessed online at Project Gutenberg.
5. Kenneth Grahame, *The Wind in the Willows* (New York: Grosset & Dunlap, 1913), 3.
6. 文献同上，11—12。
7. George Orwell, "Some Thoughts on the Common Toad," in *The Collected Essays, Journalism and Letters of George Orwell, Volume 4: In Front of Your Nose, 1945–1950,* ed. Sonia Orwell and Ian Angus (New York: Harcourt Brace Jovanovich, 1968), 142. 该文献在下文中简

称 Orwell, *CEJL,* vol. 4。

8. George Orwell, *Diaries,* ed. Peter Davison (New York: W. W. Norton, 2012), 380.
9. 关于"红狮酒馆"这个名字的巧合，是杰弗里·迈耶斯（Jeffrey Meyers）在下面这本书中提出的：*Orwell: Life and Art* (Champaign, Ill.: University of Illinois Press, 2010), 112。然而，"红狮"是英国酒吧最常见的名字，根据"英国酒馆指南"（Pubs Galore）最近的一次统计，全英国有五百多家酒馆都叫这个名字，其中有一家便位于威灵顿。
10. George Orwell, *Animal Farm* (New York: New American Library, 1974), 35.
11. 文献同上，40—41。
12. Orwell, *Diaries,* 471.
13. Quoted in Gordon Bowker, *George Orwell* (London: Abacus, 2004), 358–359.
14. Orwell, *Animal Farm,* 58.
15. 文献同上，59。
16. 文献同上，83。
17. 文献同上，122。
18. 文献同上，123。
19. George Orwell, "Literature and Totalitarianism," *The Listener,* 19 June 1941, in *The Collected Essays, Journalism and Letters of George Orwell, Volume 2: My Country Right or Left, 1940–1943,* ed. Sonia Orwell and Ian Angus (New York: Harcourt Brace Jovanovich, 1968), 134. 该文献在下文中简称 Orwell, *CEJL,* vol. 2。
20. George Orwell, *Orwell and Politics,* ed. Peter Davison (Harmondsworth, U.K.: Penguin, 2001), 384.
21. Orwell, *Animal Farm,* 128.
22. No. 3128, "To Dwight Macdonald," 5 December 1946, in Peter Davison, ed., *The Complete Works of George Orwell, Volume 18* (London: Secker & Warburg, 1998), 507.
23. Stephen Wadhams, ed., *Remembering Orwell* (Harmondsworth, U.K.: Penguin, 1984), 131.
24. E. B. White, "A Letter from E. B. White," on the Web site of HarperCollins.
25. Christopher Andrew and Vasili Mitrokhin, *The Sword and the Shield: The Mitrokhin Archive and the Secret History of the KGB* (New York: Basic Books, 1999), 87.
26. Anthony Cave Brown, *Treason in the Blood: H. St. John Philby, Kim Philby, and the Spy Case of the Century* (Boston: Houghton Mifflin, 1994), 222.
27. Andrew and Mitrokhin, *The Sword and the Shield,* 67. 亦参见：Brown, *Treason in the Blood,* 79。
28. Andrew and Mitrokhin, *The Sword and the Shield,* 74–75.
29. Bernard Crick, *George Orwell: A Life (*New York: Penguin, 1980), 454.
30. 文献同上，458。也参见：Alison Flood, "'It Needs More Public-Spirited Pigs': T. S. Eliot's Rejection of Orwell's Animal Farm," *Guardian,* 26 May 2016。有关拒稿的出版商总数，参见：John Rodden and John Rossi, *The Cambridge Introduction to George Orwell* (Cambridge, U.K.: Cambridge University Press, 2012); and Crick, *George Orwell,* 452–462。
31. Rodden and Rossi, *Cambridge Introduction to Orwell,* 77.

32. George Orwell, *The Collected Essays, Journalism and Letters of George Orwell, Volume 3: As I Please, 1943–1945,* ed. Sonia Orwell and Ian Angus (New York: Harcourt Brace Jovanovich, 1968), 141. 该文献在下文中简称 Orwell, *CEJL,* vol. 3。
33. Wadhams, *Remembering Orwell,* 131.
34. Crick, *George Orwell,* 465.
35. Audrey Coppard and Bernard Crick, *Orwell Remembered* (New York: Facts on File Publications, 1984), 186–187.
36. Bowker, *George Orwell,* 472. 有意思的是，这份说明并没有包括在下面这部奥威尔作品的合集中：*Collected Essays, Journalism and Letters*。
37. Bowker, *George Orwell,* 329.
38. Coppard and Crick, *Orwell Remembered,* 187.
39. Orwell, *CEJL,* vol. 3, 359.
40. George Woodcock, *The Crystal Spirit* (New York: Schocken Books, 1984), 31.
41. Coppard and Crick, *Orwell Remembered,* 197.
42. Orwell, *CEJL,* vol. 4, 104.
43. Bowker, *George Orwell,* 330–331.
44. Rodden and Rossi, *Cambridge Introduction to Orwell,* 59.
45. Bowker, *George Orwell,* 484.
46. Wadhams, *Remembering Orwell,* 166.
47. George Orwell, "Politics and the English Language," in *Orwell and Politics,* 409.
48. 文献同上，410。
49. 文献同上，406。
50. Manchester, *The Caged Lion,* 26.
51. Sir John Martin, in John Wheeler-Bennett, ed., *Action This Day: Working with Churchill* (New York: St. Martin's, 1969), 146–147.
52. John Colville, *Winston Churchill and His Inner Circle* (New York: Wyndham, 1981), 155.
53. Winston S. Churchill, *The Second World War, Volume VI: Triumph and Tragedy* (Boston: Houghton Mifflin, 1953), 749.
54. Winston S. Churchill, *The Second World War, Volume I: The Gathering Storm* (Boston: Houghton Mifflin, 1948), 166.
55. 引自：Harold Macmillan, *The Blast of War 1939–1945* (New York: Harper & Row, 1968), 84.
56. Warren F. Kimball, ed., *Churchill & Roosevelt: The Complete Correspondence, Volume 2: Alliance Forged, November 1942–February 1944* (Princeton, N.J.: Princeton University Press, 1987), 712.
57. Winston S. Churchill, *The Second World War, Volume II: Their Finest Hour* (Boston: Houghton Mifflin, 1949), 431.

第十二章　丘吉尔与不列颠：衰落与成就，1944—1945年

1. John Colville, *The Fringes of Power: 10 Downing Street Diaries, 1939–1955* (New York: W. W. Norton, 1985), 471–472.
2. Laurence Bergreen, *As Thousands Cheer: The Life of Irving Berlin* (New York: Viking, 1990), 431.
3. George Orwell, "London Letter," *Partisan Review*, 17 April 1944, in *The Collected Essays, Journalism and Letters of George Orwell, Volume 3: As I Please, 1943–1945*, ed. Sonia Orwell and Ian Angus (New York: Harcourt Brace Jovanovich, 1968), 123. 该文献在下文中简称 Orwell, *CEJL*, vol. 3。
4. Artemis Cooper, ed., *A Durable Fire: The Letters of Duff and Diana Cooper, 1913–1950* (London: HarperCollins, 1983), 305.
5. Winston Churchill (speech, Lord Mayor's Luncheon, 10 November 1942), accessed online at the Web site of the Churchill Society.
6. Field Marshal Lord Alanbrooke, *The War Diaries: 1939–1945*, ed. Alex Danchev and Daniel Todman (Berkeley: University of California Press, 2002), 515.
7. 文献同上，521。
8. 文献同上，528。
9. 文献同上，534。
10. 文献同上，561。
11. 文献同上，568。
12. 文献同上，590。
13. 文献同上，566。
14. 查阅更多细节，参见：Carlo D'Este, *Warlord: A Life of Winston Churchill at War, 1874–1945* (New York: HarperCollins, 2008), 395。
15. 可参见其1939年9月12日的备忘录，收录于：Winston S. Churchill, *The Second World War, Volume I: The Gathering Storm* (Boston: Houghton Mifflin, 1948), 434–435。
16. David Reynolds, *In Command of History: Churchill Fighting and Writing the Second World War* (New York: Random House, 2005), 114.
17. Maurice Ashley, *Churchill as Historian* (New York: Scribner, 1969), 189.
18. Colville, *The Fringes of Power*, 186–187. See also Winston S. Churchill, *The Second World War, Volume III: The Grand Alliance* (Boston: Houghton Mifflin, 1950), 806–807.
19. R. W. Thompson, *Churchill and Morton* (London: Hodder & Stoughton, 1976), 48.
20. 参见，如：Sir Charles Wilson, later Lord Moran, *Churchill: Taken from the Diaries of Lord Moran* (Boston: Houghton Mifflin, 1966), 169。
21. Sir Ian Jacob, in John Wheeler-Bennett, ed., *Action This Day: Working with Churchill* (New York: St. Martin's, 1969), 201.
22. Churchill, *The Second World War, Vol. I: The Gathering Storm*, 462.

23. Eliot Cohen, *Supreme Command: Soldiers, Statesmen, and Leadership in Wartime* (New York: Anchor, 2003), 118.
24. 文献同上。
25. Moran, *Churchill*, 759.
26. David Fraser, "Alanbrooke," in *Churchill's Generals*, ed. John Keegan (New York: Grove Weidenfeld, 1991), 90. 下面的文献中也记录了同样的传闻，但措辞略有不同：Fraser's earlier *Alanbrooke* (London: Arrow Books, 1983), 295.
27. Simon Heffer, *Like the Roman: The Life of Enoch Powell* (London: Weidenfeld & Nicolson, 1998), 75.
28. 文献同上，62。
29. George Orwell, "Letter from England," *Partisan Review*, 3 January 1943, in *The Collected Essays, Journalism and Letters of George Orwell, Volume 2: My Country Right or Left, 1940–1943*, ed. Sonia Orwell and Ian Angus (New York: Harcourt Brace Jovanovich, 1968), 278–279. 该文献在下文中简称 Orwell, *CEJL*, vol. 2。
30. Max Hastings, *Winston's War: Churchill, 1940–1945* (New York: Vintage, 2011), 437.
31. Colville, *The Fringes of Power*, 574.
32. Ralph Ingersoll, *Top Secret* (New York: Harcourt, Brace, 1946), 67.
33. Winston S. Churchill, *The Second World War, Volume V: Closing the Ring* (Boston: Houghton Mifflin, 1951), 85.
34. 文献同上，129。
35. J. Lawton Collins, *Lightning Joe* (Baton Rouge: Louisiana State University Press, 1979), 292.
36. 前面一条的引语出自 George Orwell, "Wells, Hitler and the World State," in *CEJL*, vol. 2, 143–144。后面一条引语出自 George Orwell, "Such, Such Were the Joys," in *The Collected Essays, Journalism and Letters of George Orwell, Volume 4: In Front of Your Nose, 1945–1950*, ed. Sonia Orwell and Ian Angus (New York: Harcourt Brace Jovanovich, 1968), 336. 该文献在下文中简称 Orwell, *CEJL*, vol. 4。
37. Winston S. Churchill, *The Second World War, Volume VI: Triumph and Tragedy* (Boston: Houghton Mifflin, 1953), 713.
38. Ronald Lewin, *Churchill as Warlord* (London: Scarborough, 1973), 19.
39. George Trevelyan, *English Social History: A Survey of Six Centuries from Chaucer to Queen Victoria* (New York: Longman, 1978), 457.
40. Correlli Barnett, *The Audit of War: The Illusion & Reality of Britain as a Great Nation* (London: Macmillan, 1986), 161, 164, 180–181.
41. David Edgerton, "The Prophet Militant and Industrial: The Peculiarities of Correlli Barnett," in *Twentieth Century British History* 2, no. 3 (1991), accessed online.
42. Bernard Lewis, "Second Acts," *Atlantic Monthly*, November 2007, 25.
43. James Leutze, ed., *The London Journal of General Raymond E. Lee, 1940–1941* (Boston: Little, Brown, 1971), 319, 341.
44. 有关 1945 年春天英国和美国部队部署情况的比较，参见 Lord Normanbrook, in Wheeler-

Bennett, ed., *Action This Day*, 32。

45. George Orwell, "London Letter," to *Partisan Review*, December 1944, in *CEJL*, vol. 3, 293, 297.
46. Moran, *Churchill*, 614.
47. Churchill, *The Second World War, Vol. VI: Triumph and Tragedy*, 57.
48. "First Plenary Meeting, November 28, 1943," U.S. Department of State, *Foreign Relations of the United States: The Tehran Conference* (Washington, D.C.: U.S. Government Printing Office, 1961), 490.
49. Warren F. Kimball, ed., *Churchill & Roosevelt: The Complete Correspondence, Volume 3: Alliance Declining, February 1944–April 1945* (Princeton, N.J.: Princeton University Press, 1987), 228, 263.
50. Captain Harry C. Butcher, *Three Years with Eisenhower* (New York: Simon & Schuster, 1946), 634, 644. 也参见：D.K.R. Crosswell, *Beetle: The Life of General Walter Bedell Smith* (Lexington: University Press of Kentucky, 2010), 677。
51. Churchill, *The Second World War, Vol. VI: Triumph and Tragedy*, 120.
52. 文献同上，59。
53. Williamson Murray and Allan R. Millett, *A War to Be Won: Fighting the Second World War* (Cambridge, Mass.: Harvard University Press, 2000), 433.
54. Steven Zaloga, *Operation Dragoon 1944: France's Other D-Day* (Oxford: Osprey, 2013), 6.
55. Roland Ruppenthal, *The European Theater of Operations: Logistical Support of the Armies, Volume II: September 1944–May 1945* (Washington, D.C.: U.S. Army Center of Military History, 1959), 124.
56. 参见 Moran, *Churchill*, 179–180, 195。
57. Violet Bonham Carter, *Champion Redoubtable* (London: Weidenfeld & Nicolson, 1999), 314.
58. Moran, *Churchill*, 197.
59. Colville, *The Fringes of Power*, 513.
60. Alanbrooke, *The War Diaries*, 630.
61. 文献同上。
62. 文献同上。
63. Sir Henry Pownall, *Chief of Staff: The Diaries of Lieutenant General Sir Henry Pownall, Volume II: 1940–1944* (Hamden, Conn.: Archon, 1974), 190.
64. Alanbrooke, *The War Diaries*, 647.
65. Churchill, *The Second World War, Vol. VI: Triumph and Tragedy*, 397.
66. Martin Gilbert, *Winston S. Churchill: Road to Victory, Volume VII: 1941–1945* (London: Heinemann, 1989), 1294.
67. 文献同上，1296。
68. Christopher Thorne, *Allies of a Kind: The United States, Britain, and the War Against Japan, 1941–1945* (Oxford: Oxford University Press, 1979), 120.

注释

69. Moran, *Churchill*, 322.
70. 文献同上，350。
71. Roy Jenkins, *Churchill* (Farrar, Straus and Giroux, 2001), 785.
72. Robert E. Sherwood, *Roosevelt and Hopkins: An Intimate History* (New York: Harper & Brothers, 1948), 442.
73. Thompson, *Churchill and Morton*, 30.
74. Alfred D. Chandler Jr., *Scale and Scope: The Dynamics of Industrial Capitalism* (Cambridge, Mass.: Harvard University Press, 1994), 334.
75. Barnett, *The Audit of War*, 304.
76. Alanbrooke, *The War Diaries*, 677.
77. Violet Bonham Carter, *Lantern Slides: The Diaries and Letters of Violet Bonham Carter*, ed. Mark Bonham Carter and Mark Pottle (London: Phoenix, 1997), 318.
78. Winston Churchill, *Blood, Toil, Tears and Sweat: The Great Speeches*, ed. David Cannadine (Harmondsworth, U.K.: Penguin, 1990), 259–260.
79. 文献同上，266。
80. 文献同上，286，288。
81. 文献同上，274。
82. Malcolm Muggeridge, "Twilight of Greatness," in *Tread Softly for You Tread on My Jokes* (London: Collins, 1966), 238.
83. George Orwell, *CEJL*, vol. 3, 381.
84. Simon Schama, "Rescuing Churchill," *New York Review of Books*, 28 February 2002, accessed online.
85. Harold Nicolson, *The War Years: 1939–1945* (New York: Atheneum, 1967), 344–345.
86. Richard Toye, *The Roar of the Lion: The Untold Story of Churchill's World War II Speeches* (Oxford: Oxford University Press, 2013), 112.
87. Alanbrooke, *The War Diaries*, 324.
88. Jasper Copping, "Records of WW2 Dead Published Online," *Daily Telegraph*, 17 November 2013.
89. Winston Churchill, "The Scaffolding of Rhetoric," accessed online at the Web site of the Churchill Society.
90. Thompson, *Churchill and Morton*, 53, 65. 亦参见：Churchill, *The Second World War, Vol. I: The Gathering Storm*, 80。
91. Robert Boothby, *I Fight to Live* (London: Victor Gollancz, 1947), 46.
92. Alanbrooke, *The War Diaries*, 709.
93. David Dilks, ed., *The Diaries of Sir Alexander Cadogan, 1938–1945* (New York: G. P. Putnam's Sons, 1972), 763.
94. Moran, *Churchill*, 306.
95. John Charmley, *Churchill: The End of Glory* (New York: Harcourt Brace, 1993), 649.

96. Williamson Murray, "British Grand Strategy, 1933–1942," in Williamson Murray, Richard Hart Sinnreich, James Lacey, eds., *The Shaping of Grand Strategy: Policy, Diplomacy and War* (Cambridge, U.K.: Cambridge University Press, 2011), 180.

第十三章　丘吉尔的反击：《第二次世界大战回忆录》

1. David Reynolds, *In Command of History: Churchill Fighting and Writing the Second World War* (New York: Random House, 2005), 537.
2. John Keegan, introduction to Winston Churchill, *The Second World War* (Boston: Houghton Mifflin, 1985), xi.
3. Winston S. Churchill, *The Second World War, Volume II: Their Finest Hour* (Boston: Houghton Mifflin, 1949), 447.
4. Winston S. Churchill, *The Second World War, Volume III:The Grand Alliance* (Boston: Houghton Mifflin, 1950), 834.
5. Winston S. Churchill, *The Second World War, Volume IV: The Hinge of Fate* (Boston: Houghton Mifflin, 1950), 797.
6. Winston S. Churchill, *The Second World War, Volume I: The Gathering Storm* (Boston: Houghton Mifflin, 1948), 440.
7. Michael Beschloss, *Kennedy and Roosevelt: The Uneasy Alliance* (New York: W. W. Norton, 1980), 200.
8. Churchill, *The Second World War, Vol. I: The Gathering Storm*, 26.
9. 文献同上，7。
10. 文献同上，85。
11. 文献同上，89。
12. 文献同上，62。
13. 文献同上，209。
14. 文献同上，211。
15. 文献同上，222。
16. 文献同上，249。
17. Churchill, *The Second World War, Vol. II: Their Finest Hour*, 257.
18. 文献同上，362。
19. Churchill, *The Second World War, Vol. I: The Gathering Storm*, 272.
20. 文献同上，347。
21. Churchill, *The Second World War, Vol. II: Their Finest Hour*, 628.
22. 文献同上，630。
23. 文献同上，598。
24. 文献同上，600。

25. Reynolds, *In Command of History*, 501.
26. Churchill, *The Second World War, Vol. IV: The Hinge of Fate*, 773.
27. 文献同上，254。
28. 文献同上，798，800。
29. Reynolds, *In Command of History*, 300.
30. 文献同上，353—354。在该文献中，雷诺兹称这是唯一一处，但其实这么说是不对的。在回忆录第六卷第202页还有一个类似的神秘脚注，在没有任何解释的情况下，向读者提到了桑德斯（H. St. G. Saunders）所著的《绿色贝雷帽》（*The Green Beret*）。
31. Samuel Eliot Morison, *History of United States Naval Operations in World War II, Volume IV: Coral Sea, Midway and Submarine Actions, May 1942–August 1942* (Boston: Little, Brown, 1975), 63.
32. Churchill, *The Second World War, Vol. IV: The Hinge of Fate*, 247.
33. 文献同上，828。
34. Winston S. Churchill, *The Second World War, Volume V: Closing the Ring* (Boston: Houghton Mifflin, 1951), 426.
35. Winston Churchill, Parliamentary debate, 6 June 1944, accessed online at *Hansard, Parliamentary Debates*.
36. Malcolm Muggeridge, *Like It Was: The Diaries of Malcolm Muggeridge*, ed, John Bright-Holmes (London: Collins, 1981), 410. 有关作品系列方面的问题，参见 Muggeridge, *Chronicles of Wasted Time* (Vancouver, B.C., Canada: Regent College, 2006), 167。
37. Reynolds, *In Command of History*, 436.
38. John Colville, *Winston Churchill and His Inner Circle* (New York: Wyndham, 1981), 135.
39. Winston S. Churchill, *The Second World War, Volume VI: Triumph and Tragedy* (Boston: Houghton Mifflin, 1953), 214, 216.
40. 文献同上，456。
41. Simon Schama, *A History of Britain, Volume 3: The Fate of Empire: 1776–2000* (London: BBC, 2003), 408.

第十四章　奥威尔：成就与辞世，1945—1950年

1. George Orwell, "Some Thoughts on the Common Toad," in *The Collected Essays, Journalism and Letters of George Orwell, Volume 4: In Front of Your Nose, 1945–1950*, ed. Sonia Orwell and Ian Angus (New York: Harcourt Brace Jovanovich, 1968), 142, 144–145. 该文献在下文中简称 Orwell, *CEJL*, vol. 4。
2. "Orwell at Tribune," in Audrey Coppard and Bernard Crick, *Orwell Remembered* (New York: Facts on File Publications, 1984), 212.
3. Jonathan Rose, "England His Englands," in *The Cambridge Companion to George Orwell*, ed. John Rodden (Cambridge, U.K.: Cambridge University Press, 2007), 41.
4. Orwell, *CEJL*, vol. 4, 185.

5. Winston Churchill, "The Sinews of Peace ('Iron Curtain Speech')," accessed online at the Web site of the Churchill Society.
6. George Orwell, "Literature and Totalitarianism," *The Listener*, 19 June 1941, in *The Collected Essays, Journalism and Letters of George Orwell, Volume 2: My Country Right or Left, 1940–1943*, ed. Sonia Orwell and Ian Angus (New York: Harcourt Brace Jovanovich, 1968), 134. 该文献在下文中简称 Orwell, *CEJL*, vol. 2。
7. "David Astor and the *Observer*," in Coppard and Crick, *Orwell Remembered*, 188. Timing of writing is from John Rodden and John Rossi, *The Cambridge Introduction to George Orwell* (Cambridge, U.K.: Cambridge University Press, 2012); and Crick, *George Orwell*, 29, 81.
8. Stephen Wadhams, ed., *Remembering Orwell* (Harmondsworth, U.K.: Penguin, 1984), 170.
9. "His Jura Laird," in Coppard and Crick, *Orwell Remembered*, 226.
10. George Orwell, *Diaries*, ed. Peter Davison (New York: W. W. Norton, 2012), 427.
11. 文献同上，469。
12. Wadhams, *Remembering Orwell*, 180.
13. Orwell, *CEJL*, vol. 4, 200.
14. 文献同上，376。
15. Wadhams, *Remembering Orwell*, 190–192.
16. Orwell, *Diaries*, 516.
17. "His Jura Laird," in Coppard and Crick, *Orwell Remembered*, 227.
18. Orwell, *CEJL*, vol. 4, 329.
19. Orwell, *Diaries*, 520. Parentheses are Orwell's.
20. 文献同上，529。
21. 文献同上，551。
22. 文献同上，555。
23. 文献同上，561。
24. John J. Ross, "Tuberculosis, Bronchiectasis, and Infertility: What Ailed George Orwell?" *Clinical Infectious Diseases* (December 1, 2005): 1602.
25. 和奥威尔笔下的主人公一样，这支乐队的领袖人物之一约翰·列侬（John Lennon）出生于 1940 年 10 月 9 日，接近不列颠之战的尾声。他名字的一部分是为了向丘吉尔致敬——他的中间名是温斯顿。不过，他后来又加上了一个中间名"小野"（Ono），代表他的第二任妻子小野洋子。(Philip Norman, *John Lennon: The Life* [New York: Ecco, 2009], 598. 也参见：Ken Lawrence, *John Lennon: In His Own Words* [Kansas City, Mo.: Andrews McMeel, 2001], 5.) 列侬小时候读过丘吉尔的回忆录，他的名字将与这位与他部分同名的人共同出现在 2002 年英国广播公司（BBC）编制的"最伟大的英国人"名单上。Mark Lewisohn, *The Beatles: All These Years, Volume 1: Tune In* (New York: Crown, 2013), 16, 33. 丘吉尔排名第一，而列侬则位列第八（参见"100 Greatest Britons" BBC Poll, 2002, accessed online）。颇具讽刺意味的是，政治斗士丘吉尔十分长寿，在床榻上安然离世，而这位作曲家兼音乐家却在 40 岁时被空尖弹夺去生命。列侬也是奥威尔的崇拜者，在家里摆放着他的作品。Philip Norman, *John Lennon* (New York: Ecco, 2009), 383.

26. George Orwell, *1984* (New York: Signet, 1981), 5.
27. George Orwell, *1984*, in George Orwell omnibus (London: Secker & Warburg, 1976), 789.
28. Orwell, *1984* (Signet), 6–7.
29. 文献同上，8。
30. 文献同上，27。
31. Orwell, *1984* (Secker & Warburg), 777.
32. Orwell, *1984* (Signet), 19.
33. Orwell, *1984* (Secker & Warburg), 790.
34. John Stuart Mill, *On Liberty*, in Great Books of the Western World, Volume 43 (Edinburgh, Scotland: Encyclopadia Britannica, 1971), 267.
35. 文献同上，272。
36. Orwell, *1984* (Secker & Warburg), 855.
37. Orwell, *1984* (Signet), 26.
38. 文献同上，32。
39. Orwell, *1984* (Secker & Warburg), 767.
40. 文献同上，783，791。
41. Orwell, *CEJL*, vol. 2, 261.
42. Orwell, *1984* (Secker & Warburg), 785.
43. 文献同上，841。
44. Thomas Pynchon, foreword to George Orwell, *Nineteen Eighty-Four* (New York: Penguin, 2003), xviii.
45. Orwell, *1984* (Secker & Warburg), 814.
46. 文献同上，818。
47. 文献同上，836。
48. Winston Churchill, "Prime Minister to Home Secretary, 21 November 43," reprinted in Winston S. Churchill, *The Second World War, Volume V: Closing the Ring* (Boston: Houghton Mifflin, 1951), 679.
49. George Orwell, *The Collected Essays, Journalism and Letters of George Orwell, Volume 3: As I Please, 1943–1945*, ed. Sonia Orwell and Ian Angus (New York: Harcourt Brace Jovanovich, 1968), 266–267. 该文献在下文中简称 Orwell, *CEJL*, vol. 3。
50. This weird fact is mentioned in Adam Hochschild, "Orwell: Homage to the 'Homage'," *New York Review of Books*, 19 December 2013.
51. Orwell, *1984* (Secker & Warburg), 886.
52. "His Second, Lasting Publisher," in Coppard and Crick, *Orwell Remembered*, 198.
53. Robert McCrum, *Observer*, 10 May 2009, accessed online.
54. Orwell, *CEJL*, vol. 4, 487.
55. 文献同上，498。

56. George Orwell, "Writers and Leviathan," in *Orwell and Politics,* ed. Peter Davison (Harmondsworth, U.K.: Penguin, 2001), 486.
57. Orwell, *Diaries,* 564–565.
58. 文献同上。
59. Malcolm Muggeridge, *Like It Was: The Diaries of Malcolm Muggeridge,* ed, John Bright-Holmes (London: Collins, 1981), 353.
60. George Orwell, "Review," in *CEJL,* vol. 4, 491–495.
61. 文献同上。
62. Gordon Bowker, *George Orwell* (London: Abacus, 2004), 405.
63. Wadhams, *Remembering Orwell,* 133.
64. 文献同上，165。
65. Michael Shelden, *Orwell: The Authorized Biography* (New York: HarperCollins, 1991), 440.
66. Malcolm Muggeridge, "Knight of the Woeful Countenance," in *World of George Orwell,* ed., Miriam Gross, (London: Weidenfeld & Nicolson), 174.
67. Bernard Crick, *George Orwell: A Life* (New York: Penguin, 1980), 577.
68. Muggeridge, *Like It Was,* 361.
69. Orwell, *Diaries,* 567.
70. Muggeridge, "A Knight of Woeful Countenance," in Gross, *The World of George Orwell,* 173.
71. George Orwell, "In Defense of Comrade Zilliacus," *CEJL,* vol. 4, 397–398. 亦参见 309, 323。
72. George Orwell, "The Lion and the Unicorn," in *CEJL,* vol. 2, 59.
73. Muggeridge, *Like It Was,* 366.
74. 文献同上，368。
75. Bowker, *George Orwell,* 307.
76. Muggeridge, *Like It Was,* 376. 奥威尔去世后，马格里奇自己的人生也走上了一条有趣的轨迹。正如丘吉尔在20世纪40年代利用广播取得了巨大成功一样，20世纪50年代，马格里奇欣然拥抱电视这个新媒体，在英国声名鹊起，成为可能是第一个"节目主持人"，当然也是他那一代最著名的记者之一。奥威尔很讨厌自己在BBC工作的日子，而马格里奇却借助BBC成名。例如，在1961年6月访问德国汉堡时，他去了一家名为"前十名"（The Top Ten）的非常嘈杂的夜总会。当时在小舞台上表演的是一个快节奏流行音乐组合，他们身穿皮衣，吸食安非他明。后来，他在日记中写道："乐队是英国人，来自利物浦，他们认出了我。"如果奥威尔见到他们，听到他们的口音，很可能会认为这个乐队的成员是"无产者"。乐队的一个成员——很可能是约翰·列侬——问马格里奇是不是共产党人。不是，马格里奇回答说，但我是个反对党人。"你这么做赚钱吗？"乐手这样问他。是的，马格里奇回答说，他承认了。Muggeridge, *Like It Was,* 524–525. 那个月晚些时候，当披头士乐队第一次走进录音棚时，唱片公司让他们填写一张宣传表格。在希望实现的人生目标这一栏里，约翰·温斯顿·列侬简单地写下："成为有钱人。" Mark Lewisohn, *All These Years, Volume 1: Tune In* (New York: Crown, 2013), 434, 446, 451. 当然，在几年之内，这个乐队就成为那个时代最耀眼的媒体明星。与此同时，马格里奇开始高调信奉

注释

宗教，并通过电视作品和一部纪录片帮助加尔各答（Calcutta）极富魅力的特蕾莎修女（Mother Teresa）成名。南亚是奥威尔作为作家的起点，而马格里奇在那里找到了自己人生最后阶段的意义。马格里奇十分长寿，人生精彩。他似乎是唯一一位跟20世纪英国三位伟大的"温斯顿"——丘吉尔、奥威尔、列侬——都有过交集的人。

77. Shelden, *Orwell*, 443.
78. 文献同上，444。
79. Sir Charles Wilson, later Lord Moran, *Churchill: Taken from the Diaries of Lord Moran* (Boston: Houghton Mifflin, 1966), 426.

第十五章　丘吉尔：余生黯然，1950—1965年

1. 参见 Peregrine Churchill and Julian Mitchell, *Jennie: Lady Randolph Churchill, a Portrait with Letters* (New York: Ballantine, 1976), 104。
2. Roy Jenkins, *Churchill* (Farrar, Straus and Giroux, 2001), 845.
3. Mark Amoy, ed., *The Letters of Evelyn Waugh* (Boston: Ticknor & Fields, 1980), 489.
4. Anthony Montague Browne, *Long Sunset* (Ashford, U.K.: Podkin Press, 2009), 220–221.
5. John Ramsden, *Man of the Century: Winston Churchill and His Legend Since 1945* (New York: Columbia University Press, 2002), 327.
6. Ronald Lewin, *Churchill as Warlord* (London: Scarborough, 1973), 17.
7. Peter Clarke, *Mr. Churchill's Profession* (New York: Bloomsbury, 2012), 207.
8. Anita Leslie, *Cousin Randolph: The Life of Randolph Churchill* (London: Hutchinson, 1985), 133.
9. R. W. Thompson, *Generalissimo Churchill* (New York: Scribner, 1973), 23, 153.
10. "Quotes Falsely Attributed to Winston Churchill," accessed online at the Web site of the Churchill Society.
11. 这一段参考了"名言调查"（Quote Investigator）关于"人们可以在夜间酣然入睡，因为有粗人莽汉随时准备对那些要伤害他们的人施以暴力"的披露，在线查阅。
12. George Orwell, "Rudyard Kipling," in *The Collected Essays, Journalism and Letters of George Orwell, Volume 2: My Country Right or Left, 1940–1943*, ed. Sonia Orwell and Ian Angus (New York: Harcourt Brace Jovanovich, 1968), 187.
13. Peter Kirsanow, "The Real Jack Bauers," *National Review Online*, 11 September 2006, accessed online.
14. Juan de Onis, "Castro Expounds in Bookshop Visit," *New York Times*, 14 February 1964, 1.
15. Stephen Rodrick, "Keith Richards: A Pirate Looks at 70," *Men's Journal*, July 2013, accessed online. 有关丘吉尔的原始评论，参见 Nigel Knight, *Churchill: The Greatest Briton Unmasked* (London: David & Charles, 2008), 144, 374; and Collin Brooks, "Churchill the Conversationalist," in *Churchill by His Contemporaries*, ed., Charles Eade, (Simon & Schuster, 1954), 248。
16. "Miscellaneous Wit & Wisdom," National Churchill Museum, accessed online.

17. Max Hastings, "Defending the 'Essential Relationship' : Britain and the United States" (2011 Ruttenberg Lecture, Center for Policy Studies, London, July 15, 2011), 3, accessed online.
18. Tony Blair, *A Journey: My Political Life* (New York: Knopf, 2010), 475, 352, 353.
19. Robin Prior, *When Britain Saved the West: The Story of 1940* (New Haven, Conn.: Yale University Press, 2015), 208.
20. Henry Mance, "Chilcot Report: Tony Blair Rebuked over Iraq Invasion," *Financial Times*, 6 July 2016, accessed online.
21. "Text of Blair's Speech," 17 July 2003, accessed online on BBC News Web site.
22. Ramsden, *Man of the Century*, 21.

第十六章　奥威尔：声名鹊起，1950—2016年

1. Zahra Salahuddin, "Will This Blog Be the Last Time I Get to Express Myself," *Dawn*, 21 April 2015, accessed online.
2. Michael Shelden, *Friends of Promise: Cyril Connolly and the World of Horizon* (New York: Harper & Row, 1989), 151.
3. Jason Crowley, "George Orwell's Luminous Truths," *Financial Times*, 5 December 2014, accessed online.
4. John Rodden and John Rossi, *The Cambridge Introduction to George Orwell* (Cambridge, U.K.: Cambridge University Press, 2012), 98.
5. John Rodden, *George Orwell: The Politics of Literary Reputation* (New Brunswick, N.J.: Transaction Publishers, 2006), 117.
6. Neil McLaughlin, "Orwell, the Academy and Intellectuals," in *The Cambridge Companion to George Orwell*, ed. John Rodden (Cambridge, U.K.: Cambridge University Press, 2007), 170.
7. Arthur Koestler, *The Invisible Writing* (Briarcliff Manor, N.Y.: Stein and Day, 1969), 466.
8. Rodden, *George Orwell*, 45.
9. John Bartlett, *Familiar Quotations*, 13th ed., (Boston: Little, Brown, 1955), 991.
10. Bernard Crick, *George Orwell: A Life* (New York: Penguin, 1980), 279.
11. "Stephen Spender Recalls," in Audrey Coppard and Bernard Crick, *Orwell Remembered* (New York: Facts on File Publications, 1984), 264.
12. Stephen Wadhams, ed., *Remembering Orwell* (Harmondsworth, U.K.: Penguin, 1984), 104.
13. Stephen Spender, *World Within World: The Autobiography of Stephen Spender* (New York: St. Martin's Press, 1994), 232.
14. Wadhams, *Remembering Orwell*, 105.
15. Michael Scammell, *Koestler: The Literary and Political Odyssey of a Twentieth-Century Skeptic* (New York: Random House, 2009), 213.
16. Gordon Beadle, "George Orwell and the Neoconservatives," *Dissent*, Winter 1984, 71.
17. Peter Watson, *The Modern Mind: An Intellectual History of the 20th Century* (New York:

HarperCollins, 2002), v–vi.

18. "The 100 Best Non-Fiction Books of the Century," *National Review,* May 3, 1999, accessed online.
19. "Pump Up the Volumes," *Guardian,* 26 November 2000, accessed online.
20. Robert McCrum, "The 100 Best Novels—Number 70," *Guardian,* 19 January 2015, accessed online.
21. Scott Dodson and Ami Dodson, "Literary Justice," *The Green Bag,* 26 August 2015, accessed online.
22. Czesław Miłosz, *The Captive Mind* (New York: Vintage, 1990), 42, 215, 218.
23. Andrei Amalrik, *Will the Soviet Union Survive Until 1984?* (London: Allen Lane, 1970), accessed online.
24. Norman Podhoretz, "If Orwell Were Alive Today," *Harper's,* January 1983, 32.
25. Editor's note in George Orwell, *Orwell and Politics,* ed. Peter Davison (Harmondsworth, U.K.: Penguin, 2001), 441.
26. Wadhams, *Remembering Orwell,* 122.
27. George Orwell, *The Collected Essays, Journalism and Letters of George Orwell, Volume 4: In Front of Your Nose, 1945–1950,* ed. Sonia Orwell and Ian Angus (New York: Harcourt Brace Jovanovich, 1968), 30. 该文献在下文中简称 Orwell, *CEJL,* vol. 4。
28. 文献同上，207。
29. George Orwell, *The Collected Essays, Journalism and Letters of George Orwell, Volume 2: My Country Right or Left, 1940–1943,* ed. Sonia Orwell and Ian Angus (New York: Harcourt Brace Jovanovich, 1968), 30. 该文献在下文中简称 Orwell, *CEJL,* vol. 2。
30. Rodden, *George Orwell,* 6.
31. 奥威尔和苹果公司之间的关系为20世纪和21世纪的历史提供了一个有趣的侧面。奥威尔的崇拜者可能希望苹果公司的名字与《动物庄园》中猪决定吞噬苹果这个关键时刻有某种关联，但其实，苹果公司的名字所致敬的，是夏娃吃下的智慧之果和披头士创立的唱片公司。(Steve Rivkin, "How Did Apple Computer Get Its Brand Name?," *Branding Strategy Insider,* 17 November 2001, accessed online.) 具有讽刺意味的是，31年后，英国摇滚乐队绿洲（Oasis）的主唱诺埃尔·加拉格尔（Noel Gallagher）对苹果公司处理流媒体音乐的方式感到愤怒，指责苹果公司"有点像乔治·奥威尔作品中的混账东西"。(Colin Joyce, "Noel Gallagher Thinks Apple Music Is 'Some George Orwell S—t,'" *Spin,* 4 August 2015, accessed online.) 还有一个最有趣的反转，1937年奥威尔在巴塞罗那战斗时，老科隆酒店曾是共产党的总部，他注意到酒店招牌从中间那个字母O旁边的一个窗户里架起的机关枪。这个地方现在成了苹果产品的一个大型零售店。与其说这是一家商店，不如说是一座供奉现代信息之神的、光洁的希腊式神庙。水平方向上，都是光滑的石头，而垂直的，比如窗户、内墙和楼梯等，都是厚厚的平板玻璃，像奥威尔一样明晰。("Grand Tour of the Apple Retail Palaces of Europe," *Fortune,* 28 April 2014, accessed online.) 现在有一个新的科隆酒店位于城里另外一个地方。
32. Wadhams, *Remembering Orwell,* 106.
33. 克里斯托弗·希钦斯在《奥威尔为什么重要》(*Why Orwell Matters*) 的第156页上断言说，

这份名单是伯纳德·克里克（Bernard Crick）在 1980 年出版的奥威尔传记中披露的。但这个说法有点牵强，因为克里克的书中只有一句话，即在第 556 页上，含糊地提到奥威尔在笔记本上记下的一份嫌疑人名单。

34. Timothy Garton Ash, "Orwell's List," *New York Review of Books,* 25 September 2003, accessed online.
35. "Orwell's Century," transcript of *Think Tank with Ben Wattenberg,* first aired on PBS, April 25, 2002.
36. William Giraldi, "Orwell: Sage of the Century," *New Republic,* 11 August 2013, accessed online. 这篇文章还引用了希钦斯的话，说奥威尔拥有这个世纪。
37. Harold Bloom, ed., *George Orwell: Modern Critical Views* (New York: Chelsea House, 1987), vii.
38. Irving Howe, *Politics and the Novel* (Chicago: Ivan R. Dee, 2002), 251.
39. Gabrielle Pickard, "Police Surveillance of Your Life Is Booming Thanks to Technology," *Top Secret Writers* (blog), 8 July 2015, accessed online.
40. Charles Paul Freund, "Orwell's *1984* Still Matters, Though Not in the Way You Might Think," Reason.com, 15 January 2015, accessed online.
41. "What Books Caught Russia's Imagination in 2015?," *Russia Beyond the Headlines,* 25 December 2015, accessed online.
42. Oliver Smith, "Don't Pack George Orwell, Visitors to Thailand Told," *Daily Telegraph,* 6 August 2014, accessed online.
43. Emma Larkin, *Finding George Orwell in Burma* (New York: Penguin, 2006), 3.
44. "How Orwell's 'Animal Farm' Led a Radical Muslim to Moderation," interview on *Fresh Air,* NPR.org, 15 January 2015, accessed online.
45. David Blair, "Mugabe Regime Squeals at Animal Farm Success," *Daily Telegraph,* 15 July 2001, accessed online.
46. Pamela Kalkman, "The Art of Resistance in Cuba," *Open Democracy,* 17 September 2015, accessed online.
47. George Orwell, *1984 (*New York: Signet, 1981), 30.
48. George Orwell, *1984,* in George Orwell omnibus (London: Secker & Warburg, 1976), 856.
49. Dan DeLuce and Paul McLeary, "Obama's Most Dangerous Drone Tactic Is Here to Stay," *Foreign Policy,* 5 April 2016, accessed online.
50. Rodden and Rossi, *Cambridge Introduction to George Orwell,* 107.
51. Orwell, *1984* (Secker & Warburg), 895.
52. "Maybe the Most Orwellian Text Message Ever Sent," *Motherboard,* 21 January 2014.
53. Orwell, *Orwell and Politics,* 207.
54. George Orwell, *The Road to Wigan Pier* (New York: Harvest, 1958), 206.
55. Orwell, *CEJL,* vol. 4, 49.
56. Bret Stephens, "The Orwellian Obama Presidency," *Wall Street Journal,* 23 March 2015,

accessed online.

57. Alec Woodward, "Republicans Follow Orwellian Agenda," *Emory Wheel*, 13 April 2015.
58. "David Bowie's 100 Chart-Topper Books," London *Evening Standard*, 2 October 2013, accessed online.
59. Laurie Whitwell, "Gary Rowett Reads Orwell, Has Banned Mobiles……And Rescued Birmingham City After 8–0 Drubbing," *Daily Mail*, 15 January 2015.
60. Meaghan Baxter, "Town Heroes Look to George Orwell on Latest Album," *Vue Weekly*, 12 November 2015. 以动作片闻名的电影导演保罗·格林格拉斯（Paul Greengrass）2014 年宣布，计划拍一个新版的《1984》。"Paul Greengrass to Direct George Orwell's 1984," BBC News, 20 November 2014. 戏剧界重新发现了《1984》，在伦敦、洛杉矶和其他地方都上演了诸多剧目。"1984 Announces Return to the West End for a 12 Week Run," *TNT UK*, 29 April 2015, accessed online. 也参见 Stephen Rohde, "Big Brother is Watching You," *Los Angeles Review of Books*, 4 January 2016。在英国利兹（Leeds），一个声名鹊起的芭蕾舞团创作了芭蕾舞剧《1984》。Annette McIntyre, "Exclusive Behind the Scenes Access Offered to Northern Ballet's *1984*," *Daily Echo*, 9 August 2015, accessed online. 2015 年，美国剧作家乔·萨顿（Joe Sutton）推出了《奥威尔在美国》（*Orwell in America*）一剧，剧中有奥威尔在美国巡回售书、宣传《动物庄园》等想象中的场景。Meg Brazill, "Theater Review: Orwell in America," *Seven Days* (Burlington, Vt., newspaper), 18 March 2015. 一本名为《烧毁乔治·奥威尔的房子》（*Burning Down George Orwell's House*）的小说出版，书中男主人公模仿奥威尔搬到苏格兰的朱拉岛生活。脸书创始人马克·扎克伯格（Mark Zuckerberg）为脸书会员创建了一个读书俱乐部，他选择了彼得·休伯拉斯（Peter Huberas）的《奥威尔的复仇》（*Orwell's Revenge*），这本书是《1984》的续篇。Richard Feloni, "Why Mark Zuckerberg Is Reading 'Orwell's Revenge,' an Unofficial Sequel to '1984,'" *BusinessInsider*, 30 April 2015. 如果奥威尔知道 21 世纪初英国最大的、能够容纳 1700 人的酒馆，是曼彻斯特的"水下月"（The Moon Under Water）的话，他一定会哭笑不得，因为这个名字取自他写于 1943 年、关于理想酒馆之特征的一篇小杂文。参见 "The Moon Under Water," at TheOrwellPrize.co.uk.
61. Katia Savchuk, "Apple's Core: Dissecting the Company's New Corporate Headquarters," *Forbes*, 4 November 2015.
62. 关于苹果公司的建筑类似于边沁提出的圆圈状全景监狱，我要感谢与旧金山通信法专家理查德·维贝的私人交流。
63. Andrew Couts, "'Privacy Is Theft' in the Heavy-Handed Social Media Dystopia of 'The Circle,'" *Digital Trends*, 19 November 2013.
64. Luke Seaber, "Method Research: George Orwell Really Did Have a Stint in Jail as a Drunk Fish Porter," *Science 2.0*, 6 December 2014, accessed online.
65. No author, "George Orwell's Time in Hertfordshire as a 'Pretty Useless' Shopkeeper," *Hertfordshire Mercury*, 31 January 2015, accessed online.
66. Robert Butler, "Orwell's World," *The Economist: More Intelligent Life*, January/February 2015, accessed online.
67. Ta-Nehisi Coates, "Letter to My Son," *Atlantic*, September 2015, 84.
68. John Lukacs, *Five Days in London: May 1940* (New Haven, Conn.: Yale University Press,

1999), 2.
69. Paul Johnson, *Churchill* (New York: Penguin, 2009), 166.

后记　丘吉尔与奥威尔的道路

1. 本段很多内容受到与卡琳·切诺威斯邮件交流内容的启发。
2. Taylor Branch, *Parting the Waters: America in the King Years, 1954–1963* (New York: Simon & Schuster, 1989), 54, 173, 332, 402, 486.
3. Jeffrey Aaron Snyder, "Fifty Years Later: Letter from Birmingham Jail," *New Republic*, 19 April 2013; 还有一些细节参考了：Branch, *Parting the Waters*, 737.
4. Martin Luther King Jr., "Letter from Birmingham City Jail," from Martin Luther King Jr. Research and Education Institute, Stanford University, accessed online.
5. Milan Kundera, *The Book of Laughter and Forgetting* (New York: HarperPerennial, 1999), 10–11, 218.
6. 文献同上。
7. 这段话的很多内容得益于我与作家蒂莫西·诺亚的交流。

索引

(按汉语拼音排序，页码为本书边码。页码后加"n"表示词条出现在注释中)
丘吉尔的所有著作，见：丘吉尔，温斯顿，著作（Churchill, Winston, writings of）。
奥威尔的所有著作，见：奥威尔，乔治，著作（Orwell, George, writings of）。

《20 世纪思想史》（沃森）（*Modern Mind, The* [Watson]）248
《30 年代》（马格里奇）（*Thirties, The* [Muggeridge]）82–83
9·11 袭击（September 11 attacks）243, 255–257

A

阿卜杜拉扎克，哈桑（Abdulrazzak, Hassan）254
阿尔及利亚（Algeria）104
阿根廷（Argentina）269
阿基米德（Archimedes）270
阿克罗伊德，彼得（Ackroyd, Peter）113
阿里斯，弗兰克（Harris, Frank）295n
阿马尔里克，安德烈（Amalrik, Andrei）228, 249, 322n
阿普斯，彼得（Apps, Peter）278n
阿什利，莫里斯（Ashley, Maurice）311n
阿斯奎斯，H.H.（Asquith, H. H.）18, 237
阿斯泰尔，阿黛尔（Astaire, Adele）49

阿斯特，戴维（Astor, David）146–147, 173, 182, 223, 234, 236–237
阿斯特，南希（Astor, Nancy）46, 59, 60, 146, 241
阿斯特，沃尔多夫（Astor, Waldorf）50, 146
阿斯特，约翰·J.（Astor, John J.）50
埃格斯，戴夫（Eggers, Dave）260–261
埃及（Egypt）142, 160, 168
埃杰顿，戴维（Edgerton, David）197, 312n
埃克斯利，彼得（Eckersley, Peter）91
埃克维沃，凯（Ekevall, Kay）42
埃默里，L.S.（Amery, L. S.）285n
艾德礼，克莱门特（Attlee, Clement）53–54, 82, 90, 137, 176
艾伦，戈登（Allen, Gordon）216
艾伦·霍奇（Hodge, Alan）82, 289n
艾略特，T.S.（Eliot, T. S.）181
艾森豪威尔，德怀特（Eisenhower, Dwight）120, 160, 167, 192, 199, 201, 212, 219
艾什，提莫西·加顿（Ash, Timothy Garton）323n

艾耶尔，A.J.（Ayer, A. J.）33, 280n
爱德华七世，英王（Edward VII, King）18, 51–52, 55–56, 61
爱德华兹，鲍勃（Edwards, Bob）66–69
爱尔兰（Ireland）205–206
安德鲁，克里斯托弗（Andrew, Christopher）180, 286n, 287n, 309n
安齐奥（Anzio）191, 194–195
奥贝恩，凯特（O'Beirne, Kate）242
奥地利（Austria）48, 61, 63, 81
奥登，W.H.（Auden, W. H.）127
奥尔，洛伊丝（Orr, Lois）66
奥弗里，理查德（Overy, Richard）282n, 285n, 293n, 295n, 307n
奥格登，克里斯托弗（Ogden, Christopher）278n
奥佩，艾奥娜（Opie, Iona）285n
奥佩，彼得（Opie, Peter）285n
奥斯汀，简（Austen, Jane）28
奥唐奈，休（O'Donnell, Hugh）231
奥威尔，艾琳·奥肖内西（奥威尔的第一任妻子）（Orwell, Eileen O'Shaughnessy [first wife of George]）39, 43–44, 73, 79, 126, 128, 157, 179, 234：巴塞罗那（in Barcelona）69, 71, 74；兄长去世（brother's death and）96, 157；养子（child adopted by）181–182；去世（death of）182–184；婚姻（marriage of）39, 43
奥威尔，理查德（奥威尔的儿子）（Orwell, Richard [son of George]）181–182, 184
奥威尔，乔治（Orwell, George）23–44, 65–83, 126–132, 221–237：对美国的看法（Americans as viewed by）152–153, 164, 173, 235–236, 258；有关奥威尔的分析和评论（analysis and commentary on）

246–250；阿斯特（Astor and）146–147；奥登（Auden and）127；在BBC的工作（BBCwork of）143–147, 156–157, 172–173, 261, 319n；出生（birth of）23；出生时的姓名（birth name of）23, 31；划船游玩（on boating excursion）224；张伯伦（on Chamberlain）129；养子（child adopted by）181–182；童年（childhood of）23–25, 176；丘吉尔（on Churchill）103, 104, 110, 129–130, 135–137, 156, 188–189, 233–234；与丘吉尔相比较（Churchill compared with）2–3, 24, 25；丘吉尔的崛起（Churchill's rise to power and）93；阶级（class and）129, 131, 132, 135–138, 152–153, 158, 182, 229, 252；保守党的推崇（conservative embrace of）250–251, 253；去世（death of）236；每况愈下的健康（deteriorating health of）221, 223, 224, 232–234, 236；日记（diary of）39, 83, 104, 110, 120, 127, 128, 130, 137–139, 142, 144, 156, 159, 177, 224–225, 232–234；东欧和俄罗斯知识分子（eastern European and Russian intellectuals and）249；艾琳兄长的去世（Eileen's brother's death and）96；艾琳去世（Eileen's death and）182–184；受"二战"激发（as energized by World War II）85–86, 127；父亲（father of）23, 24, 31；钓鱼（fishing of）145, 176, 224, 234；葬礼及墓地（funeral and burial of）236–237；与海明威相比较（Hemingway compared with）75；参加国民自卫队（in Home Guard）128, 172；在缅甸皇家警队当警员（as imperial policeman in Burma）25–27, 30–31, 33, 68, 77, 136, 138, 143；犹太人（Jews and）35–

36, 250；朱拉岛（内赫布里底群岛，苏格兰）（on Jura in Inner Hebrides, Scotland）184, 211, 223–224, 252；吉卜林（Kipling and）174–175, 241–242；奥威尔的疑似共产主义者名单（list of suspected communists prepared by）252–253；在伦敦居住（London residences of）157–158, 182；肺部疾病（lung ailments of）31, 79, 126, 183, 224, 252；求婚（marriage proposals of）184, 234；与艾琳的婚姻（marriage to Eileen）39, 43；与索尼娅·布劳内尔的婚姻（marriage to Sonia Brownell）234；军事判断（military judgments of）137–138；现代对奥威尔的赞誉（modern tributes to）260–262, 325n；母亲（mother of）23–24, 31；担心自己遇害（murder feared by）183–184；大自然（natural world and）176, 251；脖子上的伤（neck wound of）2, 44, 72–74, 126, 223；生前籍籍无名（obscurity during lifetime）82–83, 245, 247；"二战"的爆发（and outbreak of World War II）85–86；与和平主义者的争论（pacifist's argument with）110；巴黎（in Paris）31, 33, 34, 37；珍珠港（Pearl Harbor and）152；政治观点（political views of）250–251；去世后的名望及影响（posthumous ascension and influence of）82, 245–263；马统工党（in POUM）67–75, 180；什么是好文章（on prose）11；开枪打死老鼠（rat shot by）68–69；对"二战"的回应（response to World War II）265–269；目睹对历史的修改（revision of history witnessed by）78, 143；学生时代（at school）24–25, 30, 37, 136, 176, 233, 257；社会主义（socialism and）41–42, 78, 135–136, 221, 232, 251, 258；西班牙内战（in Spanish Civil War）1–2, 4, 43, 44, 65–66, 69–72, 74–76, 80, 138, 146, 180；成功（success of）183；德黑兰会议（Tehran Conference and）169, 172；极权主义（on totalitarianism）146, 179, 223, 229, 251, 258, 262；肺结核（tuberculosis of）221, 225；威尔斯（Wells and）130；工人阶级的习惯和穿着（working class habits and dress of）136

奥威尔, 乔治, 著作（Orwell, George, writings of）29, 31, 37–38, 41, 43, 85, 127, 172–73, 198, 232：以"权力滥用"为主题（abuse of power as theme in）23, 30, 82, 250, 254；《动物庄园》（Animal Farm）38–39, 77, 78, 127, 172–173, 174–181, 183, 184, 222, 231–232, 245–246, 248, 250, 252–255, 323n；反犹主义（anti-Semitism in）35–36；《论坛报》"随心所欲"专栏（"As I Please" column for the Tribune）173, 181；为《20世纪作家》所写的自我介绍（autobiographical note for Twentieth Century Authors）127–128；《缅甸岁月》（Burmese Days）26–30, 34, 39, 42, 174, 175, 250, 254；《牧师的女儿》（A Clergyman's Daughter）37–38；使用"冷战"一词（"Cold War" used in）236；《杂文集》（Collected Essays）79, 248；《上来透口气》（Coming Up for Air）37, 127, 145；《巴黎伦敦落魄记》（Down and Out in Paris and London）27, 31–37, 39, 40, 261；关于极权主义未来（essay on a totalitarian future）229；《绞刑》（"A Hanging"）26；《致敬加泰罗尼亚》（Homage to Catalonia）44, 76–77, 79–80, 82, 181, 248；《叶兰在空中飞舞》（Keep the Aspidistra Flying）37,

38；《雄狮与独角兽》（"The Lion and the Unicorn"）129, 132, 135, 235；关于《麦克白》（on *Macbeth*）144；《1984》（*1984*）2, 38–39, 65, 74, 77, 78, 143, 145, 147, 172–173, 174, 182, 184, 221–232, 245, 249–257, 259–260, 263, 267；《1984》与真正的 1984 这一年（*1984* and actual year 1984）251, 253；《给我遗稿执行人的一些说明》（"Notes for My Literary Executor"）182；《观察家报》稿件（for the *Observer*）146–147, 173, 182；笔名（pen name adopted for）32；《政治与英语》（"Politics and the English Language"）184–185, 232, 246；对丘吉尔的战争回忆录的评论（review of Churchill's war memoirs）233–234；以"修改历史"为主题（revision of history as theme in）178–179, 228；《通往威根码头之路》（*The Road to Wigan Pier*）40–44, 65, 79, 258；对气味的敏感（sensitivity to odor in）34–35, 42, 67, 225, 226；《猎象》（"Shooting an Elephant"）26, 30；风格（style in）262；《这就是快乐》（"Such, Such Were the Joys"）24；《我为什么写作》（"Why I Write"）77–78

奥威尔，索尼娅·布劳内尔（奥威尔的第二任妻子）（Orwell, Sonia Brownell [second wife of George]）234, 247

"奥威尔们"乐队（Orwells, The）260

《奥威尔消逝的雄狮》（*Orwell's Faded Lion* [James]）248

奥运会比赛（Olympic Games）57

B

巴顿，乔治·S.（Patton, George S.）200

巴基斯坦（Pakistan）, 245, 256

巴克斯特，米根（Baxter, Meaghan）324n–325n

巴黎（Paris）：被德国占领（German occupation of）102；奥威尔（Orwell in）31, 33, 34, 37

巴里摩尔，埃塞尔（Barrymore, Ethel）12, 277n

巴尼特，科雷利（Barnett, Correlli）196–197, 204, 312n, 314n

巴塞罗那（Barcelona）65–66, 69–72, 74–76, 80；科隆酒店（Hotel Colon in）70, 323n

巴特利特，约翰（Bartlette, John）322n

拜伦，乔治·戈登，男爵（Byron, George Gordon, Lord）92

邦吉，斯蒂芬（Bungay, Stephen）94, 99, 108, 117–119, 292n–294n, 296n, 297n

保守党（Conservative Party [Tories]）7, 17, 18, 21, 22, 47, 51, 56, 59, 61, 86, 88, 90, 91, 97, 129, 136, 137, 156, 162, 206

保守派（conservatives）269：奥威尔受到保守派的推崇（Orwell embraced by）, 250–251, 253

鲍勃，汉斯-埃克哈德（Bob, Hans-Ekkehard）118–119

鲍德温，斯坦利（Baldwin, Stanley）47, 51, 52, 54, 56, 91, 110

鲍尔，姬蒂（Bowler, Kitty）66

鲍尔，斯图尔特（Ball, Stuart）283n

鲍克，戈登（Bowker, Gordon）279n, 286n, 288n, 299n, 300n, 302n, 303n, 308n–310n, 319n

鲍曼，詹姆斯（Bowman, James）300n

鲍威尔，安东尼（Powell, Anthony）38, 182–183, 236

鲍威尔，伊诺克（Powell, Enoch）193

索引

鲍伊，大卫（Bowie, David）260
"暴动猫咪"（Pussy Riot）230
贝茨，弗雷德（Bates, Fred）40
贝当，菲利普（Petain, Philippe）138
贝尔，瓦妮莎（Bell, Vanessa）46
贝格林，劳伦斯（Bergreen, Laurence）310n
贝拉，尤吉（Berra, Yogi）241, 242
贝西拉斯，迈克尔（Beschloss, Michael）297n, 315n
《被俘的心灵》（米沃什）（Captive Mind, The [Miłosz]）249
本尼，马克（Benney, Mark），157–158
比德尔，戈登（Beadle, Gordon）322n
比弗布鲁克，马克斯·艾特肯，男爵（Beaverbrook, Max Aitken, Lord）22, 90, 279n
比利时（Belgium）89, 90, 103, 109, 154
《彼得兔的故事》（波特）（Tale of Peter Rabbit, The [Potter]）175
边沁，杰里米（Bentham, Jeremy）260
波茨，乔安娜（Potts, Joanna）304n
波茨坦会议（Potsdam Conference）209
波德霍雷茨，诺曼（Podhoretz, Norman）247, 250, 322n
波兰（Poland）52, 56, 63, 83, 84–85, 87, 103, 109, 201, 250
波纳尔，亨利（Pownall, Henry）202, 313n
波帕姆，安妮（Popham, Anne）184
波特，比阿特丽克斯，《彼得兔的故事》（Potter, Beatrix, The Tale of Peter Rabbit）175, 308n
伯吉斯，盖伊（Burgess, Guy）32, 161, 253
伯林，欧文（Berlin, Irving）188
伯林，以赛亚（Berlin, Isaiah）3, 11, 188, 275n, 277n

《伯明翰新闻》（Birmingham News）266
伯松，西蒙（Berthon, Simon）304n
博克瑙，弗朗兹（Borkenau, Franz）66
博纳姆·卡特，维奥莱特（Bonham Carter, Violet），12, 17–19, 171–172, 201, 204, 237, 275n, 277n, 278n, 306n, 307n, 313n, 314n
博斯韦尔，詹姆斯（Boswell, James）305n
不列颠之战（Battle of Britain）108, 109–120, 126, 129, 130, 132–133, 163, 186
布彻，亨利·C.（Butcher, Harry C.）313n
布彻，罗伯特（Butler, Robert）325n
布尔战争（Boer War）4, 16–17
布拉肯，布伦丹（Bracken, Brendan）122
布拉齐尔，梅格（Brazill, Meg）325n
布莱尔，艾达·梅布尔（Blair, Ida Mabel）（乔治·奥威尔的母亲）23–24, 31
布莱尔，戴维（Blair, David）324n
布莱尔，理查德·沃姆斯利（Blair, Richard Walmesley）（乔治·奥威尔的父亲）23, 24, 31
布莱尔，托尼（Blair, Tony）243–244, 321n
布兰奇，泰勒（Branch, Taylor）266, 326n
布朗，安东尼·蒙塔古（Browne, Anthony Montague）320n
布朗洛，佩里格林·卡斯特，男爵（Brownlow, Peregrine Cust, Baron）61
布雷斯，哈考特（Brace, Harcourt）181
布利特，威廉（Bullitt, William）93
布卢姆，哈罗德（Bloom, Harold）253
布鲁克，艾伦（艾伦·布鲁克子爵）（Brooke, Alan [Lord Alanbrooke]）116, 135, 140–141, 148, 165–168, 171, 189–190, 192–194, 201, 202, 207–209, 240, 296n, 300n–302n, 305n–307n, 310n, 313n, 314n
布鲁克斯，科林（Brooks, Collin）321n

布伦特，安东尼（Blunt, Anthony）161, 253

"布洛洛号"（Bulolo, HMS）165

布洛什，迈克尔（Bloch, Michael）280n

布什，乔治·沃克（Bush, George W.）243

布思比，罗伯特（Boothby, Robert）208, 314n

C

查姆利，约翰（Charmley, John）97–98, 209, 292n, 303n, 304n, 314n

"城镇英雄"（Town Heroes）260

《丛林奇谭》（吉卜林）(Jungle Books, The [Kipling]) 174

D

达尔文，查尔斯（Darwin, Charles）270

达斯特，卡洛（D'Este, Carlo）292n, 311n

大萧条（Depression, Great）45

大英帝国（British Empire）30, 56, 87, 92, 150, 158, 162, 189, 203, 209, 212

戴顿，莱恩（Deighton, Len）293n, 296n, 299n, 300n

戴高乐（de Gaulle, Charles）158

戴金，汉弗莱（Dakin, Humphrey）24, 30

戴金，亨利（Dakin, Henry）157, 224

戴明，莎拉（Deming, Sarah）279n

戴维森，J.C.C.（Davidson, J.C.C.）91

道森，杰弗里（Dawson, Geoffrey）51, 64, 110

德奥尼斯，胡安（de Onis, Juan）321n

德瓦莱拉，埃蒙（de Valera, Eamon）205–206

德国（Germany）：美国的"欧洲优先"战略（American "Europe First" strategy and）124, 149；对德国的绥靖政策（appeasement of）46, 48, 50–54, 57–63, 77, 87, 88, 92, 133, 137, 163, 193, 266；入侵奥地利（Austria invaded by）48, 61, 63, 81；不列颠之战（Battle of Britain）108, 109–120, 126, 129, 130, 132–133, 163, 186；入侵比利时（Belgium invaded by）89, 90, 103, 109；轰炸英国（Britain bombed by）90, 111–114, 119, 126, 128–131, 157–158, 182, 190, 243；英国对德宣战（Britain's declaration of war on）3, 84–86；丘吉尔与里宾特洛甫的午餐（Churchill's lunch with Ribbentrop on plans of）56–57；丘吉尔的回忆录（in Churchill's memoirs）213；丘吉尔有关德国提出的警告（Churchill's warnings about）47, 52–55, 59–60, 63–64；入侵捷克斯洛伐克（Czechoslovakia invaded by）58, 60, 62–63, 133, 214；英国对德国入侵的担忧（fears of British invasion by）111–112, 116, 117, 128；入侵法国（France occupied by）100–108, 109, 115, 137–138, 215；入侵荷兰（Holland invaded by）89, 90, 103, 109；德国空军的无能（incompetence of Luftwaffe），118；"水晶之夜"（Kristallnacht in）61–62；入侵波兰（Poland invaded by）52, 56, 63, 83, 84–85, 87, 103, 109；英国与之达成和平协议的可能性（possibility of British peace settlement with）94–98, 131；重整军备（rearmament of）53, 55, 63；苏联与之签订的协议（Soviet pact with）81–82, 142, 143；入侵苏联（Soviet Union attacked by）142–143, 158；西班牙（Spain and）81；斯大林处决德国军官的建议（Stalin's suggestion of execution of officers in）170；潜艇（submarines of）215

索引

德黑兰会议（Tehran Conference）169–172, 189, 199：恐怖主义（terrorism）256, 257

德吕斯，丹（DeLuce, Dan）324n

地中海（Mediterranean）158, 166

的黎波里（Tripoli）139

邓达斯，休（Dundas, Hugh）111, 132, 299n

邓迪，亨利·詹姆斯·斯克林杰—韦德伯恩，伯爵（Dundee, Henry James Scrymgeour-Wedderburn, Earl of）152

狄更斯，查尔斯（Dickens, Charles）153, 303n

迪格比，帕梅拉（Digby, Pamela）21

迪伦，鲍勃（Dylan, Bob）297n–298n

迪耶普（Dieppe）143–144

第二次世界大战（World War II）4–5, 83, 238–239, 263：盟军为在法国登陆做准备（Allied preparations for landing in France）166, 167, 172, 191, 192, 194, 198–201；英美联盟（Anglo-American alliance in），158, 162, 169, 189, 194, 201–202, 242–243；不列颠之战（Battle of Britain），108, 109–120, 126, 129, 130, 132–133, 163, 186；英国向德国宣战（Britain declares war on Germany）3, 84–86；英国领土（Britain's Dominions in）243；卡萨布兰卡会议（Casablanca Conference and）174–168；丘吉尔和奥威尔的回应（Churchill and Orwell's responses to）265–269；丘吉尔被任命为首相（and Churchill's appointment as prime minister）90–91；丘吉尔希望美国参战（Churchill's desire for U.S. entry into）91, 93, 121, 125, 149；丘吉尔的回忆录（Churchill's memoirs of）62, 79, 87, 91, 102, 120, 148–149, 151, 152, 160, 161, 169, 187, 190, 198–200, 202, 211–220, 225, 232–234, 239, 240, 242, 248；英国的阶级斗争（and class war in Britain）129–137；诺曼底登陆日（D-Day in）154, 189, 190, 197, 200, 202, 218, 220；战争结束（end of）182, 183, 198, 204, 207, 209, 221–222；"欧洲优先"战略（"Europe First" strategy in）124, 149；希特勒的计划（Hitler's plans for）63；军事力量的机械化（mechanization of military power in）191, 195, 200；战争爆发（outbreak of）84–88；珍珠港（Pearl Harbor）120, 148–149, 152；波茨坦会议（Potsdam Conference and）209；德黑兰会议（Tehran Conference and）169–172, 189, 199；美国参战（U.S. entry into）120, 148–154, 191, 192

第一次世界大战（World War I）57, 102, 118, 133, 203：丘吉尔（Churchill in）20–21, 86, 87, 107, 191

独立工党（ILP [Independent Labour Party]）69

《杜立德医生的故事》（洛夫廷）（Story of Doctor Dolittle, The [Lofting]）176, 179

杜鲁门，亨利（Truman, Harry）202

"端正俱乐部"（Right Club）50

对犹太人的大屠杀（Holocaust）35, 61–62

敦刻尔克（Dunkirk）94–96, 98–102, 105, 157

多德森，阿米（Dodson, Ami）322n

多德森，斯科特（Dodson, Scott）322n

多尔顿，休（Dalton, Hugh）82, 292n

多里尔，斯蒂芬（Dorril, Stephen）280n

E

俄罗斯（Russia）249, 269：亦参见：苏联（Soviet Union）

F

法国（France）52, 63, 84, 87, 89, 96, 154, 160：盟军为登陆做准备（Allied preparations for landing in）166, 167, 172, 191, 192, 194, 198–201；诺曼底登陆日（D-Day in）154, 189, 190, 197, 200, 202, 218, 220；被德国占领（German occupation of）100–108, 109, 115, 137–138, 215

法西斯主义（fascism）3, 44, 45, 77–81, 93, 229, 253, 263：共产主义（communism and）78–82；肯尼迪（Kennedy and）86；对法西斯主义的认同（sympathies for）48–50, 56, 76, 136, 137

法伊弗尔，托斯科（Fyvel, Tosco）222, 250

非洲（Africa）50, 142, 154, 158, 160, 166：布尔战争（Boer War in）15–17

菲尔比，H. A. R."金"（Philby, H.A.R. "Kim"）32, 161, 180, 181, 253, 304n

菲律宾航空公司（Philippine Airlines）254

肺结核（tuberculosis）32, 221, 225

费伯，戴维（Faber, David）283n–285n

费林，基思（Feiling, Keith）284n

费洛尼，理查德（Feloni, Richard）325n

费希尔，本杰明（Fischer, Benjamin）307n

费希尔，路易（Fischer, Louis）46

弗莱彻，雷金纳德（Fletcher, Reginald）64

佛朗哥，弗朗西斯科（Franco, Francisco）67, 72, 80, 81, 180

弗勒德，艾莉森（Flood, Alison）309n

弗雷泽，戴维（Fraser, David）311n

弗里德兰，乔纳森（Freedland, Jonathan）283n

弗里曼，戴维（Freeman, David）276n

弗伦奇，菲利普（French, Philip）248–249

弗罗因德，查尔斯·保罗（Freund, Charles Paul）324n

弗洛伊德，西格蒙德（Freud, Sigmund）3

福斯特，E.M.（Forster, E. M.）28

G

盖尔布，诺曼（Gelb, Norman）289n, 291n, 293n

戈达德，道格拉斯（Goddard, Douglas）101

戈兰茨，维克托（Gollancz, Victor）42–43, 79, 181, 247, 282n

戈林，赫尔曼（Goering, Hermann）109, 116, 118

戈培尔，约瑟夫（Goebbels, Joseph）49, 98

格雷厄姆，肯尼思，《柳林风声》（Grahame, Kenneth, *The Wind in the Willows*）175–176, 177, 308n

格雷夫斯，罗伯特（Graves, Robert）82, 289n

格雷尼尔，理查德（Grenier, Richard）241–242

格林格拉斯，保罗（Greengrass, Paul）325n

格林伍德，阿瑟（Greenwood, Arthur）137

工党（Labour Party）21, 22, 53, 69, 90, 92, 129, 137, 198, 206–207, 209

《工人日报》（*Daily Worker*）72

工业革命（Industrial Revolution）196, 204

工业与科学（industry and science）195–197, 203–204, 258, 259

共产主义（communism）3, 44, 45, 50, 76–80, 143, 247, 252, 253, 263, 268：法西斯主义（fascism and）78–82；奥威尔的疑似共产主义者名单（Orwell's list of suspected communists）252–253；西班牙（in Spain）, 66, 67, 70, 71, 74, 80；斯大林主

索引

义（Stalinist），46, 67–70, 74, 76, 79, 179, 247, 268–269
古巴（Cuba）255
古德里安，海因茨（Guderian, Heinz）95
《古拉格群岛》（索尔仁尼琴）（*Gulag Archipelago, The* [Solzhenitsyn]）79
《观察家报》（*Observer*）146–147, 173, 182, 248
硅谷（Silicon Valley）258–261
《国家评论》（*National Review*）79, 242, 248
国民自卫队（Home Guard）128, 172, 186

H

哈夫纳，塞巴斯蒂安（Haffner, Sebastian）290n–291n
哈里森，汤姆（Harrisson, Tom）131, 297n
哈利法克斯，爱德华·伍德，勋爵（Halifax, Edward Wood, Lord）50, 53, 57–58, 63, 82, 88–90, 96–98, 137, 161, 163, 284n
《哈姆雷特》（莎士比亚）（*Hamlet* [Shakespeare]）12, 144
哈维，奥利弗（Harvey, Oliver）82, 162, 167, 305n, 306n
哈维尔，瓦茨拉夫（Havel, Vaclav）268
哈维-瓦特，G.S.（Harvie-Watt, G. S.）306n
《孩童时的撒母耳》（雷诺兹）（*Infant Samuel, The* [Reynolds]）175
海科克，戴维·博伊德（Haycock, David Boyd）286n, 288n
海明威，欧内斯特（Hemingway, Ernest）75, 288n
豪，欧文（Howe, Irving）247, 253, 323n
荷兰（Holland）89, 90, 103, 109
赫尔，科德尔（Hull, Cordell）86–87
赫弗，西蒙（Heffer, Simon）311n
赫胥黎，奥尔德斯（Huxley, Aldous）82, 257
黑斯廷斯，马克斯（Hastings, Max）137, 242, 301n, 304n, 311n, 321n
亨德里，史蒂夫（Hendry, Steve）298n
胡根贝格，阿尔弗雷德（Hugenberg, Alfred）213
互联网（Internet）263
《华尔街日报》（*Wall Street Journal*）259
《华盛顿时报》（*Washington Times*）241
怀特，E.B.（White, E. B.）179, 309n
皇家博阿迪西亚（Boadicea, HMS）134
皇家咖啡厅（Café Royal）110, 248, 295n
惠特曼，沃尔特（Whitman, Walt）153
惠特韦尔，劳里（Whitwell, Laurie）324n
霍恩，阿利斯泰尔（Horne, Alistair）95, 292n
霍尔，塞缪尔（Hoare, Samuel）54
霍克希尔德，亚当（Hochschild, Adam）286n, 318n
霍普金斯，哈里（Hopkins, Harry）121–124, 151, 203
霍普金斯，杰拉尔德·曼利（Hopkins, Gerard Manley）145

J

基尔萨诺，彼得（Kirsanow, Peter）321n
基根，约翰（Keegan, John）315n
吉本，爱德华（Gibbon, Edward）10–11, 277n
吉卜林，拉迪亚德（Kipling, Rudyard）174–175, 241–242
吉尔伯特，马丁（Gilbert, Martin）275n, 276n, 279n, 282n, 284n, 285n, 289n–291n, 294n, 296n, 297n, 300n, 301n, 303n, 305n, 313n

吉拉尔迪，威廉（Giraldi, William）323n
极权主义（totalitarianism）：丘吉尔（Churchill on）230；奥威尔（Orwell on）146, 179, 223, 229, 251, 258, 262；斯大林主义（Stalinism），46, 67–70, 74, 76, 79, 179, 247, 268–269；亦参见：法西斯主义（fascism）
济慈，约翰（Keats, John）12
加德纳，布赖恩（Gardner, Brian）285n, 290n, 293n
加拉格尔，诺埃尔（Gallagher, Noel）323n
加利波利（Gallipoli）19–20
贾德干，亚历山大（Cadogan, Alexander）82, 97, 123, 168, 171
阶级（class）：丘吉尔（Churchill and）131–137；奥威尔（Orwell and）129, 131, 132, 135–38, 152–153, 158, 182, 229, 252；"二战"（World War II and）129–137
捷克斯洛伐克（Czechoslovakia）：德国（Germany and）58, 60, 62–63, 133, 214；苏联（Soviet Union and）268–269
金，马丁·路德（King, Martin Luther, Jr.）266, 269：“伯明翰城市监狱来信”（"Letter from Birmingham City Jail"）266–268, 270, 326n
金，欧内斯特（King, Ernest）165
金博尔，沃伦（Kimball, Warren）297n
金奇，乔恩（Kimche, Jon）71
《金融时报》（Financial Times）246
津巴布韦（Zimbabwe）255
《经济学人》（Economist）193–194

K

卡尔弗韦尔，西里尔（Culverwell, Cyril）59
卡尔克曼，帕梅拉（Kalkman, Pamela）324n

卡夫·布朗，安东尼（Cave Brown, Anthony），284n, 291n, 300n, 309n
卡罗尔，刘易斯（Carroll, Lewis）249
卡萨布兰卡会议（Casablanca Conference）164–168
卡塞林山口（Kasserine Pass）167
卡斯特罗，菲德尔（Castro, Fidel）242
"凯莉号"（Kelly, HMS）89
凯普，乔纳森（出版社）（Cape, Jonathan, publishing house）181
凯斯特勒，阿瑟（Koestler, Arthur）247, 248, 321n
坎贝尔，娜奥米（Campbell, Naomi）280n
坎纳丁，戴维（Cannadine, David）189, 283n
坎宁安，安德鲁·B.（Cunningham, Andrew B.）139–140
康芒，杰克（Common, Jack）38
康诺利，西里尔（Connolly, Cyril）128, 246, 299n
康沃利斯-韦斯特，乔治（Cornwallis-West, George）7, 17
考兹，安德鲁（Couts, Andrew）325n
柯立芝，卡尔文（Coolidge, Calvin）151–152
柯万，西莉亚（Kirwan, Celia）184
科恩，埃利奥特（Cohen, Eliot）135, 192, 241, 300n, 311n
科尔维尔，约翰（Colville, John）88, 90–91, 116, 172, 194, 290n–292n, 300n, 307n, 310n–313n, 316n
科林斯，劳顿·J.（Collins, J. Lawton）195, 312n
科隆酒店（Hotel Colon）70, 323n
科平，贾斯珀（Copping, Jasper）314n
科珀德，奥德丽（Coppard, Audrey）275n,

索引

279n–282n, 286n, 287n, 300n–302n, 303n, 309n, 316n–318n, 322n

科普，乔治（Kopp, Georges）73

科特曼，斯塔福德（Cottman, Stafford）68

科特斯，塔—奈西希（Coates, Ta-Nehisi）262, 325n

科学与工业（science and industry）195–197, 203–204, 258, 259

克拉克，彼得（Clarke, Peter）295n, 320n

克拉克，马克（Clark, Mark）166, 195

克劳利，贾森（Crowley, Jason），321n

克里克，德贝纳尔（Crick, Bernard）275n, 279n–282n, 286n, 287n, 298n, 300n–304n, 309n, 316n–319n, 322n, 323n

克里维茨基，瓦尔特（Krivitsky, Walter）180

克罗斯韦尔，D.K.R.（Crosswell, D.K.R.）313n

克罗泽，W.P.（Crozier, W. P.）284n, 285n, 292n

克肖，伊恩（Kershaw, Ian）95, 283n, 284n, 292n

肯纳，休（Kenner, Hugh）77, 288n

肯尼迪，约翰·F.（Kennedy, John F.）86

肯尼迪，约瑟夫·P."乔"（Kennedy, Joseph P. "Joe," Jr.）93

肯尼迪，约瑟夫·P.（Kennedy, Joseph P.）86–87, 93, 109, 113, 120–22, 124, 212

库格林，康（Coughlin, Con）7, 277n, 278n

库珀，达夫（Cooper, Duff）100, 189

库珀，戴安娜（Cooper, Diana）172, 307n

库珀，莱蒂丝（Cooper, Lettice）157

昆德拉，米兰（Kundera, Milan）268–269, 326n

昆西号（*Quincy*, USS）202

L

拉金，艾玛（Larkin, Emma）254, 280n, 324n

拉拉比，埃里克（Larrabee, Eric）305n

拉姆齐，阿奇博尔德（Ramsay, Archibald）50

拉姆斯登，约翰（Ramsden, John）278n, 283n, 300n, 320n, 321n

拉什，多萝西·博伊德（Rush, Dorothy Boyd）288n

拉思伯恩，埃莉诺（Rathbone, Eleanor）64

拉斯基，内维尔（Laski, Neville）62

拉斯廷，巴亚德（Rustin, Bayard）268

拉斯韦尔，哈罗德（Lasswell, Harold）46, 282n

拉希，约瑟夫（Lash, Joseph）290n

莱斯利，阿妮塔（Leslie, Anita）320n

莱文，乔舒亚（Levine, Joshua）291n, 292n, 293n, 295n, 296n, 299n

兰克，迈克尔（Rank, Michael）324n

兰斯伯里，乔治（Lansbury, George）59

朗梅特，诺曼（Longmate, Norman）303n, 305n

劳埃德·乔治，戴维（Lloyd George, David）52, 98, 189

劳伦斯，D.H.（Lawrence, D. H.）225

劳伦斯，肯（Lawrence, Ken）317n

劳森，尼格拉（Lawson, Nigella）280n

雷克斯，亨利（Raikes, Henry）59

雷诺兹，戴维（Reynolds, David）215–217, 219, 283n, 297n, 311n, 314n–316n

雷诺兹，乔舒亚（Reynolds, Joshua）175

雷斯，伊尼亚斯（Reiss, Ignace）180

冷战（Cold War）236, 253, 263

《黎明报》（*Dawn*）245

李，雷蒙德（Lee, Raymond）115–116, 125, 197

里宾特洛甫，约阿希姆·冯（Ribbentrop, Joachim von）56–57, 81, 116, 214

里德，西蒙（Read, Simon）14, 276n, 278n

里尔登，史蒂文（Rearden, Steven）306n

里夫金，史蒂夫（Rivkin, Steve）323n

里斯，理查德（Rees, Richard）232

理查兹，基思（Richards, Keith）242

利比亚（Libya）160

利德尔·哈特，B.H.（Liddell Hart, B. H.）241, 292n

利穆赞，内莉（Limouzin, Nellie）31

利特维诺夫，马克西姆（Litvinov, Maxim）62

列侬，约翰（Lennon, John）317n, 319n–320n

林德伯格，查尔斯（Lindbergh, Charles）50, 61, 120–121, 297n

林肯，亚伯拉罕（Lincoln, Abraham）103, 121, 150, 269

林利思戈，维克托·霍普，侯爵（Linlithgow, Victor Hope, Lord）161

刘易斯，伯纳德（Lewis, Bernard）197, 312n

刘易斯，杰里米（Lewis, Jeremy）302n

刘易斯，罗杰（Lewis, Roger）302n

《柳林风声》（格雷厄姆）（Wind in the Willows, The [Grahame]）175–176, 177

龙骑兵行动（Operation Dragoon）198–200

隆美尔，埃尔温（Rommel, Erwin）160

卢卡奇，约翰（Lukacs, John）263, 292n, 294n, 296n, 325n

卢卡斯，约翰（Lucas, John）195

卢因，罗纳德（Lewin, Ronald）195–196, 239–240, 294n, 301n, 305n, 312n, 320n

鲁彭索尔，罗兰（Ruppenthal, Roland）313n

路易森，马克（Lewisohn, Mark）317n, 319n–320n

伦德施泰特，格尔德·冯（Rundstedt, Gerd von）95

伦敦（London）127, 138, 184：美国人（Americans in）154, 164, 173；轰炸（bombing of）111–114, 119, 126, 128–131, 157–158, 182, 190, 243；皇家咖啡厅（Cafe Royal in）110, 248, 295n；奥威尔夫妇在此居住（Orwells' residences in）157–158, 182；地铁，用作防空洞（Underground of, as air-raid shelters）130

伦敦，杰克（London, Jack）153

伦敦德里，查尔斯·文—坦皮斯特—斯图尔特，侯爵（Londonderry, Charles Vane-Tempest-Stewart, Lord）48–49, 115–116

《伦敦晚旗报》（Evening Standard）47

伦奇，约翰（Wrench, John）284n, 286n

《论坛报》（Tribune）173, 181

罗伯茨，安德鲁（Roberts, Andrew）242, 291n, 293n, 303n, 305n

罗德里克，斯蒂芬（Rodrick, Stephen）321n

罗登，约翰（Rodden, John）183, 246, 276n, 298n, 309n, 310n, 317n, 321n–324n

罗格斯，本（Rogers, Ben）280n

《罗马帝国衰亡史》（吉本）（History of the Decline and Fall of the Roman Empire, The [Gibbon]）10–11

罗米利，埃斯蒙德（Romilly, Esmond）49

罗斯，A.L.（Rowse, A. L.）46, 285n, 301n

罗斯，乔纳森（Rose, Jonathan）277n, 283n, 316n

罗斯，约翰·J.（Ross, John J.）317n

罗斯福，埃利奥特（Roosevelt, Elliott）170,

索引

307n
罗斯福，埃莉诺（Roosevelt, Eleanor）120, 168, 306n
罗斯福，富兰克林·德拉诺（Roosevelt, Franklin Delano）93, 120, 171, 188, 189：反殖民主义（anticolonialism of）162；丘吉尔（Churchill and）86–87, 120–24, 151, 152, 158–160, 166, 169, 187, 189, 194, 199, 202–203, 212；去世及葬礼（death and funeral of）202, 244；霍普金斯（Hopkins and）121–124, 151；肯尼迪（Kennedy and）86–87, 120；马歇尔（Marshall and）165, 166；斯大林（Stalin and）158–159；德黑兰会议（at Tehran Conference）169–172
罗斯基尔，史蒂芬（Roskill, Stephen）291n
罗西，约翰（Rossi, John）183, 276n, 298n, 299n, 309n, 310n, 317n, 321n, 324n
罗泽，斯蒂芬（Rohde, Stephen）325n
洛夫廷，休（Lofting, Hugh）176, 179
洛弗尔，玛丽（Lovell, Mary）279n
洛克，约翰（Locke, John）227, 270
吕克，汉斯·冯（Luck, Hans von）94, 292n

M

马丁，拉尔夫（Martin, Ralph）278n
马丁，约翰（Martin, John）186
《马丁·翟述伟》（狄更斯）（Martin Chuzzlewit [Dickens]）153
马尔，安德鲁（Marr, Andrew）304n
马尔伯勒，弗朗西丝，公爵夫人（Marlborough, Frances, Duchess of）8
马尔科姆·X（Malcolm X）268
马格里奇，马尔科姆（Muggeridge, Malcolm）36, 47, 75, 82–83, 174, 193, 206, 218–219, 233–236, 247, 280n, 281n, 288n, 308n, 314n, 316n, 319n–320n
马格内，托马斯（Magnay, Thomas）60
马克，海尔特（Mak, Geert）287n
马克思，卡尔（Marx, Karl）3
马赛（Marseilles）200
马统工党（马克思主义统一工人党）（POUM [Workers' Party of Unified Marxism]）67–75, 180, 247
马歇尔，乔治·C.（Marshall, George C.）160, 164–166, 300n, 306n
迈耶斯，杰弗里（Meyers, Jeffrey）308n
麦金赛，乔治（McJimsey, George）297n
麦金太尔，安妮特（McIntyre, Annette）325n
麦卡锡，玛丽（McCarthy, Mary）37, 281n
麦考利，托马斯（Macaulay, Thomas）11
《麦克白》（莎士比亚）（Macbeth [Shakespeare]）144
麦克克鲁姆，罗伯特（McCrum, Robert）248, 318n, 322n
麦克莱恩，查尔斯（MacLean, Charles）117–118
麦克莱恩，唐纳德（Maclean, Donald）161
麦克劳夫林，尼尔（McLaughlin, Neil）246, 321n
麦克利里，保罗（McLeary, Paul）324n
麦克米伦，哈罗德（Macmillan, Harold）162, 293n, 305n, 310n
麦克尼尔，威廉（McNeill, William）283n
麦克唐纳，德怀特（Macdonald, Dwight）179
麦克唐纳，拉姆齐（MacDonald, Ramsay）47
麦克唐纳，马尔科姆（MacDonald, Malcolm）88
麦克韦恩，唐纳德（McVean, Donald）13

曼彻斯特，威廉（Manchester, William）276n, 282n, 306n, 310n

《曼彻斯特卫报》（Manchester Guardian）54, 62

曼斯，亨利（Mance, Henry）321n

《漫长的周末：1918—1939 大不列颠社会史》（格雷夫斯，霍奇）（Long Week-End, The: A Social History of Great Britain, 1918–1939 [Graves and Hodge]）82

《每日电讯报》（Daily Telegraph）13, 218

美国（United States）87：与英国的特殊关系（Britain's special relationship with）242–244；与英国的战时同盟（Britain's wartime alliance with）158, 162, 169, 189, 194, 201–202, 242–243；英国的态度（British attitude toward）123, 152, 153, 161–162, 164–167, 193–194, 235；丘吉尔希望美国参加"二战"（Churchill's desire for World War II involvement of）91, 93, 121, 125, 149；参加"二战"（entry into World War II）120, 148–154, 191, 192；欧洲的战争债务（European war debts to）151–152；"欧洲优先"战略（"Europe First" strategy of）124, 149；实力增强（growth in power of）162, 164, 189, 193–195, 212；个人主义（individualism in）235–236；对伊拉克采取军事行动（Iraq invaded by）242–244；在英国的军事存在（military presence in Britain）153–154, 164, 173, 197；奥威尔对美国人的看法（Orwell's view of Americans）152–153, 164, 173, 235–36, 258；珍珠港事件（Pearl Harbor attack on）120, 148–149, 152；种族主义（racism in）162–163

美国中央情报局（CIA）257

《美丽新世界》（赫胥黎）（Brave New World [Huxley]）257

蒙哥马利（Montgomery and）201–202

蒙哥马利，伯纳德（Montgomery, Bernard）195, 200；与艾森豪威尔（Eisenhower and）201–202

蒙田，米歇尔·德（Montaigne, Michel de）253

米查姆，乔恩（Meacham, Jon）307n

米尔顿，哈里（Milton, Harry）72–73

米尔恩，A.A.（Milne, A. A.）175

米勒，亨利（Miller, Henry）65

米利斯，瓦尔特（Millis, Walter），102–103, 293n

米利特，艾伦·R.（Millett, Allan R.）200, 313n

米切尔，朱利安（Mitchell, Julian）276n, 320n

米特福德，伯特伦（Mitford, Bertram）19

米特福德，戴安娜（Mitford, Diana）49

米特福德，德博拉（Mitford, Deborah）49

米特福德，杰茜卡（Mitford, Jessica）49

米特福德，南希（Mitford, Nancy）49

米特福德，尤妮蒂（Mitford, Unity）49, 86

米特福德姐妹（Mitford sisters）19, 49

米特罗欣，瓦西里（Mitrokhin, Vasili）286n, 287n, 309n

米沃什，切斯瓦夫（Miłosz, Czesław）249, 268, 322n

密尔，约翰·斯图尔特（Mill, John Stuart）227, 270, 318n

缅甸（Burma），23–24, 26, 28–29, 47, 254：奥威尔作为警察（Orwell as policeman in）25–27, 30–31, 33, 68, 77, 136, 138, 143

民权运动（civil rights movement）266

索引

民主（democracy）2, 5, 32, 45, 230, 243, 269
莫蒂默，雷蒙德（Mortimer, Raymond）32, 82
莫顿，德斯蒙德（Morton, Desmond）12, 106, 191, 203, 208
莫兰，查尔斯·威尔逊，男爵（Moran, Charles Wilson, Lord）11, 115, 202–203, 275n, 277n, 290n, 296n, 297n, 302n–304n, 306n–308n, 311n–314n, 320n
莫兰德，安德鲁（Morland, Andrew）225
莫里森，塞缪尔·埃利奥特（Morison, Samuel Eliot）216–217, 315n–316n
莫里斯，约翰（Morris, John）144
莫洛托夫，V.M.（Molotov, V. M.）62
莫姆，勋爵（Maugham, Lord）55
莫斯利，奥斯瓦尔德（Mosley, Oswald）49, 230–231, 283n
墨索里尼，贝尼托（Mussolini, Benito）50, 59, 80, 149, 234
默里，威廉姆森（Murray, Williamson）200, 210, 286n, 313n, 314n
《慕尼黑协定》（Munich Agreement）46, 58–62, 81, 86, 110, 133
穆尔，托马斯（Moore, Thomas）55
穆加贝，罗伯特（Mugabe, Robert）255

N
拿破仑一世，皇帝（Napoleon I, Emperor）135
纳粹（Nazis）4–5, 50；亦参见：德国（Germany）
纳索，戴维（Nasaw, David）289n, 291n, 295n, 297n
纳瓦兹，马吉德（Nawaz, Maajid）254–255
奈特，奈杰尔（Knight, Nigel）321n

南非（South Africa）269
尼科尔森，哈罗德（Nicolson, Harold）32, 46, 50, 56, 82, 88, 100, 156, 280n, 282n, 283n, 285n, 290n, 291n, 293n, 295n, 304n–306n, 314n；对美国的看法（Americans as viewed by）161–162, 167；9・11袭击（9/11 attacks）243, 255–257
牛津辩论社（Oxford Union）47–48
牛津大学（Oxford University）54
纽辛格，约翰（Newsinger, John）281n
《纽约时报》（New York Times）217, 233
挪威（Norway）107, 154, 155
诺朗，卡塔尔（Nolan, Cathal）101, 293n
诺曼，菲利普（Norman, Philip）317n
诺曼底登陆日（D-Day）154, 189, 190, 197, 200, 202, 218, 220

P
帕克，基思（Park, Keith）114–115
帕里什，托马斯（Parrish, Thomas）297n, 298n
派尔，厄尼（Pyle, Ernie）126–127
庞森比，阿瑟（Ponsonby, Arthur）55
佩勒特，乔治（Pellet, George）112
披头士乐队（Beatles）225, 317n, 319n–320n, 323n
皮卡德，加布丽埃勒（Pickard, Gabrielle）323n
皮拉廷，菲尔（Piratin, Phil）130
平钦，托马斯（Pynchon, Thomas）229, 318n
苹果（Apple）251–252, 259, 260, 323n
珀内尔，索尼娅（Purnell, Sonia）278n
普京，弗拉基米尔（Putin, Vladimir）230
普赖尔，罗宾（Prior, Robin）243, 296n, 321n

普里查德，斯蒂芬（Pritchard, Stephen）302n

Q
齐姆克，厄尔（Ziemke, Earl）292n
钱农，亨利（Channon, Henry）82
钱农，亨利·"薯条"（Cannon, Henry "Chips"）48
乔布斯，史蒂夫（Jobs, Steve）251
乔伊斯，科林（Joyce, Colin）323n
乔伊斯，威廉（Joyce, William）136
《乔治·奥威尔：文学声誉的政治》（罗登）（George Orwell: The Politics of Literary Reputation [Rodden]）246
乔治六世，英王（George VI, King）88, 90
青霉素（penicillin）195
情报国家（intelligence state）256, 257
琼斯，托马斯（"T·J"）（Jones, Thomas ["T. J."]）50, 54, 110, 283n–285n, 295n
丘吉尔，戴安娜（温斯顿·丘吉尔的女儿）（Churchill, Diana [daughter of Winston]）240
丘吉尔，克莱芒蒂娜·霍齐尔（温斯顿·丘吉尔的妻子）（Churchill, Clementine Hozier [wife of Winston]）20–21, 49, 290n：背景（background of）19；婚姻（marriage of）18, 19, 21；与丘吉尔的通信（Winston's correspondence with）20, 21, 152
丘吉尔，伦道夫（温斯顿·丘吉尔的儿子）（Churchill, Randolph [son of Winston]）9, 11, 21, 47, 49, 93, 149, 170, 240, 276n, 278n, 283n, 303n：去世（death of）240
丘吉尔，伦道夫勋爵（温斯顿·丘吉尔的父亲）（Churchill, Lord Randolph [father of Winston]）6–8, 14, 22, 26, 239, 241：去世（death of）9–10；给温斯顿·丘吉尔的信（letter to Winston from）9–10
丘吉尔，玛丽（温斯顿·丘吉尔的女儿）（Churchill, Mary [daughter of Winston]）240
丘吉尔，玛丽戈尔德（温斯顿·丘吉尔的女儿）（Churchill, Marigold [daughter of Winston]）240
丘吉尔，佩里格林（温斯顿·丘吉尔的侄子）（Churchill, Peregrine [nephew of Winston]）276n, 320n
丘吉尔，莎拉（温斯顿·丘吉尔的女儿）（Churchill, Sarah [daughter of Winston]）240
丘吉尔，温斯顿（Churchill, Winston）6–22, 84–108：珍珠港事件后在美国国会的发言（address to Congress after Pearl Harbor）149–151, 189；培养与美国的同盟关系（alliance with Americans cultivated by）158；与动物进行的比较（animal comparisons made about）172；《动物庄园》（Animal Farm and）174；安齐奥（Anzio and）191, 194–195；被任命为首相（appointed prime minister）90–93, 105, 106, 238；车祸（in automobile accident）1, 22；布尔战争（in Boer War）4, 15–17；布鲁克（Brooke and）116, 135, 140–141, 171, 189–190, 192–194, 207–209；在非洲被俘及逃脱（capture and escape in Africa）15–17；骑兵部队（in cavalry）8–10；张伯伦（Chamberlain and）87–90, 107；孩提及少年时期（childhood and teen years of）6–8；抽雪茄（cigar smoking of）168；阶级（class and）131–137；流泪

（crying of）207–208；坎宁安（Cunningham and）139–140；抑郁情绪（dark moods of）201；去世及葬礼（death and funeral of）244；子女的去世（deaths of children of）240；衰落（decline of）171, 188–190, 201, 202, 204–206, 220, 221, 238–240；日记（diary of）104；对丘吉尔持异议的书（dissenting books written about）240–41；梦（dream of）209；饮酒（drinking of）88, 122, 123, 168, 190, 242；敦刻尔克（Dunkirk and）94–96, 98–101, 105；早期政治生涯（early political career of）15, 17–19, 21–22；受教育情况（education of）7, 8, 10–13；军事问题方面所受的教育（education on military issues）106；埃及（in Egypt）168；埃利奥特·罗斯福（Elliott Roosevelt and）170；缺少同理心（empathy lacking in）208；受"二战"激发（as energized by World War II）85–86, 88, 127；对法西斯主义持认同态度的英国人（and fascist sympathies in Britain）48–50, 56, 76；作为父亲（as father）240；父亲的来信（father's letter to）9–10；对德国入侵的担忧（and fear of German invasion）111–112, 116；经济困难（financial problems of）47；任第一海军大臣（as first lord of the admiralty）19, 86, 107；法国（France and）101–105, 107–108；在法国登陆（France landings and）191, 194, 198–201；加利波利登陆作战（Gallipoli campaign and）19–20；政府的慵懒（governmental lethargy and）105–106, 110；心脏病发作（heart attack of）151, 238；霍普金斯（Hopkins and）121–124, 151；针对丘吉尔领导地位的众议院辩论（House of Commons debate on leadership of）154–156；有关不经审判进行监禁的观点（on imprisonment without charges）230–231；爱尔兰（Ireland and）205–206；"铁幕"演说（Iron Curtain speech of）222；欧文·伯林（Irving Berlin and）188；有关语言与写作的观点（language and writing as viewed by）186–187；1945年大选的失败（loss in 1945 election）209–210, 211, 234, 238；婚姻（marriage of）18, 19, 21；备忘录（memos of）105, 230；军队官僚体系（military bureaucracy and）107；从军经历（military service of）8–10, 13–14, 20–21, 24, 86, 87, 107；军事战略（military strategy and）106–108, 135, 137, 139–142, 168, 190–192, 198–201；对丘吉尔的神化（mythification of）241–242；20世纪30年代（in 1930s）45–64, 238；1940—1941年（in 1940–1941）109–125；20世纪50年代（in 1950s）238–241；《1984》（1984 and）2, 174, 226, 237；奥威尔对丘吉尔的评价（Orwell on），103, 104, 110, 129–130, 135–137, 156, 188–189, 233–234；与奥威尔的比较（Orwell compared with）2–3, 24, 25；"二战"的爆发（and outbreak of World War II）85–88；绘画爱好（painting as hobby of）12, 20, 141–142；珍珠港事件（Pearl Harbor and）148–149；宠物（pets of）116；政治上受到的孤立（political isolation of）12, 19–20, 46–47, 54–55, 91, 110；政党（political parties and）18, 21–22, 47, 55–56, 86, 90, 97, 136, 137；对战后世界发展的贡献（postwar world made possible by）263；波茨坦

会议（at Potsdam Conference）209；丘吉尔名言（quotations attributed to）241–242；对"二战"的回应（response to World War II）265–269；回到政界（return to politics）86, 87；20世纪40年代的"演讲运动"（rhetorical campaign of 1940）98–100；与里宾特洛甫的午餐（Ribbentrop's lunch with）56–57, 214；罗斯福（Roosevelt and）86–87, 120–24, 151, 152, 158–160, 166, 169, 187, 189, 194, 199, 202–203, 212；罗斯福去世（Roosevelt's death and）202, 244；第二次任首相（second term as prime minister）238–239；西西里（Sicily and）165；下属心胸狭小（small-mindedness in subordinates of）168；西班牙（in Spain）70；西班牙内战（Spanish Civil War and）4, 81；演讲（speeches of）92, 99–100, 103, 110–111, 130, 142–143, 149–151, 155–156, 189, 205–207, 220, 222；斯大林（Stalin and）203；斯大林接受赠剑（Stalin presented with sword by）171；中风（strokes suffered by）219, 238, 239；对下属的质询（subordinates questioned by）192；德黑兰会议（at Tehran Conference）169–172, 189；撒切尔（Thatcher and）133；图卜鲁格（Tobruk and）159–161；希望美国加入"二战"（U.S. entry into World War II desired by）91, 93, 121, 125, 149；战时内阁（War Cabinet of）89, 90, 92, 96–98, 207；有关德国和战争的警告及预言（warnings and premonitions about Germany and war）47, 52–55, 59–60, 63–64, 83, 84；出访华盛顿（Washington visits of）149–151, 159–161；"一战"（in World War I）20–21, 86, 87,

107, 191

丘吉尔，温斯顿，著作（Churchill, Winston, writings of）8, 12, 22, 29, 47：自传性的（autobiographical）6, 47, 55, 62；《英语民族史》（A History of the English-Speaking Peoples）239–240；获得诺贝尔奖（Nobel Prize awarded to）239；《尼罗河之役》（The River War）15；《萨弗罗拉》（Savrola）29；《修辞的支架》（The Scaffolding of Rhetoric）208；科学性（science in）195–196；《马拉根德野战部队的故事》（The Story of the Malakand Field Force）13–14, 25；风格（style in）8, 10–11；作为战地记者（as war correspondent）4, 13–17；《第二次世界大战回忆录》（World War II Memoirs）62, 79, 87, 91, 102, 120, 148–149, 151, 152, 160, 161, 169, 187, 190, 198–200, 202, 211–220, 225, 232–234, 239, 240, 242, 248

丘吉尔，珍妮·杰罗姆，伦道夫勋爵夫人（温斯顿·丘吉尔的母亲）（Churchill, Jennie Jerome, Lady Randolph [mother of Winston]）6–8, 10, 13–14, 17, 19, 241

丘吉尔档案（Churchill Archives）204

丘吉尔中心（Churchill Centre）241

R

日本（Japan）87, 143, 154, 191：美国"欧洲优先"战略（American "Europe First" strategy and）124；在珍珠港被袭击（Pearl Harbor attacked by）120, 148–49, 152；新加坡（Singapore and）156

S

撒切尔，玛格丽特（Thatcher, Margaret）

索引

133, 300n
萨夫丘克，卡蒂娅（Savchuk, Katia）325n
萨哈罗夫，安德烈（Sakharov, Andrei）228, 268
萨克维尔—韦斯特，维塔（Sackville-West, Vita）32
萨拉赫丁，扎赫拉（Salahuddin, Zahra）245, 321n
塞尔夫，罗伯特（Self, Robert）285n, 290n
塞克斯顿，托马斯（Sexton, Thomas）155
塞缪尔，赫伯特（Samuel, Herbert）54
桑德赫斯特，皇家军事学院（Sandhurst, Royal Military College at）8—9
《丧钟为谁而鸣》（海明威）（*For Whom the Bell Tolls* [Hemingway]）75
沙玛，西蒙（Schama, Simon）3—4, 98, 207, 220, 276n, 285n, 292n, 314n, 316n
沙逊，西格弗里德（Sassoon, Siegfried）29
莎士比亚，威廉（Shakespeare, William）12, 144, 145, 249, 253
珊瑚海海战役（Coral Sea, Battle of）217
舍伍德，罗伯特（Sherwood, Robert）203, 297n, 303n, 304n, 307n, 313n
社会主义（socialism）46, 50, 76：奥威尔（Orwell and）41—42, 78, 135—136, 221, 232, 251, 258
施托尔，安东尼（Storr, Anthony）293n
史密斯，奥利弗（Smith, Oliver）324n
史密斯，洛根·皮尔索（Smith, Logan Pearsall）246
史密斯，沃尔特·比德尔（Smith, Walter Bedell）167, 212
事实和客观现实（facts and objective reality）179, 226, 231, 269：合集（collection of）265—267, 269, 270；修改历史（revision of history）78, 143, 178—179, 228
《数字趋势》（*Digital Trends*）261
《思考20世纪》（朱特）（*Thinking the Twentieth Century* [Judt]）248
斯大林，约瑟夫（Stalin, Joseph）46, 67, 81, 142, 145, 158—159, 168, 174, 199：《动物庄园》（*Animal Farm* and）177, 179；丘吉尔（Churchill and）203；丘吉尔赠剑（Churchill's presentation of sword to）171；建议处决德国军人（execution of German officers suggested by）169—170；与希特勒签订的协定（Hitler's pact with）81—82, 142, 143；下令屠杀波兰军人（massacre of Polish officers ordered by）170—171；莫斯科作秀审判（Moscow show trials of）67, 82；罗斯福（Roosevelt and）158—159；斯大林主义政策（Stalinist policies）46, 67—70, 74, 76, 79, 179, 247, 268—269；德黑兰会议（at Tehran Conference）169—172, 199
斯大林格勒（Stalingrad）168, 171
斯蒂芬森，威廉（Stephenson, William）91
斯蒂芬斯，布雷特（Stephens, Bret）324n
斯卡梅尔，迈克尔（Scammell, Michael）322n
斯莫利特，彼得（Smollett, Peter）181, 253
斯奈德，蒂莫西（Snyder, Timothy）284n
斯奈德，杰弗里·阿龙（Snyder, Jeffrey Aaron）326n
斯诺，C.P.（Snow, C. P.）100, 137, 293n, 301n
斯彭德，斯蒂芬（Spender, Stephen）45, 247—248, 252, 282n, 322n
斯坦利，维尼夏（Stanley, Venetia）18
斯坦斯基，彼得（Stansky, Peter）41, 282n, 295n
斯特普尔顿，巴兹尔（Stapleton, Basil）131

斯廷森，亨利（Stimson, Henry）160
苏顿，乔（Sutton, Joe）325n
苏联（Soviet Union）46, 67, 76, 87, 152, 158, 168, 180, 198, 200–201, 219, 234, 253, 268：实施暗杀的政策（assassinations in policy of）180；为之服务的英国间谍（British spies working for）32, 161, 180–181, 253；冷战（Cold War）236, 253, 263；捷克斯洛伐克（Czechoslovakia and）268–269；德国对苏联的袭击（German attack on）142–143, 158；与德国签订的协定（German pact with）81–82, 142, 143；知识分子与异见人士（intellectuals and dissidents in）228, 249, 268；《1984》（*1984* and）231–232, 249；内务人民委员部（NKVD in）68, 70, 74, 180；西班牙（Spain and）68–71, 74, 80, 180, 252
《苏联能活到1984吗？》（阿马尔里克）（*Will the Soviet Union Survive Until 1984?* [Amalrik]）249
苏伊士危机（Suez Crisis）163
索恩，克里斯托弗（Thorne, Christopher）298n, 313n
索尔克尔德，布伦达（Salkeld, Brenda）31
索尔仁尼琴，亚历山大（Solzhenitsyn, Alexander）79, 228
索马里（Somalia）256
索姆斯，玛丽·丘吉尔（Soames, Mary Churchill）240

T

泰国（Thailand）254
泰森，迈克（Tyson, Mike）280n
《泰晤士报》（伦敦）（*Times* [London]）50–52, 64, 110, 180

《汤姆叔叔的小屋》（斯托夫人）（*Uncle Tom's Cabin* [Stowe]）253
汤普森，R.W.（Thompson, R. W.）240–241, 277n, 294n, 311n, 313n, 314n, 320n
汤普森，沃尔特（Thompson, Walter）289n, 291n
汤因比，阿诺德（Toynbee, Arnold）46, 50
逃避（avoidance）266, 268
《淘金热》（电影）（*Gold Rush, The* [film]）157
特蕾莎修女（Mother Teresa）320n
特里林，莱昂内尔（Trilling, Lionel）79, 288n
特里维廉，乔治（Trevelyan, George）196, 312n
特纳，爱德华（Turnour, Edward）155
突尼斯（Tunisia）167
图卜鲁格（Tobruk）159–161
吐温，马克（Twain, Mark）153
托德曼，丹尼尔（Todman, Daniel）293n, 294n, 299n
托洛茨基，里昂（Trotsky, Leon）67, 68, 177；暗杀（assassination of）180
托伊，理查德（Toye, Richard）125, 291n, 298n, 314n

W

瓦尔利蒙特，瓦尔特（Warlimont, Walter）95
瓦文萨，莱赫（Wałęsa, Lech）268
王尔德，奥斯卡（Wilde, Oscar）295n
威尔，乔治（Will, George）242
威尔斯，H.G.（Wells, H. G.）82, 130
威尔逊，约翰·霍华德（Wilson, John Howard）277n

索引

威廉姆斯，赫伯特（Williams, Herbert）155
韦伯，比阿特丽斯（Webb, Beatrice）46
维多利亚，女王（Victoria, Queen）55, 175
《卫报》（*Guardian*）248–249
魏德迈，艾伯特（Wedemeyer, Albert）166, 306n
魏因贝格，格哈德（Weinberg, Gerhard）95, 286n, 292n
温特劳布，斯坦利（Weintraub, Stanley）282n, 295n
沃，伊夫林（Waugh, Evelyn）11, 112, 132, 171, 239, 240, 299n：去世（death of）240
沃伯格，弗雷德里克（Warburg, Fredric）183, 231–232
沃林顿，尼尔（Wallington, Neil）295n
沃森，彼得（Watson, Peter）248, 322n
沃森，威廉（Watson, William）101
渥洛夫，亚历山大（Orlov, Aleksandr）68
乌克兰（Ukraine）116, 233, 257
乌姆杜尔曼，战役（Omdurman, Battle of）11；《论自由》（密尔）（*On Liberty* [Mill]）227
伍德科克，乔治（Woodcock, George）183, 300n, 309n
伍德沃德，亚历克（Woodward, Alec）324n
伍尔夫，弗吉尼亚（Woolf, Virginia）46

X

西班牙（Spain）80, 269：共产主义（communism in）66, 67, 70, 71, 74, 80；巴塞罗那（Barcelona）65–66, 69–72, 74–76, 80；德国（Germany and）81；20世纪40年代（in 1940s）80；奥威尔离开（Orwells' departure from）75–76；苏联（Soviet Union and）68–71, 74, 80, 180, 252

西班牙内战（Spanish Civil War）44, 80–82, 180, 247–248：丘吉尔（Churchill and）4, 81；海明威（Hemingway and）75；凯斯特勒（Koestler in）247；奥威尔（Orwell in）1–2, 4, 43, 44, 65–66, 69–72, 74–76, 80, 138, 146, 180
西伯，卢克（Seaber, Luke）325n
西曼，琼（Seaman, Joan）100
西纳特拉，弗兰克（Sinatra, Frank）239
西特韦尔，伊迪丝（Sitwell, Edith）113
西西里（Sicily）165
希腊（Greece）138, 154, 155
希钦斯，克里斯托弗（Hitchens, Christopher）153, 247, 253, 303n, 323n
希特勒，阿道夫（Hitler, Adolf）48, 50, 51, 59, 80, 81, 97, 103, 113, 116, 118, 123, 129, 136, 145, 149, 208, 213, 239, 268, 290n–291n：appeasement of, 46, 48, 50–54, 57–63, 77, 87, 88, 92, 133, 137, 163, 193, 266；英国希望与之达成和平协议（British peace settlement as hope of）94–98；死亡（death of）206, 207, 209；敦刻尔克（Dunkirk and）94–96；米特福德姐妹（Mitford sisters and）49；与张伯伦签订的《慕尼黑协定》（Munich Agreement between Chamberlain and）46, 58–62, 81, 86, 110, 133；长刀之夜（Night of the Long Knives and）51；与斯大林签订的协定（Stalin's pact with）81–82, 142, 143；对他的认同，英格兰贵族（sympathies for, among English aristocracy）48–50, 136, 137；战争计划（war plans of）63
《夏洛特的网》（怀特）（*Charlotte's Web* [White]）179
萧伯纳（Shaw, George Bernard）46

小钱德勒，阿尔弗雷德（Chandler, Alfred D., Jr.）204, 313n
小熊维尼的故事（米尔恩）（Winnie the Pooh stories [Milne]）175
小野洋子（Ono, Yoko）317n
肖沃尔特，丹尼斯（Showalter, Dennis）290n
《笑忘录》（昆德拉）（Book of Laughter and Forgetting, The [Kundera]）268–269
谢尔登，迈克尔（Shelden, Michael）96, 276n, 280n–82n, 287n–289n, 291n, 292n, 298n, 299n, 319n–321n
心理逃避（psychological avoidance）266, 268
辛普森，迈克尔（Simpson, Michael）301n
辛普森，威廉（Simpson, William）204
辛普森，沃利斯（Simpson, Wallis）55
《新共和》（New Republic）253
新加坡（Singapore）143, 156, 160, 191
信息时代（information age）258–259
休伯拉斯，彼得（Huberas, Peter）325n
休谟，大卫（Hume, David）227, 270
休伊森，罗伯特（Hewison, Robert）299n
叙利亚（Syria）269

Y

鸦片贸易（opium trade）23, 28–29
雅布隆斯基，戴维（Jablonsky, David）294n
雅尔塔会议（Yalta Conference）169, 202
雅各布，伊恩（Jacob, Ian）105
亚伯拉罕斯，威廉（Abrahams, William）41, 282n
亚里士多德（Aristotle）269–270
也门（Yemen）256
伊登，安东尼（Eden, Anthony）57, 82, 87, 101, 162, 163, 186, 305n

伊顿公学（Eton College）25, 37, 133, 136, 176, 233, 257
伊克斯，哈罗德（Ickes, Harold）86
伊拉克（Iraq）116, 254
伊拉克战争（Iraq War）242–244
伊丽莎白二世，英女王（Elizabeth II, Queen）186
伊斯梅，黑斯廷斯·"帕格"（Ismay, Hastings "Pug"）94, 193, 291n, 293n, 297n, 304n, 305n
以色列（Israel）250
意大利（Italy）50, 87, 165, 191, 199
印度（India）13, 15, 23, 47, 143, 158, 159
印度皇家警队（Indian Imperial Police）25–27, 30–31, 33
《印度之行》（福斯特）（Passage to India [Forster]）28
《英格兰史》（麦考利）（History of England, The [Macaulay]）11
英格索尔，拉尔夫（Ingersoll, Ralph）194, 312n
英国（Great Britain）：防空系统（air defense system of）117–119；驻英美军（American military in）153–154, 164, 173, 197；对美国人的看法（Americans as viewed in），123, 152, 153, 161–162, 164–167, 193–194, 235；与美国的特殊关系（America's special relationship with）242–244；与美国的战时同盟（America's wartime alliance with）158, 162, 169, 189, 194, 201–202, 242–243；不列颠之战（Battle of Britain）108, 109–120, 126, 129, 130, 132–133, 163, 186；大英帝国（British Empire）30, 56, 87, 92, 150, 158, 162, 189, 203, 209, 212；平民伤亡（civilian casualties in）208；阶

级斗争（class war in）129–137；保守党/托利党（Conservative Party [Tories] in）7, 17, 18, 21–22, 47, 54–56, 59, 61, 86, 88, 90, 91, 97, 129, 136, 137, 156, 162, 206；对德宣战（declaration of war on Germany）3, 84–86；衰落（decline of）163, 189, 194, 195, 203–204, 212, 220；领土（Dominions of）243；对德国入侵的担忧（fear of German invasion）111–112, 116, 117, 128；德国轰炸英国（German bombing of）90, 111–14, 119, 126, 128–31, 157–58, 182, 190, 243；政府的慵懒（governmental lethargy in）105–106, 110；工业与科学（industry and science in）195–197, 203–204, 258；工党（Labour Party in）21, 22, 53, 69, 90, 92, 129, 137, 198, 206–207, 209；自由党（Liberal Party in）18, 21；奥威尔的疑似共产主义者名单（list of suspected communists prepared by Orwell for）252–253；英国与之达成和平协议的可能性（possibility of German peace settlement with）94–98, 131；皇家空军（Royal Air Force of）63, 87–88, 101, 107, 109, 111, 115, 117–19, 132–33；皇家海军（Royal Navy of）8, 19, 93, 134, 136, 139–141；在英苏联间谍圈（Soviet spy ring in）32, 161, 180–81, 253；苏伊士危机（Suez Crisis and）163；拆弹小队（UXB squads in）214

英国广播公司（BBC）143–147, 156–157, 172–173, 261, 319n

《英国社会史》（特里维廉）（*English Social History* [Trevelyan]）196

英国远征军（British Expeditionary Forces [BEF]）154

犹太复国主义（Zionism）35–36, 250

犹太人（Jews）50：美国（American）, 162, 163；张伯伦（Chamberlain and）62；大屠杀（Holocaust and）35, 61–62；奥威尔（Orwell and）35–36, 250；犹太复国主义（Zionism and）35–36, 250

原子弹（atom bomb）209, 221

《圆圈》（埃格斯）（*Circle, The* [Eggers]）260–261

约翰·保罗二世，教皇（John Paul II, Pope）268

约翰逊，保罗（Johnson, Paul）263, 276n, 290n, 326n

约翰逊，鲍里斯（Johnson, Boris）19, 97, 278n, 292n

约翰逊，林登（Johnson, Lyndon）244

约翰逊，塞缪尔（Johnson, Samuel）162–163

越南（Vietnam）162

Z

扎克伯格，马克（Zuckerberg, Mark）325

扎洛加，史蒂文（Zaloga, Steven）313n

詹金斯，罗伊（Jenkins, Roy）7, 61, 97, 103, 148, 203, 239, 276n, 278n, 285n, 290n, 292n, 293n, 297n, 302n, 313n, 320n

詹姆斯，亨利（James, Henry）11–12

张伯伦（Chamberlain, Neville）50, 52–54, 57, 58, 64, 81, 84–85, 97, 98, 105, 110, 149, 161, 193, 206, 289n；丘吉尔（Churchill and）87–90, 107；丘吉尔回忆录（in Churchill's memoirs）213；犹太人（Jews and）62；与希特勒的《慕尼黑协定》（Munich Agreement between Hitler and）, 46, 58–62, 81, 86, 110, 133；奥威尔（Orwell on）129；辞职（resignation of）88, 90, 92

折磨（torture）257

《这就是军队》（音乐剧）(*This Is the Army* [musical]) 188

珍珠港（Pearl Harbor）120, 148–149, 152

"真相与和解"（truth and reconciliation meetings）269

中东（Middle East）116, 160, 255

中国（China）158

朱拉岛（内赫布里底群岛，苏格兰）(Jura [Inner Hebrides, Scotland]) 184, 211, 223–224, 252

朱特，托尼（Judt, Tony）54, 248, 284n

卓别林，查理（Chaplin, Charlie）157

资本主义（capitalism）77, 153, 236, 251, 258

自由党（Liberal Party）18, 21

最高法院，美国（Supreme Court, U.S.）249

照片版权

插页1，下图；插页4，上图和下图；插页6，下图；插页7，下图；插页9，上图：Orwell Archive, UCL Library Services, Special Collections

插页2，上图：© Imperial War Museums (ZZZ 5426F)

插页3：© Imperial War Museums (ZZZ 7150D)

插页5：Kurt Hutton/Getty Images/视觉中国

插页7，上图：Universal History Archive/UIG via Getty Images/视觉中国

插页8，上图：© Imperial War Museums (A 20581)

插页11，上图和下图：Abbie Rowe, National Park Service. Harry S. Truman Library

插页12，上图：ullstein bild/Getty Images/视觉中国；下图：Cecil Beaton c Imperial War Museums (MH 26392)

理想国译丛

imaginist [MIRROR]

001　没有宽恕就没有未来
　　　[南非] 德斯蒙德·图图 著

002　漫漫自由路：曼德拉自传
　　　[南非] 纳尔逊·曼德拉 著

003　断臂上的花朵：人生与法律的奇幻炼金术
　　　[南非] 奥比·萨克斯 著

004　历史的终结与最后的人
　　　[美] 弗朗西斯·福山 著

005　政治秩序的起源：从前人类时代到法国大革命
　　　[美] 弗朗西斯·福山 著

006　事实即颠覆：无以名之的十年的政治写作
　　　[英] 蒂莫西·加顿艾什 著

007　苏联的最后一天：莫斯科，1991年12月25日
　　　[爱尔兰] 康纳·奥克莱利 著

008　耳语者：斯大林时代苏联的私人生活
　　　[英] 奥兰多·费吉斯 著

009　零年：1945：现代世界诞生的时刻
　　　[荷] 伊恩·布鲁玛 著

010　大断裂：人类本性与社会秩序的重建
　　　[美] 弗朗西斯·福山 著

011　政治秩序与政治衰败：从工业革命到民主全球化
　　　[美] 弗朗西斯·福山 著

012　罪孽的报应：德国和日本的战争记忆
　　　[荷] 伊恩·布鲁玛 著

013　档案：一部个人史
　　　[英] 蒂莫西·加顿艾什 著

014　布达佩斯往事：冷战时期一个东欧家庭的秘密档案
　　　[美] 卡蒂·马顿 著

015　古拉格之恋：一个爱情与求生的真实故事
　　　[英] 奥兰多·费吉斯 著

016　信任：社会美德与创造经济繁荣
　　　[美] 弗朗西斯·福山 著

017　奥斯维辛：一部历史
　　　[英] 劳伦斯·里斯 著

018　活着回来的男人：一个普通日本兵的二战及战后生命史
　　　[日] 小熊英二 著

019　我们的后人类未来：生物科技革命的后果
　　　[美] 弗朗西斯·福山 著

020　奥斯曼帝国的衰亡：一战中东，1914—1920
　　　[美]尤金·罗根 著

021　国家构建：21世纪的国家治理与世界秩序
　　　[美]弗朗西斯·福山 著

022　战争、枪炮与选票
　　　[英]保罗·科利尔 著

023　金与铁：俾斯麦、布莱希罗德与德意志帝国的建立
　　　[美]弗里茨·斯特恩 著

024　创造日本：1853—1964
　　　[荷]伊恩·布鲁玛 著

025　娜塔莎之舞：俄罗斯文化史
　　　[英]奥兰多·费吉斯 著

026　日本之镜：日本文化中的英雄与恶人
　　　[荷]伊恩·布鲁玛 著

027　教宗与墨索里尼：庇护十一世与法西斯崛起秘史
　　　[美]大卫·I. 科泽 著

028　明治天皇：1852—1912
　　　[美]唐纳德·基恩 著

029　八月炮火
　　　[美]巴巴拉·W. 塔奇曼 著

030　资本之都：21世纪德里的美好与野蛮
　　　[英]拉纳·达斯古普塔 著

031　回访历史：新东欧之旅
　　　[美]伊娃·霍夫曼 著

032　克里米亚战争：被遗忘的帝国博弈
　　　[英]奥兰多·费吉斯 著

033　拉丁美洲被切开的血管
　　　[乌拉圭]爱德华多·加莱亚诺 著

034　不敢懈怠：曼德拉的总统岁月
　　　[南非]纳尔逊·曼德拉、曼迪拉·蓝加 著

035　圣经与利剑：英国和巴勒斯坦——从青铜时代到贝尔福宣言
　　　[美]巴巴拉·W. 塔奇曼 著

036　战争时期日本精神史：1931—1945
　　　[日]鹤见俊辅 著

037　印尼 Etc.：众神遗落的珍珠
　　　[英]伊丽莎白·皮萨尼 著

038　第三帝国的到来
　　　[英]理查德·J. 埃文斯 著

039　当权的第三帝国
　　　[英] 理查德·J. 埃文斯 著

040　战时的第三帝国
　　　[英] 理查德·J. 埃文斯 著

041　耶路撒冷之前的艾希曼：平庸面具下的大屠杀刽子手
　　　[德] 贝蒂娜·施汤内特 著

042　残酷剧场：艺术、电影与战争阴影
　　　[荷] 伊恩·布鲁玛 著

043　资本主义的未来
　　　[英] 保罗·科利尔 著

044　救赎者：拉丁美洲的面孔与思想
　　　[墨] 恩里克·克劳泽 著

045　滔天洪水：第一次世界大战与全球秩序的重建
　　　[英] 亚当·图兹 著

046　风雨横渡：英国、奴隶和美国革命
　　　[英] 西蒙·沙玛 著

047　崩盘：全球金融危机如何重塑世界
　　　[英] 亚当·图兹 著

048　西方政治传统：近代自由主义之发展
　　　[美] 弗雷德里克·沃特金斯 著

049　**美国的反智传统**
　　　[美] 理查德·霍夫施塔特 著

050　东京绮梦：日本最后的前卫年代
　　　[荷] 伊恩·布鲁玛 著

051　身份政治：对尊严与认同的渴求
　　　[美] 弗朗西斯·福山 著

052　漫长的战败：日本的文化创伤、记忆与认同
　　　[美] 桥本明子 著

053　与屠刀为邻：幸存者、刽子手与卢旺达大屠杀的记忆
　　　[法] 让·哈茨菲尔德 著

054　破碎的生活：普通德国人经历的20世纪
　　　[美] 康拉德·H. 雅劳施 著

055　刚果战争：失败的利维坦与被遗忘的非洲大战
　　　[美] 贾森·斯特恩斯 著

056　阿拉伯人的梦想宫殿：民族主义、世俗化与现代中东的困境
　　　[美] 福阿德·阿贾米 著

057　贪婪已死：个人主义之后的政治
　　　[英] 保罗·科利尔　约翰·凯 著

058 最底层的十亿人：贫穷国家为何失败？
[英] 保罗·科利尔 著

059 坂本龙马与明治维新
[美] 马里乌斯·詹森 著

060 创造欧洲人：现代性的诞生与欧洲文化的形塑
[英] 奥兰多·费吉斯 著

061 圣巴托罗缪大屠杀：16世纪一桩国家罪行的谜团
[法] 阿莱特·茹阿纳 著

062 无尽沧桑：一纸婚约与一个普通法国家族的浮沉，1700—1900
[英] 艾玛·罗斯柴尔德 著

063 何故为敌：1941年一个巴尔干小镇的族群冲突、身份认同与历史记忆
[美] 马克斯·伯格霍尔兹 著

064 狼性时代：第三帝国余波中的德国与德国人
[德] 哈拉尔德·耶纳 著

065 毁灭与重生：二战后欧洲文明的重建
[英] 保罗·贝茨 著

066 现代日本的缔造
[美] 马里乌斯·詹森 著

067 故国曾在：我的巴勒斯坦人生
[巴勒斯坦] 萨里·努赛贝 著

068 美国资本主义时代
[美] 乔纳森·利维 著

069 大清算：纳粹迫害的遗产与对正义的追寻
[英] 玛丽·弗尔布鲁克 著

070 1914年一代：第一次世界大战与"迷惘一代"的诞生
[美] 罗伯特·沃尔 著

071 渗透边界的秘密贸易：东南亚边境地带的走私与国家，1865—1915
[美] 埃里克·塔利亚科佐 著

072 欧洲告急
[美] 托马斯·E.里克斯 著